权威·前沿·原创

皮书系列为
“十二五”“十三五”国家重点图书出版规划项目

江西经济社会发展报告（2019）

ANNUAL REPORT ON ECONOMIC AND SOCIAL DEVELOPMENT OF JIANGXI (2019)

主　编／张小平　梁　勇
副主编／李　能　龚建文

社会科学文献出版社
SOCIAL SCIENCES ACADEMIC PRESS (CHINA)

图书在版编目(CIP)数据

江西经济社会发展报告.2019 / 张小平，梁勇主编
. -- 北京：社会科学文献出版社，2019.4
（江西蓝皮书）
ISBN 978-7-5201-4739-2

Ⅰ.①江… Ⅱ.①张… ②梁… Ⅲ.①区域经济发展-研究报告-江西-2019 ②社会发展-研究报告-江西-2019 Ⅳ.①F127.56

中国版本图书馆 CIP 数据核字（2019）第 075537 号

江西蓝皮书
江西经济社会发展报告（2019）

主　　编 / 张小平　梁　勇
副 主 编 / 李　能　龚建文

出 版 人 / 谢寿光
责任编辑 / 桂　芳
文稿编辑 / 贺拥军

出　　版 / 社会科学文献出版社·皮书出版分社（010）59367127
地址：北京市北三环中路甲 29 号院华龙大厦　邮编：100029
网址：www.ssap.com.cn
发　　行 / 市场营销中心（010）59367081　59367083
印　　装 / 天津千鹤文化传播有限公司

规　　格 / 开　本：787mm×1092mm　1/16
印　张：29.5　字　数：442 千字
版　　次 / 2019 年 4 月第 1 版　2019 年 4 月第 1 次印刷
书　　号 / ISBN 978-7-5201-4739-2
定　　价 / 158.00 元

本书如有印装质量问题，请与读者服务中心（010-59367028）联系

版权所有 翻印必究

江西蓝皮书编辑委员会

主　任　易炼红

副主任　张小平　梁　勇

委　员　（按姓氏笔画排序）

丁晓群　于秀明　万广明　万庆胜　王少玄
王水平　卢天锡　叶仁荪　朱　斌　刘　锋
刘三秋　刘金接　刘建洋　刘翠兰　池　红
李江河　杨贵平　犹　瑲　张圣泽　张和平
张鸿星　陈小平　陈德勤　胡汉平　曾文明
谢一平　谢来发

江西蓝皮书编辑部

主　编　张小平　梁　勇

副主编　李　能　龚建文

成　员　李志萌　高　平　麻智辉　孙育平　李小玉
邓　虹　甘庆华　张宜红　盛方富　马　回
朱　羚　万　欣

摘 要

2019 年是新中国成立 70 周年，是全面建成小康社会关键之年。江西深入学习贯彻习近平新时代中国特色社会主义思想和党的十九大精神，从更高层次贯彻落实习近平总书记对江西工作的重要要求，努力建设富裕美丽幸福现代化江西，共绘新时代江西物华天宝、人杰地灵新画卷。《江西经济社会发展报告（2019）》对江西经济社会发展中热点、难点、重点问题展开研究，全书由总报告、分报告、专题报告和典型调查四大部分组成。

总报告回顾总结了 2018 年江西经济社会发展基本情况，提出 2019 年推动江西高质量跨越式发展需处理好四大关系、重点关注面临的主要困难，并从着力深化重点领域改革、推动制造业高质量发展、激发民营经济发展活力、推进高质量投资、促进消费升级、扩大更高水平开放、健全社会治理与民生改善等几个方面提出对策建议。

分报告主要围绕江西投资、工业、农业、文化旅游、商务、财政、金融及科教文卫、人力资源、生态环保、社会稳定等热点问题展开研讨，既有对 2018 年发展成效、主要举措、困难与挑战的全面回顾，又有对 2019 年发展形势、发展目标、发展举措的分析与展望。

专题报告与典型调查紧紧围绕与江西发展紧密相关的全局性、战略性、前瞻性问题进行研究。重点围绕制造业高质量发展、提高投资质量、促进更高水平开放、提升城市功能与品质、激发民营经济发展活力、打造过万亿元产业、打造“五型”政府和“四最”营商环境、构建主导产业人才支撑体系、做优做强做大做特文化产业、推动消费升级等专题，以及村集体经济发展典型模式、南昌 VR 产业发展、景德镇陶溪川文化创意产业园建设、乡村善治的余江实践等典型案例进行研究。

Abstract

The year 2019 is the 70th anniversary of the founding of the People's Republic of China. It will be a crucial year for us as we endeavor to achieve the goal of building a moderately prosperous society in all respects. Jiangxi Province will study and follow thoroughly the guidance of Xi Jinping Thought on Socialism with Chinese Characteristics for a New Era and principles of the 19th National Congress of the Communist Party of China, and implement Xi Jinping's requirement to Jiangxi from a higher level, therefore striving to create a wealthy, beautiful and modern province and to demonstrate splendid resources and heavenly treasures, outstanding people and profound culture of Jiangxi. *Annual Report on Economic and Social Development of Jiangxi 2019* was composed of four parts: general report, sectional reports, monographic reports and typical investigations, focusing on the popular, difficult and important issues in economic and social development of Jiangxi.

The general report firstly reviewed Jiangxi economic and social development status in the year 2018, and then presented the necessity to deal with the four relations and to focus on the five problems in order to promote Jiangxi high-quality leapfrog development. Meanwhile, the report put forward countermeasures from 6 aspects: focusing on deepening reform in key fields, promoting high-quality development of manufacturing industry, stimulating vitality of private economy, achieving "two-wheel driven" of effective investment and consumption upgrading, expanding higher-standard opening up, and optimizing social governance and living standards.

The sectional reports mainly conducted discussions and researches according to the present situations of investment, industry, agriculture, culture and tourism, business, finance and banking, as well as the popular issues including science, education, culture and health, human resources, eco-environmental protection, social stability and others. Within this part, there were comprehensive reviews on development results, main measures, difficulties and challenges in 2018, as well as analysis and prospective for the trend, target and measures of development in 2019.

The monographic reports and typical investigations researched the strategic issues of overall importance and perspective. The major monographic reports focused on the following topics: high-quality development of manufacturing industry, promoting investment quality, expanding higher-standard opening up, enhancing function and quality of cities, stimulating vitality of private economy, building trillion industries, creating "five-types" government and "four-most" business environment, constructing talent support system for leading industries, establishing better, stronger and more special cultural industry, and promoting consumption upgrading. And typical investigations concentrated on the topics including typical patterns of rural collective economy development, Nanchang VR industry, Jingdezhen Taoxichuan cultural and creative industrial park construction, and Yujiang rural governance system.

目　录

Ⅰ　总报告

Ⅱ　分报告

Ⅳ 典型调查

皮书数据库阅读**使用指南**

CONTENTS

Ⅰ General Report

Ⅱ Sectional Reports

Ⅲ Monographic Reports

Ⅳ Typical Investigations

总 报 告

General Report

B.1 江西经济社会形势分析与展望

江西省社会科学院课题组*

摘 要： 面对错综复杂的国内外发展形势，江西经济运行总体平稳、质量效益明显提高、城乡环境稳步提升、人民生活持续改善，主要经济指标增速持续稳居全国“第一方阵”。2019年是新中国成立70周年、决胜全面建成小康社会关键之年，江西将坚持稳中求进工作总基调，坚持新发展理念，坚持高质量跨越式发展首要战略，奋力迈出建设富裕美丽幸福现代化江西、共绘新时代江西物华天宝人杰地灵新画卷的坚实步伐，以优异成绩庆祝新中国成立70周年。

* 课题组组长：梁勇，江西省社会科学院院长，研究员，研究方向为区域经济；副组长：龚建文，江西省社会科学院副院长、研究员，研究方向为农村经济；成员：张宜红，江西省社会科学院应用对策研究室副主任、副研究员，研究方向为农村经济；盛方富，江西省社会科学院应用对策研究室助理研究员，研究方向为农村经济；陈德明，江西省社会科学院哲学研究所助理研究员，研究方向为区域经济。

关键词： 首要战略　消费升级　高质量跨越式发展　江西

2018 年是改革开放 40 周年，是全面贯彻落实党的十九大精神的开局之年。面对复杂的国际形势和经济下行压力，在省委省政府的坚强领导下，江西深入学习贯彻习近平新时代中国特色社会主义思想和党的十九大精神，从更高层次贯彻落实习近平总书记对江西工作的重要要求，坚定贯彻新发展理念，坚持稳中求进工作总基调，坚持高质量跨越式发展首要战略，经济社会保持良好的发展态势。

一　2018年江西经济社会发展回顾

一是经济运行总体平稳。在经济下行压力加大背景下，江西经济发展保持良好势头。2018 年生产总值实现 21984.8 亿元，比上年增长 8.7%，高于全国平均水平 2.1 个百分点，增速位居全国第 4、中部第 1，继续保持在全国“第一方阵”。2018 年财政总收入 3795 亿元，增长 10.1%；一般公共预算收入 2372.3 亿元，增长 5.6%。规模以上工业增加值增长 8.9%，比全国平均水平高 2.7 个百分点；固定资产投资增长 11.1%，比全国平均水平高 5.2 个百分点；社会消费品零售总额 7566.4 亿元，增长 11%，比全国平均水平高 2 个百分点（见表 1、表 2）。

表 1　2018 年江西主要经济指标

指标	单位	2017 年		2018 年	
		绝对值	增长(%)	绝对值	增长(%)
生产总值	亿元	20006.3	8.9	21984.8	8.7
财政总收入	亿元	3447.4	9.7	3795.0	10.1
一般公共预算收入	亿元	2246.9	4.4	2372.3	5.6
规模以上工业增加值	亿元	—	9.1	—	8.9
固定资产投资	亿元	—	12.3	—	11.1

续表

指标	单位	2017 年		2018 年	
		绝对值	增长(%)	绝对值	增长(%)
社会消费品零售总额	亿元	6816.6	12.3	7566.4	11.0
#限额以上消费品零售额	亿元	2500.0	14.1	2800.7	10.7
进出口总值	亿元	3011.1	14.12	3164.9	5.1
#出口总额	亿元	2209.0	12.6	2224.1	0.7
实际利用外商直接投资	亿美元	114.64	9.8	125.72	9.7
居民消费价格指数	上年同期为 100	102.0	—	102.1	—
金融机构人民币存款余额	亿元	32325	11.9	35070	8.5
金融机构人民币贷款余额	亿元	25713	18.4	30358	18.1
全省居民人均可支配收入	元	—	—	—	—
城镇居民人均可支配收入	元	31198	8.8	33819	8.4
农村居民人均可支配收入	元	13242	9.1	14460	9.2

资料来源：江西省统计局。

二是质量效益逐步提升。坚持高质量跨越式发展，经济社会发展效益进一步提升。产业结构持续优化，三次产业从 2017 年的 9.2∶48.1∶42.7 调整为 2018 年的 8.6∶46.6∶44.8。其中，第一产业下降了 0.6 个百分点，第三产业增加了 2.1 个百分点，服务业发展步伐加快，对经济增长的贡献率持续提升，达到 48.1%，比上年提高 0.2 个百分点。工业技术改造升级深入推进，2018 年工业技改投资增长 39.1%，比上年提高 5.2 个百分点。工业企业成本持续下降，每百元主营业务收入中成本下降 0.17 元；主营业务收入利润率 6.73%，提高 0.26 个百分点，高出全国平均 0.24 个百分点。消费升级增长较快，社会消费品零售总额增长 11%。其中，限额以上单位化妆品类商品增长 19.6%，建筑及装潢材料类增长 16.2%。税收占比更加合理，2018 年财政总收入比重、地方税收占一般公共预算收入比重分别为 81.3% 和 70.1%，创近年来最好水平。

三是发展动能快速成长。主导产业保持良好发展势头，战略性新兴产业、高新技术产业、装备制造业增加值分别增长 11.6%、12.0%、13.8%，分别高于整个规模以上工业 2.7 个、3.1 个和 4.9 个百分点。航空产业加速

表 2　2018 年中部地区主要经济指标对比

指标	单位	江西省		湖南省		湖北省		安徽省		河南省		山西省	
		绝对值	增长（%）	绝对值	增长（%）	绝对值	增长（%）	绝对值	增长（%）	绝对值	增长（%）	绝对值	增长（%）
生产总值	亿元	21984.8	8.7	36425.8	7.8	39366.6	7.8	30006.8	8.02	48055.9	7.6	16818.1	6.7
财政总收入	亿元	3795.0	10.1	4842.98	8.5	—	—	5363	10.4	5875.8	11.9	—	—
一般公共预算收入	亿元	2372.3	5.6	2860.68	3.7	3307.03	8.5	—		3763.9	10.5	2292.6	2.3
规模以上工业增加值	亿元	—	8.9	—	7.4	—	7.1	—	9.3	—	7.2	—	4.1
固定资产投资	亿元	—	11.1	—	10	—	11	—	11.8		8.1		5.7
社会消费品零售总额	亿元	7566.4	11	15638.3	10	18333.6	10.9	12100.1	11.6	20594.7	10.3	7338.5	8.2
进出口总值	亿元	3164.9	5.1	3079.5	26.5	3487.2	11.2	4150.8	13.5	5512.7	5.3	1369.9	17.8
出口总额	亿元	2224.1	0.7	2026.7	29.5	2253.2	9.2	2386.6	15.1	3579.0	12.8	810.4	17.4
实际利用外商直接投资	亿美元	125.7	9.7	161.91	11.9	—	—	170	7	179.02	3.9	—	—
金融机构人民币存款余额	亿元	35070	8.5	—	4.8	55371.2	7.1	51199.2	10.9	63867.6	8.1	—	—
金融机构人民币贷款余额	亿元	30358	18.1	—	14.4	44340.5	16.2	38815.3	12.6	47834.7	14.6	—	—
城镇居民人均可支配收入	元	33819	8.4	—	8.1	34455	8	34393	8.7	31874.2	7.8	31035	6.5
农村居民人均可支配收入	元	14460	9.2	—	8.9	14978	8.4	13996	9.7	13830.7	8.7	11750	8.9

发展，主营业务收入从上年的300亿元增长到2018的800亿元，江西快线航空获颁“双证”并成功试运营，大飞机C 919在瑶湖机场成功转场试飞，航空研发、航空制造、航空服务、航空物流等产业加速集聚。VR、数字、动漫等新兴业态发展形势喜人。南昌VR产业基地已引进首批20余家企业入驻，已有200多家VR企业在南昌红谷滩新区注册。工业设计、总集成总承包、现代金融、现代物流、文化创意等新服务经济业态蓬勃发展。

四是改革攻坚稳步实施。“放管服”取得重大突破，2018年，省本级行政权力事项精简率达82.5%，累计取消调整证明事项315项，1233项政务服务事项实现“一次不跑”或“只跑一次”，比2017年增加1060项。打造“四最”营商环境，“赣服通”开通运行，203项高频服务事项可“掌上办理”；实现“39证合一”，企业注册登记时间压缩至5个工作日。国资国企、财税金融、农业农村等重点领域改革深入推进。华润医药重组江中集团、投资集团和能源集团的战略重组顺利实施，省属国企混改率73.5%，完成中鼎国际等企业员工持股改革试点。省市县财政事权与支出责任划分等改革继续深化，赣江新区绿色金融改革创新试验区建设加快推进。全省金融机构本外币贷款余额突破3万亿元，增长18.1%，绿色信贷余额比年初增长14.58%，“财园信贷通”“财政惠农信贷通”发放贷款549亿元。

五是开放水平不断提升。2018年实际利用外资125.72亿美元，增长9.7%；利用省外项目资金7346.4亿元，增长10.8%。按人民币计价，全年外贸进出口3164.9亿元，比上年同期增长5.1%。其中出口2224.1亿元，增长0.7%。招商引资效益不断提升，全省新设千万美元以上外资项目175个，增长56.3%；实际进资千万美元以上的现汇企业41个，增长32.3%。稳妥应对中美经贸摩擦，出台进一步扩大开放30条举措。积极参与“一带一路”建设，助推企业“走出去”，成功实施印尼东加电厂扩建、晶科能源马来西亚工厂等重点项目，赞比亚江西多功能经济区项目开工建设。功能平台更加丰富多样，中国（南昌）跨境电商综合试验区、九江综合保税区、赣州进境肉类和汽车整车功能性口岸获批，成功举办了首届世界VR产业大会、第五届世界绿色发展投资贸易博览会、世界中医药大会、亚布力中国企业家论坛2018年夏季高峰会等重大活动。口岸经济迅速发展，开行赣欧班列202列，赣州国际陆港年吞吐量达40.8万标箱、增长71.4%，九江港年吞吐量达42.9万标箱、增长28%；昌北国际机场开通了外国人口岸签证业务、至比利时首条洲际货运航线，旅客吞吐量1352万人次、增长23.7%，货邮吞吐量8.26万吨、增长58.1%。

六是生态环境持续优化。江西成为全国唯一“国家森林城市”设区市全覆盖的省份。全力打好蓝天保卫战、城市黑臭水体治理、长江保护修复等七大战役，全省PM2.5浓度均值下降17.4%，空气优良天数比例88.3%，南昌、景德镇空气质量达到国家二级标准；国考断面水质优良比例92%；农药化肥使用量连续3年负增长；城乡环境综合整治成效明显，2万个村组整治任务全面完成。深入推进国家生态文明试验区建设，科学划定生态保护红线，推动出台河长制、湖长制条例，全面推行林长制，顺利开征环境保护税，编制自然资源资产负债表，开展生态环境损害赔偿、环境污染责任保险、生活垃圾分类和减量化等改革试点。

七是民生福祉持续改善。50件民生实事全面完成，增进了民生福祉。城乡居民收入持续增长，2018年城镇和农村居民人均可支配收入分别为33819元、14460元，分别增长8.4%和9.2%，基本实现居民收入增长与经济增长相同步。积极做好稳就业工作，城镇新增就业55.32万人、新增转移农村劳动力62.25万人，分别完成年度目标的122.9%、124.5%。

二　2019年江西经济发展形势分析与研判

2019年是新中国成立70周年，是决胜全面建成小康社会的关键之年。综观国际国内形势，当今世界处于百年未有之大变局，江西的发展机遇与挑战并存，风险与压力并在。

从发展的机遇看：一是新一轮科技革命和产业变革加速孕育带来了新机遇。互联网、5G、人工智能、生物技术、新能源新材料、数字经济等创新成果层出不穷，新产业、新业态、新模式发展的“窗口”越来越大，甚至可能从根本上改变技术路径、产品形态、产业模式，带动产业生态和经济格局重大调整，也为我们的发展开辟了新领域，带来了新机遇。二是我国经济结构优化升级，科技创新能力提升，改革开放继续推进了新机遇。习近平总书记在庆祝改革开放40周年大会上的重要讲话中，郑重宣示了改革开放只有进行时没有完成时、改革开放永远在路上，党中央发出了把新时代改革开放继续推向前进的号召，必将进一步释放改革的红利，拓展发展新空间。中国拥有近14亿人口，拥有全球最大规模的中等收入群体，拥有充足的外汇储备，宏观政策操作空间大，为有效抵御外部风险提供了巨大操作余地和回旋空间。三是江西产业升级、要素集聚带来了新机遇。江西全面实施“2+6+N”产业跨越式发展五年行动计划，航空、电子信息、装备制造、中医药、新能源、新材料等优势产业日益壮大。同时，毗邻“长珠闽”的区位交通优势日益凸显，绿色生态、人文资源等方面的优势日益强化。这些要素的集聚将有力助推江西实现后发赶超，支撑江西实现高质量发展、跨越式发展。

从面临的挑战看：一是全球经济增速放缓，国际经贸秩序深刻重塑。世界银行预计，2019年到2021年，全球经济下行风险仍然十分严峻，随着贸易摩擦加剧和制造业复苏失去动力，2019年全球经济增长将放缓至2.9%。中美经贸摩擦虽有缓和趋势，但美国压制中国的政策将长期持续，这也成为我国经济发展首要外部风险和最大不确定因素。美国、日本、印度等国通过设立发展基金、开展“零利率贷款”、散布“债务陷阱论”、培植亲自己的势力等方式，对“一带一路”倡议进行干扰，增加了企业“走出去”的难度。二是国内经济继续面临较大下行压力。2018年12月制造业PMI为49.4%，自2016年8月以来首次跌破荣枯线。外贸出口压力加大，按美元统计，2019年1~2月，我国进出口总值6627.2亿美元，下降3.9%。其中出口3532.1亿美元，下降4.6%。国内改革进入攻坚期，实体经济困难、就业压力加大、市场主体活力不足、产业升级压力较大等深层次结构性矛盾和问题凸显。三是江西实现高质量跨越式发展的难题亟待攻克。经济增长下行压力仍然较大，2018 年，江西经济增长 8.7%，比上一年回落 0.2 个百分点，创下 2001 年以来的最低增速。经济总体实力不强、产业层次偏低，传统产业比重较大、新兴产业规模较小，中小微企业多、高新技术企业少等问题还比较突出。民生短板仍然存在，脱贫攻坚任务仍然艰巨，就业、医疗、教育、养老等领域民生问题仍然有待解决。

三　2019年江西经济社会发展需处理好四大关系

2019 年是中华人民共和国成立 70 周年、全面建成小康社会关键之年，受中美贸易摩擦反复性、长期性、复杂性与我国经济下行压力加大的影响，以及全国各地竞争态势加剧，全省发展形势日益严峻。要提升市场信心，提高人民群众获得感、幸福感、安全感，在这块红土圣地上实现高质量跨越式发展，我们认为，需要重点关注与协调好四大关系，推动江西发展“变中求稳、稳速增质、攻坚提升、率先突围”。

（一）经济增长与外部挤压之间的关系

当前，江西经济发展面临发达国家制造业回归和周边国家通过低成本优势承接中低端产业的“东西夹击”，由扩大开放带来的外贸、招商等全国性竞争，沿海发达地区产业升级和中部地区竞相发展的多重外部挤压。江西要在多重外部挤压下率先突围，就必须稳预期、增信心，而且要保持相对较高的经济增长速度，才能成功应对“前有标兵，后有追兵”的紧迫压力。

（二）加快发展与环境保护之间的关系

近年来，江西从更高层次贯彻落实习近平总书记对江西工作的重要要求，坚定不移转型发展、提升质量，主要经济指标增速稳居全国“第一方阵”。但环境问题也不容忽视，江西亟须处理好加快发展和环境保护之间的关系，坚持环保倒逼转型升级，探索体现江西特色的生态产品价值实现机制，打通“绿水青山就是金山银山”转化通道，最大限度发挥江西生态优势、释放江西生态红利。

（三）减税降负与稳财政增长之间的关系

2016 年 5 月以来，围绕降低企业的税费、物流、融资、用能、用工、制度性交易等方面成本，省委、省政府先后出台四批 152 条降成本政策措施，2018 年为企业减负 1200 亿元以上，三年共减负 2800 亿元以上。随着降成本优环境专项行动深入推进，各类减税降费政策相继出台，江西财政总收入增长速度有所放缓。2018 年，财政总收入增长 10.1%，一般公共预算收入增长 5.6%，增速比上半年分别回落 6.6 个和 4.7 个百分点，而脱贫攻坚、医疗、教育、养老等民生领域刚性支出并未减少，基础设施短板依旧存在，对江西财政收入稳增长带来诸多挑战。江西亟须平衡好财政“放水养鱼”和“建池蓄水”的关系，深化财税体制改革，开源节流，大力支持实体经济，确保财政收入持续稳定增长。

（四）金融支持经济发展与防范金融风险之间的关系

当前，江西金融领域存在“一热一冷”的现象，一方面，大量新增资金流向房地产但并未对投资形成有效拉动效应。2018 年 1～11 月，房地产贷款新增 2181 亿元，占全部新增贷款比重接近 50%，但全省 1～11 月房地产投资仅累计增长 5% 左右。与此同时，融资平台债务风险不容忽视。截至 2017 年末，全省地方政府债务余额为 4269.1 亿元，债务率（政府债务余额/综合财力）为 67.1%，负债率（政府债务余额/GDP）为 20.5%，地方政府债务率较低，但部分市县级融资平台承担投融资任务仍然较多，举债与偿还到期债务压力增大。另一方面，实体企业特别是新兴产业和中小微企业融资难、融资贵的问题依然突出。江西亟须处理好金融服务经济发展和严控金融风险的关系，把金融“活水”合理引向实体经济，坚决守住不发生区域性金融风险的底线。

四　2019年江西经济社会发展面临的主要困难与制约因素

对标发展要求，2019 年需要重点关注以下主要困难与制约因素。

（一）产业新旧动能高质量转换有待提速

一是传统优势产业改造升级步伐加快但成效有待提升。2018 年，江西工业技改投资增长 39.1%，占工业投资的 27.7%，增速比安徽、湖南、湖北分别高 4.5 个、1.0 个、14.9 个百分点。但同时，技术改造投资规模小、比重低，2017 年全省技术改造投资额仅为安徽的 34.6%、湖南的 41.5% 和湖北的 51.3%，技术改造投资占工业投资的比重较安徽、湖南、湖北分别低 35.2 个、33.9 个和 17.4 个百分点。2017 年，江西 11 个过千亿元产业中 7 个传统优势产业主营业务收入、利润占全省工业的比重分别为 73% 和 76%。二是新兴产业发展势头强劲但支撑作用有待加强。江西新一代信息技术、航空制造、“互联网 +”等新兴产业成长较快，但规模小、竞争能力弱。工信部赛迪研究院发布的最新“中国城市新经济竞争力百强榜”显示，江西 11 个设区市中只有南昌市上榜，且仅位列第 37 位，远低于成都（第 7 位）、武汉（第 9 位）、长沙（第 21 位）。三是创新引领的要素供给能力有待增强。全省 R&D 经费支出占 GDP 的比重为 1.28%，与全国 2.13% 的平均强度比还有比较大的差距（见表 3）。支撑创新能力增强的人才、平台等要素短缺，进而制约了全省产业高质高端发展。

表 3　2017 年中部地区 R&D 经费情况

区域	R&D 经费(亿元)	R&D 经费投入强度
江西	255.8	1.28
湖南	568.5	1.68
湖北	700.6	1.97
安徽	564.9	2.09
河南	582.1	1.31
山西	148.2	0.95
全国	17606.1	2.13

（二）投资质量有待提升

一是新增投资项目转化率低。根据国家发改委发布的全国固定资产投资发展趋势监测报告，2018 年 1～10 月，江西新增意向投资额同比增速位列全国第 9 位，但拟建投资项目转化率低于 20%，在全国排第 26 位。二是消费新兴领域投资缺乏预判性。当前，全省长期大量偏重投资于基础设施和房地产等领域，而与消费升级领域相关的计算机、通信和其他电子设备制造业，教育，文化、体育和娱乐业等行业投资相对偏少，以住宿餐饮和批发零售的投资结构调整为例，2018 年前三季度，江西住宿餐饮消费需求增速比批发零售消费高 3.8 个百分点，而前期（2013～2016 年）住宿餐饮投资构成占比却下降 0.78 个百分点、批发零售上升 0.87 个百分点。三是多元化融资体系亟待健全。2018 年，在严控地方政府债务和金融风险的背景下，当前地方政府偿债处于高峰期，地方政府投资能力受限，项目资金保障难度加大。从 6 项资金来源看，债券、国家预算资金、国内贷款、自筹资金等 4 项负增长，较上年分别下降 52.0%、25.5%、7.0%、2.6%。

（三）消费升级潜能有待激发

一是居民收入水平增速放缓制约消费能力。稳定可预期的收入是进行有效消费的前提，而近年来江西省居民的收入增长放缓，2018 年，全省居民人均可支配收入扣除价格因素后，实际增长 7.1%，实际增速滞后于全省经济增速，虽然增速在全国和中部地区靠前，但全省居民收入水平总体偏低，仅相当于全国平均水平的 85.3%。二是中高端消费需求难以得到有效满足。如今，消费已不再是简单粗暴的“买买买”，从“买什么”“如何买”到“买得好”“讲品质”，特别是当前全球正爆发着新一轮科技革命，新一代信息、人工智能（AI）等技术突破和应用加速消费升级，健康、绿色、智能等中高端智能电器产品需求增长速度空前，而江西这类产品的供给难以跟上。相当多居民中高端消费得不到满足，导致大量消费需求外流。三是护航消费需求升级的监管体系有待健全。随着消费需求升级，居民对高质量产品、优质售后服务、合法消费权益的需求期望显著上升，而产品质量监管体系往往难以跟上，特别是服务消费升级领域的服务监管落后，2017 年，在全省消保委受理的投诉中，生活、社会服务类，电信服务，互联网服务，文化、娱乐、体育服务，销售服务等五类服务投诉分别排名第 1 ~5 位，高价值商品和新型消费领域的消费纠纷日益凸显，成为消费者反映强烈的领域。

（四）高水平对外开放效能有待提升

一是外贸出口增长乏力。2018 年，江西进出口增长 5. 1% 。进出口增速比上半年回落 8. 0 个百分点，低于全国平均水平 4. 6 个百分点。其中出口增长 0. 7% ，低于全国 6. 4 个百分点，增速位居中部最末。从出口国别来看，江西对美国、欧盟等传统贸易伙伴的出口下降明显。虽然对“一带一路”外贸出口增加 17. 5% ，但规模较小，仅占全省出口总额的 35. 8% 。在中美贸易摩擦有可能反复的形势下，2019 年外贸出口压力可能进一步加大。二是现有开放平台效应没有得到充分发挥。江西开放平台数量不少，有赣江新区、9 个国家高新区、10 个国家经开区、4 个海关特殊监管区和 84 家省级开发区，但这些开放平台总体上实力不强、效应不足。2018 年国家级高新区综合实力排名显示，东湖高新区排第 5 位、合肥高新区排第 8 位、长沙高新区排第 12 位，而江西没有一家高新区进入全国前 30 位（南昌高新区居第 38 位)，国家经济技术开发区也是如此。

表 4　2018 年中部地区外贸进出口情况

地区	进出口总额(亿元)	进出口增速(%)	出口总额(亿元)	出口增速(%)
江西	3164. 9	5. 1	2224. 1	0. 7
湖南	3079. 5	26. 5	2026. 7	29. 5
湖北	3487. 2	11. 2	2253. 2	9. 2
安徽	4150. 8	13. 5	2386. 6	15. 1
河南	5512. 7	5. 3	3579. 0	12. 8
山西	1369. 9	17. 8	810. 4	17. 4

（五）民营经济发展活力有待进一步激发

一是“航空母舰”型民营企业少。目前，江西没有1家过千亿元民营企业，全国164家独角兽企业中也没有江西企业。最近公布的2018年中国民营企业500强，江西只有6家上榜，与浙江（93家）、江苏（86家）、福建（20家）、湖北（15家）等相比差距明显。二是营商环境不够优化制约了民间投资意愿。江西行政审批时间长、手续烦琐的沉疴没有完全去除，如财园信贷通资金使用期限只有一年，而审批手续就要花3～4个月，诸如此类的“慢跑”制约了民间投资步伐。2018年前三季度，江西民间投资增长12.2%，与湖南（23.9%）、福建（19.2%）、安徽（18.7%）、浙江（17.2%）等周边省份相比，差距明显。三是民营企业金融支持不足。2018年5月末，全省民营企业新增贷款占12.53%，同比仅提高0.53个百分点，而同期国有企业新增贷款占比达87.77%，同比提高3.5个百分点，投向实体经济的资金主要流向国有企业。

五　加快江西经济社会发展的政策建议

应对以上主要困难和制约因素，需要从七个方面着力，以改革开放再出发之势、之态、之勇，不断激发发展强劲内生动力。

（一）着力深化重点领域改革

改革攻坚是江西发展的制胜法宝，要在重点改革领域求突破、开新局，再造高质量跨越式发展新机制。一是打造供给侧结构性改革2.0版。围绕全省供给侧结构性改革的重点领域和关键环节，健全完善“去、降、补”的政策体系，由“量的去化”向“质的优化”转变。二是打造国资国企改革“江西样板”。探索合资新设、增资扩股、股改上市等多种国有企业混合所有制改革方式，改革国有资本授权经营体制，做强做优国有资本投资运营平台，放大国有资本功能，推进“瘦身健体”“处僵治困”。三是“放管服”

改革出新招。探索实施“全域行政审批”试点，选取1～2个设区市作为“全域行政审批”试点，市级层面审批的项目、事项，市域范围内通行。与此同时，严格落实省委、省政府《关于加强作风建设优化发展环境的意见》，优化降成本优环境政策举措，推动政务服务方式数字化变革，推行重点工程项目企业“订单式”服务，精准施策。

（二）着力推动制造业高质量发展

在5G时代背景下，江西高质量跨越式发展的发力点在第四次产业革命，应以智能革命重塑制造辉煌、重现首创荣光。一是突破智能化数字化领域的关键核心技术。依托“中科院江西中心”等高端平台，集中力量推进数控系统、自动化控制、无人直升机等领域技术突破。二是推进传统产业智能化改造升级。引导有色、钢铁、石化、建材、纺织、食品、家具等不同行业、不同规模以及不同类型的企业，根据自身情况有针对性地制订信息化建设计划，鼓励企业通过互联网整合产业链上下游资源，以促进信息技术与产业的深度融合。三是培育发展未来产业。聚焦人工智能、虚拟现实、增材制造、商用航空航天、生物技术和生命科学等重点前沿领域，制定出台《江西加快未来产业发展的指导意见》，并配套出台《江西未来产业紧缺专业人才需求目录》等政策。

（三）着力激发民营经济发展活力

民营经济是全省经济发展的源头活水。激发民营经济活力是推动高质量发展的不二法门。一是开展民营经济大发展年活动，以强化发展民营经济的共识、坚定发展民营经济的决心、增强发展民营经济的信心。二是对已经出台的政策举措进一步做实做细，切实将减税降费等惠企政策落到实处，推出并落实好更多“看得懂”“接地气”“易操作”的政策，打造民营企业转型升级引领区、民间资本市场准入先行区、民间金融综合改革试验区以及民营发展环境优化样板区。三是实施民营企业家护航行动。弘扬新时代赣商精神，依法保障民营企业合法权益，保障经营不被干扰、创新不被“山寨”、财产不被侵犯；探索建立企业免责制度，让广大企业家坚定信心向前走，心无旁骛谋发展。

（四）着力推进高质量投资

投资依然是支撑江西发展的重要力量，消费主导发展的阶段正加速到来。一是开展企业投资项目承诺制改革试点。总结赣江新区和赣南苏区投资项目承诺制改革经验，出台《江西省企业投资项目承诺制改革试点指导意见》，探索实施企业投资项目信用承诺制、不再审批并严格监管试点，变“先批后建”为“先建后验”，加速项目落地。二是提高投资的精准性和有效性。深入实施“综合交通、铁路、电力、省级天然气管网、信息通信、公共服务、生态环保”等基础设施领域三年行动攻坚计划，聚焦服务经济、产业短板和关键技术、“硬科技”和军民融合、智慧环保和生态治理等领域，提高投资的精准化水平；引导民间投资向航空、中医药、新能源、新材料、数字经济等新兴产业、高端制造业领域倾斜，提高投资的有效性。

（五）着力促进消费升级

一是推进服务业高质量发展。围绕生产性和生活性服务业重点领域，持续推进“五型”政府和“四最”环境建设，将国家提出的减税降费等系列政策举措落到实处，切实提升江西省服务业发展的质量和水平。不断优化现代服务业发展环境、丰富服务业发展内涵、提升服务业发展水平，积极适应不同发展群体的服务新需求，多渠道增加优质产品和服务供给，让服务业的供给侧更加契合市场需求侧。二是优化消费产品和服务的供给结构。着力构建更加成熟的消费细分市场，满足居民分层次、多样化的消费需求。围绕居民吃穿用住行和服务消费的升级方向，突破深层次体制机制障碍，在保证基本消费经济实惠安全的前提下，积极培育壮大信息消费、网络消费、定制消费、体验消费、智能消费、时尚消费等消费新热点。进一步放宽服务消费领域的市场准入，持续引导社会力量进入旅游、文化、体育、健康、养老服务、教育培训、家政这些居民需求旺盛的服务消费重点领域，支持社会力量和市场提供更多更高品质的服务产品。三是优化消费升级环境。推动城乡基础设施建设提档升级，加强城乡社会保障体系建设，逐步建立健全全民覆盖、普惠共享、城乡一体的基本公共服务体系。加强流通环节监管，开展市场打假工作，净化城乡消费环境。强化依法监督，严禁行业乱收费、乱检查、乱设限，形成行业发展的良好环境，增强从业人员的服务意识，规范服务行为，提高服务质量，对符合条件的人员给予培训补贴，增强培训效果。

（六）着力扩大更高水平开放

开放提升是江西发展的关键一招，要在稳定扩大外贸出口的前提下，在更高层次更高水平开放中拓展新空间。一是稳定并扩大外贸出口。正确认识中美贸易摩擦的反复性、长期性、复杂性，成立江西对美贸易应对工作小组，设立“江西对美贸易稳定保障奖励基金”，稳定美国、欧盟等传统外贸出口市场。与此同时，积极对接“一带一路”建设，做大做强外贸出口新兴市场。二是推动双向开放升级，主动融入周边发达地区开放辐射圈。设立“中欧班列基础设施专项资金”，加快打造江西（赣州）国际港经济区，建设“长江以南中欧班列集散中心”，重点提升南昌赣州南北口岸开放功能，打造能够参与国际物流和全球供应体系的开放平台，发展枢纽经济。三是加快引进培育开放主体。争取更多世界500强、央企和国内知名企业在江西投资设点。四是打造集群式、链条式园区。制定亩产论英雄、产业集群式链条式发展的相关政策，重点建设赣江新区，推进开发区、园区集群式、链条式发展。

（七）着力健全社会治理与改善民生

聚焦人民群众反映强烈的突出问题，创新社会治理模式，变民生痛点为撬动社会发展的支点，使江西发展更有温度。一是打造全国脱贫攻坚制度创新领跑区。按照习近平总书记对“江西要在脱贫攻坚上领跑”的重要指示，在可持续脱贫、志智双扶、脱贫攻坚与乡村振兴有机衔接等方面引领制度创新，增强造血功能和脱贫意志。二是制订实施城乡居民收入倍增行动计划，明确城乡居民收入倍增的目标、途径及举措，为全省消费升级提供动力源泉。三是创新社会政策与经济政策有机衔接机制。围绕百姓关切的重点民生问题，出台实打实的关键举措，增加公共产品和公共服务有效供给，探索社会治理新模式。

参考文献

《江西省进一步激发商贸消费潜力促进商贸消费升级三年行动方案（2019 ~ 2021 年)》。

江西省 2018 年国民经济和社会发展统计公报。

李平：《2019 年中国经济形势分析与预测》，社会科学文献出版社，2018。

2019 年江西省政府工作报告。

2019 年国务院政府工作报告。

分　报　告

Sectional Reports

B.2
江西投资形势分析与展望

江西省发展和改革委员会课题组*

摘　要： 2018年，江西全省固定资产投资运行总体平稳，主要呈现民间投资贡献较大、工业投资提速提质、新动能投资保持活跃、基础设施投资增长较快、省重大项目进展总体顺利等特点。综合分析，2019年江西省投资运行的整体环境更加错综复杂，有利因素与不利因素交织叠加，投资预期增长9%。江西省发改委将采取抓好投资运行监测分析、抓好重大重点项目推进、抓好加大补短板力度工作、抓好促进民间投资健康发展、抓好项目前期工作推进、抓好争取国家项目资金支持、抓好投资项目审批提质增效改革等重点举措，着力保持投资平稳运行。

* 课题组组长：张和平，江西省发改委党组书记、主任。副组长：范强，江西省发改委副巡视员。成员：王云刚，江西省发改委投资处处长；刘振强，江西省发改委投资处副处级干部；刘竟，江西省发改委投资处副处级干部。

关键词： 固定资产 投资 江西

2018年，面对经济下行与转型升级的双重压力，江西省上下在省委、省政府的坚强领导下，坚持稳中求进工作总基调，认真落实中央“六稳”要求，着力抓项目、稳投资，多措并举促进固定资产投资平稳运行。

一 2018年固定资产投资运行情况

2018年，江西省固定资产投资增长11.1%，完成全年目标任务，比全国增速高5.2个百分点，居全国第5位、中部第2位。主要呈现五个方面特点。

其一，民间投资贡献较大。民间投资增长12.5%，占全部投资的67.9%，比全部投资增速高1.4个百分点，对全部投资增长的贡献率达74.3%。

其二，工业投资提速提质。工业投资增长13.1%，比全部投资增速高2个百分点。其中，制造业投资增长18.1%，较上年上升0.7个百分点；工业技改投资增长39.1%，占全部工业投资的比重为27.9%，较上年提高5.2个百分点；高耗能行业投资增长6.9%，较上年下降6.4个百分点。

其三，新动能投资保持活跃。高新技术产业投资增长33.5%，比全部投资增速高22.4个百分点，占工业投资的31.0%，占比同比提高4.7个百分点。新能源汽车、计算机通信电子设备制造业、铁路船舶航空设备制造业等新制造业投资分别增长25.2%、36.3%、55.2%。科学研究和技术、文化体育及娱乐业等新服务业投资分别增长62.9%、50.6%。

其四，基础设施投资增长较快。江西省切实加大基础设施领域补短板力度，省政府出台了《关于保持基础设施领域补短板力度的实施意见》和综合交通、铁路、电力、省级天然气管网、信息通信、公共服务、生态环保等

7 个基础设施、公共服务领域补短板三年攻坚行动计划，一批重大基础设施项目顺利推进，皖赣铁路浯溪口水库改线工程、广吉高速、瑶湖机场、神华九江电厂两台百万千瓦机组等项目建成，昌景黄高铁、萍莲高速等项目开工，基础设施投资增长 17.7%，较上年提高 9.8 个百分点。

其五，省重大项目进展总体顺利。江西省狠抓项目协调调度，组织召开省市县三级重大项目推进动员大会，省重大项目进展顺利。2018 年，315 个省重点项目完成投资 2270 亿元，占年计划的 107.4%，较上年同期加快 3.2 个百分点。1900 个省大中型项目完成投资 6075.2 亿元，占年计划的 102.2%，其中 60 个投资 50 亿元以上项目完成投资 1283.9 亿元，占年计划的 104.5%。1315 个三级联动推进项目开工 1263 个，开工率 96%。

总的来看，2018 年全省投资运行总体平稳，但稳中存忧，制约投资持续稳定增长的困难和问题仍然较多。

一是投资下行压力持续增大。近年来，受国内外错综复杂的发展环境影响，全省投资下行压力持续增大。2018 年投资增速呈回落态势明显，从一季度的 12.0%、上半年的 11.7%、三季度的 11.3% 回落到全年的 11.1%。从近几年情况看，投资增速逐年回落态势也较明显（见图 1）。

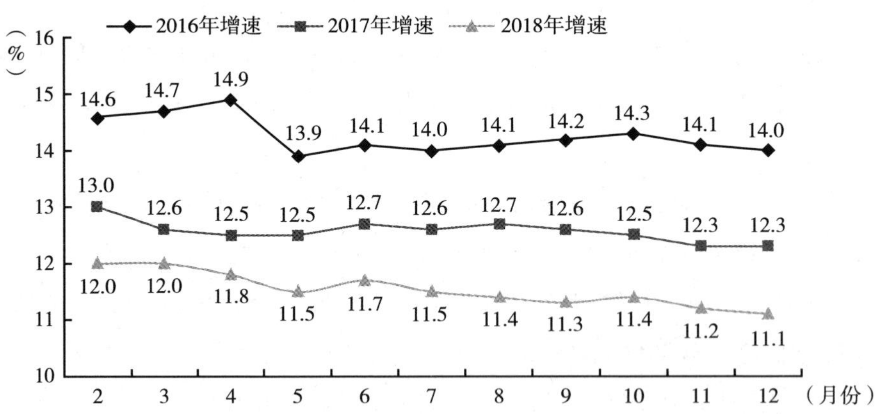

图 1　江西省 2016～2018 年固定资产投资增长曲线（比上年同期增长）

资料来源：江西省发展和改革委员会。

二是亿元以上新开工项目接续不足。全年新开工项目 7388 个，较上年减少 63 个，年度完成投资比上年减少 27.3%。其中，亿元以上新开工项目 2366 个，较上年减少 647 个，年度完成投资比上年减少 36%。从全省 11 个设区市情况看，新开工项目减少的有 6 个，亿元以上新开工项目减少的达 10 个（见表 1）。

表 1　2018 年各设区市亿元以上新开工项目情况

地区	亿元以上新开工项目个数(个)	比上年同期增长(个)	亿元以上新开工项目本年完成投资比上年同期增长(%)
全省	2366	-647	-36.0
南昌市	229	-26	-9.3
景德镇市	109	-70	-76.0
萍乡市	187	-16	-47.3
九江市	360	-234	-61.9
新余市	133	-34	-34.5
鹰潭市	62	-16	-49.0
赣州市	341	-89	-42.0
吉安市	290	-114	-15.4
宜春市	213	3	-10.9
抚州市	178	-26	-23.0
上饶市	264	-25	-26.0

资料来源：江西省发展和改革委员会。

三是房地产开发投资增速放缓。由于房地产信贷资金收紧、重点城市限购限贷限价等影响，房地产开发企业资金回笼放缓，房地产开发企业投资意愿低迷。2018 年，全省房地产开发投资仅增长 8%，比上年回落 5.7 个百分点。从先行指标看，房地产土地购置面积下降 7.2%，比上年回落 37.2 个百分点。

四是投资资金来源依然偏紧。在严控地方政府债务和金融风险的背景下，当前地方政府偿债处于高峰期，地方政府投资能力受限，项目资金保障难度加大。从 6 项资金来源看，债券、国家预算资金、国内贷款、自筹资金等 4 项负增长，较上年分别下降 52%、25.5%、7%、2.6%。

二　2019年固定资产投资运行形势分析

综合分析研判，2019 年江西省固定资产投资运行的整体环境更加错综复杂，有利因素与不利因素交织叠加。

一方面，当前国际环境和国内条件都在发生深刻而复杂的变化，保持投资平稳增长面临更大压力。

一是国际发展环境更趋复杂。受保护主义和单边主义、美联储加息、地缘政治冲突等多重因素影响，世界经济增长动能正在减弱，下行风险不断加大，国际货币基金组织把 2019 年世界经济增长预期从 3.9% 降至 3.7%，世贸组织把 2019 年全球贸易增长预期从 4% 降至 3.7%。二是国内省内经济运行面临不少困难和挑战。从全国情况看，内需增长放缓、发展新动能仍然不足、结构调整阵痛凸显、实体经济经营困难较大。从江西省情况看，内需动力不足、创新能力不强、新旧动能转换不快、民营经济活力不强、营商环境不够优。特别是中美经贸摩擦走势尚难预料，成为制约国内省内经济平稳运行最大的不确定因素。三是影响各领域投资增长的不利因素交织凸显。市场需求方面，2018 年 12 月全国制造业 PMI 为 49.4%，处于荣枯线以下，江西省制造业 PMI 持续下滑，2018 年 12 月仅为 49.8%，33 个月以来首次跌破了荣枯线。市场需求不旺加上中美经贸摩擦、转型升级尚需时日等因素，将对 2019 年制造业投资走势带来一定的不确定性。资金方面，在地方政府债务管理收紧、金融监管加强的形势下，政府平台公司融资渠道明显收缩，基础设施投资增长将面临一定压力。企业融资难融资贵问题依然突出，过去民营企业较为依赖的表外融资明显受限，银行信贷审核对民营企业的抵押要求更严，企业贷款加权平均利率达 5.67%、同比提高 0.19 个百分点，资金问题使民间投资平稳增长面临较大困难。企业投资意愿方面，调查显示，2018 年四季度有 77.7% 的企业因宏观经济不乐观、市场前景不明、看不准投资方向等，在未来六个月内无再投资打算，较三季度提高 1.6 个百分点。项目建设条件方面，当前项目推进中受用地、规划、环保、征迁等方面的影响较大，不少项目由于用地指标较难落实、城市或用地规划调整、环评审批难以通过、征地拆迁难度加大等因素，前期工作推进缓慢，短期内难以开工。

另一方面，我国发展仍处于并将长期处于重要战略机遇期，江西省发展稳中有进的基本态势没有变，支撑投资增长的有利条件依然较多。

从全国看，综合分析时代主题、国际合作、经济全球化趋势、科技革命和产业变革走势等因素，我国经济发展拥有足够韧劲和巨大潜力。2018年以来，国家在减税降费、扶持民营企业发展、放宽市场准入、破解企业融资难问题、保持基础设施领域补短板力度等方面采取了一系列有力举措，特别是习近平总书记2018年9月和10月在辽宁、广东等地调研考察，11月主持召开民营企业座谈会，再次重申了党中央支持民营经济发展的鲜明态度；2019年国家将继续实施积极的财政政策和稳健的货币政策，实施更大规模的减税降费，适当提高赤字率，大幅增加地方政府专项债券发行规模，引导更多资金投向实体经济。国家宏观政策效应的持续释放，将为保持投资平稳运行提供有力支撑。

从江西省看，省委十四届六次全会明确了高质量跨越式发展首要战略和“二十四字”工作方针，进一步凝聚了全省上下建设富裕美丽幸福现代化江西的强大力量。通过多年努力，江西省经济发展形成良好态势，经济增速已连续4年居全国前5位、中部第1位，高质量发展的积极因素持续累积。随着2018年以来江西省优化发展环境、“放管服”改革、开发区改革创新等各项改革持续深化，省政府出台的7个基础设施及公共服务领域补短板三年攻坚行动计划、支持民营经济发展“30条”、扩大开放“30条”等政策措施深入实施，省委十四届六次全会提出的“一圈引领、两轴驱动、三区协调”区域发展战略尤其是大南昌都市圈加快推进，为江西省进一步挖掘投资潜力、拓展投资空间创造了条件、积蓄了能量。

总之，2019年江西省保持投资平稳增长仍需付出艰苦努力，既要充分估计形势的复杂性和严峻性，也要统一认识、坚定信心，抢抓机遇、积极作为，坚持不懈做好抓项目、稳投资各项工作。

三　2019年固定资产投资工作总体要求、预期目标和重点举措

（一）总体要求

2019年是中华人民共和国成立70周年，是全面建成小康社会关键之年。2019年江西省固定资产投资工作的总体要求是：坚持以习近平新时代中国特色社会主义思想为指导，深入贯彻党的十九大，十九届二中、三中全会和中央经济工作会议精神，认真落实省委十四届七次全体（扩大）会议和省委、省政府“大干项目年”部署，牢固树立“项目为王”意识，坚持项目化理念、创新化思维、协同化推进、责任化落实，掀起新一轮重大项目建设热潮，确保固定资产投资平稳运行，为推动全省高质量跨越式发展提供有力支撑。

（二）预期目标

2019年，全省固定资产投资预期增长9%，其中：第一产业预期增长8%，第二产业预期增长11%，第三产业预期增长7%。

（三）重点举措

1. 抓好投资运行监测分析

密切跟踪固定资产投资及民间投资运行情况、重大项目推进情况，切实加强投资形势分析研判，准确把握投资运行态势，及时发现投资运行中的困难和问题，研究提出针对性、操作性强的对策建议，努力完成全年固定资产投资目标。

2. 抓好重大重点项目推进

牵头推动各地、各部门实施2256个省大中型项目，完成年度投资6455亿元左右，其中突出抓好74个投资50亿元以上项目，完成年度投资1314

亿元左右；继续实施一批省重点建设项目，年度完成投资 2000 亿元以上；开展“大干项目年”暨省、市、县三级重大项目开工活动，推动开工 2068 个亿元以上项目。铁路方面，建成昌吉赣客专、蒙华铁路等项目，续建昌景黄高铁、赣深客专、安九客专、兴泉铁路，力争开工昌九客专。公路方面，建成昌九改扩建、广吉、都九高速鄱阳湖二桥等项目，开工大广高速南康至龙南扩容、赣皖界至婺源、宜春至遂川等项目。机场方面，加快推进赣州黄金机场改扩建、井冈山机场二期扩建、宜春明月山机场站坪扩建等项目，力争开工建设昌北国际机场三期扩建、瑞金机场项目，加快抚州机场前期工作。水运水利方面，基本建成廖坊灌区二期工程、赣江高等级航道等项目，续建新干航电枢纽、井冈山航电枢纽、信江八字嘴航电枢纽、双港航运枢纽、红光码头、四方井水利枢纽等项目，力争开工花桥水利枢纽项目，年底前实现南昌至赣州水、陆、空、铁四线贯通。电力方面，建成 500 千伏昌西南、500 千伏赣州西等项目，有序推进新余电厂扩建等项目，开工雅中至江西 800 千伏特高压直流项目和 500 千伏南昌东等项目。产业方面，建成南昌兆驰 LED 外延片、江铃控股上饶新能源汽车一期等项目，推进景德镇吕蒙总装园二期等项目，开工南昌维科电池、赣州众恒科技园等项目。

3. 抓好加大补短板力度工作

协调各地、各部门认真落实省政府《关于保持基础设施领域补短板力度的实施意见》，深入实施 7 个基础设施、公共服务领域补短板三年攻坚行动计划。依托国家重大建设项目库，持续强化补短板重大项目储备。加强沟通衔接，加大地方政府专项债券支持补短板重大项目力度。加强补短板重大项目融资支持，定期梳理并向银保监部门提供补短板重大项目清单。

4. 抓好促进民间投资健康发展

协调各地、各部门全面落实支持民营经济健康发展 30 条措施，坚决破除民营企业发展障碍。依托全省投资项目在线审批监管平台，推动 PPP 项目规范有序实施，建立向民间资本推介项目长效机制，积极引导民间投资参与重点领域项目建设，着力推动推介项目工作长效化、规范化、制度化。

5. 抓好项目前期工作推进

协调各地、各部门把推进前期工作摆在突出重要位置，统筹考虑、科学安排，挂图作战、交叉推进。近期有条件开工的，帮助项目单位加快项目审批（核准、备案）、规划选址、用地、环评、施工许可等事项办理，落实征地拆迁、水电接入、市政配套等建设条件，推动项目尽早开工。建立健全解决重大项目突出问题机制，省级层面针对投资 50 亿元以上重大项目，各地针对所属重大项目，及时召开专题会议协调解决突出问题。

6. 抓好争取国家项目资金支持

协调各地、各部门抢抓当前争取项目、资金的机遇期和窗口期，紧盯国家政策、工作动态，全力争取中央预算内投资支持和企业债券核准发行。针对铁路、高速公路、机场、水利、能源等基础设施领域已谋划但未纳入国家相关规划的重大项目，抓住国家加大基础设施领域补短板力度的政策机遇，在加快推进项目前期工作的基础上，争取国家纳入相关规划、提早启动实施。

7. 抓好投资项目审批提质增效改革

协调各地、各部门抓好《关于推进投资项目审批提质增效改革的实施意见》各项重点任务的深入落实，确保政府投资项目审批时间压减至 79 个工作日以内、企业投资项目审批时间压减至 60 个工作日以内。

参考文献

政府工作报告——2019 年 1 月 27 日在江西省第十三届人民代表大会第三次会议上。

张勇等：《江西经济社会发展报告（2017）》，社会科学文献出版社，2017。

江西投资月度快讯，江西省统计局，2018 年 12 月。

B.3

江西财政形势分析与展望

江西省财政厅课题组*

摘　要： 2018年，面对错综复杂的国内外经济环境，江西省财政保持稳健运行，财政收入稳中提质，在财税体制改革、三大攻坚战等方面取得明显成效。但也存在财政收入规模偏小、收入和支出结构有待优化等问题。本文认为，做好2019年财政工作，要以坚持供给侧结构性改革为主线，着力打好三大攻坚战，推进建设现代化经济体系；加力提效实施积极的财政政策，减费降税优环境，创新举措促发展，厉行节约保民生，攻坚克难推改革，规范管理提绩效，加快建立现代财政制度。

关键词： 财政形势　加力提效　三大攻坚战　财税体制改革　江西

2018年，面对错综复杂的国内外经济环境，全省财政部门在省委、省政府的正确领导和财政部的精心指导下，深入学习习近平新时代中国特色社会主义思想和党的十九大精神，从更高层次贯彻落实习近平总书记对江西工作的重要要求，按照省委十四届六次全会部署，紧紧围绕“六大突破、三大提升”发展思路，统筹推进稳增长、促改革、调结构、优生态、惠民生、防风险各项工作，促进全省经济社会平稳较快发展。

---

* 课题组组长：朱斌，江西省财政厅党组书记、厅长；副组长：潘昌坤，江西省财政厅巡视员。成员：黄平，江西省财政厅办公室主任；苏昌平，江西省财政厅政策法规处处长；聂和生，江西省财政厅国库处处长；陈星，江西省财政厅政策研究室副调研员；张忠华，江西省财政厅办公室主任科员；钟芳根，江西省财政厅政策研究室副主任科员。

一 2018年全省财政工作回顾

2018 年，国内外经济形势严峻复杂，稳中有变。一方面，中央出台更大力度的减税降费政策措施，财政平稳运行的难度加大；另一方面，受中美贸易摩擦等因素影响，江西省消费、出口、投资等主要经济指标增速有所回落，经济下行压力加大。面对经济形势的新变化，全省各级财政部门坚持“稳”字当头，贯彻新发展理念，落实高质量跨越式发展要求，兼顾总量，注重质量，财政收入实现量质双升。

（一）全省财政发展基本情况

1. 一般公共预算执行情况

2018 年，全省财政总收入完成 3795 亿元，增长 10. 1%；一般公共预算收入完成 2372. 3 亿元，增长 5. 6%；总量在全国排第 15 位，比上年提升 2 位，超过天津、重庆。全省税收收入完成 3085. 5 亿元，占财政总收入的比重为 81. 3%，比上年提高 2. 5 个百分点；一般公共预算收入中税收收入完成 1663. 1 亿元，占比 70. 1%，比上年提高 2. 7 个百分点。市县财政发展势头良好，一般公共预算收入超 200 亿元的设区市有 5 个。县、市（区）一般公共预算收入超 10 亿元的 66 个，比上年增加 5 个；超 20 亿元的 16 个，比上年增加 3 个；超 30 亿元的 6 个，比上年增加 1 个，南昌县达到 70 亿元。财政总收入分科目情况见表 1。①

2018 年，全省一般公共预算支出 5669. 9 亿元，增长 10. 9%。支出进度加快、结构优化，做到“有保有压”，更多地投向民生等公共服务领域，老百姓实实在在增加了获得感、幸福感、安全感。全省一般公共预算支出中民生领域的支出达到 4543. 2 亿元，占比 80. 1%，比上年提高 1. 2 个百分点。其中教育支出 1052. 2 亿元，增长 11. 9%，占总支出的比重为 18. 56%，是

① 杨碧玉：《省财政助力经济发展提质增效》，《江西日报》2019 年 1 月 24 日。

表 1　2018 年全省财政总收入分科目情况

单位：万元，%

科目	2018 年	比上年增减		2017 年
		绝对值	增幅	
一、税收收入	16631487	1481365	9.8	15150122
国内增值税	4333196	707667	19.5	3625529
改征增值税	2795797	331891	13.5	2463906
营业税	23296	-44436	-65.6	67732
企业所得税	2226200	403937	22.2	1822263
企业所得税退税	0	—	—	0
个人所得税	890121	193704	27.8	696417
资源税	448832	-147560	-24.7	596392
城市维护建设税	1041137	147703	16.5	893434
房产税	398209	-4143	-1.0	402352
印花税	224982	5457	2.5	219525
城镇土地使用税	489265	-65574	-11.8	554839
土地增值税	1339026	158526	13.4	1180500
车船税	162253	22941	16.5	139312
耕地占用税	441224	-338914	-43.4	780138
契税	1778896	97146	5.8	1681750
烟叶税	15327	-10706	-41.1	26033
环境保护税	23643	23643	—	—
其他各税	84	84	—	0
二、非税收入	7091804	-228698	-3.1	7320502
专项收入	1459121	230322	18.7	1228799
行政事业性收费收入	1522911	-236854	-13.5	1759765
罚没收入	1065358	93165	9.6	972193
国有资本经营收入	28516	-2659	-8.5	31175
国有资源(资产)有偿使用收入	2514408	-101144	-3.9	2615552
捐赠收入	12265	2527	25.9	9738
政府住房基金收入	221724	10033	-4.7	211691
其他收入	267501	-224088	-45.6	491589
一般公共预算收入	23723291	1252667	5.6	22470624
三、上划中央“四税”	9552106	1323564	16.1	8228542
国内增值税 50%	4333186	707656	19.5	3625530
消费税 100%	2402950	331460	16.0	2071490
改征增值税 50%	2792779	328990	13.4	2463789
营业税 50%	23191	-44542	-65.8	67733
四、入中央库所得税	4674481	896460	23.7	3778021
企业所得税 60%	3339300	605905	22.2	2733395
个人所得税 60%	1335181	290555	27.8	1044626
财政总收入	37949878	3472691	10.1	34477187

全省最大支出科目；社会保障和就业支出762.6亿元，增长14.9%；城乡社区支出702.8亿元，增长36.2%；医疗卫生与计划生育支出586.9亿元，增长19.2%。以上四个科目合计支出达到3104.5亿元，占总支出的比重为54.75%。一般公共预算支出分科目情况见表2。

表2　2018年全省一般公共预算支出分科目情况

单位：万元，%

科目	2018年	比上年增减		2017年
		绝对值	增幅	
一般公共服务支出	5312189	540531	11.3	4771658
外交支出	225	187	492.1	38
国防支出	67547	10747	18.9	56800
公共安全支出	3017641	460196	18.0	2557445
教育支出	10521530	1115828	11.9	9405702
科学技术支出	1469852	268995	22.4	1200857
文化体育与传媒支出	785364	38819	5.2	746545
社会保障和就业支出	7625781	986438	14.9	6639343
医疗卫生与计划生育支出	5869232	943342	19.2	4925890
节能环保支出	1634299	200257	14.0	1434042
城乡社区支出	7027631	1867050	36.2	5160581
农林水支出	5899992	-177095	-2.9	6077087
交通运输支出	2303331	14244	0.6	2289087
资源勘探信息等支出	1455795	-702219	-32.5	2158014
商业服务业等支出	364364	18319	5.3	346045
金融支出	23451	-47702	-67.0	71153
援助其他地区支出	31080	80	0.3	31000
国土海洋气象等支出	378440	-22508	-5.6	400948
住房保障支出	1377151	-133218	-8.8	1510369
粮油物资储备支出	174848	3775	2.2	171073
其他支出	613616	34934	6.0	578682
债务付息支出	739180	163491	28.4	575689
债务发行费用支出	6568	-57	-0.9	6625
一般公共预算支出	56699106	5584433	10.9	51114673

2015～2018 年，全省财政总收入、一般公共预算支出增长情况见图 1。

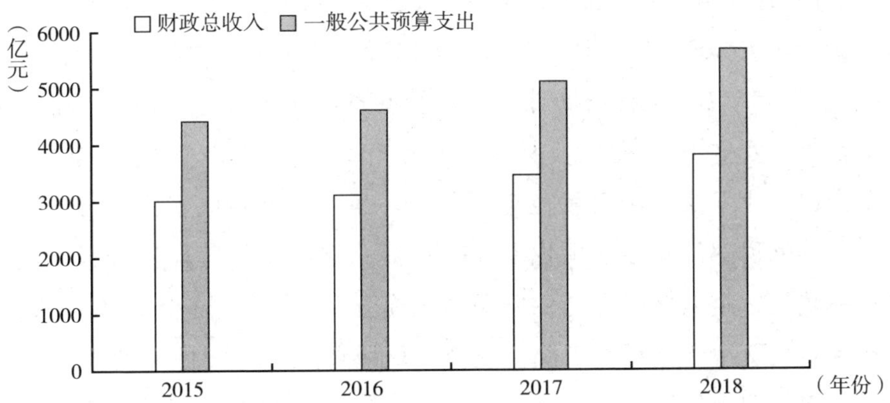

图 1　2015～2018 年全省财政总收入、一般公共预算支出情况

资料来源：2015～2016 年数据来自《江西统计年鉴 2017》，2017～2018 年数据来自江西省财政厅。

2. 政府性基金预算执行情况

全省政府性基金预算收入完成 2568.6 亿元，增长 52.2%，主要是国有土地出让收入增长较快。全省政府性基金预算支出完成 2681.4 亿元，增长 48.1%。

3. 国有资本经营预算执行情况

全省国有资本经营预算收入完成 111 亿元，增长 2 倍，主要是有的地方国有股权出让收入增加较多。全省国有资本经营预算支出完成 92.6 亿元，增长 49.9%。

4. 社会保险基金预算执行情况

全省各项社会保险基金收入完成 1943.9 亿元，增长 20.5%。各项社会保险基金支出完成 1725.2 亿元，增长 27.7%。本年收支结余 218.7 亿元，年末滚存结余 1622.8 亿元。

（二）主要特点

2018 年，围绕高质量跨越式发展总目标，积极发挥财政政策宏观调控作用，打出了稳增长、降成本、促发展等一系列“组合拳”。

1. 积极财政政策聚力增效

2018 年，全省科学技术支出 147 亿元，增长 22.4%，占一般公共预算支出的比重为 2.6%，比上年提高 0.3 个百分点；安排 19.3 亿元支持科技创新“5511”工程倍增计划、创新型省份建设、重点创新产业化升级工程等；安排 10.6 亿元支持工业转型升级，安排 23.5 亿元支持新能源及光伏产业发展。切实减轻企业负担。深入实施降成本优环境专项行动，全年财税部门减免各项税费 659 亿元；继续实行阶段性降低企业社保费率政策，企业职工养老保险单位缴费比例由 20% 降至 19%，失业、工伤保险缴费率不同程度下降。支持区域协调发展。安排补助资金 10.2 亿元，支持赣南等原中央苏区振兴发展；安排 5 亿元用于赣江新区、鄱余万都滨湖四县小康攻坚、赣西转型等重大区域发展战略。助推乡村振兴战略。统筹整合资金 87 亿元实施 290 万亩高标准农田建设；统筹资金 30 亿元用于“整洁美丽、和谐宜居”新农村建设；新增 5 亿元支持 9 大产业发展工程；统筹安排资金 4.5 亿元支持 30 个县发展村集体经济、建设美丽乡村；开展省级田园综合体试点；争取赣南等原中央苏区农村土地整治重大工程中央补助资金 8.78 亿元；出台《关于探索建立涉农资金统筹整合长效机制的实施意见》。增强经济发展动力。自主发行 1082.4 亿元政府债券，基本完成国务院要求的政府存量债务置换工作，每年节约利息超过 100 亿元；新增债券重点支持扶贫、棚户区改造、普通公路建设等重大公益性项目；省发展升级引导基金新增 11 只子基金落地运作，重点聚焦人才创新、民企纾困、环境保护等领域；“财园信贷通”“财政惠农信贷通”当年发放贷款 549 亿元，惠及中小微企业、新型农业经营主体 3.46 万户次；全省农担体系建设初见成效，共设立县级办事处 46 家；财政部门推广运用的 PPP 项目已入管理库 304 个，总投资 2578 亿元。①

---

① 朱斌：《关于江西省 2018 年全省和省级预算执行情况与 2019 年全省和省级预算草案的报告》，《江西日报》2019 年 2 月 18 日。

2. 三大攻坚战取得明显成效

支持打好防范化解重大风险攻坚战，对债务高风险地区进行预警提示和集中约谈，密切监控平台债务风险；全面摸底汇总全省隐性债务情况，制定化解风险实施方案并上报中央；严格按中央规定对违规举债责任人员实行追责问责。支持打好脱贫攻坚战。省级财政专项扶贫资金投入28.8亿元，增长16.4%；完善统筹整合财政涉农扶贫资金机制，支持开展脱贫攻坚“春季攻势”、“夏季整改”和“秋冬会战”行动。扎实推进扶贫领域形式主义、官僚主义突出问题立行立改。江西省2017年度脱贫攻坚工作成效和财政专项扶贫资金绩效评价工作考核居全国前列，获得奖补资金5.1亿元。支持打好污染防治攻坚战。安排31.3亿元开展全境流域生态补偿；安排4.5亿元重点支持长江沿线地区打造“最美岸线”；首轮东江流域横向生态保护补偿资金15亿元已全部筹集到位；出资8亿元支持组建华赣环保集团；全面启动“林长制”工作，生态公益林补偿标准提高到21.5元/亩。

3. 社会民生事业持续进步

连续十二年实施民生工程，2018年统筹1600亿元财政性资金，圆满完成50件民生实事。稳就业方面，安排16.3亿元支持就业创业；加大创业担保贷款贴息及奖补政策支持力度。社会保险方面，连续14年提高企业退休人员基本养老金水平；机关事业单位退休人员月人均养老金水平提高158元；城乡居民基础养老金最低标准提高到105元。抚恤和社会救助方面，城乡低保财政月人均补差水平分别提高到380元、255元；城镇残疾人生活补贴和护理补贴标准分别提高到每人每月60元、70元；统筹提高城乡孤儿、特困人员等群体生活补助标准。医疗保障方面，城乡居民医疗保险财政年人均补助标准提高到490元；基本公共卫生服务人均财政补助标准提高到55元；出台计划生育特殊家庭住院护理补贴保险政策。同时，加大力度支持教育、文化、基层阵地等社会事业发展。制定学前教育、普通高中生均公用经费标准，实现从学前教育到高等教育学校生均经费保障机制全覆盖；巩固义务教育经费保障机制，实现全域义务教育发展基本覆盖；推进文化强省建设，设立中部地区首只文化艺术基金；统筹安排7.6亿元支持文化体制改革；支持省文化中心和基层群众文化体育活动建设；连续第五年提高村级组织年补助标准，达到12万元；提高社区年补助标准，达到10.5万元。

4. 财税体制改革扎实推进

预算管理制度改革方面，率先在基本公共服务、水利领域推开省与市县财政事权和支出责任划分改革；滚动编制2018～2020年省级中期财政规划。税制改革方面，制定环境保护税省以下收入分成办法，并顺利开征；落实个人所得税提高起征点和增值税税率下调、统一小规模纳税人标准等政策。推进预算绩效管理，选择社会关注的17个民生项目进行重点绩效评价。其他方面，在全省各级开展政府综合财务报告编制改革试点；深化政府采购改革，省本级政府采购推行“网上购物”模式；加强国有资产管理，首次向人大报告全省国有资产管理情况；出台《江西省矿业权出让收益征收管理实施办法》；推进公务消费网络监管平台在省、市、县、乡四级全面上线运行；打造全新的“江西会计综合管理服务平台”。

二　全省财政发展面临的问题

2018年，江西省财政运行总体稳中有进、稳中提质，完成了年初预定的目标，取得了令人欣喜的成绩，但也面临不少问题和困难，主要表现如下。

（一）全省财政收入“盘子”偏小

2018年，江西省常住人口和地区生产总值占全国的比重分别约为3.33%和2.44%，但财政总收入占全国的比重仅有2.05%，江西省人均财政收入约为全国平均水平的61%左右。与中部地区其他省份相比，江西的财政收入规模仍然较小，以一般公共预算收入为例，2018年中部地区六省分别是：河南省3764亿元，湖北省3307亿元，安徽省3049亿元，湖南省2861亿元，江西省2372亿元，山西省2293亿元（见图2）。江西省一般公共预算收入在中部六省中排在倒数第二，仅高于山西省，且领先不多，不足百亿元。

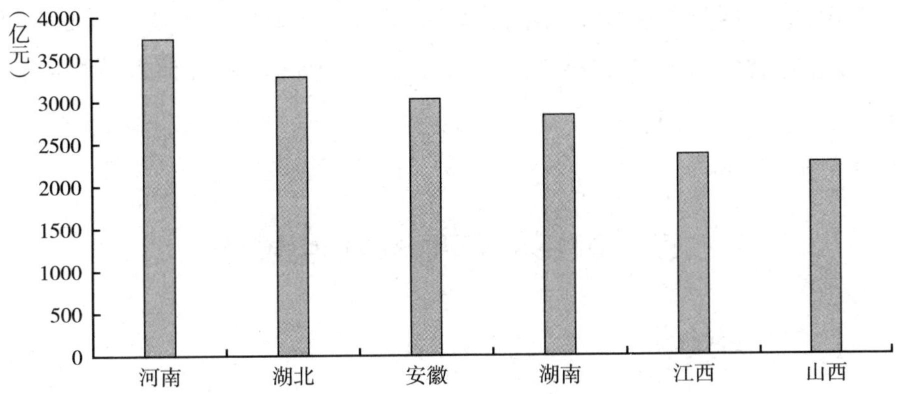

图 2　2018 年中部地区六省一般公共预算收入对比

资料来源：各省财政厅官网。

（二）收入质量有待进一步提升

2018 年，全省财政总收入和一般公共预算收入的税收收入占比分别为 81.3%、70.1%，双双超过了 80%、70% 的整数值，达到了近四年来的最高值，但与 2015 年之前的大多数年份相比，税收占比依然处于历史偏低水平。和全国平均水平相比，江西省的税收占比仍然差距较大，2018 年全国一般公共预算收入中税收收入的比重是 85.3%，江西省低了 4 个百分点。

（三）支出结构有待进一步优化

创新引领是江西发展的第一动力。围绕省委“创新引领”的工作方针，江西省财政大幅度增加科学技术支出，2018 年增幅 22.4%，比全省一般公共预算支出增速高 11.5 个百分点。但整体上总量并不大，2018 年全省科学技术支出 147 亿元，占一般公共预算支出的比重为 2.6%。而 2018 年全国科学技术支出占比达到 3.8%①，比江西省高 1.2 个百分点。和东部经济发达

① 2018 年全国一般公共预算支出 220906 亿元，其中科学技术支出 8322 亿元，占比 3.8%。资料来源：财政部网站。

省份相比，江西省的差距就更大。2018 年浙江省科学技术支出 379.66 亿元，是江西省的 2.58 倍；科学技术支出占比 4.4%[①]，比江西省高 1.8 个百分点。

三 2019年江西财政形势展望

（一）形势分析

从国际环境看，考虑国际上受贸易单边主义、中美贸易摩擦和英国脱欧对欧洲经济影响等不确定因素，外部环境充满挑战，前景持续不明朗，全球经济下行风险正在增加，国际货币基金组织已下调全球经济增速预期。

从政策层面看，全国财政工作会议提出 2019 年积极的财政政策要加力提效。“加力”体现为实施更大规模的减税降费和增加支出规模，实行普惠性减税和结构性减税相结合，重点减轻制造业和小微企业税收负担，支持实体经济发展。“提效”体现在提高财政资金配置效率和使用效率，增加对脱贫攻坚、“三农”、结构调整、科技创新、生态环保、民生等领域的投入。

从江西省财政形势来看，江西省经济面临的宏观环境依然复杂多变，各项财政减收增支因素仍然十分集中，在财政收入方面，全省经济稳定运行的基础仍不牢固，经济运行仍存在不少突出的矛盾和问题，主要是产业结构不合理，工业中传统产业特别是能源原材料产业占比较大，创新能力不足、竞争力不强，加之江西省传统工业产品价格有所回落，传统产业转型解困压力较大，相关行业税收快速增长的势头难以为继。同时加力提效实施积极的财政政策，落实减税降费政策措施对财政收入增长将带来影响；在财政支出方面，增支政策多、刚性强，收支矛盾日益突出，资金压力空前，财政形势严峻，不容乐观。

① 2018 年浙江省一般公共预算支出 8627.51 亿元，其中科学技术支出 379.66 亿元，占比 4.4%。资料来源：浙江省财政厅网站。

综上所述，2019 年全省财政总收入预算比 2018 年执行数增长 5%，一般公共预算收入增长 4%，税收占财政总收入的 82%，地方税收占一般公共预算收入的 71%。

（二）指导思想

以习近平新时代中国特色社会主义思想为指导，深入贯彻党的十九大和十九届二中、三中全会精神，从更高层次贯彻落实习近平总书记对江西工作的重要要求，坚持和加强党的全面领导，坚持稳中求进工作总基调，坚持新发展理念，坚持以供给侧结构性改革为主线，紧紧围绕省委确定的“创新引领、改革攻坚、开放提升、绿色崛起、担当实干、兴赣富民”工作方针，着力打好三大攻坚战，推进建设现代化经济体系。积极的财政政策要加力提效，减税降费优环境，创新举措促发展，厉行节约保民生，攻坚克难推改革，规范管理提绩效，加快建立现代财政制度，推动江西高质量跨越式发展，着力建设富裕美丽幸福现代化江西，共绘新时代江西物华天宝人杰地灵新画卷。

（三）政策措施

1. 积极财政政策加力提效

为深入推进创新型省份建设，进一步加大财政资金在科技创新方面的投入力度；大力支持具有江西特色的现代化经济体系建设，加快产业转型升级，推动航空、人工智能等新兴产业发展，力促制造业高质量发展，以重塑江西制造业辉煌；深化国资国企改革，推进江西国有企业高质量发展；加大基础设施补短板力度，支持军民融合、全域旅游及铁路公路建设；切实落实减税降费等惠企政策，帮扶民营企业和中小微企业发展；促进扩大国内消费和对外开放。扎实推进乡村振兴战略，构建新型农业支持保护政策体系；深入推进农村人居环境综合整治，切实改善农村人居环境。推动落实国家和省重大区域发展战略，支持打造“一圈引领、两轴驱动、三区协同”区域发展格局。实施更大规模的减税降费，大幅加大地方政府专项债券发行力度；

加快发展升级引导子基金落地运作，稳妥推进“财园信贷通”“财政惠农信贷通”融资模式，规范有序推进 PPP 项目；推进政府性融资担保体系建设，积极对接国家融资担保基金，着力缓解市场主体融资难题，撬活更多资源帮扶实体经济。①

2. 全力打好三大攻坚战

聚焦重大风险的关键领域和重点环节，以底线思维防范化解重大风险。加强政府性债务管理，出台防范化解地方政府隐性债务风险及问责办法的贯彻实施意见，建立政府举债终身问责制和债务问题倒查机制，妥善化解政府隐性债务存量，坚决遏制隐性债务增量，严控法定专项债券风险隐患；加快融资平台公司市场化转型，支持地方在建项目平稳建设。着力支持脱贫攻坚，加大省级财政扶贫资金投入，推进财政涉农扶贫资金整合；加快扶贫资金动态监控机制建设，推进扶贫项目资金实施全过程绩效管理。高质量推进国家生态文明试验区（江西）建设，聚焦打赢蓝天保卫战等八大标志性战役；支持长江经济带“共抓大保护”攻坚行动；推动实施新一轮东江跨省流域横向生态保护补偿，建立和完善长江经济带沿线省份跨省流域和省内流域横向生态保护补偿机制，以更高标准打造美丽中国“江西样板”。

3. 倾力保障和改善民生

统筹 1800 亿元财政性资金实施民生实事工程，围绕就业和创业等八个方面，集中办好 51 件惠民实事，持续增强人民群众获得感幸福感安全感。把稳就业摆在更加突出的位置，帮扶困难群体就业创业。大力实施教育强省战略，支持发展公平优质教育。加大公共卫生投入，支持五所省级公立医院新院建设，开展县域综合医改试点，推进健康江西建设。稳步提高城乡居民基本养老、基本医保、城乡低保等补助标准，及时足额发放社保各项待遇。推动完善公共文化服务体系，加快文化强省建设。继续推进保障性安居工程建设。支持提升城市功能与品质。加强公共场所安全防护设施建设。加大对

① 《江西省十三届人民代表大会财政经济委员会关于江西省 2018 年全省和省级预算执行情况与 2019 年全省和省级预算草案的审查结果报告》，《江西日报》2019 年 2 月 13 日。

城镇贫困人口脱贫解困的帮扶力度，确保群众基本生活底线，织密织牢社会民生“保障网”。

4. 着力深化财税体制改革

认真贯彻落实“巩固、增强、提升、畅通”八字方针，发挥好财税政策的结构性调控优势，扎实推进供给侧结构性改革。推进江西省医疗卫生等领域财政事权和支出责任划分改革。深化预算管理制度改革，加强支出标准体系建设，完善项目库管理。深化增值税改革，明显降低增值税税负；推进综合与分类相结合的个人所得税制改革。加大省对市县转移支付力度，完善转移支付制度体系。省级开展党政机关和事业单位经营性国有资产集中统一监管试点。推进企业职工养老保险基金省级统收统支，研究制定工伤保险省级统筹方案。推进划转部分国有资本充实社保基金工作。出台完善国有金融资本管理的实施意见。落实向人大专项报告金融国有企业情况。全面实施预算绩效管理，研究制定省级专项转移支付绩效目标管理办法，建立评价结果与资金安排、政策调整的挂钩机制。

5. 强力抓好预算执行管理

依法依规组织财政收入，严禁弄虚作假，提升收入质量。强化预算刚性约束，严格执行人大审批的预算，从严控制预算调整。推进实现国库集中支付电子化“全覆盖”；建设省级预算单位财务核算统一平台；提高政府采购效率，推进财政投资评审实现“一次不跑”。加大财政资金、资产、资本盘活力度，提高财政资源配置效率。着眼过“紧日子”，全省各级部门一般性支出按照不低于5%的比例压减；加强财政支出审核及动态跟踪，严禁大手大脚、铺张浪费。继续加大对困难地区和基层政府保工资、保运转、保基本民生的支持力度。

参考文献

朱斌：《推动全省财政高质量跨越式发展》，《江西日报》2019 年 1 月 2 日。

朱斌：《关于江西省2018年全省和省级预算执行情况与2019年全省和省级预算草案的报告》，《江西日报》2019年2月18日。

江西省统计局、国家统计局江西调查总队：《江西统计年鉴2017》，中国统计出版社，2017年。

《江西省人民政府关于印发在全省政府系统大力开展忠诚型创新型担当型服务型过硬型政府建设加快推动江西高质量跨越式发展实施方案的通知》（赣府字〔2018〕64号）。

《江西省第十三届人民代表大会财政经济委员会关于江西省2018年全省和省级预算执行情况与2019年全省和省级预算草案的审查结果报告》，《江西日报》2019年2月13日。

韩洁、郁琼源、王锦萱：《2019年积极的财政政策如何加力提效？——解读全国财政工作会议释放的积极信号》，新华社2018年12月28日电。

杨碧玉：《省财政助力经济发展提质增效》，《江西日报》2019年1月24日。

B.4

江西工业形势分析与展望

江西省工业和信息化厅课题组*

摘　要： 2018年，江西省工业经济总体平稳、稳中有进、稳中提质，全面完成年度目标任务。本文从稳增长、调结构、强创新、促转型、深改革、扩开放等六个方面，回顾总结了江西工业发展取得的成绩，从“变数”“定数”“位数”等方面，分析了当前发展面临的形势。2019年，江西省工业将践行新发展理念，紧扣高质量跨越式发展要求，深入实施工业强省战略，以供给侧结构性改革为主线，加快构建具有江西特色的现代化产业体系，奋力书写新时代江西物华天宝人杰地灵新画卷中的工业华章。

关键词： 工业强省　高质量跨越式发展　供给侧结构性改革　江西

一　2018年江西工业运行情况分析

2018年，江西深入贯彻习近平新时代中国特色社会主义思想和党的十

* 课题组组长：杨贵平，硕士研究生，江西省工业和信息化厅党组书记、厅长。副组长：辛清华，硕士研究生，江西省工业和信息化厅党组成员、副厅长。成员：刘运明，大学本科，江西省工业和信息化厅综合处处长；曾祥清，大学本科，江西省工业和信息化厅综合处副处长；武飞，工程硕士，江西省工业和信息化厅副调研员；陈焕标，大学本科，江西省工业和信息化厅综合处干部；黄金城，大学本科，江西省工业和信息化厅综合处干部；梅斌，大学本科，江西省工业和信息化厅综合处干部。

九大精神，坚持稳中求进工作总基调，坚持新发展理念，以供给侧结构性改革为主线，以高质量发展为方向，深入实施工业强省战略，认真抓好稳增长、调结构、强创新、促转型、深改革、扩开放等各项工作，全省工业经济总体平稳、稳中有进、稳中提质。

（一）基本情况

2018 年，江西省规模以上工业增加值同比增长 8.9%，高出全国平均水平 2.7 个百分点，增速列全国第 8 位、中部第 1 位，连续 5 年位于全国“第一方阵”；实现主营业务收入 32077.4 亿元，增长 12.0%，高出全国平均水平 3.5 个百分点；实现利润总额 2157.8 亿元，增长 16.5%，高出全国平均 6.2 个百分点（见图 1 至图 3）。

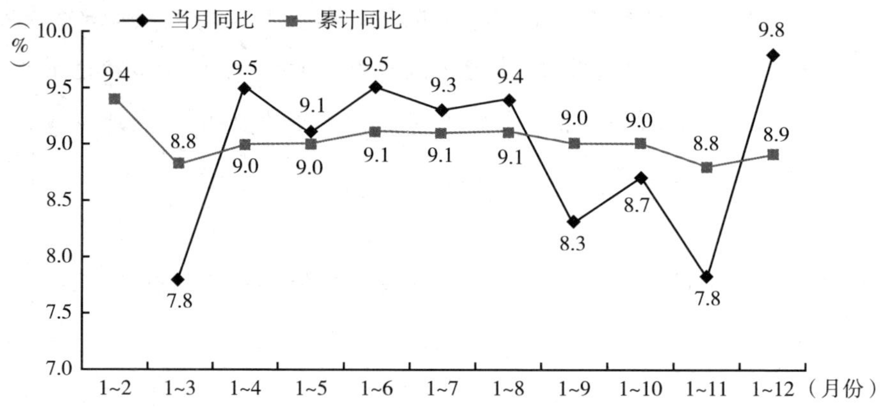

图 1　2018 年江西省规模以上工业增加值分月增长情况

资料来源：江西省工业和信息化厅。

（二）基本特点

其一，工业生产平稳增长。一是主要行业实现增长。2018 年，全省有 35 个行业增加值保持增长，占全部 38 个行业的 92.1%。其中，电子信息、航空、钢铁、有色、建材、装备、光伏、石化等行业实现两位数增长。二是

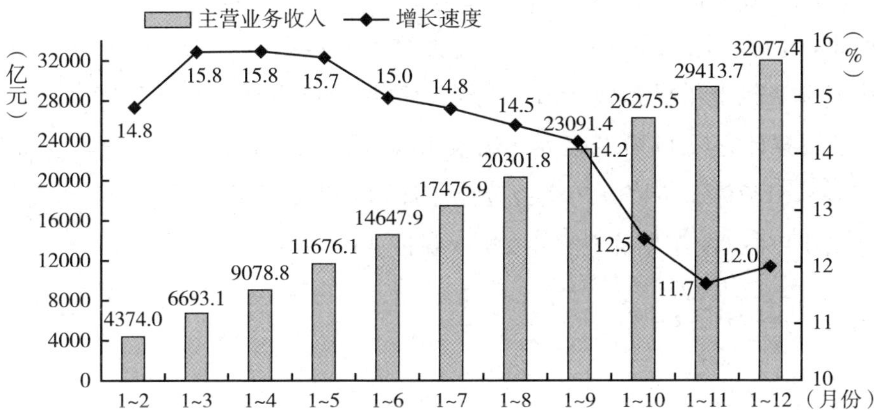

图 2　2018 年江西省规模以上工业主营业务收入分月完成情况

资料来源：江西省工业和信息化厅。

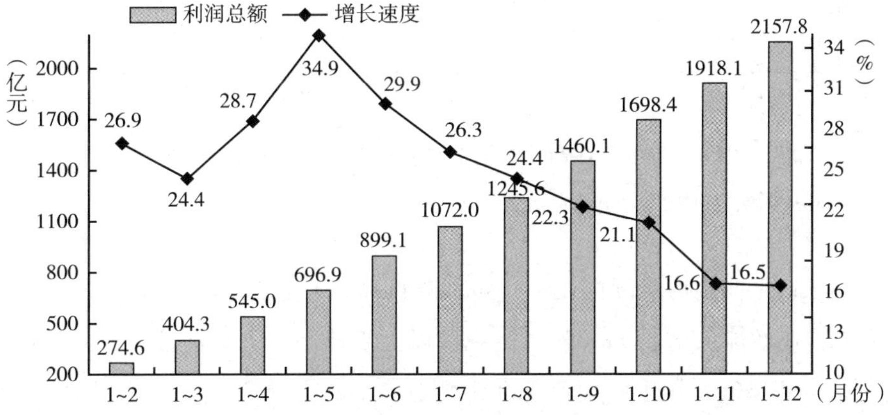

图 3　2018 年江西省规模以上工业利润总额分月完成情况

资料来源：江西省工业和信息化厅。

工业产品生产良好。在 370 种全省重点监测的主要工业产品中，216 种工业产品产量实现增长，占比达 58.4%。三是工业用电指标向好。全省工业用电额为 904.1 亿千瓦时，同比增长 7.38%；其中，制造业用电额为 567.2 亿千瓦时，同比增长 8.49%。

其二，企业效益有所改善。一是成本持续下降。每百元主营业务收入中成本 86.61 元，同比下降 0.17 元。二是效益持续改善。主营业务收入利润率 6.73%，较上年提高 0.26 个百分点，高出全国平均水平 0.24 个百分点；工业税收累计完成 1130.9 亿元，增长 15.6%。三是关联指标向好。企业资产负债率 51.7%，下降 0.7 个百分点。江西省工业生产者出厂价格指数 12 月上涨 0.2%，全年累计上涨 4.2%（见图 4）。

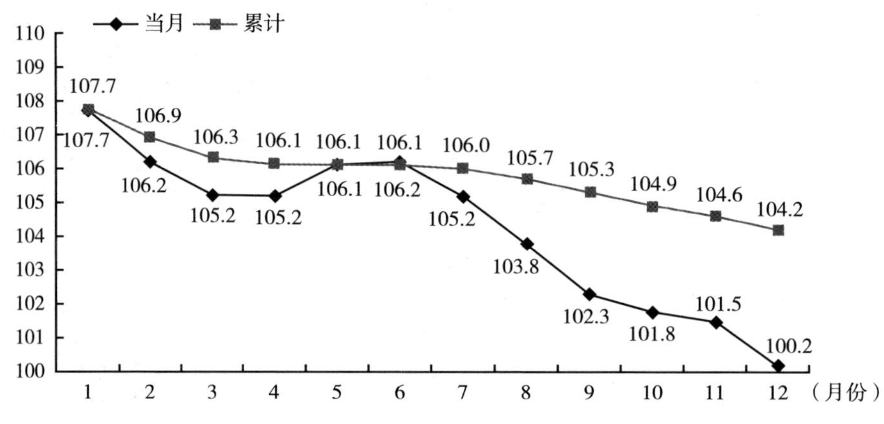

图 4　2018 年江西省工业生产者出厂价格指数分月情况

资料来源：江西省工业和信息化厅。

其三，工业结构持续优化。一是战略性新兴产业加速成长。江西省战略性新兴产业增加值增长 11.6%，比规模以上工业高 2.7 个百分点，占规模以上工业的 17.1%，较上年提高 2.0 个百分点。二是高新技术产业快速发展。高新技术产业增加值增长 12.0%，比规模以上工业高 3.1 个百分点，占规模以上工业的 33.8%，较上年提高 2.9 个百分点。三是装备制造业迈进高端。装备制造业增加值增长 15.2%，比规模以上工业高 6.3 个百分点，占规模以上工业的 26.3%，较上年提高 0.8 个百分点。四是工业新产品快速增长。LED 管、中成药、智能手机等工业新产品产量分别增长 23.1%、17.8%、10.6%。

其四，工业项目稳步推进。一是工业投资稳步增长。江西省工业投资增长 13.1%，占江西省固定资产投资的 48.9%。其中，工业技术改造投资增长 39.1%，占工业投资的 27.7%，较上年提高 5.2 个百分点。二是重大项目稳中有序推进。江西省共实施 3398 项亿元以上工业项目，项目总投资 19675.3 亿元，累计完成投资 9466.7 亿元，占比 48.1%；其中，2018 年当年完成投资 6118.0 亿元。实施 1708 个投资 500 万元以上技术改造项目，其中：亿元以上技术改造项目 1078 个。江西省重点推进的 100 项投资 10 亿元以上重大工业项目中，29 项开工建设，35 项已完工或部分投产。

（三）基本经验

其一，精准施策稳增长。一是有力稳预期。省委、省政府出台《关于深入实施工业强省战略推动工业高质量发展的若干意见》，成立省政府主要领导任组长的工业强省建设领导小组，召开全省工业强省推进大会，制定江西省工业高质量发展考核评价办法，在全省营造了大抓工业的稳定预期。二是努力稳企业。企业精准帮扶 App 平台收集问题办结率 90.5%。建立产融合作主导产业重点企业“白名单”制度。争取到国家新能源汽车补贴 15.5 亿元、专项资金 4.43 亿元、融资担保机构降费奖补资金 9317 万元。全年新增入规企业超 1000 户，新认定“专精特新”350 家、小巨人 60 家、单项冠军 13 家，远大保险设备集团入选全国单项冠军，新钢等龙头企业呈现两位数增长。江铃集团突破千亿元。三是全力稳投资。开展“项目落实年”活动，建立亿元以上工业项目和 500 万元以上技术改造项目库。“三百一重”项目稳步推进。四是大力稳运行。制定实施促进工业平稳增长的若干措施。建立实施省市、园区和重点企业纵向，电力、运输、统计、税务等部门横向相结合的“双向”运行协调机制，定期调度分析，做好要素保障和数据协调。

其二，多措并举调结构。一是新兴产业倍增提速。分行业编制产业链图、技术路线图、应用领域图和区域分布图，印发 100 个产业链全景图。航空形成集研发、设计、制造、试飞、适航取证于一体的民机产业体系。中医药科创城建设实现一年定框架。电子信息编制京九（江西）电子信息产业带发展规划并召开推进会。新能源汽车及锂电实现两位数增长。二是传统产业升级提档。省政府出台传统产业优化升级“1+8”三年行动计划，召开全省优化升级工作推进会，在有色等八大产业实施技术改造等八大提升行动，在九江市和南昌青山湖区等“1+8”市县开展省级综合试点和分行业试点。制订实施技改三年行动计划。三是新经济新动能加速成长。“03”专项推广应用300多项，NB-IoT和eMTC两张网全省全域覆盖，物联网产业突破500亿元。上线运行中国稀金谷产业大数据平台、江西新能源汽车大数据中心。江西工业设计中心开工建设，举办第三届“天工杯”工业设计大赛，景德镇602所的AV500无人直升机项目获中国工业设计金奖。

其三，加大力度强创新。一是抓企业创新能力。召开江西省工信系统技术创新工作大会。完成2017年度企业创新能力提升活动总结和成效评估，启动2018年“3+5”推进计划。江铃底盘、崇义章源、赣锋锂业、晶科能源等获国家技术创新示范企业。二是抓创新平台。北航江西研究院揭牌成立，通航飞行服务院士工作站落地，认定30家省级企业技术中心，筹建4个产业研究院，组建5个工业园区产业创新服务综合体和4个省级制造业创新中心，以企业技术中心、工业设计中心、产业技术研究院、制造业创新中心、园区产业创新服务综合体为架构的创新平台体系初步形成。三是抓技术攻关。组织关键共性技术攻关，评审发布5项关键共性技术项目，遴选实施企校院所联合攻关。完成省级新产品立项610项，验收120项，评选和表彰2017年度省级优秀新产品167项。四是抓成果转化。2016年、2017年度两批重点创新成果产业化升级工程项目加快实施，组织2018年度项目遴选实施工作。举办中国国际产学研用（江西）大会、第二届江西省高校科技成果对接会。五是抓质量品牌。推进增品种、提品质、创品牌“三品”行动，晶科能源成为全国“质量标杆”，新干箱包皮具、樟树金属家具、湘东工业陶瓷入选国家产业集群区域品牌建设试点。青山湖纺织基地获批国家纺织服装创意设计试点。推荐9人全部入选中国工艺美术大师。

其四，突出重点促转型。一是智能化转型加快。制定电子、汽车、冶金、有色等12个行业智能化改造技术路线图，开展“智能制造服务进企业”活动，智能制造“万千百十”工程累计应用智能装备10572台（套），建成“数字化车间”及“智能工厂”749个，培育2个省级两化融合园区和50家示范企业，新增16家企业通过国家两化融合管理体系评定，上云企业突破7000家，制造业双创平台普及率78.8%。二是绿色化转型不断加快。培育6个省级绿色园区、36家省级绿色工厂，4个国家级绿色园区、14家国家级绿色工厂。打好工业污染防治攻坚战，抓好长江经济带共抓大保护工作及中央环保督察、长江经济带生态环境保护审计反馈问题整改。开展长江经济带化工企业摸底调查，制定化工企业清理整顿退出方案，调整沿江沿湖市县首位产业。三是集群化转型加快。出台进一步促进产业集群转型升级实施意见，制定“集群式项目满园扩园”行动方案。新增国家新型工业化产业示范基地3个、省级示范基地5个、省级重点产业集群12个、新兴产业集聚区4个。

其五，凝心聚力深改革。一是供给侧结构性改革深化。严防“地条钢”死灰复燃，从严从快查处抚州高新区江西金品铜科公司、寻乌县永德精密铸造公司等“地条钢”违法违规行为。治理“散乱污”企业，推动落后产能退出。深入开展降成本优环境专项行动，落实152条惠企政策，全年减负约1200亿元。二是“放管服”改革深化。行政许可和行政确认事项实现一窗办理，执法检查全部实现“双随机一公开”。优化无线电管理，打击“黑广播”“伪基站”，保障重大活动、关键时期无线电安全。

其六，双向互动扩开放。一是成功举办2018世界VR产业大会。来自全球23个国家和地区1000多家企业、170多家高校、研究机构和行业协会近5000人参会，马云等顶尖专家、企业家，微软等龙头企业到会。现场签约项目157个、资金631.5亿元。大会永久落户江西，成为世界级产业新平台、对话新窗口、开放新名片。二是专项活动富有成效。省政府与工信部、中国民航局、中航工业、中国商飞、北航、360企业安全集团、商汤集团等建立合作关系。全国首个省局共建民航适航审定中心在江西设立，首张无人机航空运营许可证发放江西，江西快线通勤航空有限公司正式获得135部载

客类运行许可和经营许可，C 919 飞机成功转场试飞瑶湖机场核心试飞基地。推动与葡萄牙共建欧洲（葡萄牙）中医药文化体验中心和中医联合研究实验室。三是产业对接有声有色。组织国际麻纺博览会、国际锂电新能源产业展览会、高分卫星遥感技术应用推广会、绿发会电子信息推介和中医药论坛、海绵产业推介会、03 专项成果产业对接会等，有力支持赣产赣企赣品“走出去”，扩大了国际知名度。

二　2019年江西工业发展面临的机遇与挑战

2018 年江西工业虽然保持平稳较快发展态势，但仍然存在一些突出问题和矛盾。2019 年国内外经济形势依然错综复杂，江西工业经济下行压力较大的风险不容忽视。

（一）辩证把握稳定中的“变数”

在和平、发展、开放、合作的时代主流之下，当今世界正面临百年未有之大变局，其蕴含的变数既有带来机遇的正能量，也有逆流而动的负能量。最重要的是新一轮科技革命和产业变革正在加速兴起。一些重大科学问题和关键核心技术已经呈现革命性突破的先兆，人工智能、物联网、大数据、区块链等新一代信息技术加速突破应用，融合机器人、数字化、新材料的先进制造技术加速推动制造业转型，使世界各国和地区几乎站在同一起跑线上，谁抓住了机遇就能率先突围，占领制高点。最需要关注的是政治上的民粹主义、单边主义和贸易上的保护主义抬头，冲击全球稳定与繁荣，典型就是由美国挑起的中美贸易摩擦事件。这是当今世界最大的不确定性。这是一场遭遇战，也是一场持久战。表面看是贸易之争，本质上还是围绕资源、地位、文明和制度展开的大国之争，其产生的政治、外交、科技、军事、文化等领域的影响，已经对中美双方及世界经济造成一定冲击。国际货币基金组织 2018 年 10 月将 2019 年全球经济增速预期由 3.9% 下调至 3.7%，这是 2016 年以来首次下调。最现实的是美国对我国商品加征关税以及我国降低关税扩大进口，国内相关产业特别是消费品工业面临较大的竞争压力。一些企业对美出口订单已经明显下降、出口成本明显提高，一些产品进口价格明显下降，品类和数量明显增加，不少行业已经感受到压力。下一步中美经贸摩擦走势尚难预料，一旦美方继续极限施压，其冲击可能沿产业链加速从沿海向内陆省份传导。江西省工业虽然外向度不高，但难以独善其身。

（二）善于发现变化中的“定数”

受外部环境明显变化传导和内部经济结构调整影响，我国经济保持持续健康发展的难度有所增加，但稳的根基还在、定的支撑不变。一是我国经济长期稳中向好的基本面没有变。经过改革开放 40 年砥砺奋进，我国已经积累了一定的物质基础，发展条件良好，产业体系之完善程度居全球之最，科技创新能力不断增强，制度优势独特、政治优势明显、深化改革扩大开放带来的政策红利不断释放，经济发展韧性、潜力和回旋空间巨大，我国仍处于并将长期处于重要战略机遇期。与此同时，中央高度重视发展实体经济，把推动制造业高质量发展摆在更加突出的位置，陆续推出系列真金白银的政策措施，未来发展环境将进一步改善。二是支持民营经济加快发展的既定方针没有变。中央力挺民企，特别是习总书记亲自主持召开民营企业座谈会，明确要从减轻税费负担、解决融资难融资贵问题、营造公平竞争环境、完善政策执行方式、构建亲清新型政商关系、保护企业家人身和财产安全等 6 个方面，大力支持民营企业发展，让民营企业家吃下定心丸，安心谋发展，在实现自身抱负的同时为国家经济健康稳定做贡献。三是江西省工业发展的良好态势没有变。经过多年发展，特别是党的十八大以来，江西省新型工业化进程不断加快，已经进入工业化中后期，站在了新的历史起点。近年来，江西省委、省政府大力振兴实体经济，明确提出深入实施工业强省战略、重塑江西制造业辉煌，为新时代江西工业发展注入了强劲动力。江西工业仍然大有可为也应当大有作为。

（三）清醒认识调整中的“位数”

近年来，江西省GDP增速位居全国第一方阵，这与工业保持较快增长是密不可分的。2018年9月以来江西省工业增速在中部和全国的排位有所后移，工业经济下行压力增大。一是新旧动能接续不足。江西省工业近年来较快发展，主要还是依靠传统产业的拉动，得益于大宗商品价格的上涨，这种方式不可持续。同时，江西省传统产业层次不高、比重较大，增速大幅回落，新兴产业核心竞争力不强，体量尚小且增长明显放缓，支撑力还不够，未来工业保持较高增速压力较大。二是区域竞争不断加剧。从增速看，2018年江西在中部被安徽反超，湖南、湖北等快速追赶，要保持中部领先难度很大。从总量看，广东、江苏、浙江、福建等沿海工业强省率先向高质量发展阶段转变并保持较快增长，江西的差距越来越大。三是发展期望越来越高。江西省委十四届六次全会确立了高质量跨越式发展首要战略。未来很长一段时间，经济高质量跨越式发展仍然要靠工业。

当前形势稳与变都有、危与机同在、喜与忧并存。要做到以进促稳、以稳应变，化挑战为机遇，变危机为生机，未雨绸缪谋划各项工作。

三　2019年江西工业发展展望

2019年江西将继续深入实施工业强省战略，坚持以工业供给侧结构性改革为主线，按照“巩固、增强、提升、畅通”八字方针要求，大力实施新兴产业倍增、传统产业优化升级、新经济新动能培育“三大工程”，加快构建现代化产业体系；突出创新、融合、绿色、开放、安全“五大路径”，努力培育高质量发展新动力；强力夯实项目、企业、园区、集群、产业“五大载体”，坚决筑牢跨越式发展基础。力争全省规模以上工业增加值增长8.5%左右，主营业务收入和利润总额增长率皆在9%左右，工业投资增长10%左右，单位工业增加值能耗下降3%以上。

（一）着力稳增长，促进工业平稳运行

一是强化运行稳预期。树立综合运行、齐守底线的工作理念。制定出台稳增长若干措施。落实中央各项减税降费措施和省152条，围绕全年运行目标，不断加强重点监测、分析研判、预测预警、督导调研，层层传导压力，齐心协力促进工业平稳增长。组织召开全省工业强省推进大会，强化舆情引导和正面宣传，让投资者、企业家和社会各界稳定信心和预期。通过工业企业分类评价试点、工业高质量发展考核评价、工业崛起奖励表彰等工作，推动各地工业争相发展。二是狠抓项目扩投资。开展“大干项目年”活动，突出项目为王。加强项目谋划，全年储备3000项以上投资过亿元项目。实施集群式项目“满园扩园”行动，国家级、省级开发区每年至少分别引进投资50亿元、20亿元重大项目1个。加快项目建设，力争新开工1500项左右投资亿元以上项目，完工投产1000项左右。省级重点调度“三百一重”项目，加强指导和跟踪服务，加快项目建设进度，推动项目达产达标。三是畅通供需扩市场。组织20场左右产业链对接活动，推进电子信息与材料、机械装备与钢铁、纺织与服装、中医药制造与中药材种植等产业链供需配套，组织产业集群网上对接活动。引导企业加快调整产品结构，提高产品质量，扩大产品销售。举办庆祝中华人民共和国成立70周年江西制造成就展。四是加强帮扶稳企业。深入精准实施降成本优环境专项行动，通过省领导挂点帮扶、厅局对口园区和精准帮扶App平台等多种方式，帮扶解决用地、用工等问题。公示新一批“白名单”企业，支持企业有序融资，配合监管机构做好稳杠杆和防范重大金融风险工作。用好国家融资担保业务降费奖补政策，引导融资性担保机构加大对小微企业融资服务力度。支持民营企业、上市企业利用纾困资金化解难题。

（二）着力强实力，推动工业跨越式发展

一是梯次培育壮大优质企业。实施企业梯次培育行动，分产业、分层级扶持培育一批龙头企业，打造中流砥柱；实施中小企业成长提升计划，

支持企业技术成果转化，大力培育“专精特新”、专业化小巨人和单项冠军企业，形成重要支撑；支持小微企业创新创业、入规入统，全年新增入规企业1500家左右，育好源头活水。二是增强产业集群支撑力。按照江西省区域发展新格局，强化省市合作，加快建设沪昆（江西）新能源、新材料、装备制造产业带和京九（江西）电子信息、新材料产业带，大力培育先进制造业集群，争创国家级制造业高质量发展示范区。实施产业集群提升行动，培育重点集群10个以上、省级重点产业集群达到100个，强化“亩产论英雄”导向，通过“两率一度”综合考核，促进产业集群发展提升。全力打好精准脱贫攻坚战，将贫困县产业集群纳入省级规划，加大帮扶力度，助力按期脱贫。三是增强重点产业竞争力。实施“2+6+N”产业高质量跨越式发展行动计划。制定出台行动计划和年度工作要点，推动产业高质量跨越式发展，力争用5年左右时间，打造2个万亿元级、6个5000亿元级、N个千亿元级产业。四是增强园区发展承载力。打好园区功能完善提升战役。实施园区“两型三化”管理提标提档行动，加快建设完善智慧化、绿色化、服务化公共平台和功能，支持污水管网建设运营和提标提档，新建1000万平方米标准厂房，全省园区企业联网贯通工业园区智慧云平台。加快发展物流、科研、培训等公共平台和生产性服务业，提升园区生活服务功能。

（三）着力促升级，推动工业高质量发展

一是在强化创新上下功夫。突出企业创新主体地位，助推企业提升创新能力，引导企业加大研发投入，加强技术转化应用。再梳理发布一批攻关项目，实质性推进首批项目建设。不断完善创新平台体系。支持组建一批企业技术中心、制造业创新中心、产业技术研究院、园区产业创新服务综合体，推进智能制造、人工智能等研究院建设，加快推进虚拟现实创新中心、稀土功能材料晋升国家级。二是在融合深化上下功夫。实施智能制造“万千百十”工程，重点抓好12个行业的智能化改造。开展新一轮两化融合“个十百千万”行动，打造一批示范企业和示范园区，全年新增上云企业2000家以上。

研究制定促进人工智能与实体经济深度融合、新一代信息技术与制造业融合等实施意见。支持军工技术、产品向民用领域转化，引导支持更多优质民营企业参与武器装备科研生产。争取举办第四届中国军民两用技术创新应用大赛决赛。三是在绿色提升上下功夫。继续培育打造一批绿色产品、绿色工厂和绿色园区，不断完善绿色制造体系。大力发展节能环保产业，引导开展清洁生产、节能节水等技术改造，推进国家新能源汽车动力蓄电池回收利用试点工作，做好重点用能工业企业节能监察。全力打好工业污染防治攻坚战，落实“净土、净水、净空”任务分工，开展“散乱污”企业、化工产业清理整顿，坚决完成生态环境审计、环保督察等整改任务。加强规范条件公告、行业准入等管理，严禁新上高污染、高排放项目。四是在扩大开放上下功夫。加强全方位交流合作，深化与工信部、中国民航局、华为等战略合作，进一步推进省际产业合作。围绕江西省特色优势产业，组织产业推介招商活动，加强与世界500强、中国500强、央企和著名民企对接，着力引资引技引智。办好第二届世界VR产业大会，打造VR产业江西高地。积极融入“一带一路”建设，有序推进境外重点合作平台建设，推动国际产能合作，建立江西工业企业“走出去”桥头堡。五是在深化改革上下功夫。巩固钢铁去产能成果，严防“地条钢”死灰复燃，运用综合标准依法依规淘汰落后产能。抓好消费品工业“三品”专项行动、轻工业重塑品牌等工作，探索开展江西制造精品培育工作，大力补品牌短板。

（四）着力转动能，建设现代化产业体系

一是大力发展新兴产业。突出龙头企业、示范基地、产业规模三个倍增，用好新兴产业“四图”和100个产业链全景图，依图作业狠抓建项目、育企业、铸链条工作，支持南昌航空城、中医药科创城、宜春樟树“中国药都”、赣州“两城两谷一带”、上饶“两光一车”、鹰潭物联网基地、吉安电子信息基地等平台建设，推动航空、中医药、电子信息、装备制造、物联网、新能源、新材料等优势产业的产能释放扩张。二是改造提升传统产业。推进实施传统产业优化升级“八八”行动。实施技改三年行动计划，支持企业技术升

级、装备更新和产品迭代，全年推动企业技术改造3000家以上。深化传统产业优化升级“1+8”试点，召开现场推进会，总结推广试点经验。推动烟草产业转型创新发展，加大省产烟销售。三是培育新经济新动能。大力培育数字经济，推动产业数字化、数字产业化。唱响物联江西品牌。搭建“一云二网三平台N应用”物联江西整体架构，建设一批工业互联网、大数据、人工智能、物联网接入和公共服务等平台，建设一批工业云平台，开发工业App。开展工业大数据、高分卫星遥感技术应用试点。推进落实一批“03专项”成果转化项目。建设物联江西展厅，举办工业互联网、移动物联网和物联江西高峰论坛。加快部署IPv6。研究制定支持VR产业发展政策升级版。加快发展工业设计。认定一批工业设计中心，举办第四届天工杯工业设计大赛。发展服务型制造。在服务型制造领域遴选一批试点企业，打造一批服务型制造方案提供商。

（五）着力优服务，创建最优营商环境

一是创建最优政务环境。深化“放管服”改革，提升“互联网+政务服务”水平，率先做到所有审批事项实现“最多跑一次”“一次不跑”。继续压缩审批时限，力争在现有基础上再压缩。全面清理证明事项，严格证明条件，严禁擅自新设证明环节。坚持亲、清界限，敢于、常与企业家打交道，保护企业家合法权益，弘扬企业家精神，支持企业家创新创业。二是创建最优市场环境。完善信用体系建设，加快政务数据与企业信用信息平台无缝对接，引导企业提升质量、融资、安全、环保等信用水平。加强公平竞争审查，大力清理取消限制竞争的政策措施，维护公平市场。加强无线电管理，持续高压打击涉无线电违法行为，支持信息消费升级。三是创建最优法治环境。推进法治政府建设，增强宪法、法律意识，强化依法行政。加强工信立法，加快散装水泥条例等修订进程，开展企业技术改造立法前期研究。加强规范执法，落实工信领域法律法规，严格执行行政执法检查“双随机一公开”制度。做好公职律师、法律顾问工作，加强政策文件合法性规范性审查。积极做好行政应诉工作。做好禁化武履约工作，维护国际形象。

参考文献

金国军：《力争稳中再进　江西打响工业高质量跨越式发展攻坚战》，《中国工业报》2019 年 1 月 24 日。

江西省工业和信息化厅：《江西：工业经济稳中提质　动能转换进入关键期》，《中国电子报》2019 年 2 月 22 日。

刘奇：《在省十三届人大三次会议闭幕时的讲话》，《江西日报》2019 年 2 月 1 日。

B.5
江西农业农村形势分析与展望

江西省农业农村厅课题组*

摘　要： 2018年，江西农业农村经济呈现“高质量、跨越式”发展的良好态势，实现了乡村振兴“开局之战”首战告捷。2019年，面对复杂多变的国内外形势，面对“三农”改革发展的繁重任务，建议江西应坚持以习近平新时代中国特色社会主义思想为指导，深入学习贯彻习近平总书记关于做好“三农”工作的重要论述，认真践行省委提出的“二十四字”工作方针，对标全面建成小康社会“三农”工作必须完成的硬任务，着力打造全国知名的绿色有机农产品供应基地，着力推动农业农村经济高质量、跨越式发展，努力走出一条具有江西特色的乡村振兴之路。

关键词： 农业　农村　乡村振兴　农业农村优先发展　江西

2018年，江西各级农业农村部门在省委、省政府的坚强领导下，坚持以习近平新时代中国特色社会主义思想为指导，从更高层次贯彻落实习近平总书记对江西工作的重要要求，认真践行省委提出的“二十四字”工作方针，对标对表“五型”政府建设要求，大力推进现代农业发展，加快发展

---

* 课题组组长：胡汉平，江西省农业农村厅厅长。副组长：邓贤贵，江西省农业农村厅党委委员、副厅长。成员：兰永清，江西省农业农村厅办公室主任；徐小国，江西省动物疫病预防控制中心副主任；黄大山，江西省农业技术推广总站副站长；英聪，江西省农业农村厅办公室副主任科员；刘远超，江西省动物疫病预防控制中心副主任科员。

农村社会事业，积极完善农村基础设施，提升公共服务水平，促进农民持续增收，全省农业农村各项工作稳步推进，为全省经济社会稳中向好发展打下了坚实的基础。①

一 2018年江西省农业农村经济发展情况

2018 年，江西省以实施乡村振兴战略为总抓手，持续深化农业供给侧结构性改革，着力推进农村人居环境整治，全面深化农业农村改革，圆满完成全年各项目标任务，农业农村经济呈现“高质量、跨越式”发展的良好态势，实现了乡村振兴“开局之战”首战告捷，江西省农林牧渔业总产值 3148.6 亿元，农村居民人均可支配收入 14460 元、比上年增长 9.2%。②

一是综合生产能力稳步提升。粮食生产再获丰收，总产达到 438.2 亿斤，连续七年稳定在 420 亿斤以上；“两区”划定任务全面完成，大力实施了“7+2”稻米区域品牌培育计划，全省优质稻比上年增加 237.1 万亩，种植面积突破 1000 万亩，为保障口粮绝对安全贡献了更多优质“江西粮”。“菜篮子”产品供给有效，肉类、水产品、蔬菜、水果、茶叶产量分别达到 325.7 万吨、256.6 万吨、1732 万吨、446 万吨、7 万吨。农田基础设施加快完善，新建高标准农田 294.5 万亩，累计建成高标准农田 1961.5 万亩，占江西省耕地面积的比重达 44.6%，位居全国前列，有效提升了粮食综合产能；建成设施农业面积 94 万亩、设施大棚面积 32 万亩。良种良法良技广泛应用，建成现代农业产业技术体系 20 个，实现优势特色产业全覆盖，打通了农业科研成果转化推广应用通道；农业科技贡献率 59.02%、主要农作物综合机械化率 72.8%、水稻耕种收机械化率 77.7%，均超全国平均水平。

① 胡汉平：《在全省农工部长农业局长会议上的讲话》，《江西农业》2019 年第 1 期。

② 胡汉平：《在全省农工部长农业局长会议上的讲话》，《江西农业》2019 年第 1 期。

二是产业转型升级成效明显。结构调整迈出一大步，启动实施农业结构调整“1 +9”行动计划，集中打造了一批优质高效种养基地，调整农业结构面积449.7万亩，牛羊肉产量占肉类总产比重提升至4.5%，特优水产品产量占水产品总产比重提升至35.9%。产业集聚效应加速形成，“百县百园”工程建设全面提速，创建国家现代农业产业园2个，省级现代农业示范园233个；启动实施农产品加工提升工程，规模以上农业产业化龙头企业销售收入5556亿元，同比增长7.9%，农产品加工业与农业产值比为2.3∶1，与全国平均水平持平，实现了从追赶到并行的重大跨越。新业态发展势头强劲，首届中国农民丰收节江西活动成功举办，休闲农业和乡村旅游总产值931亿元；智慧农业“123 + N”建设保持全国领先，PPP项目取得实质性突破；信息进村入户工程有序推进，建成农产品运营中心102家、益农信息社8000家，“赣农宝”上线品种达3500余种。

三是绿色生态优势更加凸显。坚定不移推进绿色兴农、质量兴农、品牌强农，绿色生态农业“十大行动”向纵深推进，以绿色发展为导向的政策体系逐步完善，“全国绿色有机农产品示范基地试点省”金字招牌越擦越亮、越叫越响。产地持续转绿，化肥、农药连续三年保持“负增长”，使用量分别下降1.5万吨（折纯）、350吨。畜禽粪污资源化利用率77%，经国家考核评为优秀；规模养殖场粪污处理利用设施配套率83.4%，建成病死畜禽无害化集中处理场27个。推动湖泊水库退出集约化养殖141.1万亩。质量持续向优，深入开展农业质量年活动，累计制定颁布农业地方标准464项，占全省地方标准总数的67%；发展“三品一标”农产品5335个、新增623个，创建省级绿色有机农产品示范县25个，“扫码入市”农产品1881个，主要农产品监测合格率98.5%；万年县、鄱阳县和柴桑区3起非洲猪瘟疫情得到有效处置。品牌持续唱响，婺源绿茶、崇仁麻鸡成功入选“中国特色农产品优势区”，赣南脐橙、庐山云雾茶等区域品牌强势跨入“2018中国品牌价值百强榜”行列，宁红茶被认定为第18届亚运会官方唯一指定用茶，“生态鄱阳湖、绿色农产品”品牌效益影响力日益显现。

四是乡村面貌焕然一新。农村人居环境有效改善，全面实施农村人居环境整治三年行动，农村生活垃圾“第三方治理”逐步推行，43 个县（市、区）实现农村生活垃圾“全域一体化”第三方治理；农村生活污水治理梯次推进，2000 余个村组建设了生活污水处理设施；农村厕所革命深入开展，578. 72 万户农户用上冲水式卫生厕所，占农户总数的 73. 5%。新农村建设持续推进，统筹整合省市县财政资金 60 亿元，以“七改三网”为重点，全年 2 万个村组整治建设任务全面完成。截至 2018 年底，全省新农村建设覆盖到 69% 的村组；45 个县（市、区）建立了新农村建设促进会，累计筹措资金近 10 亿元，为农民群众和社会各界参与新农村建设提供了新平台。产业脱贫攻坚精准发力，健全完善了“五个一”产业扶贫模式，81. 85 万户贫困户获得产业扶持；与此同时，优先将 5464 个贫困村组和 805 个深度贫困村组，纳入新农村建设指标，并全部整治到位，使农村贫困群众增添了获得感、幸福感。

五是改革开放步子提挡加速。农村资源要素进一步盘活，农村集体产权制度改革清产核资工作基本完成，核实集体资产 958. 2 亿元，全年消除集体经济“空壳村”5499 个；“三权分置”改革稳步推进，建成 11 个市级、102 个县级和 1454 个乡级流转服务中心，基本实现“全覆盖、互联互通”；农地流转率 45. 7%，比上年提升 5. 2 个百分点。新型农业经营主体进一步壮大，推动出台加快构建政策体系积极培育新型农业经营主体实施意见，累计培育新型职业农民 13. 8 万人、农民合作社 7 万家、家庭农场 3. 9 万个；培养“一村一名”大学生 4. 7 万人，其中 37. 1% 成为村“两委”干部，42. 5% 在农村创新创业；86 个县成立了乡村大学生创新创业协会，协会会员带动 13858 户贫困户脱贫、78400 户农民致富，有力激发了农业农村创新创业活力。农业投融资渠道进一步拓展，财政支农总量稳中有增，争取省级以上财政资金超 150 亿元；“财政惠农信贷通”规模不断扩大，累计发放贷款 503. 14 亿元，贷款余额 145 亿元，受益新型经营主体 12. 16 万个；农业对外开放持续深化，引进投资新项目 240 个以上，实际进资 280 亿元、同比增长 20%，农产品出口 13 亿元、同比增长 2%。

表1　江西农业发展重要指标概览

指标名称 \ 年份	2018	2017	2016
农林牧渔总产值(亿元)	3148.6	3187.6	3130.0
农村居民人均可支配收入(元)	14460.0	13242.0	12138.0
粮食产量(亿斤)	438.2	425.4	427.6
蔬菜产量(万吨)	1732.0	1650.0	1632.0
水果产量(万吨)	446.0	456.0	406.0
肉类总产量(万吨)	325.7	360.0	351.6
猪肉产量(万吨)	246.3	268.0	258.7
牛、羊肉产量(万吨)	14.6	21.6	20.4
禽肉产量(万吨)	63.2	68.0	70.6
水产品总产量(万吨)	256.55	281.4	271.6
特种水产品产量(万吨)	92.0	97.1	92.5
规模以上农业龙头企业销售收入(亿元)	5556.0	5149.0	4720.0
省级龙头企业销售收入(亿元)	3790.0	3510.0	3250.0
农业科技贡献率(%)	59.02	58.8	57.0
主要农作物综合机械化水平(%)	72.8	71.2	69.2

二　2019年江西农业农村经济发展形势研判

当前，我国发展仍处于并将长期处于重要战略机遇期，当今世界面临百年未有之大变局，必然带来百年未有之不确定因素，有的可以预料，有的难以预料，经济发展稳中有变、变中有忧。

从外部环境来看，经济下行压力较大，中美贸易摩擦仍在持续，农业农村发展面临的外部环境不确定性增加，风险不可小视。近年来，稻谷等大宗农产品价格都在下跌，导致农业比较效益持续走低，不利于调动农民生产积极性。非洲猪瘟疫情的严峻形势，给全省生猪生产和肉产品市场供应带来冲击，这些困难和挑战都给农业生产带来不利影响。

从城乡要素上看，当前，受耕地补偿标准偏低、农村金融缺位、农村劳动力价格低廉等因素影响，以及土地、资金和劳动力等生产要素大量流向城市，工业对农业、城市对农村资源的“虹吸”效应仍然比较明显，要建立健全城乡融合发展体制机制和政策体系、加快推进农业农村现代化，实现资源要素在工农、城乡之间均衡配置，压力很大。

从自身内部来看，农业供给质量不高、农业产业结构不优、农产品精深加工不够、农产品品牌“散、弱、小”等问题仍然存在，优质特色精品农产品产量不多、供给不足；农村基础设施有待完善；全省仍有占比30%多的村庄尚未开展新农村村庄整治建设，已经开展了整治建设的村庄也面临长效管护难题；城乡公共服务资源配置不均衡，特别是教育、养老、社会保障、医疗卫生等方面问题突出；脱贫攻坚任务依然艰巨繁重，促进农民持续增收的动力不足。可以说，应对风险挑战，破解困难约束，实施乡村振兴战略，江西的任务还很繁重，需要付出艰辛努力。

三　2019年江西农业农村经济发展思路与举措

2019年全省农业农村工作的总体思路是：坚持以习近平新时代中国特色社会主义思想为指导，深入学习贯彻习近平总书记关于做好“三农”工作的重要论述，认真践行省委提出的“二十四字”工作方针，对标全面建成小康社会“三农”工作必须完成的硬任务，按照“围绕一个总目标、聚焦两大硬任务、抓好九项重点工作”的工作布局（“1+2+9”工作布局），着力打造全国知名的绿色有机农产品供应基地，着力推动农业农村经济高质量、跨越式发展，努力走出一条具有江西特色的乡村振兴之路，以优异成绩庆祝新中国成立70周年。①

围绕一个总目标：就是要以推进农业农村现代化为总目标，大力实施乡村振兴战略，坚持农业农村优先发展，按照“产业兴旺、生态宜居、乡风文明、治理有效、生活富裕”的总要求，围绕“巩固、增强、提升、畅通”深化农业供给侧结构性改革，加快发展品牌农业、规模农业、工厂

① 胡汉平：《在全省农工部长农业局长会议上的讲话》，《江西农业》2019年第1期。

农业、智慧农业、绿色农业、创新农业，着力推动乡村产业振兴、人才振兴、文化振兴、生态振兴、组织振兴，着力打造彰显产业兴旺之美、自然生态之美、文明淳朴之美、共建共享之美、和谐有序之美的“五美乡村”，让农业成为有奔头的产业，让农民成为有吸引力的职业，让农村成为安居乐业的美丽家园。

聚焦两大硬任务：一是打赢农业产业扶贫攻坚战。按照“核心是精准、关键在落实、实现高质量、确保可持续”的总要求，切实把提高产业扶贫质量放在首位，持续推行产业扶贫“五个一”模式，抓好扶贫产业发展指导员制度落实，积极培育壮大扶贫经营主体，不断完善产业与贫困户利益联结机制，强化农业技术服务与产销对接，让产业扶贫更加精准有效，进一步巩固产业扶贫成果；紧盯中央脱贫攻坚专项巡视、国家考核评估等反馈问题整改不放，坚持立行立改、举一反三，确保产业扶贫各项任务落到实处，为全省打赢精准脱贫攻坚战三年行动提供坚实的基础支撑。二是聚焦农村人居环境整治。以浙江“千万工程”经验为引领，出台全省农村人居环境整治“1+8”指导性文件，健全完善“统筹协调、部门主抓，由点到面、分类指导，农民参与、提升水平”的工作推进机制，牵头组织有关部门共同发力，确保如期完成三年行动阶段性目标任务。坚持规划先行，因地制宜确定村庄类型，分类有序推进村庄整治。加大农村基础设施建设力度，加快完善村庄“七改三网”和农村垃圾污水治理等设施设备，大力推进农村“厕所革命”。坚持问题导向，持续开展农村环境集中整治，从村庄清洁行动做起，集中力量、发动群众，着力整治农村环境“脏乱差”。

抓好以下九大重点工作。

一是大力推进农田基础设施建设。按照“进度要快、质量要高、效益要好”的工作要求，加快建设高标准农田，按时完成2018年度建设任务并上图入库，确保2020年全面建成2825万亩高标准农田。加强全过程监督，坚决查处监理单位、施工单位违规违法行为，努力营造项目建设良好施工环境。着力打好“八个结合”的组合拳，促进高效利用，不断提升项目建设综合效益。积极做好2019年度项目选址和勘测设计等前期准备，打好提前量、争取工作主动。

二是着力调整优化农业结构。立足“省级统筹、市负总责、县抓落实”的职责定位，围绕“扩面、提质、增效”的调整方向，深入实施农业结构调整“1+9”行动计划，集中打造一批有规模、有影响、有潜力的大产业；不断扩大优势特色产业标准化种养规模，建设一批现代化优质特色农产品供应基地。推动农业农村融合化发展，大力发展乡村民宿、乡村旅游、休闲农业等新业态，不断拓展农业功能，力争2019年休闲农业和乡村旅游总产值突破千亿元大关。推动农产品冷链物流业加快发展，加大集散地、销地冷链物流设施建设力度，不断完善鲜活农产品冷链物流体系。

三是加快提升农产品加工水平。大力实施龙头企业培育行动，支持企业强强联合、同业整合、兼并重组，着力打造一批具有完整产业链、较强竞争力和较高知名度的行业领军企业。以“粮头食尾”“农头工尾”为抓手，大力开展农产品加工提升行动，不断壮大农产品加工企业规模，培育一批农业优势特色产业集群，打造一批农产品精深加工强县，力争2019年农产品加工业总产值突破8000亿元。大力开展现代农业招商引资活动，加快引进优势企业、优质资本、优良项目。加快推动“两园”扩面增量、提质升级，力争2019年省级现代农业示范园突破300个，提前一年实现“十三五”目标任务。

四是加快推动农业绿色转型。深入推进绿色生态农业“十大行动”，着力打好农用地土壤、化肥农药、畜禽养殖、水产养殖、渔业资源、秸秆综合利用等专项治理攻坚战，巩固提升农产品产地环境。坚决落实中央环保督查“回头看”整改任务，并以此为契机，倒逼农业农村发展方式转变。深入实施化肥农药负增长行动，全面推广测土配方施肥，力争2019年化肥农药继续保持“负增长”。持续深化农产品质量安全监管专项整治行动，坚持产管两手一起抓，大力创建国家农产品质量安全县（市）和省级绿色有机农产品示范县，确保主要农产品监测合格率稳定在98%以上。

五是不断增强农业创新活力。深入实施农业创新驱动“三十双百”工程，充分发挥20个现代农业产业技术体系作用，加快新品种新技术新模式

转化推广应用。大力实施现代种业发展提升工程，培育壮大一批“育繁推一体化”的现代种业企业，打造“赣系种业”品牌。深入实施“互联网+现代农业”行动，加快完善智慧农业“123+N”平台，积极推进物联网、大数据、云计算等智能化管理技术应用。着力推进农机农艺深度融合，加快水稻生产全程机械化技术集成配套。深入实施新型职业农民培育工程和“一村一名”大学生工程，复制推广泰和县“田教授”模式、凌继河的“绿能模式”，着力培育一批种养业发展、农村电商创业、乡村旅游致富的带头人，培养造就一批“一懂两爱”三农人才队伍。

六是持续加大农业品牌培育力度。制定江西省优势特色农产品品牌建设规划，着力构建绿色生态农业品牌体系，重点打造江西大米、鄱阳湖水产、“四绿一红”茶叶、江西地方鸡、江西富硒农产品等优势特色区域品牌，持续提升“生态鄱阳湖、绿色农产品”品牌的影响力和竞争力。坚持线上线下齐发力，着力开拓北上广深等重点市场，支持有实力的企业开设“江西绿色农产品专营店（窗口）”，抢占目标城市更多的市场份额。加快推动“赣农宝”与阿里、京东、网易等合作，使“要想吃得好、就上赣农宝”成为广大消费者共识。

七是深入推进新农村建设。按照“四精”理念，总结推广新农村建设重大工程“EPC”经验做法，启动30个左右美丽宜居县试点建设，同步开展美丽宜居乡镇、村庄、庭院试点建设，着力推进2万个自然村组整治建设，巩固“连点成线、拓线扩面、突出特色、整体推进”的建设格局。坚持建管同步，开展村庄长效管护试点，建立长效管护机制，确保新村新貌。开展乡村治理体系建设试点，健全村级议事协商制度，配合做好扫黑除恶工作，确保农村社会安定有序、和谐稳定。

八是全面深化农村改革。进一步巩固和完善农村基本经营制度，开展农村承包地“三权分置”改革试点，大力发展适度规模经营。稳妥推进农村宅基地改革，围绕宅基地“三权分置”，探索适度放活宅基地和农民房屋使用权有效途径。深化农村集体产权制度改革，不断发展壮大农村集体经济，确保再消除20%空壳村，再培育一批经济强村。持续深化农垦改革，加快垦区集团化、农场企业化发展。深化农业经营体系改革，大力培育以家庭农场、农民合作社等为主的新型农业经营主体。深化农业农村投入机制改革，持续实施财政惠农信贷通，进一步扩大覆盖面。

九是深入开展“五型”机关建设。按照“五型”政府建设要求，结合农业农村经济高质量跨越式发展重点任务，以深入开展农业大讲堂下基层宣讲活动为平台，巩固“百名处长挂百县”成果，树立“敢、快、实、专、聚”的作风新导向，着力解决“怕、慢、假、庸、散”等问题。深化“放管服”改革，推动政务服务事项网上办理，压缩办理时限，简化审批程序，提升政务服务便民化水平。

参考文献

胡汉平：《在全省农工部长农业局长会议上的讲话》，《江西农业》2019 年第 1 期。

B.6
江西文化旅游形势分析与展望

江西省文化和旅游厅课题组*

摘　要： 2018年，江西文化和旅游发展呈现“文旅融合、亮点纷呈、全面提升、阔步向前”的特点，但在体制机制改革、产品供给体系、服务保障体系等方面存在滞后问题。2019年应从进一步推进文旅融合、创建高等级文化旅游品牌、创新文化和旅游发展模式、抓好高质量发展等方面着手，全面加快文化强省和旅游强省建设，为建设富裕美丽幸福现代化江西做出新贡献。

关键词： 文旅融合　文化强省　旅游强省　江西

2018年江西省文化和旅游厅坚持以习近平新时代中国特色社会主义思想为指导，深入学习贯彻党的十九大、十九届二中、三中全会精神，紧紧围绕省委、省政府的决策部署，认真贯彻落实省委十四届六次、七次全会精神，坚持“创新引领、改革攻坚、开放提升、绿色崛起、担当实干、兴赣富民”工作方针，加快建设文化强省，全力打造旅游产业高地，促进江西省文化和旅游产业再上新台阶。

* 课题组组长：池红，江西省文化和旅游厅党组书记、厅长。课题组成员：焦峰，江西省文化和旅游厅副巡视员；邓泽洲，江西省文化和旅游厅政策法规处处长；曹国新，江西财经大学江西旅游发展研究中心副主任。

一　2018年江西文化和旅游发展回顾

2018 年江西省文化和旅游工作可概括为“文旅融合、亮点纷呈、全面提升、阔步向前”。主要体现在八个方面。

（一）注重顶层设计先行，文化旅游融合发展快速推进

2018 年是文化和旅游系统的机构改革之年，文化和旅游系统 11 月 9 日合署办公之后，第一时间开展文旅融合发展“大学习、大讨论、大调研”活动，加紧研究制订《江西省推进文化和旅游深度融合三年行动计划》，文化和旅游系统顶层设计全面突破。2018 年也是文化和旅游工作升级之年，5 月，省委、省政府印发了《中共江西省委　江西省人民政府关于全面推进全域旅游发展的意见》，在抚州召开高规格全省旅游产业发展大会。8 月，省委省政府印发了《关于加快文化强省建设的实施意见》。文化和旅游厅根据省委、省政府出台的两项意见，制定了《关于加快文化强省建设的实施方案》《江西省全域旅游示范区创建指南》《江西省全域旅游示范区管理办法》及验收体系。

表 1　江西省文化和旅游厅内设机构与厅直单位

内设机构（18 个）	办公室	政策法规处	人事处	财务处	艺术处	公共服务处	科技教育处	非物质文化遗产处	产业发展处
	资源开发处	市场管理处	对外交流与合作处	宣传推广处	文化市场综合执法监督处	博物馆处	文物保护处	革命文物处	文物督察处
厅直单位（22 个）	厅机关后勤服务中心	江西省赣剧院	江西艺术职业学院	江西画报社	江西省艺术研究院	江西画院	江西省演出公司	江西省图书馆	江西省群众艺术馆

续表

厅直单位（22 个）	江西省博物馆	江西省文物考古研究院	江西省美术馆	江西省文物商店	江西省文物保护中心	江西省文化市场稽查总队、江西省文物保护执法队	江西省非物质文化遗产研究保护中心	江西艺术剧院	省直文化系统保育院
	江西省艺术档案馆（江西省文化厅信息中心）	江西省展览中心	江西省旅游质量监督管理所	江西省旅游信息和培训中心					

（二）注重艺术精品创作，文化艺术健康繁荣发展

一是加强指导。召开了全省艺术创作工作会议，制定出台了“十三五”时期艺术创作规划、常态化推进艺术单位深入生活扎根人民工作实施方案、加强舞台艺术作品创作生产管理工作办法等 4 个规范性文件。收集全省重点创作作品信息，建立了全省舞台剧重点创作计划基础数据库（2018～2021 年）。二是主攻创作。《将军归田记》入选年度剧本扶持工程申报项目；《郝仁好事》等 3 部现实题材作品入选全国舞台艺术现实题材创作作品计划；《犒军夜访》等 9 部作品入选“中华优秀传统艺术传承发展计划”戏曲专项扶持项目。全年累计获国家艺术基金资助项目 23 个，总资助额约 1500 万元，同比增长 10%。三是打造平台。策划举办“茶香中国——全国首届采茶戏艺术展演”，吸引 8 个省 44 个采茶戏院团 54 个剧目集中展演。紧扣改革开放 40 周年这一主题，成功举办全省优秀瓷画、漆画、油画作品展和青年美术作品邀请展等系列展览展演及交流活动。积极开展“送文化、种文化”“文化进万家”活动，组织“高雅艺术进校园”“送戏下乡”等演出 1 万余场。四是培养人才。推荐选拔青年人才参加“中华优秀传统艺术传承发展计划”、戏曲艺术人才培养“千人计划”高级研修，江西省 4 名表演艺

术家入选“名家传戏——当代戏曲名家收徒传艺”项目。先后举办戏曲艺术人才高级研修班、现实题材舞台剧编剧高级研修班、首批赣剧采茶戏表演轮训班等培训。

（三）注重强弱项求实效，文旅公共服务水平不断提升

一是加快公共设施建设。全力推进省文化中心建设项目、省赣剧院搬迁重建、省美术馆重组、省群艺馆改建等工作，省级文化设施短板加快补齐。紧盯基层文化设施建设薄弱环节，召开了全省基层综合性文化服务中心建设工作推进会，开展专项治理活动，基层综合性文化服务中心建设取得新进展（目前，已建成12516个，完成总任务的60.23%）。召开了全省厕所革命工作会议，全面启动旅游厕所革命新三年行动，2018年全省完成1061座旅游厕所建设，超过文旅部下达任务数381座。二是推进重点改革任务。指导省图书馆、新余市图书馆、赣州市文化馆有序开展法人治理结构改革试点，先后完成章程制定、理事会组建和开展试运行等工作。开展基层文化队伍建设情况调研，总结推广“县聘县管乡用”等管理模式，着力破解基层文化队伍建设难题。三是抓好国家公共文化服务体系示范区创建。指导九江市顺利通过第三批国家公共文化服务体系示范区验收。萍乡市成功入选第四批国家公共文化服务体系示范区创建名单，景德镇市“群众歌咏月活动”和吉安市安福县“激情泸潇·最美樟乡”广场文化活动列入第四批国家公共文化服务体系示范创建项目。四是抓好旅游服务标准化。推进了旅游星级饭店、绿色旅游饭店标准的实施，完善能进能退的动态管理机制，评定批复四星级旅游饭店8家，向全国星评委推荐申报鹰潭沁庐豪生酒店为五星级饭店。完成新一届全省省级星级饭店评定员换届工作，选聘100名具有专业知识和职业素养的省级星评员。评定4家金树叶级绿色饭店。全省综合施策降低景区门票价格，9个设区市36个景区国庆节前大幅降价。五是扎实开展群众性文化活动。围绕庆祝改革开放40周年，开展脱贫攻坚小戏小品曲艺大赛、江西省村歌大赛、江西省摄影大赛、全国广场舞活动江西省集中展演等系列群众性文化活动。持续开展“春雨工程”“阳光工程”“圆梦工程”等文化

志愿服务和“书香赣鄱”全民阅读活动。六是创新推进智慧旅游工作。大力推进“一部手机游江西”工作，大力开展03专项在旅游行业中的试点示范，成立03专项在旅游领域试点示范领导小组，编制了“江西省旅游景区基于‘NB-IoT智慧停车管理服务联网系统’项目示范工程建设框架”，召开了江西省5家5A景区的窄带物联网智慧停车建设工作推进会。着力推进“旅游云”建设，深入开展江西省旅游大数据中心建设与应用，江西省旅游大数据中心在上饶建成并正式运营。

（四）注重保护利用传承，江西优秀传统文化不断弘扬

一是大力加强文物保护利用。制定出台《关于进一步加强江西省文物安全工作的实施意见》，启动建立了江西省文物安全工作联动机制。赣南等原中央苏区革命遗址保护工程成为样板，并就此在全国文物局长座谈会上做典型发言。扎实推进传统村落文物保护，并就此在国家文物局传统村落保护利用工作现场会上做经验交流。联合国家文物局编纂了《赣南等原中央苏区革命文物保护利用优秀案例推介》，向全国推广保护利用经验。“鹰潭龙虎山大上清宫遗址”考古发掘项目成功入选全国十大考古新发现。支持景德镇创建国家陶瓷文化传承创新试验区，积极推进景德镇御窑厂遗址、万里茶道项目申遗工作，制定出台《景德镇市御窑厂遗址保护管理条例》。樟树吴城遗址、瑞昌铜岭铜矿遗址博物馆等竣工落成。二是持续抓好博物馆建设。“南昌起义 伟大开端”“惊世大发现——南昌汉代海昏侯国考古成果展”入选全国十大精品陈列展览。承办2018年全国展览策划培训班，举办江西省非国有博物馆藏品备案工作培训班。完成博物馆评估定级工作，6家新增为国家二级博物馆，3家新增为国家三级博物馆。积极参加“2018年全国文物修复职业技能竞赛”，荣获一、三等奖的优异成绩。成功举办全国红色故事讲解员大赛江西选拔赛。三是积极推进非遗保护传承。组织开展非遗法、非遗条例知识竞赛，首次联合省人大教科文卫委进行《江西省非物质文化遗产条例》执法检查。实施传统工艺振兴计划，夏布绣等18项传统工艺项目列入首批国家传统工艺振兴目录，

入选数量居全国第六。推动非遗传播推广，扎实推进“非遗进景区”活动，成功举办“多彩非遗、美好生活”江西省非物质文化遗产展示活动和江西省首届非遗大展演。实施非遗传承人群研修演习培训计划，依托景德镇陶瓷大学、南昌工学院、江西艺术职业学院等高校相继举办陶艺等5期传承人群培训班。

（五）注重供给侧结构性改革，文旅产业发展质效不断提升

2018年，江西省接待旅游总人次68550.36万，同比增长19.73%；旅游总收入8145.12亿元，同比增长26.57%。品牌创建方面：滕王阁成功创建国家5A级旅游景区，江西省5A级景区数量增至11个，位列全国第7，培育景德镇陶溪川文创街区等20家国家4A级旅游景区。中医药旅游产业加快发展，4家单位成功创建国家中医药健康旅游示范基地，召开江西省全域旅游工作推进现场会、江西省优质旅游工作推进会，印发《江西省旅游景区优质旅游先锋行动三年计划（2018～2020）》。上饶市三清山景区推出中国首部大型道文化情景舞台剧《天下三清》，武宁县打造的实景水秀《遇见武宁》7月17日在西海湾首演，大型歌舞《明月千古情》12月28日成功首演。产业园区建设方面：深入开展文化产业示范园区（基地）巡检考察，完善省级文化产业示范基地退出机制，引导园区（基地）集约化、规模化、规范化发展。指导景德镇陶溪川制订了《国家级文化产业示范园区创建三年行动计划（2017～2019年）》，完成2018年度国家级文化产业园区服务能力提升计划申报工作，获得扶持资金50万元。产业培育扶持方面：出台实施《关于实施“一县一品”战略、发展特色文化产业的指导意见》，梳理形成130余个特色文化产业项目。组织开展2018年度数字文化创意设计项目扶持工作，对江西省60个优质产业项目进行总量1000万元的扶持激励。将旅游招商引资和重大项目建设任务分解到11个设区市，并纳入年度考核重要指标。召开全省旅游招商、项目推进暨营地建设工作调度会，编印《2018年旅游招商项目册》，进一步加大对旅游重点项目的调度，做到每月一次调度，每季度

一次总结。全年新签约旅游项目 150 个，总投资额 1643 亿元，全年完成旅游项目投资 770 亿元。产业支撑平台方面：积极推进阿里赣鄱文化生态云建设，成功举办了第 42 届（南昌）全国文房四宝艺术博览会，注重发挥文化产业协会、促进会等民间组织职能，指导举办了第二届“金杜鹃奖”。指导举办首届江西省文化创意设计大赛。文旅金融合作方面。配合省金融办出台江西省《关于加快推进企业上市的若干意见》。推动业内首家江西省级旅游业投资建设促进会江西省旅游业投资建设促进会在南昌正式成立。鼓励企业和各级政府设立文化产业发展基金。支持有实力的民营企业发起设立各类文化产业投资基金，目前，景德镇陶文旅集团正在组建文化产业投资基金，北京喜多瑞公司等正在申请设立江右文化发展基金会。消费试点方面。举办首届江西旅游消费节。新余市入选第一批国家文化消费试点城市奖励计划。与南昌市政府联合主办 2018 南昌市文化消费季启动仪式暨文化惠文创新品推荐会。旅游商品开发方面：在 2018 年全国旅游商品大赛中江西省荣获最佳贡献奖，在“2018 中国特色旅游商品大赛”上江西省选送的《名镇瓷毯瑞鹤图》等 6 套商品斩获金奖，《忆千年古瓷片系列首饰》等 9 套商品荣获银奖，《昭萍有礼》等 13 套商品荣获铜奖。金、银、铜奖和获奖总数分列全国第 4、第 6、第 1 和第 6 位，取得历史最好成绩。

（六）注重“文化 +”“旅游 +”战略，文旅资源开发质量不断提高

一是红色旅游创新发展。积极深化红色旅游省际交流合作，推进中国红色旅游推广联盟建章立制。文旅厅与浙江省旅游局共同签署推动红色旅游发展的框架协议。强化红色旅游理论研究，与新华社江西分社共同编写了《江西红色旅游发展报告》。二是乡村旅游提质升级。创建了抚州市临川区仙盖山农业园等 7 家江西省 5A 级乡村旅游点，创建了吉安市永新县洲塘书画村等 36 家江西省 4A 级乡村旅游点，推动上饶市上饶县翼天灵山工匠小镇等 15 家单位成功创建江西省旅游风情小镇，联合江西省委农工部、江西

省委宣传部共同推动安义县石鼻镇水南村等50家单位成功创建“江西省五十佳最具乡愁村庄”，南昌县三江镇后万村等50家单位成功创建“江西省最具乡愁村庄”。加大了对贫困地区项目资金倾斜力度，推荐资溪、东固、瑞金等贫困县申报的9个重点旅游项目获得国家支持，下达市县旅游扶贫资金4000余万元。

（七）注重监管引导两手抓，文旅市场规范有序

一是优化治理结构。进一步做好全国文化市场技术监管与服务平台应用工作。制定了《江西省文化市场移动执法系统推广应用实施方案》，各地市综合执法机构上线应用移动执法系统达100%。建立了江西省旅游行业服务质量督察员暗访制度，制定印发了《江西省旅游行业服务质量督察员暗访检查工作办法》，聘请了首批服务质量督察员。截至2018年底，江西省共成立了22个旅游警察机构，14个旅游工商机构，47个旅游巡回法庭机构；成立了婺源县诚信退赔中心、上饶县旅游综合执法大队、芦溪县人民检察院驻武功山管委会生态检察室等其他旅游综合监管机构9个。开展了文化市场综合执法队伍改革调研，开展了江西省第二届文化市场综合执法岗位练兵技能竞赛活动，全省共开展岗位练兵30余次，受训执法人员2600余人次；开展技能竞赛11次，选拔业务骨干60余人，在文化和旅游部组织的随机抽考中，江西省名列全国第四。二是市场秩序规范。江西省开展了“雷霆”专项行动，全面整治文化市场违法违规经营行为，加大农村文化市场和热点领域的整治。截至2018年10月底，江西省共出动23.62万人次，检查经营单位8.79万家次，责令改正422家次，当场处罚156件，立案调查602件，办结案件709件，罚款611家次，罚款金额357.2万元。2019年以来，江西省4个案件入选文化和旅游部重大案件，1个案件入选全国十大案件。扎实开展了旅游市场秩序专项整治“利剑行动－1”，规范导游执业，严厉打击扰乱旅游市场秩序的违法行为。在元旦、春节、“五一”等重要节点，分赴各设区市实地开展旅游市场秩序监督检查，确保旅游市场平稳有序。三是抓文明旅游引导。结合学雷锋

日、消费者权益保护日、旅游日等节日，进一步加强文明旅游宣传。开展了“文明旅游·为中国加分”活动，与江西出入境检验检疫局开展以“文明旅游　绿色出行”为主题的“十百千”国门生物安全宣传活动，倡导绿色出行、绿色消费。四是强化对导游领队的培训，督促落实严把“组团关”“落地关”“行程关”。积极推动旅游志愿者标准化服务与管理。开展“文明旅游　为中国加分”百城联动——上饶站、新余站现场宣传活动，并结合2018年“诚信兴商宣传月”主题，提升诚信经营、文明旅游意识，营造良好营商和旅游环境。五是抓安全管理。设立了旅游安全专业委员会，同时省、市、县三级旅游部门都成立了相应旅游安全工作领导小组。制定了严格报备和联惩制度，要求各级旅游主管部门举办相关重大活动（县级300人以上、市级500人以上）时，向省文化和旅游厅申报活动方案，且须报送配套安全预案。实行了重点节假日全员上岗制度，截至2018年底，全省未发生重大旅游安全事故。

（八）注重文旅交流合作，入境旅游攻坚战全面打响

一是扎实开展对外文化交流活动。持续推动省部合作共建海外中国文化中心，省部共建葡萄牙里斯本中国文化中心项目正式落地。圆满完成“欢乐春节”品牌活动，组织江西省艺术团赴美国巡演和江西南丰傩面傩舞团组赴日本东京开展“欢乐春节”展演活动，得到社会各界人士的一致好评。作为“遇见中国——纪念马克思诞辰200周年系列文化展”的首展，在德国特里尔市历史博物馆成功举办“江西神韵·中国味道”江西文化展。继续实施部省对口合作项目，成功组织江西新余版画展览团、江西云禅文化展览团赴日本东京展览。二是打好入境旅游攻坚战。省旅游产业领导小组印发了《2018年江西省入境旅游工作实施方案》，建立统筹协调机制，加强政策支持。组织编写《江西省入境旅游工作方案（2018～2020）》。组织赴德国法兰克福、捷克布拉格、日本札幌和京都、蒙古国乌兰巴托、韩国等国家以及港澳台地区开展境外旅游推介，邀请驻华使节、外籍旅行商、外媒记者、外籍旅游达人等参加江西省旅游推介会并踩

线，连续第三年成功举办香港地区青少年红色之旅江西行活动，在中国香港、中国澳门、欧洲、中东欧（捷克）设立“江西旅游推广中心”，在捷克布拉格华文国际学校孔子课堂设立“江西旅游推广驿站”，在国际社交媒体平台 Facebook（脸书）、Twitter（推特网）、Instagram（照片墙）开设“江西风景独好”官方账号，积极对接境外旅行商，大力宣传江西旅游品牌形象。开展江西旅游海外宣传口号、代言吉祥物、LOGO 形象标识全球征集活动。三是创新旅游活动营销。开展 2018 年“美丽中国·乡约江西”主题宣传推广活动。编印《美丽中国·乡约江西》系列宣传手册，江西旅游英文宣传册等宣传品。组织开展 2018 年“中国旅游日”江西分会场活动，围绕“全域旅游，美好生活”主题，集中开展了 58 场丰富多彩的活动，推出了 153 项便民惠民措施。四是拓宽旅游宣传平台。与省广播电视台共同筹建的江西旅游频道于 8 月 1 日开播。在北京设立江西旅游（北京）服务咨询中心。建设江西旅游视频和图片资料库，指导办好《江西旅游画刊》。提升“江西风景独好”官微服务功能，打造全省旅游微信矩阵、腾讯“企鹅号”矩阵、“政务头条号”矩阵，江西省官方微信在全国旅游政务微信号周平均排名全国前十。

二　2019年全省文化和旅游发展构想

2019 年要围绕体制机制改革、产品供给体系、服务保障体系等方面存在的滞后问题，着力构建不用扬鞭自奋蹄的体制机制、破解文化和旅游企事业单位小散乱、打造爆款热销文旅产品，进一步推进文旅融合、创建高等级文化旅游品牌、创新文化和旅游发展模式、抓好高质量发展，紧扣“一条主线”，把学习贯彻习近平新时代中国特色社会主义思想和党的十九大精神持续引向深入，用新的思想指导文化和旅游工作新实践。聚焦“四个着力”，着力在文旅融合发展上求突破、着力在项目带动牵引上做文章、着力在品牌塑造推广上出实招、着力在防风险守底线上下功夫。狠抓“七项重点”。

其一，艺术创作抓质量出精品。打造 1 ~2 部能代表江西符号、经久不衰的舞台艺术精品；建立并借助剧场联盟平台，开展优秀剧目巡演活动，启动优秀红色剧目省外巡演活动。

其二，公共服务抓覆盖补短板。确保省文化中心（省图书馆新馆、省博物馆新馆）按时开馆；推进各级行政机关、事业单位、国有企业公共文化信息发布推送服务；完成好江西省旅游厕所建设管理新三年行动 2019 年建设任务 750 个。

其三，文化遗产抓保护重利用。启动全省国保单位视频监控平台建设，先期完成 128 处国保单位视频监控；推动主动性考古发掘项目（10 个）和科研项目（10 个）的实施，着重完成海昏侯 2 号墓和国字山墓葬发掘；推进革命文物集中连片保护利用工程、长征文化线路整体保护工程和全省红色标语的保护利用工程等重点项目，举办庆祝中华人民共和国成立 70 周年江西革命文物精品展；建立全省博物馆联盟，推进全省馆藏文物资源巡展；力争新设国有及非国有博物馆 20 ~30 家；制定出台《全省非物质文化遗产进景区三年行动计划》，力争 80% 高 A 级景区引入非遗项目；2019 年内争取 1 家省级文化生态保护实验区成功申报国家级文化生态保护实验区；举办江西非遗博览会和庆祝中华人民共和国成立 70 周年江西民俗风情旅游展示活动。

其四，文旅产业抓平台优环境。研究制定扶持文化和旅游企业发展的政策措施，打造 2 ~3 家省级文化和旅游投融资平台、“文化和旅游消费平台”；办好文化和旅游投融资高峰论坛；2019 年力争完成全省文化和旅游项目新签约 1500 亿元以上、实际进资 800 亿元以上，实现文化和旅游投资增长高于全省固定资产投资增幅的目标；启动省级文化和旅游产业融合发展示范区创建工作，办好第二届江西旅游消费节。

其五，资源开发抓特色创品牌。力争萍乡武功山景区成功创建国家 5A 级景区，婺源国家乡村旅游度假试验区成功创建国家级旅游度假区；力争全年成功创建 3 ~5 家国家全域旅游示范区，打造 3 ~5 家江西省 5A 级乡村旅游点；编制《江西旅游精品线路》。

其六，市场管理要抓标准强监管。开展“文明旅游，为中国加分”主题活动，不断完善旅游信用体系；严格实施行业标准建设，健全 A 级旅游景区、星级饭店、旅行社动态管理和推出机制。

其七，深化改革要抓人才打基础。进一步深化文化市场综合执法改革；大力推动《江西省旅游者权益保护条例》重点立法项目；持续加强人才队伍建设，继续实施和申报各类重点人才项目；聘请优秀专家和团队建立文化和旅游政策法规研究智库。

表 2　2019 年江西省文化和旅游厅“八件大事”

开好三个会			办好一个节	打开一扇门	抓好国家级项目申报	破解景区体制难题	落地一个工程
全省文化强省建设推进大会	全省旅游产业发展大会	中国（江西）红色旅游博览会	第七届江西艺术节	解决村级综合性文化服务中心“铁将军把门”的问题	第八批国保单位、第五批国家级非遗代表性项目申报工作	加快庐山、庐山西海等重点景区管理体制改革	“一部手机游江西”工程

参考文献

江西省文化和旅游厅 2018 年工作总结。
江西省文化和旅游厅：江西省文化和旅游融合发展调研报告。

B.7
江西金融形势分析与展望

中国人民银行南昌中心支行课题组*

摘　要： 2018年，江西省金融业坚持稳中求进的工作总基调和稳健中性的货币政策，在统筹推进服务实体经济、防控金融风险、深化金融改革三项基本任务中取得显著成效，贷款和全社会融资总额增长速度大幅快于全国平均水平和经济增长速度，同时融资结构得到优化。展望2019年，金融业仍将坚持稳中求进的总基调，实施好“双支柱”宏观调控框架，保持区域流动性合理充裕，加强对民营企业、小微企业、“三农”等经济薄弱环节的支持，降低企业融资成本，加快区域金融改革，防范金融风险，全省金融业仍将保持稳定健康运行。

关键词： 金融运行　货币政策　金融风险　江西

2018年，江西省金融业贯彻落实党的十九大精神，坚持稳中求进的工作总基调和稳健中性的货币政策，按照江西省委十四届六次全会确立的“二十四字”工作方针，全面加快江西高质量跨越式发展，统筹推进服务实体经济、防控金融风险、深化金融改革三项基本任务，取得显著成效。全年贷款余额突破3万亿元，全年贷款再创历史新高，增速列全国第二；社会融

---

* 课题组组长：张智富，中国人民银行南昌中心支行党委书记、行长，高级经济师。成员：郭云喜，中国人民银行南昌中心支行党委委员、副行长，高级经济师；贾健，中国人民银行南昌中心支行调研员，高级经济师。

资规模占全国比重又有提高。展望2019年，金融业仍将坚持稳中求进的总基调，坚持新发展理念，做大金融总量，做活金融业态，做强金融机构，做优金融生态，优化融资结构，加强对民营企业、小微企业、“三农”等经济薄弱环节的支持，降低企业融资成本，加快区域金融改革，防范金融风险，预计全省金融业仍将持续稳定健康发展。

一　2018年金融业运行特点分析

2018年，江西省金融业增加值1233.75亿元，同比增长6.9%，占GDP比重（21985亿元）和服务业增加值（9857亿元）的比重分别为5.6%和12.5%，与上年比基本持平。社会融资规模增量达5792亿元，占全国的比重为3.01%，较2017年高出0.23个百分点，高于江西GDP占全国比重（2.43%）0.58个百分点。全省金融机构资产总额46276亿元，同比增长9.21%，负债44237亿元，同比增长8.83%。金融机构所有者权益总额同比增长18.25%，利润同比增长8.24%。金融业在有力支持地方经济发展和自身取得不断壮大中获得双赢。突出表现在以下几方面。

（一）服务实体经济取得明显进步

一是金融总量保持较快增长。信贷总量突破3万亿元，全年全省新增各项贷款4665.9亿元，年末全省本外币各项贷款余额3.07万亿元，同比增长18%，增速全国排名第二，本外币各项存款余额3.53万亿元，同比增长8.5%，增速在全国排第六位。社会融资规模全年增量在全国居第12位，比2017年上升2位，比GDP在全国的排位靠前4位。年末全省保险密度和保险深度分别达到1630.41元/人和3.43%；保险业资产总额1305.4亿元，同比增长9.2%；全省保险公司保费收入753.59亿元，同比增长3.6%，累计赔付支出264.92亿元，同比增长22.2%。全年保险资金入赣131亿元。辖内上市公司达66家（境内42家、境外24家），全年实现5家首发、1家迁址、2家借壳（注册地待回迁），上市审核企业8家。年底有146家企业挂牌“新三板”，5100余家企业在江西联合股权交易中心挂牌展示。12月末全省共有融资担保及再担保机构146家，注册资本金213.5亿元，在保余额524亿元。P2P网贷机构29家，待收本金余额29.6亿元，较高峰时分别下降25%、15%。登记备案私募基金机构244家，管理基金539只，金额1353.8亿元，在全国占比1.06%。小贷公司174家，贷款余额204亿元，不良贷款率7%。典当和融资租赁公司219家、45家，分别亏损624万元、574758万元。

二是融资和信贷结构得到优化。2018年全省累计发行债务融资工具855.7亿元，同比增长205.0%，增速位列全国第一；发行企业32家，较上年增加18家，增长129%，实现了发行金额和发行企业数量双双增长的良好态势。债务融资工具发行利率4.94%，低于同期人民币贷款加权平均利率1.62个百分点，为企业节约财务费用13.9亿元。全年直接融资占江西省社会融资规模的12.2%，比上年提高10个百分点。具体来看，企业债券净融资659.5亿元，比上年多增581.2亿元，辖内企业在扶贫债、双创债、绿色债务融资工具发行方面均取得突破；地方政府专项债券542亿元；非金融企业境内股票融资44.61亿元，同比少增10.45亿元。12月末，全省普惠口径小微贷款余额3278.3亿元，增长19.1%，贷款户数同比新增19%，贷款加权利率四季度较一季度下降0.82个百分点；民营企业贷款余额（包含集体控股企业和私人控股企业贷款）同比增速有所回升；全省涉农贷款增长18.51%，连续两年高于全省各项贷款平均增速。全省科技类贷款企业、高技术产业制造业、先进制造业贷款余额同比增速均大幅高于同期贷款平均增速。

三是补短板落到实处。首先，金融助力精准脱贫攻坚力度加大，2018年末，金融精准扶贫贷款余额1740.3亿元，当年新增284.9亿元，余额同比增长19.6%，高于全部贷款平均增速1.6个百分点。江西“金融+财政+产业”扶贫模式在全国推广。其次，普惠金融服务供给能力显著增强，人民银行南昌中心支行开发上线了“江西省小微融资服务平台”。全省共建成农村普惠金融服务站3483个，其中在贫困村建成2902个，贫困村覆盖率达 83.3%；国有大型银行、股份制银行、城市商业银行、农村商业银行保持县域全覆盖，村镇银行县域覆盖率达 90% 以上；全省共计 13 家银行机构已设立普惠金融事业部。最后，基层金融生态环境持续优化，全省移动支付便民工程建设、电子预约开户服务和小微企业开户绿色通道建设取得积极成效。

（二）推动金融政策落实，金融服务“六稳”成效明显

一是支持“双创”促进“稳就业”。2018 年，江西省共发放创业担保贷款 138.9 亿元，直接扶持个人创业 10.2 万人次，带动就业 36.7 万人次。创设以来累计发放创业担保贷款 1053 亿元，累计扶持个人创业 103 万人次，撬动就业 402 万人次，贷款回收率高达 99.94%。

二是加快金融改革推动“稳金融”。2018 年末，江西省绿色贷款余额 1560.4 亿元，比上年增长 34.1%。2018 年，全省获批发行绿色金融债 70 亿元，注册绿色中期票据 20 亿元；在赣江新区设立各类绿色基金总计 500 亿元，赣江新区绿色金融示范街入驻机构达到 30 家，带动辐射效应初步显现。积极创建国家级赣州、吉安普惠金融改革试验区。上饶开发区金融、抚州科技金融、鹰潭物联网金融等金融创新和六个县域金融改革加快推进。2018 年末，全省银行机构表外资产比上年下降 225.9 亿元。

三是保持跨境收支平衡支持“稳外贸”。全省银行跨境收支总额 445.6 亿美元，比上年增长 18.7%；跨境收支净流入 55.0 亿美元，比上年增长 26.9%。银行结售汇顺差 39.1 亿美元，比上年增长 28.5%。

四是直接投资上升回暖“稳外资”。全省对境外直接投资流出 3.4 亿美元，比上年增长 1.3 倍。其中，企业对外直接投资资本金流出 5.2 亿美元，比上年增长 2.1 倍，上升趋势明显。全省外商来华直接投资流入 13.3 亿美元，比上年增长 34.6%，吸收境外直接投资形势较好，涉外金融服务便利化水平持续提升。

五是重点扶持基建和制造业实现“稳投资”。全省基建类贷款新增 1221.2 亿元，增量占各项贷款的比重达 27.3%；基建类贷款增长 19.5%，

高于全部贷款增速 1.5 个百分点。全省先进制造业贷款余额比上年增长 43.6%，高技术产业制造业贷款余额比上年增长 56.5%，均大幅高于同期贷款平均增速。

六是利率汇率稳定引导“稳预期”。2018 年 12 月，全省企业贷款加权平均利率 5.50%，连续 5 个月环比下降，低于全省人民币贷款加权平均利率 0.65 个百分点，有力支持融资成本下降预期的形成。2018 年，货物贸易购汇比上年上升 7.4%，外汇支出购汇率为 61.8%，与上年基本持平，表明企业的汇率预期基本保持稳定，购汇意愿回归理性。

（三）防范化解重大金融风险攻坚战实现良好开局

一是出台了《江西省重大金融风险处置预案》《金融风险工作建议责任分工》《江西省区域金融稳定协调合作领导小组办公室工作规则》等。围绕制度建设、合作建设和会商建设方面精准发力，建立定期信息共享机制，发挥协调合作机制在全省金融风险防控攻坚战中的重要作用。针对九大类金融风险进行调研、制订预案。

二是研究制定《江西省区域金融风险分布图指引》，规范季度监测的流程、方向和结果运用，实现工作规范化、常态化管理。发挥省非法集资监测预警平台“赣金鹰眼”作用，开展防非法集资网格化管理试点，取得了线索上升、案件下降的效果。推进互联网金融专项整治，妥善处置江西省 P2P 网贷平台风险。依托省高院“法媒银”平台，加大联动打击“老赖”力度。

三是稳妥推进新余赛维公司破产重整；化解了省能源集团兑付风险；成立了省属企业联合纾困基金，帮助省内上市企业化解股权质押风险；江西省金融风险总体可控，防范化解有力有效。

二　面临的形势和问题

近年来江西发展势头较好，主要经济金融指标增速持续位居全国第一方阵，要看到其中有基数小、落差大的因素，更应看到有转型升级的差距不足，看到区域竞争的日益激烈。江西既面临稳增长与提质量的双重压力，也面临转动能与调结构的挑战，民营和小微企业活力不足，实体经济发展困难不少，脱贫攻坚任务仍然艰巨繁重，发展不平衡不充分的问题持续存在，金融领域实体经济的承贷能力仍然不足，违法违规金融活动时有发生，政府债务风险化解压力较大，银行不良贷款余额和不良率“双升”，都需要我们密切关注。

（一）实体经济承贷能力仍显不足

2018 年，制造业新增贷款 126.3 亿元，占各项贷款增量的比重仅 2.8%。2018 年末制造业贷款增长 5.7%，处于低速增长水平。江西省战略性新兴产业贷款比上年增长 16.9%，而同期新兴产业增加值增长远慢于贷款增速，说明江西省产业转型调整略显滞后，新旧产能接续不充分。新兴生产性服务业贷款增长 12.9%；贷款余额仅占生产性服务业的 4.4%，说明服务业对投资的带动作用有限，要成为拉动经济增长的新引擎尚需时日。

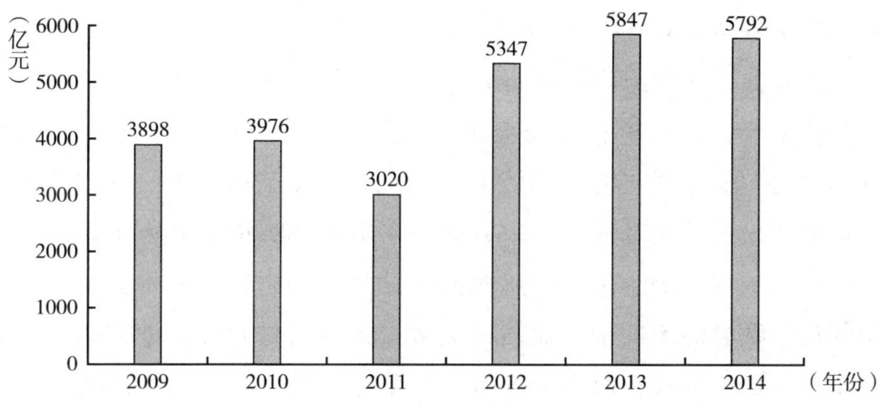

图 1　2009 ~ 2014 年全国社会融资规模增量

资料来源：中国人民银行南昌中心支行。

（二）信贷资金使用效益下降隐藏着债务风险

2018 年江西贷款增量与福建和湖南几乎相同，仅仅比福建和湖南分

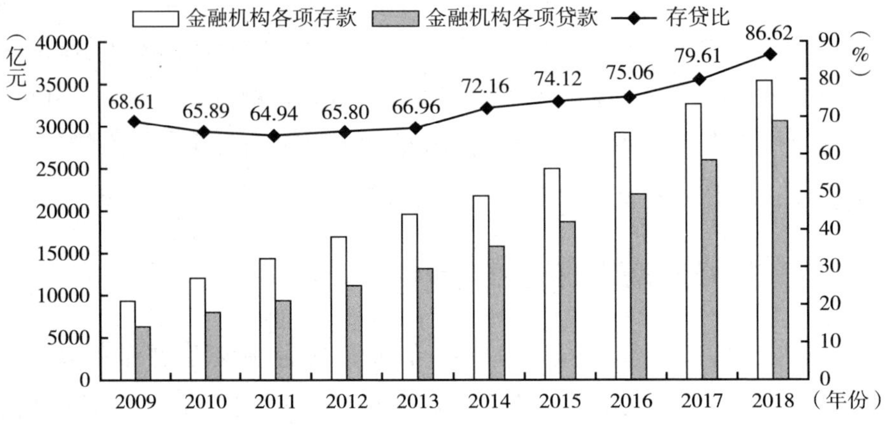

图 2　2009～2018 年全国金融机构各项存贷款数据

资料来源：中国人民银行南昌中心支行。

别少了 38 亿元和 62 亿元，但 GDP 仅仅是福建和湖南的 2/3 还弱；从三省当年的 GDP 增量看，江西也比其他两省少了 1521 亿元和 669 亿元；三省贷款余额与 GDP 的比值分别是 1. 39、1. 3、1；从中看出，江西单位贷款产出较低，同样的经济量需要用更多的贷款支撑。从江西省的金融业增加值来看，占 GDP 的比重要低于全国 2. 43 个百分点，相当于全国平均水平的 70%，这与近几年相对全国更多的贷款增加不一致，贷款在金融业的产出贡献相对较低。一方面，在实体经济承贷能力不足的情形下江西近几年贷款仍然保持了高增长（见图 1、图 2）；另一方面，资金效率降低隐藏着的不仅是产业结构资金密集度问题和杠杆率问题，还有占有渠道、运用方式、地方金融粗放扩张等问题，其中隐含的债务风险不言而喻。

（三）房地产市场出现新的波动迹象，相关风险值得重视

当前房地产市场出现一些新变化，房地产投资、房地产销售面积、房地产销售额均出现放缓迹象。从金融看，房地产贷款增速仍处于高位。2018 年末，房地产贷款增长 29. 6%，比上年回落 2. 5 个百分点，仍高于全省贷

款平均增速 11.6 个百分点。其中，房地产开发贷款增长 31.7%，比上年回落 2.4 个百分点；个人住房贷款增长 26.2%，比上年回落 5.9 个百分点。2018 年，新增贷款中有 51.5% 的比例投入房地产市场，占比提高 2.9 个百分点，一旦房地产市场出现大幅波动，必将影响居民债务安全，并引致金融风险，值得引起关注。

（四）资产质量大幅下降，风险防控压力增大

2018 年末，全省银行业金融机构不良贷款余额 730 亿元，比上年增加 210 亿元；不良贷款率 2.4%，比上年上升 0.38 个百分点，不良贷款余额和不良率“双升”均为 2017 年以来历史最高。同时，金融机构通过贷款展期、借新还旧、再融资（续贷）、转贷基金、贷款平移、合同要素调整等方式调节信贷资产质量的规模，实际不良贷款规模更大。对全省 26 家银行调查显示，如果将逾期 90 天以上贷款，停产、半停产、破产重组贷款全部计入不良，不良率会提高 0.54 个百分点；展期、借新还旧、政府周转贷款、贷款平移等贷款余额占全部企业贷款的 5.3%，这些贷款劣变为不良的概率非常大，将进一步推升不良率。

三　2019年江西金融形势展望

2019 年是新中国成立 70 周年，是全面建成小康社会关键之年，也是江西金融发展的机遇期、关键期。根据党中央、国务院和省委、省政府的决策部署，以习近平中国特色社会主义思想为指导，从更高层次贯彻落实习近平总书记对江西工作的重要要求，坚持以供给侧结构性改革为主线，坚持新发展理念，坚持高质量发展要求，坚持稳中求进工作总基调，实施传导稳健的货币政策，深入推进服务实体经济、防控金融风险、深化金融改革三项基本任务，切实做好“六稳”工作要求，打好三大攻坚战，为建设富裕美丽幸福江西做出更大贡献。

（一）主要预期目标

新增金融机构本外币贷款4000亿元，企业直接融资3000亿元，“险资入赣”实现120亿元以上，确保实现10家企业上市目标，推动市级政府5亿元以上大型融资担保机构全覆盖和县域5000万元以上融资担保机构全覆盖。

（二）主要举措

1. 落实稳健货币政策，有效稳定市场预期

一是要强化区域流动性管理。进一步提升常备借贷便利政策工具使用效率，积极拓宽中小金融机构再贷款融资渠道；切实加强对辖内金融机构流动性监测，强化逆周期调节，确保区域银行体系流动性合理充裕。二是要继续做好宏观审慎评估工作，引导辖内金融机构及时补充资本，合理审慎安排信贷投放。三是要切实引导和稳定市场预期，既要防止货币政策“大水漫灌”预期抬头，也要防止市场悲观预期压顶，加速风险暴露。四是加强财政政策、产业政策和货币政策的协调配合，形成调控合力，优化金融资源配置，促进经济结构调整，促进经济持续稳定发展。

2. 强化定向调控政策传导，推动实体经济高质量发展

一是要着力缓解民营和小微企业融资难融资贵问题。进一步发挥再贷款、再贴现的定向调控、精准滴灌功能，用好信贷、股权、债权“三支箭”，引导金融机构加大对民营企业小微企业的信贷倾斜力度。落实“几家抬”政策思路，积极推广运用江西省小微客户融资服务平台，继续推动小微企业应收账款融资等业务，降低企业融资成本，努力实现小微金融量增价降质升。二是要对接区域经济发展战略。加大对重点产业和重大项目的支持力度，开展省属大型企业、成长型科技企业、省内“专精特新”企业融资对接；推动银行业机构积极对接50亿元以上的重大项目建设；加大对航空、电子信息、中医药、装备制造、新能源材料等新兴产业金融支持力度，为打造产业集群服务。要做大“财园信贷通”、“财政惠农信贷通”、农村“两

权”抵押贷款、林权抵押贷款，推广财税互动、油茶贷、扶贫贷等创新产品，开发更多个性化、定制化和精准化金融服务。三是要支持打赢精准脱贫攻坚战。推动落实《关于金融支持打赢脱贫攻坚战三年行动的实施意见》，用好用实扶贫贷款，加强金融扶贫和产业扶贫的联动。推进扶贫小额信贷增质加量。

3. 防范金融风险，守住不发生系统性风险底线

一是贯彻落实防范化解重大风险攻坚战行动方案，人民银行应履行作为国家金融稳定委员会基层派出机构的职责，发挥区域金融稳定协调合作牵头作用，探索建立中央和地方金融监管、风险处置和金融消费者保护等协作机制。二是要做好地方政府债务、房地产等重点领域风险防范，有序化解影子银行风险，加大不良贷款处置力度，加强企业信用债违约等风险整治和对互联网金融等薄弱环节的监管，坚决取缔非法金融机构，严厉打击各类高利贷活动。加快 P2P 网贷向网络小贷公司、助贷机构或持牌资产管理机构导流，把其定位为以技术或信息与金融机构合作。三是要对苗头性、倾向性、趋势性问题做到早发现、早处理、早化解，充分发挥存款保险制度在稳定公众信心、防范和化解金融风险中的作用。高度关注民营企业、房地产、城投公司三类企业信用债到期违约风险，推动金融机构开展房地产金融风险压力测试。

4. 深入推进金融改革，总结推广可复制经验

一是充分利用好赣江新区绿色改革试验区“国字号”平台，积极探索，先行先试，形成人无我有、人有我优的可复制可推广的经验成果。抓紧建立地方绿色金融标准，充实绿色产业项目库。建立企业环境信息共享机制。推进省环境能源交易中心组建，搭建全省统一的环境权益交易平台。发挥绿色金融助力生态产品价值实现作用。探索发行绿色市政债。打造江西绿色金融品牌。二是深入推进普惠金融发展。积极创建国家级赣州、吉安普惠金融改革试验区。构建具有江西特色的普惠金融指标体系。继续引导各金融机构特别是涉农金融机构在“普惠金融服务站”全面创建基础上，不断提升站点管理水平及建站质量，深入打造具有示范意义的服务站样板。三是探索区域特色金融改革，形成亮点示范，并推广开来。

参考文献

张智富：《着力破解小微企业融资难融资贵》，《金融时报》2018 年 3 月 16 日。

张智富：《牢记人民的初心》，《中国金融》2018 年第 23 期。

张智富：《赣江新区绿色金融改革探索》，《中国金融》2018 年第 13 期。

张智富：《推动江西经济金融迈向高质量发展》，《金融与经济》2018 年第 2 期。

B.8
江西商务形势分析与展望

江西省商务厅课题组*

摘　要： 2018年，江西商务经济总量、结构、质量和效益各项指标走势良好，全省商务经济总体平稳、稳中有进、稳中提质，呈现“稳、优、高、快”的鲜明特点。在深入剖析当前江西商务发展形势的基础上，本文认为，2019年商务经济发展面临的困难与希望同在，机遇与挑战并存，机遇大于挑战。针对新形势、新使命，本文提出了“两稳一扩促三同”的对策建议。

关键词： 新时代　高质量　商务经济　江西

2018年是贯彻党的十九大精神的开局之年，是改革开放40周年，是决胜全面建成小康社会、实施“十三五”规划承上启下的关键一年。在这样一个具有非凡意义的时间坐标中，江西省商务经济总体平稳、稳中有进、稳中提质。2019年是中华人民共和国成立70周年，是为与全国同步全面建成小康社会收官打下决定性基础的关键之年。必须在提高站位中定准位、在突出重点中出实绩、在注重效率中见成效，奋力开创江西商务高质量跨越式发展新局面。

---

* 课题组组长：刘翠兰，江西省商务厅党组书记、厅长。副组长：朱元发，江西省商务厅党组成员、副厅长。成员：陈建荣，江西省商务厅综合处处长；王春雷，江西省商务厅综合处副处长；黄纪泽、龚朴、林思思，江西省商务厅综合处主任科员；杜宇超、周益臣，江西省商务厅综合处干部。

一　2018年江西商务经济发展情况分析

2018 年，江西省贯彻落实习近平总书记对江西工作的重要要求，扎实推进商务领域稳增长、调结构、促改革、强开放、惠民生各项工作，商务事业发展取得明显成绩。

（一）2018年江西商务经济运行的主要特点

2018 年，江西省商务经济运行总量、结构、质量和效益各项指标走势良好，主要指标增幅居全国“第一方阵”。全省商务经济总体平稳、稳中有进、稳中提质，呈现“稳、优、高、快”的鲜明特点。

一是稳，即总量增长平稳。实际利用外资 125. 7 亿美元，增长 9. 7%；利用省外项目资金 7346. 4 亿元，增长 10. 8%；实现外贸进出口 482. 4 亿美元，增长 8. 8%，其中出口 339. 6 亿美元，增长 4. 5%，进口 142. 8 亿美元，增长 20. 5%；实现社会消费品零售总额 7566. 4 亿元，增长 11%；完成对外承包工程营业额 44. 7 亿美元，增长 4. 8%，对外直接投资 8. 4 亿美元，增长 17%（见表 1）。

二是优，即结构优化。江西省招商主攻的欧美日区域引进外资金额 7. 8 亿美元，增长 44. 7%，占比 6. 2%，比重较 2017 年提高 1. 5 个百分点；制造业成为利用省外项目资金主力，实际利用省外项目资金 4501. 4 亿元，增长 14. 9%，占比 61. 3%，比重较 2017 年提升 2. 2 个百分点。江西省对“一带一路”沿线主要国家出口 121. 6 亿美元，增长 17. 5%，占比 35. 8%，比重较 2017 年提高 4. 2 个百分点。

三是高，即质量效益提高。江西省新设千万美元以上外资项目 175 个，增长 56. 3%；利用省外项目资金实际进资 10 亿元以上重大项目 37 个。全省自营出口增幅高出全省出口增幅 21 个百分点，自营出口比重较 2017 年提升 7. 5 个百分点；生产企业出口增长 16%，增幅高出全省平均 11. 5 个百分点。全省对外承包工程（含对外援助）带动出口 3 亿美元，增长 82%。化妆品、建筑及装潢材料类、中西药品类、家具类等消费升级类相关商品增幅均高于平均增幅，电子商务发展势头良好。

四是快，即口岸建设和服务贸易快速发展。昌北国际机场客货运增幅均为国内省会城市机场第 1 名。全年共开行赣欧班列 202 列，是 2017 年开行总量（26 列）的约 7.7 倍。2018 年 12 月全省进口整体通关时间为 24.42 小时（全国平均 42.50 小时），居全国第 7 位，较 2017 年压缩 83.7%；出口整体通关时间为 2.64 小时（全国平均 4.77 小时），居全国第 15 位，较 2017 年压缩 89.4%。

表 1　2018 年江西省商务运行综合情况

项目		全年累计	
		绝对数	同比%
国内贸易	社会消费品零售总额(亿元)	7566.44	11.00
对外贸易	进出口(亿美元)	482.4	8.79
	出口(亿美元)	339.6	4.53
	进口(亿美元)	142.8	20.5
利用外资	新批外商投资企业数(个)	594	20
	实际利用外资金额(亿美元)	125.72	9.66
引进省外资金	新引进项目数(个)	3341	16.45
	引进省外项目金额(亿元)	7346.36	10.80
对外投资合作	对外承包工程完成营业额(亿美元)	44.67	4.8
	对外直接投资额(亿美元)	8.35	17.4
口岸运行	进出口货重(万吨)	732.13	0.9
	南昌航空口岸出入境人员(万人次)	80.07	21.39

资料来源：江西省商务厅数据。

（二）2018年江西商务经济发展的主要亮点

第一，将“开放提升”纳入省委“二十四字”工作方针。一是出台了《关于进一步扩大开放推动经济高质量发展的若干措施》（赣办发〔2018〕12 号）。二是召开江西省全面深化改革开放工作现场推进会，隆重庆祝改革开放 40 周年。三是召开内陆口岸开放提升座谈会，提出“货物进境与沿海同价到港、出境与沿海同价起运、通关与沿海同等效率”目标要求，以务实举措优化营商环境。

第二，成功举办系列重大经贸活动，提升了江西形象。成功举办第五届世界绿发会、首届世界 VR 产业发展大会、第 17 届赣港会、首届赣深会、首届中国国际进口博览会江西省采购需求发布暨现场签约会、首届中国赣菜美食节等。特别是倾全力打造了江西省重大经贸活动的收官之作、压轴大戏——第五届世界绿发会。

第三，一批国家级开放平台为推动江西经济高质量、跨越式发展提供了新动能。中国（南昌）跨境电子商务综合试验区、九江综合保税区成功获批。国家级经开区进位赶超态势明显，在 2018 年国家级经开区全国考评中，南昌、上饶、井冈山、九江、萍乡、小蓝 6 家国家级经开区进入全国百强，比 2017 年增加了 2 家，南昌经开区继续保持在全国 50 强。

第四，把消费升级提高到一个新高度。出台了《江西省进一步激发商贸消费潜力促进商贸消费升级三年（2019～2021）行动方案》，按照“一年大改观、两年大提升、三年大跨越”目标要求，启动实施“优品”“兴市”“强商”“旺客”“捷运”等行动。

（三）2018年江西商务经济的主要成绩

1. 推进招商引资提质增效

一是抓好重大招商活动统筹。以第五届世界绿发会为统揽，先后成功举办 9 场省级层面重大招商活动，累计签约合作项目 554 个，签约投资总额 5144.8 亿元。二是创新招商方式。将举办招商活动与开展上门走访相结合；首次以委托招商方式建设经济联络和招商中心，与省委组织部一起依托境外商协会在欧美地区成功建设 8 个境外委托招商引才中心，拓展了招商引才工作渠道。推进招商小分队围绕重点产业开展精准化常态招商。积极开展访百企促增资行动，全省 191 家外资企业实现增资 31.1 亿美元。三是实施招大引强“三百工程”。精选 100 家跨国公司分解到各设区市和产业招商小分队，开展“一对一”精准招商。策划包装的重点产业项目已成功推介 147

个，各设区市重点推进的232个项目，已开工项目89个，已投产项目57个，推进落实率79%。四是推进重大活动签约项目落地。2017年重大经贸活动共签约902个项目，注册率89.9%、进资率87.9%、项目开工率78.6%。2018年六大经贸活动（赣京会、赣港会、赣深会、江西省与跨国公司合作交流会、亚布力夏季峰会、赣台会）共签约项目279个，完成注册率83.2%，进资率77.1%，开工率73.5%。协调解决重大招商项目落地过程中的困难和问题，会同省自然资源厅支持全省13个重大产业项目解决用地指标3628亩。通过与省自然资源厅沟通对接，共推荐17个全省重大招商引资项目新增建设用地计划4410亩，将带动投资412.2亿元。此外，积极开展对三峡库区的对口支援合作，参与闽浙赣皖（福州）经济协作区建设，区域经济合作交流不断深化。

表2　2018年江西省实际利用外资分设区市情况

单位：万美元

设区市	累计实际利用外资	累计增幅(%)	设区市	累计实际利用外资	累计增幅(%)
南昌市	348899	9.69	赣州市	184420	10.6
九江市	217223	9.47	宜春市	84471	9.45
景德镇市	22309	9.02	上饶市	124907	9.52
萍乡市	40111	9.28	吉安市	117225	9.52
新余市	47508	9.21	抚州市	38504	9.05
鹰潭市	31589	9.3	全省合计	1257166	9.66

资料来源：江西省商务厅数据。

表3　2018年江西省利用省外项目资金分设区市情况

设区市	合同项目(个)		实际进资(亿元)	
	全年累计数	累计增幅(%)	全年累计数	累计增幅(%)
南昌市	288	23.61	988.61	11.14
九江市	397	9.97	948.92	11.01
景德镇市	215	8.59	450.46	10.12
萍乡市	248	13.76	529.55	10.89
新余市	286	35.55	520.52	10.18

续表

设区市	合同项目(个)		实际进资(亿元)	
	全年累计数	累计增幅(%)	全年累计数	累计增幅(%)
鹰潭市	295	52.85	390.40	10.84
赣州市	280	2.19	837.12	10.90
宜春市	322	-4.73	699.95	10.87
上饶市	357	27.05	729.92	11.06
吉安市	294	17.60	728.46	10.90
抚州市	359	15.06	522.45	10.15
合　计	3341	16.45	7346.36	10.80

资料来源：江西省商务厅数据。

2. 推动外贸稳增长调结构

一是坚定不移调结构。继续引导各地坚持把政策资源、工作重点聚焦于生产型企业和本省产品扩大出口，自营（省产品）出口实现量质双升。二是千方百计拓市场。积极开展“一带一路”沿线国家和“走进中西亚”经贸促进系列活动，组织2000余家企业参加广交会、华交会等重点境内外展会。三是持之以恒优服务。加大对供货出口转回本省自营出口的帮扶力度，采取一企一策帮扶方式提出解决方案，促成一批供货外省出口企业转回本省出口。建立省级层面贸易便利化联席会议制度，协调解决江西省贸易便利化工作中的重要问题。四是积极培育外贸新业态。推动3家省级外贸综合服务企业累计带动出口超5亿美元，为1000余家中小微企业降成本超过5000万元。部分加工贸易领域实现产业链延伸拓展，内外贸企业融合发展。新增省级服务外包产业示范园5家。落实省委、省政府与阿里巴巴集团战略合作协议，联合阿里巴巴开展全省跨境电商“优商优品”工程。五是妥善应对贸易摩擦。第一时间响应并加强调研，分析研判中美贸易摩擦对江西省企业出口的影响，帮助广大企业在力保美国市场的基础上积极开拓新兴市场。协调处置了南丰蜜橘出口印尼受阻难题，妥善应对美国硒鼓337调查、石英台面板“双反”调查等重大贸易摩擦，保护了企业的合法权益。六是促进外贸平衡发展。组织参加首届中国国际进口博览会，3147名采购商报名，2074

名采购商实际参会，参会企业家数和采购商人数创下江西省赴外省参展规模之最，现场活动签约项目 29 个，其中，1 亿美元以上项目 3 个，在国际舞台积极宣传和展示了江西良好形象。落实鼓励扩大机械设备、先进技术进口政策，为 96 家企业争取并兑现国家、省级进口贴息资金 7906 万元。

表 4　2018 年江西省外贸进出口分设区市情况

单位：万美元

设区市	全年累计		累计增幅(%)	
	进出口	出口	进出口	出口
南昌市	1195663	686308	21.50	9.29
九江市	546816	449557	7.89	6.02
景德镇市	104323	101959	26.60	25.45
萍乡市	173319	171048	14.55	16.25
新余市	246524	130945	-8.35	3.76
鹰潭市	489683	105736	12.95	13.58
赣州市	533283	435820	12.65	9.89
宜春市	295922	250890	4.45	2.48
上饶市	434189	391482	-14.36	-12.80
吉安市	588787	472555	7.68	0.85
抚州市	215110	199683	9.61	5.00
合计	4823619	3395983	8.79	4.53

资料来源：南昌海关数据。

3. 促进商贸领域消费升级

一是积极开展消费促进活动。牵头起草促进商贸消费升级三年行动方案。组织实施消费升级行动计划，率先在全国开展 45 场“夏季消费促进季”活动。二是扩大省产品销售。先后举办江西名优特产品上高铁、进机场，以及与上海中军集团销售对接会，组织 11 场“赣品网上行”重点产业对接活动。三是大力发展电子商务。推动全省建立 146 个电商园区（基地），南康家具市场、新余高新区电商基地在全国 100 家国家级电商示范基地中分别排第 7 名和第 31 名。与阿里巴巴在电商五大领域 16 个细项启动全面战略合作。江西省新增 4 个国家电商进农村综合示范县，总数达到 43 个，累计争取中央财政扶持资金7.86亿元，南康、井冈山等7县入围“中国电商示范百佳县”。四是促进传统商业转型升级。全省建设改造县乡农贸市场120个。投放股权资金1.22亿元，加快实施跨区域农产品流通基础设施建设。推动赣州市郁孤台街区成功获批江西省首个中国商旅文产业发展示范街区。五是积极推进物流高效配送体系建设。推动京东、菜鸟、传化等物流龙头企业相继落户江西，物流重大项目加速聚集。以省政府办公厅名义出台《推进电子商务与快递物流协同发展实施意见》和《江西省供应链创新与应用的实施意见》，景德镇市、赣州市和正邦集团、晶科能源分别进入国家试点城市和试点企业。六是加快会展经济发展。展览展示面积达390万平方米，增长11.1%。市场应急保供、行业安全生产、市场秩序建设、商务诚信体系等工作扎实推进。

表5　2018年江西省社会消费品零售总额情况

单位：万元

项　目	截至12月累计	截至12月累计增幅(%)
社会消费品零售总额	75664438	11.0
限额以上消费品零售额	28007006	10.7
(一)按销售单位所在地分组		
城镇	63997063	10.9
其中:城区	36931552	14.1
乡村	11667375	11.6
(二)按地市分		
南昌市	21316307	11.1
景德镇市	3406578	10.8
萍乡市	3848322	10.9
九江市	7521037	11.2
新余市	2743622	11.2
鹰潭市	2207915	10.8
赣州市	9017126	11.1
吉安市	5141948	11.3
宜春市	6760270	10.7
抚州市	5441371	10.6
上饶市	8259941.4	11.1

资料来源：江西省统计局数据。

4. 大力推进“走出去”

一是重点项目建设有序推进。江西企业在沙特又签订一个 10 亿美元特大承包工程项目。江西首个境外经贸合作区——赞比亚江西多功能经济区项目破土动工。晶科能源马来西亚光伏组件工厂二期扩能、晶科能源美国光伏工厂等重点对外投资项目加快建设。二是“走出去”企业实力不断增强。江西国际、江西中煤等 5 家省内对外承包工程企业入选全球最大国际承包商 250 强，入选企业数量居全国第二、中西部第一。三是“走出去”联盟平台作用凸显。推动联盟设立了境外经贸合作区建设等 6 个专业委员会，与 22 家境外江西商（协）会建立战略合作伙伴关系。四是实施援外项目取得新突破。成功举办 36 期援外培训班，为 73 个国家培训 986 名政府官员和专业技术人员。新中标的援马达加斯加公路项目创下江西省企业援外项目金额之最。

表 6　2018 年江西省对外直接投资分行业统计

单位：万美元

行业	截至本月累计	增长(%)
采矿业	28390. 84	—
工程建筑业	18822. 25	4. 2
商务服务业	12052. 74	-53. 6
制造加工业	10726. 83	—
农业	800	-67. 3
利润再投资	12720	292. 6
合计	83512. 66	17. 4

资料来源：江西省商务厅数据。

5. 积极构筑高水平开放通道

一是国际贸易“单一窗口”建设位居全国前列。全省实现关检融合一次申报，主要业务功能应用率 80% 以上，位居全国第一方阵，口岸通关作业信息化智能化水平得到了极大提升。二是国际物流通道建设提速。赣州、南昌、鹰潭、上饶、景德镇、吉安、抚州 7 个设区市开行了赣欧班列。铁海联运班列共开行出口班列720列，发送集装箱5.84万标箱。三是航空通道进一步拓展。成功开通南昌－莫斯科首条洲际航线和南昌－新加坡定期国际航线。新增南昌－比利时的洲际全货机航线和南昌－香港的全货机航线。江西省已开通“一带一路”沿线国家和地区15条定期航线。四是口岸平台服务功能不断优化。赣州肉类指定口岸和赣州汽车整车进口口岸先后获准建设。赣州港基础设施大力推进，集装箱吞吐能力由20万标箱提高到120万标箱。加快推进南昌国际邮快件监管中心建设。成功推动外国人落地签和离境退税政策落实。

表7　2018年南昌航空口岸出入境情况统计

单位：人次、架次

指　标		全年累计数			累计增幅（%）
		入境	出境	合计	
出入境旅客	合　计	380353	381212	761565	22.28
	内　地	320933	322386	643319	27.34
	港澳台	54504	54335	108839	－2.56
	外国籍	4916	4491	9407	59.44
出入境员工	合　计	19583	19572	39155	6.38
	内　地	5096	5088	10184	－20.90
	港澳台	2289	2290	4579	－5.61
	外国籍	12198	12194	24392	27.84
出入境飞机	合　计	2312	2308	4620	7.92
	内　地	644	642	1286	－11.92
	港澳台	331	332	663	－4.47
	外国籍	1337	1334	2671	25.58

资料来源：江西省商务厅数据。

6. 着力优化营商环境

围绕打造“五型”政府和“四最”营商环境目标要求，一是全面推进商务领域改革。列入省委改革台账的商务厅4项改革任务已全面完成。将外商投资企业设立及变更等52项政务服务事项纳入全省商务“一次不跑”和

"只跑一次"改革目录，外商投资企业设立备案与工商登记"单一窗口、单一表格"受理。复制推广自贸试验区改革试点经验，全省确定的前三批110项改革事项已成功实施105项，2018年重点推进的11项改革事项已全部完成。二是开展保护投资者合法权益专项行动。制定《江西省外商投资企业投诉工作联席会议制度》和《江西省外商投资企业投诉工作办法》，牵头开展招商引资承诺兑现专项督查工作。三是加大规范企业海外经营行为力度。以省政府名义印发《关于规范企业海外经营行为的实施意见》《关于改进境外企业和对外投资安全工作的实施意见》。四是加强市场运行监管和保障。出台《江西省人民政府关于新形势下加强打击侵犯知识产权和制售假冒伪劣商品工作的实施意见》。强化事中事后监管，严格落实"双随机一公开"制度。加强成品油、二手车等特殊行业监管，确保消费市场安全运行。五是持续开展降成本优环境专项行动。2018年累计争取中央、省级商务发展专项资金8.68亿元，全力支持全省商务重点领域工作。为全省企业减负8600多万元。全省物流费用GDP占比降低0.5个百分点。在安义工业园区和抚州高新区开展银企对接会，推进银企现场签约金额达13亿元。举办"走出去"联盟走进安义工业园暨建材产业对接会。

7. 不断加强商务扶贫工作

推动全省建立各类电商站点1.3万个，带动全省5.6万户贫困户户均增收2018元。圆满完成家政扶贫示范国际合作项目，实现建档立卡贫困户就业率83.8%。定点扶贫、对外劳务扶贫、招商扶贫、市场扶贫等工作卓有成效。

同时，商务工作还存在一些不足：招商引资方式需要进一步创新，外贸竞争新优势需要进一步培育，促进消费转型升级工作需要进一步加强，对外投资合作的领域需要进一步拓宽。

二　当前江西商务经济发展面临的形势

2019年是中华人民共和国成立70周年，是为与全国同步全面建成小康社会收官打下决定性基础的关键之年。商务经济发展面临的困难与希望同在，机遇与挑战并存，机遇大于挑战。

从挑战和不利因素看，一是国际经贸秩序深刻重塑，“逆全球化”趋势、贸易保护主义、单边主义抬头，中美经贸摩擦成为我国经济发展首要外部风险和最大不确定因素，影响逐渐传导。“一带一路”倡议不断受到以美国为首的西方国家干扰，美国、日本、印度等国通过设立发展基金、开展“零利率贷款”、散布“债务陷阱论”等方式，在世界范围内从多个层面与我国进行较量，对企业进一步扩大合作规模产生了不利影响。对外贸易、对外投资合作的不确定性因素增加，稳增长的压力加大。二是国际投资环境整体趋紧，利用外资面临发达国家和发展中国家双重挤压。国内外引资竞争日趋激烈，招商引资压力加大。三是国内改革进入攻坚期，一些深层次结构性矛盾和问题凸显，经济继续面临较大下行压力。

从机遇和有利因素看，我国处于近代以来最好的发展时期。一是党中央发出了把新时代改革开放继续推向前进的号召。习近平总书记在庆祝改革开放 40 周年大会上的重要讲话中，郑重宣示了改革开放只有进行时没有完成时、改革开放永远在路上，中央经济工作会议提出“六稳”方针，都为我们坚定改革信心和做好扩大开放工作指明了前进方向。二是经济发展“基础大盘”牢固。经济发展健康稳定的基本面没有改变，支撑高质量发展的生产要素条件没有改变，长期稳中向好的总体势头没有改变。2018 年江西省和全国各省份一样，经济运行在合理区间，保持总体平稳、稳中有进、稳中提质发展态势。三是新一轮科技革命和产业变革迅速发展。数字经济、生物技术、人工智能等创新成果层出不穷，新产业、新业态、新模式发展的“窗口”越来越大，为招商引资工作开辟了新领域，带来新机遇。四是市场潜力巨大。我国总人口近 14 亿，消费规模居全球前列，拥有全球最大规模的中等收入群体，为有效抵御外部风险提供了巨大回旋余地。江西省有 4600 多万人口，扩展消费潜力巨大。

三　2019年江西商务发展目标和思路

新时代呼唤新作为。进一步加快江西商务经济发展，必须认真领会习近平总书记关于我国发展仍处于重要战略机遇期的科学论断，充分认识世界变局中危和机同生并存的现实状况，准确把握“稳”的基础、“变”的趋势、“进”的机遇，保持清醒、保持定力、稳中求进、主动作为，努力开创江西商务高质量跨越式发展新局面。

2019年江西商务发展的预期目标是：实际利用外资增长6%，利用省外项目资金增长8%左右，外贸进出口稳中提质，社会消费品零售总额增长10.5%，对外承包工程完成营业额增长3%左右，对外直接投资保持平稳有序发展，口岸客货运增长10%以上。

2019年江西商务发展的工作重点是：“两稳一扩促三同”。“两稳”，就是稳外资、稳外贸；“一扩”，就是扩消费；“促三同”，就是逐步实现“货物进境与沿海同价到港、出境与沿海同价起运、通关与沿海同等效率”，以此来营造良好的对外营商环境，为推进高质量跨越式发展创造条件。

2019年江西商务发展的主要任务如下。

（一）稳外资，提升招商引资和招才引智水平

认真贯彻中央和省委、省政府稳外资、稳投资的决策部署，按照刘奇书记提出的“上下联动，打一场招商引资攻坚战”的指示，落实省政府办公厅下发的《2019年江西省招商引资工作要点》，通过“双招双引”、引资引智结合、内外资并重、突出项目落地，提升招商引资质量效益。一是扎实开展“三请三回”工作。落实《江西省“请乡友回家乡请校友回母校请战友回驻地”推动开放提升工作方案》，着力搭建“资智回赣”平台，着力推动赣商返乡创业、高端人才重回故地，实现引资、引技、引智相结合。二是扎实推进“三企入赣”。巩固港台招商，拓展欧美日韩招

商，对接跨国公司驻中国地区总部、外资投资性公司，推进外企入赣；举办系列民企入赣主题招商活动；利用央企入赣合作等平台，吸引省外国企来赣开展多形式、多领域的合作发展。三是实施招大引强“三百工程”。瞄准国内外行业龙头企业，紧盯欧美日韩、长珠闽等国内外重点区域，精心包装推介100个对外重点招商项目，对接100家重点企业，推进100个重点项目落地。四是突出重大平台招商。推动国家级开发区每年至少引进一个投资超50亿元的产业项目、省级开发区每年至少引进一个投资超20亿元的产业项目。五是突出重点产业招商。重点抓好航空、电子信息、装备制造、中医药、新能源、新材料六大重点产业抓招商，推进各地首位产业招商。作为商务主管部门，尤其要把商贸流通企业招商、出口型生产企业招商、口岸平台企业招商放在突出位置、落在实处，招商的手段、资源都要向这里倾斜。六是突出创新方式招商。以活动招商和产业招商小分队相结合，做强委托招商和驻点招商，突出重点区域、重点产业招商，推动并购招商、标准厂房招商、以商招商、引资引技引智融合招商。七是突出考核督查。抓好重大签约项目的调度推进和通报制度，实行每月一调度、每季一通报，促进项目早开工、早投产、早见效。

（二）稳外贸，推动进出口稳中提质

认真贯彻中央和省委、省政府稳外贸的决策部署，继续坚持“稳增长、调结构、促升级、优服务”的思路，突出实现“进出口总额稳定增长，占全国比重稳中有升”和“自营出口占比提高5个百分点以上”两项核心指标，坚持稳中求进、稳中提质。一是稳增长。密切关注中美贸易摩擦动态，指导企业做好应对工作。大力开拓“一带一路”沿线等新兴市场。扩大出口主体规模，全年新增有出口业绩企业300家以上，新认定2~3家省级外贸综合服务企业。二是提质量。全省自营出口增幅高于全国平均水平。争取10家以上供货外省出口超千万美元企业转回本省自营出口。继续优化国有、外资和民营企业出口结构。推动各地通过招商引资引进一批有规模的出口型企业和加工贸易企业。支持重点“走出去”项目带动本省设备、原材料等

扩大出口。支持内贸企业借助各类外贸平台开拓国际市场。在全省选定10个外贸产业集群给予优先支持。会同南昌海关建立江西省自主品牌出口统计制度。促进中医药、文化产品等服务贸易发展。三是用平台。推动南昌综试区跨境电子商务线上综合服务平台上线运行。组织2000人以上各类采购商参加第二届进博会。四是要聚合力。发挥省贸易便利化工作联席会议的作用，推动解决进出口企业反映突出的问题。

（三）扩消费，大力促进商贸消费升级

积极实施《江西省进一步激发商贸消费潜力促进商贸消费升级三年（2019～2021）行动方案》，按照“一年大改观、两年大提升、三年大跨越”目标要求，2019年重点要做好大改观工作。一是实施“优品”行动。着力提升“赣品”品质，扩大“海品”进口，加大“名品”供给。二是实施“兴市”行动。打造高品位特色商业街区，繁荣夜间消费市场，建设一批商旅文融合发展示范区、“赣品网上行”电商示范基地（园区），积极推进43个国家电子商务进农村综合示范县建设，加快建设城乡一体化的流通网络体系。三是实施“强商”行动。培育商贸龙头企业，引进大型商贸集团，推进实体商贸企业创新转型，发展电子商务和现代物流，持续开展老字号促进工作。四是实施“旺客”行动。做旺应季消费，举办年货节、美食节、采摘节、网络促销等各类主题购物节会。做大会展经济，以“一城一展一会”为目标，重点打造南康家具、樟树药材、安义铝材等10个省级特色产业博览会，开展高品质家电、智能家居、“她经济”、“童经济”等领域的促销促展活动。举办第二届中国赣菜美食节。五是实施“捷运”行动。提高商贸物流配送效率，优化综合物流运输，促进商贸物流降本增效。六是要抓好内贸行业管理。把中央和省委、省政府关于安全生产的部署要求贯穿工作各个环节，明确分工、传导压力、压实责任，确保商贸领域安全生产。开展成品油市场专项整治行动，加强市场应急保供，加强整顿规范市场秩序，加强商务诚信体系建设，营造放心、安全消费环境。

（四）促“三同”，构筑高水平开放通道

围绕“三同”目标，制定出台加快内陆口岸发展的意见，积极推进口岸“三同”试点工作。主动对标对表沿海货物进出口运价和通关效率，推动赣州打造成为“一带一路”重要节点和国际货物集散中心，九江打造成为江海直达区域航运中心，南昌打造成为区域智慧航空货运枢纽，构建以陆、水、空港为基础，以内陆口岸大通关体系为支撑，覆盖全省的内陆双向开放新格局，逐步实现“三同”目标。一是推进陆运创品牌。构建“北上”“西出”国际物流通道，选择莫斯科、明斯克、汉堡等 3 ~4 个境外集散中心，双向开行赣欧班列精品线路。2019 年力争开行赣欧班列 260 列以上，增长 30% 。构建“南下”“东进”国际物流通道，拓展全省 4 条铁海联运班列服务范围，为实现“同港同价”奠定基础。2019 年铁海联运出口集装箱出运量达 6.4 万标箱以上，增长 10% 。二是推进航空补短板。力争昌北国际机场全年旅客吞吐量达到 1500 万人次，增长 10% 以上；出入境旅客 90 万人次，增长 10% 以上；昌北国际机场全年货运吞吐量达到 12 万吨，增长 50% 以上。三是推进水运增比重。鼓励九江开行直达上海外高桥和洋山的江海联运班轮，力争实现隔日达。支持九江开通近洋航线，货物直接出口至东南亚等地。四是推进通关提效率。加强国际贸易“单一窗口”建设，在 2018 年基础上进出口货物整体通关时间再压缩 20% 以上。五是推进平台强功能。力争九江水运口岸扩大开放获得国务院批复，赣州航空口岸临时对外开放获得国家口岸管理办公室批复。推动南昌、九江、赣州等地力争新申报设立粮食、水果、食用水生动物、冰鲜水产品等一批特殊商品指定口岸。加快综保区等海关特殊监管区升级发展。

（五）树品牌，建设高能级开放平台

从打造内陆双向开放新高地的高度，推动全省开放平台升级。一是积极推动创建先行先试平台。主动参与“一带一路”建设，扩大内陆双向开放，推动创建国家级中部内陆（江西）双向开放先行试验区。二是积极对接国

家区域发展战略平台。加强区域经济合作，主动融入长江经济带发展和长江中游城市群建设，加快构建向北对接京津冀和雄安新区、向南对接粤港澳大湾区和海南自贸区（港）、向东对接长三角和海西经济区、向西对接长株潭和成渝经济区的“北上南下”“东进西出”对内开放格局。三是精心打造重大活动平台。精心组织举办第十一届中国中部投资贸易博览会、第二届世界赣商大会、赣深赣港经贸合作交流会、全国知名民营企业助推江西高质量跨越式发展大会、江西省与跨国公司（上海）合作交流会、第二届中国国际进口博览会江西配套活动等重大经贸活动。四是提升开发区承载能力。推进开发区改革创新发展。推动各开发区加强与欧美日韩等发达国家和地区的产业合作，支持国际产业合作园建设。推进赣南等原中央苏区经济技术开发区与沿海经济技术开发区结对共建。加快海外江西工业园、境外经贸合作区建设，引导企业建设“海外仓”。

（六）拓外经，进一步提升“走出去”水平

一是优化市场布局。重点加强与“一带一路”沿线国家投资合作。落实中非合作“八大行动”，巩固提升与非洲国家合作。务实推进与欧美日等发达国家和地区合作。二是创新合作方式。引导企业以“投资＋总承包”“投建营一体化”等方式开拓市场，推动对外承包工程业务转型升级。培育对外投资联合体，推动省内企业积极与第三方合作开拓市场。加快建设赞比亚（江西）多功能经济区。三是培育高效平台。组织参加第二届“一带一路”国际合作高峰论坛，举办“走进非洲”暨国别合作推介会等活动。四是提升服务水平。建成省级对外投资联络服务平台并投入使用。

（七）优环境，助力打造“五型”政府和“四最”营商环境

贯彻落实国务院关于扩大对外开放积极利用外资有关文件和省委、省政府《关于进一步扩大开放推动经济高质量发展的若干措施》精神，加快推进每一项政策措施落到实处。一是深化商务领域改革和法治建设。进一步推进“放管服”改革，继续推进外商投资企业设立备案与工商登记“单一窗

口、单一表格”受理。全面推进法治商务建设，推进依法行政。二是提升投资贸易便利化水平。全面落实准入前国民待遇加负面清单的外资管理制度，落实《市场准入负面清单（2018版）》；加快复制推广自由贸易试验区改革试点经验，对标国内一流标准，推动新一轮改革开放政策落地生根。三是切实维护投资者的权益。进一步落实《外商投资企业投诉工作联席会议制度》和《江西省外商投诉协调处理办法》，及时处理外商投资企业的投诉，保护好投资者权益。四是要深入开展降成本优环境专项行动。按照省委、省政府统一部署，深入开展商务领域降成本、优环境行动，做好省领导挂点抚州高新区、安义工业园区入企帮扶工作。

参考文献

钟山：《新时代推动形成全面开放新格局》，《求是》2018年第1期。

吴秋余：《扩大开放，实现共同繁荣的主动选择》，《人民日报》2018年5月2日。

高连和：《“群链网”三位一体现代贸易金融新模式研究》，《社会科学》2018年第4期。

李春若：《“互联网+”背景下江西外贸模式的创新发展》，《中国财政》2018年第10期。

B.9
江西科学技术发展报告

江西省科技厅课题组*

摘　要： 2018年江西省全面启动创新型省份建设三年行动，在科技创新布局、能力提升、专项重点工作、创新平台载体、人才团队建设及创新环境建设等方面实现明显突破。面向2019年，江西科技发展形势将更加紧迫，应围绕“一个目标”，加快“四大体系”建设，抓好五项重点行动，为全力决胜2020年进入创新型省份建设行列奠定重要基础。

关键词： 高质量　科技创新　创新型省份　江西

2018年，是贯彻党的十九大精神的开局之年，也是江西强化创新引领、全面推进创新型省份建设的一年。本文旨在回顾2018年江西省科技创新推进情况，分析2019年全省科技发展形势，并提出加快科技创新的对策建议。

一　2018年江西科技发展回顾

2018年，江西科技创新工作从更高层次贯彻落实习近平总书记对江西工作的重要要求，大力实施创新驱动发展战略，加速推进创新型省份建设，

* 课题组组长：万广明，江西省科技厅厅长；副组长：章秀峰，江西省科技厅办公室主任。成员：王志勇，江西省科技厅办公室副调研员。

全省综合科技进步水平连续五年位置前移，由全国第 25 位前移至第 19 位，为推动江西高质量、跨越式发展提供了有力支撑。

（一）科技创新的战略地位日益提高

一是科技创新在发展全局中的重要性更为突出。全省科技管理体系在新一轮机构改革中获重新组建，职能进一步强化。省委十四届六次全会把创新引领置于全局工作之首，审议出台创新型省份建设三年行动方案，对科技创新做出系统、全面的顶层设计。

二是科技创新的激励机制不断加强。全省高质量发展考核指标创新发展分值达到 17 分。省政府办公厅先后出台支持新型研发机构发展、加快科技创新平台高质量发展、加快县域创新驱动发展等文件，强化创新的政策支持。大力实施知识产权战略，发明专利申请和授权量同比分别增长 38.2% 和 23%。

三是创新创业服务不断丰富。先后开展第七届中国创新创业大赛（江西赛区）暨第三届“洪城之星”创新创业大赛、“第二届江西省公共安全创新创业大赛”和预见独角兽计划等活动。深入开展促进科技成果转移转化行动，“网上常设技术市场”服务功能进一步完善，牵头举办了 3 场全省性大型科技成果在线对接会和“第二届江西省高校科技成果对接会”。全省技术合同完成登记 3024 项，成交额增长到 115.8 亿元，首次突破百亿元大关。4 项科技成果项目荣获 2018 年度国家科技进步奖。

（二）区域创新布局初步成型

一是科创大走廊轮廓初显。赣江两岸科创大走廊委托浙江省发展规划院编制规划，已形成初稿。一江两岸所在的赣江新区技术协同创新园和南昌国家大学科技创新城等正在加快建设，一批创新要素正在集聚，科创大走廊成为全省科技资源最为集中的区域。

二是“两区”创建步伐加快。鄱阳湖国家自主创新示范区总体方案已完成修改，有望尽快获得批复。井冈山国家农业高新技术产业示范区发展规划和实施方案已完成意见征集与论证，与中国农业科学院食品加工研究所、中国农业机械化科学研究院、江南大学、江西农业大学、南昌大学、江西省农业科学院等省内外科研单位、相关企业进行入驻对接，科技内涵不断得到提升。

三是科创城建设全面推进。五大科创城结合各自特点明确了发展定位及目标，南昌市航空科研城着力推进集研发与生产于一体的航空产业高地建设，南昌中医药科创城、赣州稀金科创城和上饶大数据科创城、鹰潭智慧科创城完成了总体建设方案。围绕五大科创城建设，出台了一批配套政策，落实了一批扶持资金，启动了一批研发项目，上饶市江西省阿里云大数据学院等 10 个大数据科创城重大项目正式签约，总投资达 70 亿元。鹰潭市引进中振交通、北源智能、华尔达、中晶科技、兴盛和等 10 亿元以上项目 10 个。南昌航空城 CR929 复材机身段研制等项目深入推进。中国稀金谷内规模以上稀土稀有金属新材料及应用产业企业已达 34 家。中医药科创城实施了 13 个名方产业化重点项目。依托科创城，中国稀金（赣州）新材料研究院、中科院海西研究院赣州稀金产业技术研发中心、上饶中科院云计算中心大数据研究院等研发机构相继挂牌成立。

四是创新型县市建设多点布局。出台了《建设创新型县（市、区）创新型乡镇工作指引（试行）》，井冈山市获批成为首批国家创新型县（市）建设县（市）；赣州市章贡区、萍乡市芦溪县、赣州市信丰县、抚州市崇仁县、新余市渝水区等 5 个县（市区）被评为首批省级创新型试点县（市区），青山湖区塘山镇等 45 个乡镇为第一批省级创新型试点乡镇。

（三）科技专项工作（行动）加速推进

一是“03 专项”成果转移转化试点示范初见成效。初步形成以鹰潭为核心区，南昌、上饶、宜春、赣州、景德镇、赣江新区等 6 市（区）为拓展区，其他 5 市为辐射区的“1 +6 +5”空间推进格局。成立了专家指导委员会，下设秘书处及 16 个省内专家指导组。先后举办了“物联江西智创未来”高层研讨会、“03 专项”应用示范推广对接会、全省“03 专项”试点

示范工作推进会现场成果展等重大活动。目前，南昌、鹰潭成功入选全国5G试点城市，在全国率先实现了全省NB-IoT和eMTC两张网全覆盖。全省物联网企业达到200多家，已形成智慧水表、智慧停车、智慧城管、智慧交通等79个应用场景。鹰潭物联网研究中心、鹰潭（江西）物联网平台、产业云平台、移动物联网科技成果转化综合服务中心上线运营，中国联通（江西）产业互联网研究院、省级物联网工程技术研究中心、江西（鹰潭）北航江西研究院等正在加速建设。

二是全社会研发投入攻坚行动深入开展。形成省市县和部门数据报送的联动机制，省统计局、省科技厅和省财政厅首次发布《全省科技经费投入公报》，对全省科技经费投入情况进行了分析解读。2018年全省R&D占GDP的比重预计达到1.4%，比上年提高0.12个百分点。

三是科技型企业梯次培育行动稳步推进。初步建立科技型企业培育库，委托第三方联合开展独角兽和瞪羚企业申报认定，已遴选独角兽企业1家、潜在独角兽企业1家、种子独角兽企业4家、瞪羚企业60家、潜在瞪羚企业30家，选育进入国家企业库科技型中小企业突破3000家。加强高新技术企业培育，新增高新技术企业1300余家，全省总数突破3500家。

（四）科技支撑经济社会发展成效显著

一是高新技术产业持续增长。聚焦航空及先进装备制造、生物和新医药、新材料、节能环保、新一代信息通信等江西省重点发展的战略性新兴产业，遴选实施江西省重大科技研发专项10个；组建科技协同创新体20家，推动了一批产业关键技术加快研发。高新技术产业增加值占规模以上工业增加值比重达到33.8%，提高2.9个百分点。南昌、景德镇、新余、抚州、鹰潭5个国家高新区实现进位，其中南昌高新区由第40位上升到第38位，抚州高新区由第109位上升到第100位。新增信丰、玉山、泰和3个省级高新园区，全省总数达到13家。

二是现代农业科技创新加速推进。围绕现代农业技术攻关加快一批农业科技项目实施，江西省农科院申报的江西双季稻区丰产增效技术集成与示范项目获得国家重点研发计划立项。围绕江西省农业优势特色产业，继续选派省市高校、科研院所科技人员1456名，组成380个科技特派团，对接全省92个县（市、区）开展科技服务工作。科技扶贫“个十百千”工程，帮助贫困户97087户，带动增收2.8亿元，实现269个深度贫困村全覆盖。

三是科技进一步支撑生态文明建设和民生事业发展。在组织申报国家项目上实现社会发展领域全覆盖，获国拨经费约1.73亿元，增长90%；通过实施国家科技惠民计划项目，永新、兴国县构建了省—县—乡—村四级远程医疗服务平台和五级疾病防治体系，惠及赣南等原中央苏区群众近40万人。新组建临床医学研究中心5家，已有56家单位纳入国家级临床医学研究中心协同研究网络。

（五）科技创新平台载体和人才队伍建设不断加强

一是分类分批逐步推进“三个十”平台建设。聚焦江西省产业和科技优势领域，制定国家级重大创新平台、省内外重点共建创新平台、产业重点创新平台遴选方案及管理办法，探索性遴选出2个国家级重大平台（猪遗传改良与养殖、硅基LED）、2个省内外重点共建平台（中菲水稻、中科院苏州纳米所南昌研究院）进行重点支持。

二是创新平台载体总量得到扩充。新增国家级平台载体37个，其中，新增九江共青城、宜春丰城2个国家级高新区，全省国家级高新区数量达到9个，位居全国第5位；新增九江（修水）国家农业科技园，全省国家农业科技园总数达到9家；省部共建核资源与环境国家重点实验室（依托东华理工大学）获批立项组建。新获批国家级星创天地30家，累计达到71家。新认定省级重点实验室和工程技术研究中心共75家、省级众创空间43家、省级科技企业孵化器14家、省级大学科技园3家。

三是科技人才队伍建设力度加大。2018年新增国家级创新人才25位，其中，千人计划人才5位、国家杰出青年基金、优秀青年基金获得者各1位、科技创新创业人才1位、中青年科技创新领军人才2位、入选国家“万人计划”科技创新和科技创业领军人才15位。实施省“双千计划”首批引进类项目，2018年共遴选出331名高层次人才和27个团队重点进行支持。组织开展院士后备人选遴选工作，共遴选出16名重点支持人选。新资助36个省主要学科学术和技术带头人、17个省优势科技创新团队。

四是基础研究工作再创佳绩。获得国家自然科学基金项目844项，争取直接经费总额达3.25亿元，经费和项目数再创新高。省自然科学基金结题529项，结题率达80%以上。通过自然科学基金项目的培育，新增国家杰青和优青各1人。

（六）科技体制机制改革取得新突破

一是重点改革任务全面完成。省委深改委第二次会议审议通过《江西省深化科技奖励制度改革实施方案》《江西省技术转移体系建设实施方案》。在科技奖励制度上，增加省级年度奖项和奖励金额，新增设培育国家科技奖后备项目计划，以提高冲刺国家科技奖的竞争力。

二是科技计划管理改革不断深化。突出绩效导向，构建更加聚焦、更加高效的“1+5”科技计划体系，探索采取公开竞争、定向择优、定向委托三种项目遴选方式，推动完善更加科学规范的项目形成机制。

三是科技领域“放管服”改革取得新突破。梳理并公布新整合的15项权责事项，完成了科技申报系统与江西省“一窗式”综合服务平台对接，将高新技术企业认定等21项政务服务事项列入“最多跑一次政务服务事项清单”。

四是科技金融结合更加紧密。新组建省科技担保联盟，为80余家科技企业提供融资担保5亿余元；举办12场路演活动，为45家科技企业及100多家次金融机构提供了投融资对接服务；举办5场科技金融产业技术专题培训，为金融机构提供技术专家咨询服务47人次；为56家企业发放“科贷通”贷款1.25亿元，累计为116家发放贷款2.5亿元，“科贷通”风险补偿资金池达到1.12亿元。

（七）科技对外合作进一步拓展

一是与大院名校科技合作迈出新步伐。省政府与中科院签订共建中科院江西产业技术创新与育成中心协议，推动中科院成果在江西的转化；省院共同推动中医药国家大科学装置落户赣江新区，开展共建“中科院庐山植物园”工作。推动省政府与西安交通大学开展全面战略合作。对外引进共建中澳3M国际研究院、哈工大机器人南昌研究院、中山大学南昌研究院，继续推进中科院苏州纳米所南昌研究院、上饶市中科院云计算中心大数据研究院、鹰潭泰尔物联网研究中心、中科院海西研究院赣州稀金产业技术研发中心等合作研究机构，形成创新资源加速聚集的新态势。

二是引才引智工作取得新成效。出台江西省新时期引才引智综合性指导文件，组织实施省“双千计划”外专项目，强化“高精尖缺”人才引进。全年获批国家引智项目8项，引进海外人才100余人次来赣工作指导。先后开展3期“海外人才江西行”及3期“海智惠赣鄱”活动，进一步拓展了人才引进渠道和方式。全面实施外国人才来华工作许可制度和外国人才签证制度，为外国人才来赣创新创业提供便利和服务。支持专业技术人员出国（境）培训，选派了一批急需紧缺人才赴美国、德国、捷克等国培训。

三是国际开放合作水平不断提升。推进与菲律宾的政府间合作，共建中菲水稻技术联合实验室，在多哥建立了农业科技示范园，在赤道几内亚开展了水稻试验示范，承办了科技部发展中国家技术培训班，促进了江西省现代农业技术在“一带一路”国家和非洲国家应用推广。

表1　2018年江西省创新成效评价指标

一级指标	序号	二级指标	当年数值	与上年同比增长（%）	资料来源
创新实力	1	综合科技进步水平指数	51.28	2.46	中国区域科技创新评价报告

续表

一级指标	序号	二级指标	当年数值	与上年同比增长(%)	资料来源
创新投入	2	全社会研发(R&D)经费支出占地区生产总值(GDP)的比重(%)	1.4	16.57	江西省统计局
	3	地方财政科技支出占公共财政支出的比重(%)	2.6	10.64	江西省财政厅
	4	每万就业人员中研发人员数(人年)	23.40	22.13	江西省统计局
	5	每万人拥有大专及以上学历人口数(人)	905.38	0.87	江西省统计局
创新产出	6	每百万人发明专利授权量(件)	55	20.61	江西省知识产权局
	7	高新技术企业数量占全省规模以上工业企业数量比例(%)	30.43	55.26	江西省统计局
	8	高新技术产业主营业务收入占规模以上工业企业主营业务收入比重(%)	31.5	5.62	江西省统计局

资料来源：江西省科学技术厅。

表2　国家省级研发平台（载体）新增情况

指标名称	2018 年新增数(个)	目前总数(个)
国家重点实验室	1	5
国家认定企业技术中心	4	22
省级重点实验室	13	181
省级工程技术研究中心	62	346
省级临床医学研究中心	5	14
国家高新区	2	9
国家农业科技园	1	9
国家级国际创新园级国际科技合作基地	1	15
国家级星创天地	30	71
省级科技企业孵化器	14	54
省级大学科技园	3	13
省级产业技术创业创新联盟	10	70
省级高新区	3	13
省级众创空间	42	124
省级战略性新兴产业科技协同创新体	20	84

资料来源：江西省科学技术厅。

二　2019年江西科技发展形势研判

当前，江西科技创新正处在一个新的历史起点上。综合分析国内外科技发展形势，既面临严峻挑战，也面临难得机遇。加快江西科技创新，需要顺应新一轮科技革命和产业变革趋势，在应对挑战中，变压力为动力，化挑战为机遇。

从压力挑战方面看，国内外区域创新的竞争态势更加剧烈，创新成为各地竞争发展的新赛场，科技创新不进则退。

一是全球科技创新发展呈现新趋势。当前，新一轮科技革命和产业变革加速演进，人工智能、量子计算、脑科学、基因编辑等新技术加速突破，颠覆性创新持续涌现，科技突破转化为生产力和经济效益的周期大为缩短，科技创新正在从根本上改变人类生产、生活和社会组织方式。同时，创新活动的网络化、全球化特征更加突出，人才、知识、技术、资本等创新资源全球流动的速度、范围和规模达到空前水平，全球创新格局的新版图正加速形成，世界主要国家都在加强科技创新战略部署，国际科技创新的竞争形势日益严峻。

二是发达省份或科技资源富集省份，瞄准世界顶尖目标进行创新布局。北京、上海全力打造世界科技创新中心，粤港澳大湾区启动建设国际科技创新中心，瞄准世界顶尖目标抢占科技制高点；安徽、成都、西安等地区域创新战略增长极正加速形成，特别是随着国家实验室、国家重点实验室体系的重新构建，这些省市优势将更加明显。

三是欠发达地区特别是西部，在国家政策的援助下，加快引进东部沿海发达省市优势资源，搭上发达省市创新发展快车，创新发展态势加速。贵州与北京合作推进大数据建设，甘肃与上海张江合作建设兰白试验区，新疆与深圳合作推进丝绸之路经济带核心区。

四是国家级自创区、高新区在区域创新发展中的“领头雁”作用日益明显。2018 年北京中关村、上海张江、广东深圳等国家自创区对本地 GDP

增长贡献率超过20%；168个国家高新区预计实现营业收入33万亿元，出口总额3.3万亿元，净利润2万亿元，实际上缴税费1.7万亿元，园区新注册企业超过40万家。

反观江西省，目前离2020年实现进入创新型省份行列的目标只有不到两年时间，但全省科技创新还存在不少差距和短板，一是创新实力仍不强。区域创新能力处于全国第二方阵的末尾。全社会研发投入强度、高新技术企业数量、万人发明专利拥有量、科技成果转化等关键指标，与发达省份还存在很大差距。创新型省份建设中12项可比指标排在全国前10位的才2项。研发经费投入强度要实现2020年2.0%的目标，任务艰巨。二是高端创新要素不足，江西省没有“985”高校、没有国家大院大所、没有国家大科学装置；国家级科技创新平台仅占全国1.3%，本土院士仅3人，全省没有1家权威机构发布的独角兽企业。三是创新活力不够，科研体制机制改革进展缓慢，成果转化的渠道还不畅通，成果转化“最后一公里”的问题还没有解决，科技管理及服务力量和重视科技的社会氛围还要加强。四是科研资金配置有待进一步优化，财政科研资金聚焦重点还不够，科技金融不发达，对企业、社会资金的撬动不多。

从有利条件看，一是全球新一轮科技革命和产业变革加速推进，科学研究酝酿重大突破，经济社会发展的技术基础正在发生历史性替代，新商业模式、新业态不断涌现，国际和地区间战略竞争格局极有可能因为有预见性的科技创新超前布局而发生重大逆转，有利于不发达省份后来居上。二是我国正在进入高质量发展新阶段，各行各业在经济发展新常态下，都在寻求科技发展新动力，为加快创新升级创造了有利条件。三是江西省委省政府对创新发展高度重视，国家支持中西部地区和革命老区发展的力度将进一步加大，有利于加快推进创新型省份建设。

三　江西科技发展思路和举措

2019年是决胜全面建成小康社会的关键之年，也是江西冲刺创新型省份建设极为重要的一年。科技发展的总体思路是：以习近平新时代中国特色社会主义思想为指导，认真落实省委“创新引领、改革攻坚、开放提升、绿色崛起、担当实干、兴赣富民”工作方针，围绕“一个目标”，加快“四大体系”建设，抓好五项重点行动。即围绕2020年进入创新型省份行列的目标，推进创新区域体系、创新供给体系、创新成果转移转化体系、创新保障体系“四大体系”建设，重点开展“03专项”成果转移转化提速、科技型企业梯次培育、全社会研发投入攻坚、中药国家大科学装置创建和重大创新平台建设“五项行动”，着力深化科技改革合作，优化创新保障体系，激发潜在创新活力，提升区域创新综合实力，为推进江西高质量、跨越式发展提供强有力的科技支撑。

主要目标：力争全社会R&D经费支出占GDP比重达到1.6%，科技进步贡献率提高到59%，高新技术产业增加值增幅达12%，占规模以上工业增加值比重达到34%。

围绕以上要求和目标，建议重点抓好以下九个方面的工作。

（一）加快“一廊两区五城多点”创新区域体系建设

推进赣江两岸科创大走廊建设。尽快编制出台《赣江两岸科创大走廊发展规划》，健全完善大走廊建设领导协调机制和管理运行制度，制定推进科创大走廊建设的政策措施。推进科创大走廊区域内南昌国家大学科技城、中科赣江（南昌）科创园、协同创新园等重点工程的实施，确保走廊建设有标志性变化，引领带动区域协调创新发展。

积极创建鄱阳湖国家自主创新示范区和井冈山国家农业高新技术产业示范区。争取鄱阳湖国家自主创新示范区尽快获得国务院批复，完成鄱阳湖国家自主创新示范区空间和产业发展规划编制，搭建建设组织框架，开展创新政策先行先试，推动园区创新型产业集群发展；加快编制井冈山国家农业高新技术产业示范区建设规划和实施方案，协调更多省内外创新要素向井冈山国家农业科技园区集聚。

加快科创城建设。完善科创城建设协调推进机制，引导地方发挥主体作用，全面出台实施建设规划。制定完善推进科创城建设发展的政策措施，积极推动重大科技项目、创新平台载体、科技型企业、各类创新基金等向科创城聚集，力争在辐射带动创新示范上有明显突破。

推进创新型市县建设。抓好南昌、景德镇、萍乡科技部国家创新型试点城市验收，支持新余、九江、赣州、抚州等市启动国家创新型城市创建。立足多点布局，启动建设省级创新型县（市、区）和创新型乡镇，引导支持有条件的县（市）创建国家创新型县（市）。

（二）健全科技创新源头供给体系

实施创新驱动“5511”工程倍增计划。围绕电子信息与新型光电、航空、生物医药及大健康、大数据、人工智能、节能环保等新兴产业领域，立足产业链部署创新链，力争年度新增 20 个国家级创新平台和载体；新增 20 个国家级人才和团队；实施 10 项重大科技专项，组建 20 家科技协同创新体；认定 1000 家以上高新技术企业。

开展中药国家大科学装置创建行动。全面落实申报中药国家大科学装置前期推进方案要求，做好与科技部、国家发改委、中科院、国家中医药管理局等部委以及相关领域科学家的联络，尽快落实大科学装置法人主体和实施主体，形成建设方案并提交相关领域科学家论证，争取将相关技术需求内容纳入国家重大专项战略规划，正式启动立项申请。

开展重大创新平台建设行动。重点引导主管部门、依托单位和所在地出台务实有效的支持措施，促进创新平台提质增强。强化国家创新平台后备队建设，择优推荐符合申报条件的省级科技创新研发平台申报国家技术创新中心或企业国家重点实验室。推动已纳入 2017 年省部会商议定事项的华东交通大学省部共建轨道交通基础设施运维安全国家重点实验室、江西理工大学省部共建钨与稀土国家重点实验室及南昌航空大学持久性污染物控制与资源循环利用国家重点实验室争取列入科技部立项组建行列。

加强基础研究工作。起草出台《关于全面加强基础科学研究的实施意见》，进一步优化完善基础研究布局，壮大基础研究人才队伍，加快形成政府、企业、社会多元化的基础研究投入机制。

强化科技人才队伍建设。加强重点领域创新人才培养和使用，做好“双千”计划相关重大人才工程、重大人才计划和人才培养项目。强化青年科技人才培育。组织实施省主要学科学术和技术带头人资助计划和优势创新团队建设，争取江西省更多科研人才纳入国家各类人才计划支持。

（三）完善科技成果转移转化应用体系

开展“03 专项”成果转移转化提速行动。围绕“网络、平台、应用、产业”四个领先总体目标，梳理 2019 年重点项目和责任清单，继续推进试点示范相关扶持政策创新和完善，做好 03 专项国家定向课题组织实施。加快推进转移转化公共服务平台建设，推进国家 03 专项成果与江西企业的转移转化对接，打造一批特色应用样板。

引入推动国家“02”专项在江西落地。以赣江新区技术协同创新园为载体，大力推动中科院上海微系统研究所、赣江新区管委会和科技厅三方合作，共同推进国家“02”专项——传感器研发及成果在江西转移转化和推广应用。

抓好公共科技服务平台建设。增强大型科研仪器开放共享服务平台、实验动物公共服务平台、科技文献和科学数据共享服务平台、超级计算公共服务平台功能。落实科技成果转移转化行动方案，推进江西省常设技术交易市场建设，努力构建科技成果转化的线下与线上平台。

做好科技入园入企、科技特派员等科技服务。进一步完善服务体系，充实服务队伍，深入推进科技政策、机构、项目、资金、人才入园，引导各类科技园区、科技城和科技产业基地开展科技成果转化和对外科技合作，联合打造一批创新能力强、创业环境好、特色突出、集约高效的协同创新成果转化基地。

（四）优化科技创新保障体系

优化科技经费配置。根据创新型省份建设进程和重点任务需求，围绕重点产业、重要人才、重大奖励优化调整经费支出结构，形成“资金随着重点任务走、重点任务围绕主要目标转”的格局。强化绩效管理，进一步整合形成“1+5”科技计划体系，改变较单一的项目遴选方式，探索并完善公开竞争、定向择优、定向委托等项目形成方式。

强化协同创新推进机制。建立健全创新型省份建设监测评价体系，重点抓好科技创新统计和推进责任落实等工作，强化进展调度、定期考核和通报评价。将创新型省份建设重点工作及重大事项列入重点考核范围，不定期进行跟踪问效。

继续实施全社会加大研发投入攻坚行动。发挥财政科技投入带动作用，完善后补助奖励激励机制、定时督促机制、调度通报制度、考核评价制度等，继续做大总量、优化结构、补齐短板，引导高等院校、科研院所和企业加大研发经费投入。

（五）统筹推进科技体制机制改革

完善科技创新政策制度。加快实施减轻科研人员负担专项行动，切实解决项目多、帽子多、牌子多等问题。开展基于绩效、诚信和能力的科研管理“绿色通道”改革试点。落实“三评”改革部署，加快建立以质量、绩效和贡献为导向的科技评价体系，研究制定出体制机制改革促进科技创新发展的综合性改革文件，改善科技创新环境。

加快新型研发机构发展。学习借鉴深圳先进技术研究院的组织模式，选择1~2家新型研发机构进行科技体制机制改革试点，推动新办研发机构按新机制运行，加快现有科研院所体制机制创新。

健全外国人才来赣便利工作机制。研究制定外国人分类管理办法，健全完善外国人来赣工作机制，进一步梳理和完善工作内容和办事流程，提高办事效率。培育发展涉外人才服务中介机构，开辟外国人来赣绿色通道。完善人才奖励政策，开展“庐山友谊奖”评选表彰工作和“中国政府友谊奖”人选选拔推荐工作。

（六）大力推进科技金融工作

建立健全促进科技与金融结合的工作体系。出台促进科技与金融结合的实施方案。加快建立适应科技金融业务特点的技术专家库及咨询服务机制，有效满足金融机构开展科技金融业务的技术咨询服务需求。鼓励促进科技和金融结合的中介服务发展，争取举办 12 场科技金融常态化路演对接活动。

大力发展创业投资企业和成果转化基金。立足江西省产业需求和区域创新战略部署，积极寻求国家科技成果转化基金在赣设立子基金或投资江西省科技企业。发挥省科技成果转化引导基金作用，新增设 1 ~ 2 只子基金，吸引社会资金创立或参股创业投资企业。

积极增加科技创新信贷支持。扩大现有科技金融规模，拓展新的科技金融模式，鼓励各类金融机构加大科技金融产品开发。继续抓好科技担保联盟发展，着力打造科技担保联盟品牌，力争 2019 年联盟内科技担保融资余额超过 6 亿元；继续做好科贷通工作，扩大科贷通资金池规模，提高企业受益面，力争新增科贷通贷款 1 亿元，累计达到 3. 5 亿元。

（七）提升高新技术及产业化发展水平

开展科技型企业梯次培育行动。修改完善统计与评价考核制度，建立覆盖县（市、区）的科技型企业培育库。落实环保和安全要求，力争全年发现培育一批潜在（种子）独角兽、瞪羚企业。继续做好新增高新技术企业认定工作，开展科技型中小企业评价认定。

强化“双创”载体建设。力争新增一批国家级和省级科技企业孵化器、众创空间、大学科技园；推动省级高新区升级。

启动实施高新技术企业培育“双百”工程，每年重点扶持 200 家高新技术企业转成规模以上企业，200 家规模以上企业转成高新技术企业。

（八）加大民生科技创新力度

强化乡村振兴的科技创新支撑。围绕绿色农业生产、现代种业和农产品

精深加工、农业农机装备和农业农村信息化等重点领域，择优建设一批省级农业科技园、星创天地等平台载体，部署农业农村科技重大项目，组织开展关键技术及产品研发。深入实施科技特派团富民强县工程，继续选派科技特派团，对接县（市、区）农业产业开展科技服务。进一步完善省级“一村一品”示范体系建设。

深入推进科技扶贫“个十百千”工程。实现省、市、县三级科技特派员联系省级贫困村和省级深度贫困村的全覆盖，指导省市高校、院所、园区、龙头企业等作为帮扶主体与贫困地区建立科技扶贫帮扶结对。

科技支撑生态文明示范省建设。启动构建以市场为导向的绿色技术创新体系，围绕“净空、净水、净土”，开展关键技术研究和成果推广，积极助推赣州市创建国家可持续发展议程创新示范区，推进省生态文明科技示范基地建设，为国家生态文明试验区（江西）建设提供创新示范样板。

（九）扩大科技对外开放合作

加强国际科技合作。加强与欧美发达国家开展务实的科技合作，引进先进的技术及成果。加强“一带一路”科技合作，科学设置出国（境）培训项目，继续选派江西省急需紧缺人才赴国（境）外培训。

加强区域科技合作。加强与北京、粤港澳大湾区国家科技创新中心科技创新资源的对接，加强与“泛珠三角”区域、长江经济带沿线省市科技合作；举办“科技资源开放共享论坛暨能源环保领域科技合作对接会”。

加强与大院名校科技合作。重点推进与中科院共建庐山植物园，推进中科院在江西开展成果转化，与中国工程院共建中国工程科技发展战略江西研究院。

加强高层次人才引进。深入贯彻落实江西省新时期引才引智综合性指导文件精神，争取实施更多国家引智项目，深入开展“海外人才江西行”“海智惠赣鄱”引智活动，不断增强引进外国人才工作的针对性和实效性。

参考文献

江西省统计局、国家统计局江西调查总队：《江西统计年鉴（2018 年度）》，江西统计局网站。

中共科学技术部党组：《坚定不移走中国特色自主创新道路》，《求是》2018 年第 20 期。

B.10
江西教育发展报告

江西省教育厅课题组*

摘　要：　回顾2018年，在省委、省政府的正确领导下，全省教育系统坚持以习近平新时代中国特色社会主义思想为指导，深入学习贯彻党的十九大和全国教育大会精神，按照省委十四届六次、七次全会的决策部署，务实奋进、攻坚克难，教育改革发展各项工作稳步推进，书写了新时代江西教育事业发展新篇章。展望2019年，全省教育系统要深入学习宣传贯彻全国教育大会、全省教育大会精神，围绕建设教育强省、加快推进江西教育现代化这一主线，切实打好学前教育补齐短板、义务教育巩固提升、高中阶段普及发展、职业教育产教融合、高等教育争创一流“五大攻坚战”，为推动江西高质量跨越式发展、共绘新时代江西物华天宝人杰地灵新画卷做出新贡献。

关键词：　教育强省　现代化　江西

一　2018年江西教育事业发展回顾

（一）基本情况

到2018年，全省共有幼儿园15368所，在园幼儿161.31万人，学前教

* 课题组组长：叶仁荪，江西省委教育工委书记、省教育厅厅长。副组长：王江华，江西省委教育工委委员、省教育厅副厅长。成员：杨锋，江西省教育厅发展规划处副处长；万家明，江西省教育厅办公室副主任；何永明，江西省教育厅政策法规处副处长；戚务念，江西省教育科学研究所研究员，博士；张发杰，江西省教育厅发展规划处主任科员。

育毛入园率81.83%；共有小学16477所，在校生421.22万人，小学毛入学率103.37%；共有初中2160所，在校生206.99万人，初中阶段毛入学率114.93%；共有高中阶段教育（包括普通高中、中等职业教育）学校818所，在校生136.34万人，高中阶段教育毛入学率90.50%；共有普通高等学校102所（含独立学院13所）、成人高等学校8所，高等教育在学总规模127.74万人，高等教育毛入学率45.00%。

（二）主要做法

1. 加强党对教育工作的全面领导

始终把加强党的领导作为根本保证，切实担负起把方向、管全局、抓党建、谋发展、保稳定、促落实的重大责任，推动教育系统全面从严治党向纵深发展。一是抓理论学习，武装头脑。全年共召开省委教育工委中心组学习（扩大）会14次，召开全省高校宣讲党的十九大精神现场学习交流会，举办全省教育系统“学习贯彻党的十九大精神”专题培训班，切实推动习近平新时代中国特色社会主义思想和党的十九大精神入脑入心。分层级分类别集中开展轮训和示范培训，共培训18期3431人次。二是抓基层党建，夯实基础。完善党委书记抓基层党建述职评议考核机制，实现了省管高校、民办高校和设区市教育行政部门党建述职全覆盖。加强高校领导班子建设，推动16所省属高校和5所厅属院校落实“组宣统进党委”工作。举办全省大学生“不忘初心、牢记使命”党的基本知识电视竞答赛，来自全省94所院校的400多名选手参加比赛。三是抓作风建设，强化担当。出台《全省教育系统作风建设实施方案》，集中整治形式主义、官僚主义和“怕慢假庸散浮”等问题，持续推动教育系统转作风、优环境、强服务。召开推进“五型”政府部门建设动员大会，印发《关于推进“五型”政府部门建设实施细则》，选聘百位监督专员（“啄木鸟”专员），省政府“五型”办简报刊发省教育厅经验5期。

2. 落实立德树人根本任务

牢牢扭住培养什么人、怎样培养人、为谁培养人这一根本问题，加快培养德智体美劳全面发展的社会主义建设者和接班人。一是贯彻全国教育大会精神迅速及时。全国教育大会闭幕后，省委常委会、省政府常务会议第一时间专题传达学习，省委、省政府主要领导、分管领导带头宣讲全国教育大会精神。以省委办公厅、省政府办公厅名义印发学习宣传贯彻全国教育大会精神的实施方案，成立大会精神百人“宣讲团”深入各地各校宣讲，持续掀起学习热潮。中央教育工作领导小组工作简报第10期刊发了江西经验。二是文化育人见行见效。在全省中小学校开展“讲红色故事”“少年传承中华传统美德”等主题教育活动，积极培育和践行社会主义核心价值观。编写全国首套覆盖大中小幼的红色文化教材，推动红色文化向教学资源转化，不断增加国家中小学教材中的江西元素。江西省文化育人工作在全国高校思想政治工作专题培训班上做典型发言（全国仅上海、江西、云南三地）。三是思政工作创新创优。组织开展“庆祝改革开放40周年——十百千宣讲团”校园巡讲等系列主题学习教育，开展学习习近平关于教育和青年的重要论述大讨论、庆祝改革开放40周年大合唱、知识竞赛等活动。在全省高校组织开展“诵读红色家书　讲述英烈故事”比赛，直接参与人数达10万人，教育部高校思想政治工作简报（〔2018〕第53期）、新华社《动态清样》（第2450期）以及中央电视台等媒体做了专题报道。四是素质教育有声有色。创建全国青少年校园足球特色学校784所，校园足球人口突破100万。在全国第五届大学生艺术展演活动中，选送的20个艺术表演类节目全部获奖（一等奖3个，二等奖10个，三等奖7个）。积极推进语言文字工作，持续开展中华经典诵读写讲活动进校园，77个县（市、区）完成三类城市语言文字规范化建设验收工作。

3. 推进各级各类教育协调发展

坚持夯基础、补短板、强弱项，着力解决教育发展不平衡、不充分问题，不断提升江西教育发展质量。一是学前教育普惠提速。出台《江西省第三期学前教育行动计划》《江西省普惠性民办幼儿园认定及扶持办法》，启动乡镇公办中心幼儿园全覆盖攻坚等行动，基本实现每个乡镇都有1所公办中心幼儿园。加强民办幼儿园管理，坚决纠正和遏制幼儿园“小学化”

倾向。二是义务教育均衡发展。提前2年实现全省112个县域义务教育发展基本均衡，成为全国第13个、中部第2个整体通过国家督导评估的省份，在江西教育史上书写了新的里程碑。“全面改薄”项目校舍建设开工率、竣工率和设施设备采购完成率均达到100%，居全国第1位，全省中小学校全部达到国家“全面改薄20条底线要求”。三是高中阶段教育加快普及。出台《江西省高中阶段教育普及攻坚计划》，开展普通高中评估活动，首轮评估实现对省重点中学全覆盖，建立高中阶段教育普及攻坚建设项目库，制定全省普通高中特色学校认定评分细则。四是职业教育办学质量提升。推进中等职业教育质量提升“123”工程，建设10所高水平中职学校、培养200名技术技能名师、建设30个特色专业群。启动实施高等职业院校“双高”建设计划，建设10所高水平高职院校、50个高水平专业。在全国职业院校技能大赛上，江西省职业院校获奖120项，创历史最好成绩。五是高等教育内涵发展取得突破。南昌大学入选部省合建高校行列。南昌大学、江西师范大学、景德镇陶瓷大学跻身2017～2018年度全国创新创业典型经验高校“五十强”。在第四届全国“互联网+”大学生创新创业大赛上，江西省获4金8银27铜，创历史最好成绩，获奖总数名列全国第二，在全国地方高校综合排名中蝉联第一。新增博士授予单位1所，全省高校博士培养单位达到9所。新增国家重点实验室2个、博士学位授权点22个、硕士学位授权点61个、ESI排名进入前1%的学科3个。

4. 推动教育综合改革纵深推进

围绕解决制约教育事业发展的体制机制问题，坚持重点突破，突出试点先行，教育综合改革呈现蹄疾步稳、多点突破、纵深推进的良好态势。一是顶层设计不断加强。开展《关于推进教育强省建设的意见》《江西省加快推进教育现代化实施方案（2018～2022年）》研究制定工作，出台《关于深化教育体制机制改革的实施意见》等一系列改革文件，“四市三校”改革试点①有序

① “四市三校”改革试点：部省共建赣州市教育改革发展试验区，抚州市基础教育综合改革试验区，鹰潭市教育信息化改革试点，景德镇市教育信息化改革试点；南昌大学综合改革试点，江西科技学院综合改革试点，江西现代职业教育集团职业教育综合改革试点。

推进。二是本科教育教学改革全面深化。在新时代全国高校本科教育工作视频会上，省教育厅做题为“集聚优质教育资源，打造优质本科教育”的大会发言。开展本科教学审核评估，引导高校合理定位。高校跨校选课实现新突破，全省20所试点高校共有2.26万人次学生完成网上跨校选课。三是考试招生制度改革有序推进。出台《江西省推进高中阶段学校考试招生制度改革实施意见（试行）》，从2018年秋季入学的初一新生起，将初中毕业、高中招生“两考合一”统一规范为初中学业水平考试，全面实施初中综合素质评价。四是教育信息化建设不断加强。启动教育省域网建设工程，完成了教育省域网整体设计规划，部分市县已经建成并投入使用。分别印发中小学、高校“智慧（数字）校园”建设评估标准，推进智慧教育创新发展。全省中小学宽带网络接入率98.9%，多媒体教室覆盖率91.8%，师生网络学习空间开通率分别为90.7%、80.6%。深化信息技术与教育教学的融合。开展数据挖掘和分析，推进教育大数据建设和应用。启用终身学习账号系统，促进学习型社会建设。五是启动民办教育分类管理改革。以省政府名义出台《关于鼓励社会力量兴办教育促进民办教育健康发展的实施意见》，启动了江西省民办学校非营利性和营利性分类管理改革。省教育厅联合省直有关部门印发了《江西省营利性民办学校监督管理实施办法》《江西省民办学校分类登记实施办法》等配套文件。六是教育开放水平明显提升。全省中外合作办学项目达到126个，来华留学生6700余人，国家公派留学202人，孔子学院12所，全方位、多层次、宽领域的教育对外开放格局基本形成。

5. 增强教育服务经济社会发展的能力

坚持立足江西、服务江西，主动将教育工作融入江西省经济社会发展大局，充分发挥教育资源优势，助推江西高质量、跨越式发展。一是主动服务经济社会发展。围绕江西省重点发展的航空、电子信息、中医药、装备制造、新能源、新材料等产业，加大对招生计划的宏观调控，提高院校设置、专业布局的针对性。努力增加本科、研究生招生计划，为江西产业发展提供人才支撑。省政府成立由分管副省长任组长的江西飞行学院筹建工作领导小组，大力推进江西飞行学院筹建工作。新设置2所应用型本科高校、2所高职院校，持续优化全省高校布局结构。在全省37所本科高校45个专业253个布点开展专业综合评价，遴选172个一流优势特色专业。发布江西教育“奋进之笔”年度课题，设立“教育为江西航空产业提供关键支撑研究”“教育为VR产业发展提供人才支撑研究”等调研项目，调研报告获省领导批示。推进共青科教城建设，服务赣江新区发展。二是高校科技工作取得新突破。2018年全省高校获批国家自然科学基金项目797项，项目经费超过3亿元，创历史新高。高校（含附属医院）共有50项科技成果获江西省科学技术奖，占全省奖励总数的48.1%。举办第二届江西高校科技成果对接会，推介和宣传成果2万余项，26所高校、1家国际机构和35家企业签署47项合作协议，金额达2.53亿元。高校科技平台建设取得新进展，依托东华理工大学建设的省部共建核资源与环境国家重点实验室获批组建，江西师范大学获批国家淡水鱼加工技术研发专业中心，赣南医学院心脑血管疾病防治实验室获批教育部重点实验室。三是推动产学研用深度融合。以省政府名义出台《关于依托高校科研平台推动产学研用发展的意见》，确定“搭平台、创机制、聚人才、联企业、促应用”等重点任务。承办2018年国际产学研用合作会议，80余家中方、35家外方高校、企业和科研院所的200余位代表参加，成功签约一批合作项目。在南昌大学、南昌航空大学组建国际合作创新研究院，省委编办专门安排500个事业编制用于引进国内外高层次人才。江西理工大学发起成立了中国稀土功能材料产业创业联盟。

6. 推动教育民生工程落地见效

始终坚持以人民为中心的发展理念，用实际行动回应群众关切，增强群众教育获得感。一是扎实推进教育精准扶贫。坚持扶贫与“扶志”“扶智”并举，以实现“三个全覆盖”①、推进“六个专项计划”② 和开展“两项结

① “三个全覆盖”：农村建档立卡贫困家庭和城镇困难家庭子女就学资助全覆盖、留守儿童教育关爱全覆盖、建档立卡贫困家庭高校毕业生初次就业帮扶全覆盖。

② “六个专项计划”：贫困地区办学条件改善专项计划，农村义务教育学生营养改善计划，职业教育帮扶计划，国家、地方、高校、原苏区专项招生计划，高校服务能力提升计划，教师队伍建设支持计划。

对帮扶工程”[①] 为重点，开展教育扶贫“春季攻势、夏季整改”行动。通过“青年红色筑梦之旅”活动，对接帮扶农户 90523 户，产生经济效益 6.6 亿元。安排各类资助资金约 92 亿元，资助 746 万人次，有 7 个单位被评为全国学生资助工作优秀单位。加强留守儿童教育关怀，受益面达 70 余万人次。帮助 12523 名建档立卡贫困高校毕业生顺利就业，建档立卡学生资助比例达 100%。实施营养改善计划，涵盖国家试点县 17 个、地方试点县 7 个、学校 5881 所，受益学生 123 万。二是大力推进重点项目建设。认真做好农村中小学校舍安全保障、改善普通高中办学条件、城镇义务教育均衡发展等重点教育项目建设、管理和实施，投入资金 30 亿元，新建改扩建校舍约 400 万平方米，全省中小学校舍实现了第十八个“校舍安全年”。三是关心关爱特殊群体。坚持特教特办，特殊教育学生年均公用经费达到 6000 元/人。实施第二期特殊教育提升计划，更好保障残疾人基本教育权利，全省基本形成了“以随班就读为主体、以特教学校为骨干、以示范学校为龙头”的特殊教育发展格局。健全进城务工人员子女就学机制。四是多渠道促进大学生就业。组织全省高校举办各类校园招聘会 11751 场，邀请 36880 家用人单位进校招聘，提供就业岗位 107.18 万个。引导鼓励大学生到基层就业，江西省 2018 届高校毕业生到县以下基层单位就业人数为 36349 人，增长 5.21%。2018 年江西省高校毕业生初次就业率达 86.94%，再创历史新高。

7. 教师队伍建设提质提效

以省委、省政府名义出台《关于全面深化新时代教师队伍建设改革的实施意见》，从师德建设、教师教育、管理改革、待遇保障等方面做出了部署。坚持把教师队伍建设作为基础工作，大力培养和造就一支高素质专业化教师队伍。一是加强师德建设。推进“万师访万家”活动常态化制度化，全年中小学校、中等职业学校 22.5 万名教师进行家访，受访学生达 397.5 万名。大力实施师德师风建设工程，开展师德师风突出问题专项治理行动，

① “两项结对帮扶工程”：大学生支教服务工程、“心连心”贫困家庭学生结对帮扶工程。

制定师德违规行为处理实施办法。二是加大教师培养培训。招聘中小学教师11016名，为84个贫困县补充“特岗计划”教师6540名。实施“定向培养乡村教师计划”，定向招生5722名。实施本科师范生公费教育，全年共招收公费师范生315名。选派音体美专业师范生1370名，赴90个边远贫困地区450所农村小学任教。实施“国培计划”“省培计划”，培训教师14.7万人。三是加强高校高层次人才队伍建设，大力培育本土人才，南昌大学聂少平入选“国家杰青”，江西财经大学方玉明入选“国家优青”，高校有208人入选省“双千计划”、101人入选“青年井冈学者”。大力引进高层次人才，南昌大学、江西师范大学、东华理工大学等高校全职引进多位“长江学者”“国家杰青”“青年千人”。认真做好“江西省对接高层次人才联络站”工作，组织高校与“长江学者”开展53场次对接活动，达成18个对接项目或意向。深化人才发展体制机制改革，召开了全省教育系统人才工作推进会，建立了全省教育系统领导干部联系服务人才制度，完成了省管高校人才工作专项述职，健全了高层次人才服务保障机制。四是营造尊师重教氛围。开展第二届“感动江西教育年度人物”推选，涌现出王振美、慎魁元等一批先进人物和典型事迹。江西陶瓷工艺美术职业技术学院朱辉球荣获2018年“全国教书育人楷模”（全国10名）荣誉称号。给予获得省部级及以上荣誉的优秀教师在省内主要景区免门票的优惠政策，全省首批近2500名优秀教师享受了这一政策。

8. 教育保障机制更加完善

着力提升教育治理能力，持续优化教育发展环境，确保教育事业优先规划、教育投入优先保障、教育资源优先配置。一是教育投入机制持续健全。全年全省教育经费投入逾1374亿元。推动出台学前教育和普通高中生均公用经费标准，明确公办幼儿园生均公用经费标准不低于600元/年，普通高中生均公用经费标准不低于1000元/年，统一义务教育公用经费标准。高职院校生均财政拨款达12000元/年，省属中职学校达5000元/年，实现了大中小幼生均公用经费标准全覆盖。二是教育督导能力持续提升。对2017年度履行教育职责被评为“基本称职”等次的4个县（市）政府主要负责同

志进行了专项约谈，在全省上下引起强烈反响。圆满完成国务院教育督导委员会督导检查组对江西省县域义务教育发展基本均衡工作的督导检查，教育督导利剑作用得到有效发挥。县级党政领导干部履行教育职责督导评价机制荣获第五届全国教育改革创新典型案例优秀奖。三是依法治教工作持续推进。深入开展国家宪法日主题教育和“学宪法讲宪法”活动，在第三届全国“学宪法讲宪法”活动中荣获中小学生知识竞赛团体一等奖。开展“七五”普法、校外培训机构专项治理、暑期违规补课治理等工作，推动学校落实章程，执行法律顾问制度。四是加强平安校园建设。以省政府办公厅名义出台《关于加强中小学幼儿园安全风险防控体系建设的实施意见》，形成党委领导、政府负责、社会协同、公众参与的学校安全风险防控体系。广泛开展安全教育，开展全省大中小学安全知识集中教育活动和教师教学能力展示活动。组织开展了为期 200 多天的全省中小学预防学生溺水专项行动。推进扫黑除恶专项斗争。开展校园周边集中整治行动 4 次，排查和消除安全隐患。

（三）存在的问题

江西省公办学前教育资源较为紧缺，公办幼儿园占比 33.71%，低于全国平均水平。

江西省义务教育阶段 56 人以上大班额占比 16.51%，高于全国平均水平。农村义务教育学校“小散弱”现象较为突出，图书资料不足，音体美器材缺乏。

江西省部分地市职业教育发展基础薄弱，存在实训设备简陋陈旧、“双师型”教师缺乏等问题。

江西省高等教育毛入学率 45.00%，低于全国平均水平。高校国家级科研平台不多，科学研究和成果转化的力度需要加强。

江西省教师编制总体偏紧，教师待遇普遍偏低，部分地区教师缺口依然较大。教师资源配置仍不均衡，城乡之间、校际师资水平仍有差距。

二 2019年江西教育事业发展重点任务和举措

2019 年全省教育工作的总体思路是：以习近平新时代中国特色社会主义思想为指导，贯彻落实党的十九大和全国教育大会精神，贯彻落实省委、省政府决策部署和全省教育大会精神，落实立德树人根本任务，切实打好学前教育补齐短板、义务教育巩固提升、高中阶段普及发展、职业教育产教融合、高等教育争创一流“五大攻坚战”，加快建设教育强省，推进江西教育现代化，为推动江西高质量跨越式发展、共绘新时代江西物华天宝人杰地灵新画卷做出新贡献。

（一）以党的政治建设为统领，加强党对教育工作的全面领导

一是加强党的政治建设，强化“四个意识”、坚定“四个自信”、做到“两个维护”，在政治立场、政治方向、政治原则、政治道路上同党中央保持高度一致。二是用党的创新理论武装头脑，大力推进习近平新时代中国特色社会主义思想“五进”（进学术、进学科、进课堂、进培训、进读本），推动习近平新时代中国特色社会主义思想在教育系统落地见效。三是加强各级各类学校党的建设，坚持和完善高校党委领导下的校长负责制，加强高校院系领导班子和基层党组织建设，着力提升中小学校、民办学校、中外合作办学机构等各级各类学校党建工作质量。四是推动全面从严治党向纵深发展，深入推进党风廉政建设和反腐败斗争，营造风清气正良好政治生态。巩固拓展落实中央八项规定精神成果，深化教育系统作风建设和“五型”政府部门创建，持续整治形式主义、官僚主义和“怕慢假庸散浮”等问题。

（二）以立德树人为根本，培养德智体美劳全面发展的社会主义建设者和接班人

一是加强中小学德育工作。开展全省中小学“红色、绿色、古色”三项文化教育活动。遴选省级研学实践教育基地和精品课程、线路，研究制定

研学实践教育有关制度规范。指导督促各地完成示范性综合实践基地和县级青少年校外活动中心建设。强化全省中小学生心理健康教育，促进中小学生身心健康发展。二是加强高校思政工作。加强高校思想政治工作平台建设，推进省级高校网络思政工作中心、省级高校辅导员和骨干教师研修培训中心等建设。加快构建高校思政工作体系，推进重点马克思主义学院、特色马克思主义学院建设。推进省级“三全育人”综合改革示范校、心理育人、文化育人等思政工作精品项目试点。三是大力推进素质教育。开足开齐开好体育课，保证学生必要的体育课时和运动负荷。推进青少年校园足球发展，组织开展校园足球联赛、百万学生阳光体育运动等活动。抓好儿童青少年视力保护工作，开展近视防控督导和考核。推进学校美育综合改革，开足开齐开好美育课程。实施“十百千美育人才工程”，多渠道破解美育师资短缺问题。创新高雅艺术进校园活动形式。组织举办江西省学生美育节。加强对学生的劳动教育，将学生参加劳动实践活动纳入中小学相关课程和学生综合素质评价。抓好学校语言文字规范化建设和示范校创建工作。推进学生军训制度化、规范化建设，举办全省第二届学生军事训练营和全省军事课教学展示活动，做好大学生征兵工作。

（三）以提高教育质量为目标，全力打好“五大攻坚战”

一是学前教育补齐短板。落实好《江西省第三期学前教育行动计划》，大力发展普惠性幼儿园。开展城镇住宅小区配套幼儿园专项治理，推动农村公办幼儿园建设。通过购买服务、综合奖补、减免租金、培训教师等方式，支持普惠性民办幼儿园发展。二是义务教育巩固提升。实施“义务教育薄弱环节改善与能力提升”项目，改善全省中小学校办学条件。加强乡村小规模学校和乡镇寄宿制学校建设，优化调整乡村学校网点布局，推进农村中小学闲置校园校舍处置。持续推进消除大班额工作。完善控辍保学监测机制，提高义务教育巩固水平。做好义务教育质量监测工作。对已经通过国家义务教育发展基本均衡评估认定的112个县域实行动态监测，适时开展省级复查，推动5个试点县（区）积极申报全国义务教育优质均衡发展县评估认定。三是高中教育普及发展。落实《江西省高中阶段教育普及攻坚计划》，组织实施教育基础薄弱县普通高中建设项目和普通高中改造计划，推动调整高中学费收费标准，加快普及高中阶段教育。进一步深化普通高中课程改革，启动首批省级普通高中特色学校认定工作。四是职业教育产教融合。制定《江西省职业教育改革创新实施方案》。实施中等职业教育质量提升“123”工程、高等职业教育“双高”建设计划。推进中等职业教育资源整合，进一步优化结构布局。推进普通本科高校与高职院校联合培养应用型本科人才试点。深化产教融合、校企合作，确定一批产教融合示范项目。推动现代学徒制试点，大力培育工匠精神。办好职业院校技能大赛和教学能力大赛。五是高等教育争创一流。召开全省本科高校教学工作会议，加快建设高水平本科教育。推进南昌大学部省合建工作。深入推进跨校选课学分互认试点，建设一批一流精品课程。重点支持南昌大学整体进入国家一流大学行列和其他高校建设一流学科、一流专业，做好“双一流”建设动态监测工作，召开现场推进会。推进学科联盟建设。做好硕士学位授权点合格评估工作。

（四）以重振师道尊严为关键，全面加强教师队伍建设

一是加强师德师风建设，强化师德师风考评奖惩，完善师德信用体系，推行师德考核负面清单制度。建立教师入职宣誓制度和师德师风承诺制度。挖掘优秀教师先进事迹，讲好江西师德故事。推进“万师访万家”活动常态化制度化，加强过程管理。二是加强教师培养培训，制订出台江西省教师教育振兴行动计划，出台江西省实施教育部直属师范大学师范生公费教育细则。推进“国培计划”创新发展，强化培训质量监测。实施“定向培养乡村教师计划”和“中小学名师名校长培养计划”。三是不断提高教师地位待遇，健全中小学教师待遇保障机制，确保中小学教师平均工资收入水平不低于或高于当地公务员平均工资收入水平。提高乡村教师地位和待遇。健全教师荣誉制度。完善优秀教师在省内主要景区免门票的优惠政策。组织优秀教师赴井冈山休假疗养。四是理顺教师管理体制，实行中小学教师编制动态管

理，加大教职工编制统筹配置和跨区域调整力度。继续实行中小学教师招聘省级统筹，优化教师队伍结构。推进义务教育教师“县管校聘”改革、县域内义务教育学校校长教师交流轮岗。深化教师资格制度改革，完善中小学教师资格定期注册制度。推进省属高校编制备案制管理试点。五是加强高校高层次人才队伍建设。实施引进培养高层次人才“院士后备人选”“双千计划”“井冈学者”“青年井冈学者”等重大人才工程。落实省委对“江西省对接高层次人才联络站”的要求，组织好高校与来赣专家的对接活动。组织开展好省管高校党委书记人才工作年度专项述职。

（五）以打好教育脱贫攻坚战为重点，推动教育民生工程落地见效

一是切实做好教育精准扶贫，围绕“三个全覆盖”，实施好“六个专项计划”和“两项结对帮扶工程”。做好建档立卡贫困家庭子女教育资助和控辍保学工作。实施好农村义务教育学生营养改善计划，提升食品安全管理水平。落实好各项优惠政策措施，做好高校毕业生就业创业扶贫工作。二是保障特殊群体受教育权利，落实好《江西省第二期特殊教育提升计划》，举办全省特殊教育教师教学技能展示活动，提升特殊教育办学水平。进一步完善进城务工人员子女就学机制。三是做好高校毕业生就业工作。办好全省高校系列专场招聘会，扩大校园招聘会场次，增加就业岗位数量。围绕国家战略，在新业态、服务业等领域，开拓毕业生就业空间。采取有效措施，引导和鼓励高校毕业生留省就业创业。运用大数据技术，推动就业服务向数字化、智能化转型。

（六）以重点领域和关键环节为突破，深化教育领域综合改革

一是加强对建设教育强省、加快教育现代化的谋划。贯彻落实党中央、国务院和省委、省政府有关决策部署，制定《关于推进教育强省建设的意见》《江西省加快推进教育现代化实施方案》。二是稳步推进考试招生制度改革。坚定高考改革方向，深化考试内容改革，完善普通高中学业水平考试，改进普通高中综合素质评价，形成分类考试、综合评价、多元录取的考

试招生模式。统筹小学入学、小升初、高中招生办法，推进初中学业水平考试和综合素质评价，建立中等职业学校和普通高中统一招生平台。完善基础设施建设，推进标准化考点升级。三是推进民办教育分类管理改革。落实《民办教育促进法》，推动修订《江西省民办教育促进条例》。落实《江西省人民政府关于鼓励社会力量兴办教育促进民办教育健康发展的实施意见》及配套文件，指导推动市（县、区）出台配套文件。四是深化高校创新创业改革。完善高校创新创业课程体系，加强大学生创新创业实践基地建设。完善创新创业导师人才库。组织开展好第五届江西省“互联网＋”大学生创新创业大赛暨全国大赛选拔赛。启动第七届中国“互联网＋”大学生创新创业大赛承办筹备工作。五是深化信息技术与教育教学的融合。持续推进教育省域网等“十大工程”① 建设。组建赣教云，推进网络学习空间的应用普及，建立数字教育资源公共服务体系。完善江西省终身学习账号体系，做好在共青科教城的试点。开展教育信息化培训，提升教师和管理干部信息技术素养。加强教育网络安全建设。六是推进课程体系改革。加强学前教育“游戏化教学”改革研究、普通高中新课程方案和课程标准研究。开展《美丽江西》教学实践研究，进一步将江西元素融入《梦想课程》《研学旅行课程》等地方教材。

（七）以提升高校科技创新能力为核心，增强教育服务经济社会发展的能力

一是提升高校科技创新能力。做好第三批“2011 协同创新中心”验收评估。用好江西省校企合作信息服务平台，促进高校和企业精准对接。召开全省高校产学研用发展推进会议，制定《关于进一步促进高等学校科技成果落地江西的实施意见》。建好国际合作创新研究院，围绕江西省航空、电子信息、中医药、装备制造、新能源、新材料等产业开展协同攻关。二是服

① “十大工程”：教育大数据工程、教育省域网建设工程、数字化教育资源应用工程、“网络学习空间人人通”应用工程、“智慧学校”建设工程、教育管理信息系统建设工程、信息技术应用能力提升工程、终身学习系统建设工程、教育数字工程、教育网络安全建设工程。

务江西省经济社会发展。推动教育规划布局与“一圈引领、两轴驱动、三区协同”的全省性战略布局相协调。争取本科、研究生招生计划，回应人民群众关切。大力推进江西飞行学院等院校设置工作，进一步优化高校布局结构，服务区域和产业发展。组织江西教育与经济社会发展新型智库专家论坛，推动江西教育与经济社会发展智库、江西百家高校智库联盟建设，推出一批高质量的研究成果。三是扩大教育对外交流合作。继续推进与长江经济带、长三角、泛珠三角等地区的教育交流合作，完善与港澳台教育合作交流机制。推进江西省与一流高校、科研院所及特色高校在人才培养、学科建设、科研创新、干部交流等方面务实合作。办好 2019 年国际产学研用合作会议（南昌）。推动引进国外知名高校落户江西合作办学。以共建“一带一路”国家为重点，打造一批有特色的省级中外人文交流基地，积极传播赣鄱文化，主动宣传江西发展成就。

（八）以推进教育治理体系和治理能力现代化为导向，着力强化教育保障能力

一是深入推进依法治教。在教育系统继续开展国家宪法日主题教育和“学宪法讲宪法”活动。创建青少年法治教育研究中心。健全以学校办学章程为核心的制度体系。做好教育系统“放管服”改革，深化“一次不跑”“只跑一次”政务服务事项改革，推进教育系统项目审批提质增效。持续加大对中小学违规补课、违规收费、违规推销教辅材料等问题的查处力度。二是加强教育经费投入和管理。健全保证财政教育投入持续稳定增长的长效机制，用好教育经费投入使用管理督导考核政策，完善各级各类教育经费保障机制，调整完善普通高中收费政策和标准。强化专项资金全过程的监督检查和绩效评价，强化评价结果运用，努力把教育经费管好用好。三是完善家校社协同育人体系。承办好 2019 年度全国“家校合作经验交流会”，支持市县和学校开展家校社合作示范创建工作，推动形成学校、家庭、社区之间的新型关系和共同育人的教育大格局，促进教育生态持续向好。四是加强教育督导工作。大幅减少和有效整合各类检查、评估、评价，加强对办学方向、

标准、质量的规范引导，聚焦教育重点难点问题开展督导。深化教育督导改革，加强全省教育督导机构建设，健全督政、督学、评估监测“三位一体”督导体系。启动设区市人民政府履行教育职责督导评价试点，抓好县（市、区）党政领导干部履行教育职责督导评价，对各县（市、区）开展乡镇党政领导干部评价进行部署。五是维护校园安全稳定。加强中小学校幼儿园安全风险防控体系建设，落实学校安全工作责任制。举办全省学校突发事件应急演练现场会，完善校园突发事件应急处置预案。推进全省教育系统“雪亮工程”建设联网应用。加强校园治安管理，完善校园及周边联防联控机制。开展预防中小学生溺水、校园及周边治安环境整治等专项行动。

参考文献

《潮平海阔千帆竞　勇立潮头歌未央——江西教育改革开放 40 年》，《江西教育》2019 年第 2 期。

叶仁荪：《走出一条教育信息化特色发展之路》，《江西教育》2018 年第 2 期。

黄小华：《奋力谱写新时代江西教育新篇章》，《中国教育报》2017 年 11 月 30 日。

B.11 江西卫生健康事业发展报告

江西省卫生健康委员会课题组*

摘　要： 2018年，江西省卫生健康系统锐意进取、开拓创新，卫生健康主要考核指标排名均居全国前列，是唯一连续十年入选全国十大医改新举措（新闻人物）的省份。2019年将深入贯彻落实党中央、国务院和省委省政府决策部署，着力推进健康江西建设，集中力量打造优质医疗资源、提升基层服务能力，为人民群众提供全方位、全生命周期健康服务，更好地满足新时代下人民群众的健康需求。

关键词： 卫生健康　健康江西建设　服务民生　江西

2018年，全省卫生健康系统全面贯彻落实党的十九大精神，深入实施健康江西战略，卫生健康事业发展取得显著成效。2019年是全面履行卫生健康职能的开局之年。本文旨在回顾2018年全省卫生健康工作，分析形势，提出2019年全省卫生健康工作思路和若干措施。

一　2018年工作回顾

2018年，在省委省政府的正确领导和国家卫生健康委的精心指导下，

---

* 课题组组长：丁晓群，江西省卫生健康委员会党组书记、主任。副组长：朱烈滨，江西省卫生健康委员会党组成员、副主任。成员：曾向华，江西省卫生健康委员会办公室主任；兰昊，江西省卫生健康委员会办公室监察专员；徐潮，江西省卫生健康委员会办公室干部。

江西省围绕国务院和省政府2018年《政府工作报告》明确事项，加快推动完善卫生健康服务和计划生育政策，统筹推进各项卫生健康工作，整体工作取得新进展，重点工作取得新成效，重大改革取得新突破。具体表现在以下几个方面。

（一）医改成效位居前列

江西省公立医院综合改革效果评价全国排名第3位，连续三年位居全国第一方阵，是全国唯一连续十年入选全国十大医改新举措（新闻人物）的省份。省委省政府相继出台了《关于加强全省公立医院党的建设工作的实施意见》《关于建立现代医院管理制度的实施意见》《关于改革完善全科医生培养与使用激励机制的实施方案》《关于推进“互联网+医疗健康”发展的实施意见》《关于加快落实仿制药供应保障及使用政策工作方案》等系列重大政策文件。江西省是全国三个推进综合性医疗服务价格改革的省份之一，也是全国唯一实现省、市、县、乡四级医疗机构价格联调的省份。在全国率先创新公立医院岗位管理，依据“按服务人口核定床位、按床位核定岗位”的原则，强化岗位总量管理，统筹解决了编制内外人员的职称晋升问题，基本实现同岗同酬同待遇。加快建设现代医院管理制度，全省共选择22所医院开展现代医院管理制度试点，其中国家试点医院4家，省级试点医院18家。全省共组建多层次、多形式医联体372个，门诊次均费用分别相当于全国平均水平的92.6%，平均住院费用相当于全国平均水平的90.85%。确定100个按病种收付费项目，将25个病种纳入基本医疗保险日间手术按病种收付费试点范围。2018年版国家基本药物目录按期实施，根据国家卫健委组织的第三方评价结果，江西省基本药物制度实施综合效果评价全国排名第6位。构建以DRGS和HQMS数据为基础的医院管理绩效评价平台，推进季度通报行政、质控专业组织和医院“三个维度”的评价，并在全国领先。

（二）服务能力显著提升

江西省门诊患者、住院患者和员工满意度全国排名分别在第3、第10

和第5位。全国平安医院创建工作考评连续5年排名全国第1位，南昌市、新余市获全国创建平安医院活动表现突出地区。医疗机构、医师和护士电子化注册管理改革全面完成，电子化注册率达90%以上，位居全国第一方阵。中国医学科学院发布2018年中国医院科技量值排行榜，江西省9所医院的40个专科在全部29个学科中，有26个学科进入专科排行榜前100名。获得省自然科学奖2项、省科技进步奖14项。2018年联合省发改委成功申报并下达中央投资项目29个，获得中央投资补助10.92亿元。省属新区医院和全省胸痛、卒中、创伤急救、危重孕产妇救治和危重新生儿救治等“五大中心”建设加快推进。全省3个专科入选全国疑难病症诊治能力提升工程项目储备库，65个专业列入国家临床重点专科建设。完成“提升县级医院综合能力三年行动计划（2016~2018）”，三年共选送1200名县级医院骨干医师到全国知名医院进修，选派100名县级公立医院院长到国（境）外研修，支持建设603个县级临床重点专科，建设覆盖所有县的远程医疗系统，全省县级公立医院疾病难度系统（CMI）提高到0.79，县域内就诊率提高到86.56%。全省新（改）建村卫生室2908个，基层医疗卫生机构达标率提高到90%以上。

（三）中医药强省开创新局

国家中医药综合改革试验区建设加快推进，成功承办世界中医药大会第四届夏季峰会，组建省中医药管理局，实现江西省中医药管理体系建设重大突破。全省开展《中医药法》宣传活动400余场。国家中医临床研究基地、国家区域中医诊疗中心落户江西中医药大学附属医院。12个国家局中医药重点学科顺利通过验收。1个设区市和6个县（市、区）成功创建全国基层中医药工作先进单位。完成974个基层中医馆建设。依法依规开展中医诊所备案管理工作，全省共完成80余家中医诊所备案。江西省中医康复（热敏灸）联盟成员单位新增15家，总量达到55家。推进14个品种的种子种苗标准化、规范化繁育基地建设。4家单位列为国家中医药健康旅游示范基地创建单位。江西省首个热敏灸小镇挂牌成立。

（四）扶贫援外广获好评

深入实施健康扶贫“六大提升计划”，将贫困患者住院费用个人自付比例控制在10%以下。创新建立农村贫困人口重大疾病医疗补充保险制度，为贫困群众建立起基本医保、大病保险、补充保险、医疗救助“四道保障线”，并实行四道保障线“一站式结算”。政府出资为贫困人口购买重大疾病医疗补充保险，2018年各地筹资标准普遍提高到200～300元。持续实施10种大病免费救治和15种大病集中救治，与国家要求相比，江西省救治病种更多、救治对象更广、费用保障更好。2018年12月，江西省又将肝癌、尘肺、神经母细胞瘤、儿童淋巴瘤、骨肉瘤5种大病纳入专项救治，大病救治病种扩大到30种。江西省第22批援突尼斯医疗队和第13批援乍得医疗队圆满完成援外医疗各项任务，乍得政府、乍得卫生部，我驻突、乍使馆，致信国家卫健委、省政府及省卫健委对医疗队所做工作和取得的成绩予以高度评价，对江西省为推动中突、中乍关系发展提供的大力协助表示衷心感谢。先后选派43名医务人员对口帮扶克州中医院、阿克陶县人民医院和3个乡镇卫生院，让当地百姓享受到更多的健康实惠。

（五）公共卫生服务持续增强

江西省成为全国首个按世界卫生组织标准实现消除疟疾的省份。国家卫健委在余江区召开“全国地方病防治专项三年攻坚行动现场会”，其间，中国血防纪念馆正式开馆。11个市县（区）实现血吸虫病消除达标，超额完成年度消除达标计划。江西省结核病防治重点指标全国排名第2位，心血管病高危人群早期筛查与综合干预项目全国排名第7位，脑卒中高危人群筛查干预项目全国排名第10位。首次发布2项江西省食品安全地方标准《南酸枣糕生产卫生规范》和《鲜湿类米粉生产卫生规范》。人均基本公共卫生服务补助标准提高到55元，服务项目拓展到15

类。全省城乡居民电子健康档案建档率约为83%。全省传染病疫情总体保持平稳，法定传染病报告发病率降至444.27/10万，法定传染病报告发病率、死亡率均低于同期全国水平。成功处置12起突发传染病疫情，有序平稳处置长春长生问题疫苗事件。首次开展有组织航空紧急医学救援，建立两支省级航空紧急医学救援队。深入开展爱国卫生运动，樟树市获省级卫生城市，全南、资溪、石城、浮梁县获省级卫生县城。监督执法成效明显，全省共查办卫生计生各类违法案件11605例，罚没款2976.53万元，分别比上年增长23.8%和43.5%。全省卫生计生监督执法案件数量连续两年排名全国前5名、优秀案例数量连续两年位居全国第1位。开展健康驿站建设，完成江西省电子健康卡首发。健康促进项目深入实施，以“科学健身”为主题的“健康中国行、律动赣鄱地”主题活动取得良好效果，健康促进县区建设富有成效，全省居民健康素养水平持续提升。

（六）计生服务转型升级

南昌市西湖区入选“全国流动人口基本公共卫生计生服务均等化示范区”。抚州市获全国第二批创建幸福家庭活动示范市。九江市永修县荣获全国计划生育基层群众自治示范县。深入推进计划生育服务管理改革，加快推广婚检、孕检和生育登记“三中心合一”的服务模式，全省77%的县（市、区）建立婚育“一站式”全程服务中心。累计完成生育登记网上办理119.57万例，群众满意度达99.4%。大力完善母婴安全等全面两孩政策的配套措施，婚检率达80%以上，全省母婴室设置率达85%。2018年在高龄高危孕产妇激增的情况下，全省孕产妇死亡率与上年度持平并低于全国平均水平，两个集中管理受到国家卫健委表扬。加快计划生育奖励和扶助政策落实，发放计划生育家庭奖励资金8.3亿元，惠及60余万计生家庭。计划生育特殊家庭住院护理保险启动实施。2018年全省为流动人口开展体检、咨询16.8万人次，发放健康包13.8万个。开展医养结合试点，确定南昌、赣州、抚州为国家级试点示范市，新余、鹰潭为省级试点单位。在全省开展安宁疗护试点，省肿瘤医院等十余家单位设立安宁疗护中心或病区。

（七）人才培养释放活力

启动第十一批卫生人才服务团工作和“赣鄱血防之星”人才培养计划。实施中医药人才培养杏林计划，评选表彰江西省名中医 80 人、江西省基层名中医 100 人。35 名医疗卫生专家入选江西省人才专家库，3 名医疗卫生专家入选江西省“百千万人才工程”，4 名引进类医疗卫生专家入选江西省“双千计划”。首次成功引进省外高层次人才浙江省肿瘤医院原院长毛伟敏来江西省工作，首次为省级直接联系专家开展健康体检。开展公立医院人员总量管理试点工作，4 所公立医院编制数增加至 9420 名。规范化培训住院医师 1545 人。精心组织首个中国医师节主题活动，评选表彰全省优秀医师团队 100 个、优秀医师个人 201 名。1 人获中国医师奖，2 人被授予“白求恩式好医生”称号，3 人被评为“中国好医生”“中国好护士”月度人物。

（八）党建行风深入推进

不断压实党建工作责任，逐级签订《年度全面从严治党责任书》，卫健委被授予“省直机关党的工作特别优秀单位”称号，委直机关 3 个基层党组织荣获省直机关基层党组织规范化建设示范点。在全系统开展“人民至高无上，患者是我亲友”专项活动和“万人建言、百场座谈”活动，大力推进“五型”机关建设。向省政府提出调整行政权力 22 项建议，推出 5 项“证照分离”改革事项，公布取消 13 项证明材料，编制 124 项政务服务办事指南，督促解决 27 项群众办事堵点，公布 12 项“一次不跑”、41 项“只跑一次”服务事项，发布政务服务 21 大项 63 小项延时服务措施。2018 年省本级一窗式受理行政许可 636 项。组织对委直单位作风纪律、落实中央八项规定和纠正“四风”问题进行明察暗访，联合省发改委、市场监管局等 11 个部门开展纠风工作专项整治，构建委厅局联席会议制度，深入推进纠正医药购销领域和医疗服务不正之风。

二　形势任务分析

随着中国特色社会主义进入新时代，人民生活水平提高，健康越来越成为影响人民获得感、幸福感、安全感的重要因素，卫生健康事业在党和国家事业全局中的地位日益提高。党的十九大“实施健康中国战略”的部署，开启了全民健康新时代。省委省政府高度重视健康江西建设，出台了一系列政策文件，实施了一揽子建设项目，卫生健康事业呈现良好发展态势。当前，江西省卫生健康事业虽然取得了明显进步，但也面临着一些新矛盾新问题，如健康优先的发展理念仍未形成全社会较广泛的共识，健康江西建设实质操作层面仍未形成较广泛的共建局面，健康事业产业融合发展及区域协同发展面临新挑战，深化医改成果尚需巩固拓展，健康扶贫任务艰巨复杂，重大疾病防治形势依然严峻，服务能力发展不平衡不充分问题亟待解决，中医药特色优势发挥不够明显，人口老龄化问题日益凸显。从“不平衡”来看，江西省医疗卫生资源存在分布不均衡、结构不合理等问题，在区域之间、城乡之间、中西医之间、公共卫生与医疗之间依然发展不平衡。从“不充分”来看，全省医疗卫生资源总体不足且优质资源短缺，每千人口床位数、医生数、护士数等主要指标低于全国平均水平（见表1）。我们要深刻理解习近平总书记卫生健康重要论述的精髓，把智慧和力量凝聚到事业发展上来，对接人民对健康美好生活的新需求，尽快形成分工合理、权责一致、运转高效的管理体系，着力解决发展不平衡不充分的问题，促进“以治病为中心”向“以人民健康为中心”转变。要把卫生健康事业发展融入全省经济社会发展大局，在满足人民群众基本医疗卫生服务需求的基础上，深入实施健康江西战略，着力推动健康事业产业融合发展，培育打造新的经济增长点，从更高层次推动卫生健康事业高质量跨越式发展，更好地服务于建设富裕美丽幸福现代化江西的发展大局。

表 1 2013～2017 年江西省部分卫生健康指标发展情况

序号	指标名称	2013 年	2014 年	2015 年	2016 年	2017 年
1	婴儿死亡率(‰)	9.4	8.2	6.87	6(优于全国数据)	5.6(优于全国数据)
2	5 岁以下儿童死亡率(‰)	14.7	12.8	10	9.4(优于全国数据)	8.7(优于全国数据)
3	孕产妇死亡率(1/10 万)	11.83	9.94	8.69	11.03(优于全国数据)	8.06(优于全国数据)
4	每千人口执业(助理)医师数(人)	1.55	1.64	1.68	1.72(低于全国平均和中部平均)	1.81(低于全国平均和中部平均)
5	个人卫生支出占卫生总费用的比重(%)	29.88	29.49	27.54	27.24(优于全国数据)	26.94(优于全国数据)
6	每千人口注册护士数(人)	1.73	1.85	1.96	2.08(低于全国平均和中部平均)	2.25(低于全国平均和中部平均)
7	每千人口医疗机构床位数(张)	3.85	4.11	4.33	4.55(低于全国平均和中部平均)	5.05(低于全国平均和中部平均)

注：因 2018 年统计数据仍在确认中，2018 年暂无确切数据。

资料来源：江西省卫生健康委员会。

三 2019年工作展望

2019 年江西省将着力推进健康江西建设，集中力量打造优质医疗资源、提升基层服务能力、加强全系统作风建设，为人民群众提供全方位、全生命周期健康服务，更好地满足新时代下人民群众的健康需求。

（一）以惠民为出发点，深化“四项改革”

深化卫生健康机构改革，按照全省机构改革总体部署，完成卫生健康机构改革，全面履行卫生健康新职能。

深化“三医联动”改革，加大医改攻坚力度，深化医疗服务价格、医

保支付方式、人事薪酬制度改革。开展县域综合医改试点。开展建立健全现代医院管理制度试点。启动三级公立医院绩效考核工作，提升医院管理质量和运行效率。完善分级诊疗制度，纵深推进医联体、医共体建设。开展国家基本药物制度综合试点，加强公立医疗机构基本药物配备使用管理，做好短缺药品监测预警。

深化中医药综合改革，围绕实施中医药强省战略，研究制定中医药强省五年行动纲要。主动融入中国（南昌）中医药科创城建设，大力推进国家中医药综合改革试验区和中医药健康旅游示范区创新发展。加快推进国家中医药传承项目、国家中医临床研究基地、国家中医区域诊疗中心、国家中医规培基地等重点项目建设，大力实施名院名科工程，提升中医院现代化水平。深入实施基层中医服务能力提升工程“十三五”行动计划，力争70%的乡镇卫生院和社区卫生服务中心建有中医馆。加快热敏灸等中医药适宜技术推广应用。推进中药资源普查，做强赣药品牌。

深化“放管服”改革，开展“奉人民为上、视群众为友、与健康同行”活动。创新政务服务方式，持续精简行政权力，督促兑现政务服务办事41项只跑一次、12项一次不跑和21大项63小项延时错时服务承诺。深入实施进一步改善医疗服务行动计划，重点抓好改善医疗服务五大体验、预约诊疗制度等五项制度、“以病人为中心，推广多学科诊疗模式”等十项创新医疗服务的落实。加快“互联网+”医疗健康发展，推动电子健康码在全省广泛应用，推进区域内就诊“一码通”和检验检查结果互认。建立省级互联网医院监管平台，实施互联网医院准入审批。

（二）以项目为主抓手，实施“四大工程”

实施医疗服务能力提升工程，研究制定整合型医疗卫生服务体系框架及政策措施，加快推进省直医院新院区和县级医院综合能力建设，建立多种形式的医联体和覆盖所有县（市）的远程医疗体系，大力推动急危重症“五大中心”、乡镇卫生院和标准化村卫生室建设。

实施公共卫生服务能力提升工程，加快推动省级公共卫生项目打包入驻赣江新区，筹建江西国际卫生健康城。完善多元化综合监管和卫生健康监督执法体系。加强慢性病综合防控示范区和传染病监测体系建设，提升疾病综合防控和预防接种服务能力。推进卫生应急规范化，做实卫生应急队伍管理。全面开展职业病危害现状调查，抓实重点行业尘毒危害专项治理。大力实施全省地方病防治专项三年攻坚行动。持续推进卫生城镇创建。

实施健康扶贫再提升工程，加强健康扶贫领域作风建设，全面推进实施健康扶贫三年攻坚行动，实施贫困地区健康促进攻坚行动。将大病救治病种扩大到30种。推动县域内住院“先诊疗后付费”“一站式”结算、大病集中救治等实现全覆盖。协调完善儿童“两病”救治经费结算办法。实施贫困艾滋病和结核病患者救治行动，完成救治补助艾滋病机会性感染患者1500例、随访管理艾滋病患者10000例，逐步扩大贫困耐多药肺结核患者救治设区市覆盖面。

实施生育服务能力提升工程，继续推进公共场所母婴设施建设，加强出生缺陷防治，提升婚检率和婚检质量。力争到2019年底，公共场所母婴设施配置实现全覆盖，70%的县（区）建立孕产妇儿童集中管理中心，80%的县（市、区）建成婚育“一站式”全程服务中心。

（三）以创新为突破口，完善“四个机制”

完善健康江西建设推进机制，推动成立健康江西建设工作委员会，探索研究健康事业产业融合发展机制，完善应对人口老龄化制度体系。

完善卫生健康科技创新机制，加快推进智慧健康创客园建设，促进产学研用深度融合。加强42个省临床医学研究中心和省临床医学研究培育中心建设。加强医学领先学科建设和医学学科省市共建。培育一批国家级区域诊疗中心、国家级临床重点专科、国家级重点学科、国家级重点实验室。积极引进国际国内新技术和新成果，推动卫生健康科技进步和技术创新。

完善卫生健康人才培养机制，着力优化人才结构，不断完善人才培养、引进、使用政策，实施高层次人才选拔、卫生人才服务团选派、“赣鄱血防之星”人才培养计划、中医药人才培养杏林计划、乡镇卫生院定向生培养、全科医生特设岗位计划、住院医师规范化培训、专科医师规范化培训、助理全科医生培训、临床药学人员培训、乡村医生免费培养、全科医生转岗培训等特色人才项目。

完善全面从严治党工作机制，继续抓好思想政治建设，不断完善基层党建考核机制，强化党内政治生活、党员教育管理和党内监督工作。全面加强公立医院党建和卫生健康行业作风建设。

参考文献

丁晓群：《以惠民为出发点以创新为突破口》，《中国卫生》2019 年 2 月 5 日。

钟端浪：《让百姓病有所医》，《江西日报》2019 年 1 月 24 日。

易双洪：《江西：全力做好服务人民群众健康“大文章”》，《中国人口报》2019 年 1 月 25 日。

B.12
江西生态环境保护报告

江西省生态环境厅课题组*

摘　要： 2018年全省污染防治攻坚战全面打响，生态环境质量明显提升，生态环境保护重点工作位次前移。当前生态环境保护处于关键期、攻坚期、窗口期，机遇与挑战并存，2019年全省将坚持稳中求进工作总基调，围绕打好八大标志性战役、开展30项专项行动，创新八个体系，做好十项重点工作，持续改善生态环境质量，不断增强人民群众环境获得感、幸福感、安全感。

关键词： 污染防治攻坚战　八大标志性战役　30项专项行动

2018年是全面贯彻党的十九大精神的开局之年，在习近平新时代中国特色社会主义思想指导下，全省生态环境系统认真学习贯彻习近平生态文明思想，坚持生态优先、绿色发展理念，高标准建设国家生态文明试验区，打响污染防治攻坚战，生态环境保护重点工作成效凸显，生态环境质量大幅改善，大气和水环境质量稳步提升，生态优势持续巩固。2019年，全省生态环境系统将继续按照党中央、省委、省政府的决策部署，坚守阵地、巩固成果，统筹兼顾、稳中求进，用更高标准打造美丽中国"江西样板"，不断增

* 课题组组长：陈小平，江西省生态环境厅党组书记、厅长。副组长：石晶，江西省生态环境厅党组成员、副厅长。成员：崔新平，江西省生态环境厅办公室主任；魏俊斌，江西省生态环境厅办公室副主任；郭明玉，江西省生态环境厅办公室主任科员；胡启韬，江西省生态环境厅办公室主任科员；沈越，江西省生态环境厅环境信息中心综合科副科长。

强人民群众环境获得感、幸福感、安全感，以优异成绩庆祝中华人民共和国成立70周年。

一 2018年江西省生态环境保护工作回顾

2018年全省污染防治攻坚战开局良好，生态环境质量大幅提升，取得历史性突破性成效。

（一）全省生态环境质量总体良好

一是空气环境质量明显改善。2018年，全省PM2.5浓度均值为38微克/立方米，下降17.4%；优良天数比例为88.3%，上升5个百分点，全年优良天数增加18天；全省PM10浓度均值为64微克/立方米，下降12.3%。南昌市和景德镇市空气质量首次达到二级标准，其中南昌市空气质量列中部省会城市第一（见图1）。

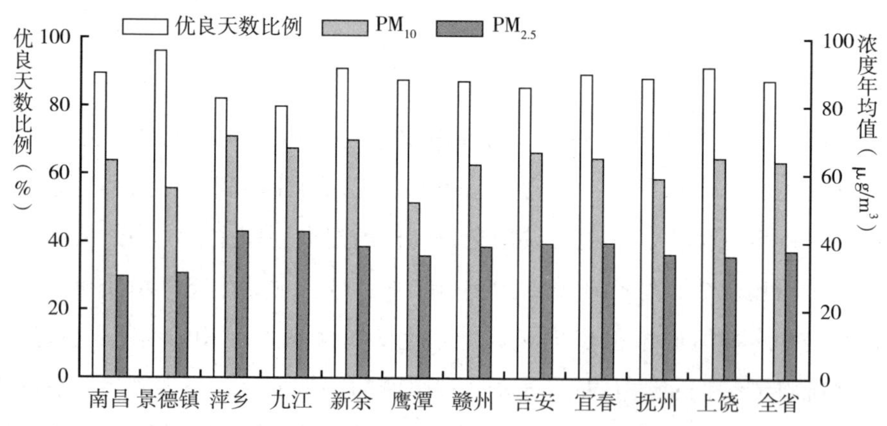

图1 2018年江西省设区城市空气质量主要指标数值

资料来源：江西省生态环境厅。

二是水环境质量总体优良。2018年全省地表水水质总体为优，地表水断面化学需氧量、氨氮年均浓度分别为10.2mg/L、0.31mg/L，较上年下降幅度分别为7.3%、13.9%，断面水质优良（Ⅰ~Ⅲ类）比例为90.7%，上升2.2个百分点，Ⅳ类水质比例为5.6%，Ⅴ类水质比例为3%，劣Ⅴ类水质比例为0.7%。其中，主要河流断面水质优良比例为97.4%，总体水质为优。国家考核断面水质优良比例为92%，较上年提升2.7个百分点。

三是土壤环境风险基本管控。完成全省固废危废大排查和危险废物规范化检查，现有省级重点监管产废单位723家，重点监管经营单位138家，全部纳入危险废物监管平台进行管理。完成农用地土壤污染状况详查，启动重点行业企业用地调查，11个地市全部建立了污染地块名录。危险废物处置总能力达到34.25万吨/年。

四是城市声环境质量总体较好。2018年，全省设区城市区域噪声昼间为54.1分贝、声环境质量二级，夜间为45.9分贝、声环境质量为三级；道路交通噪声昼间为67.2分贝、声环境质量一级，夜间为57.5分贝、声环境质量一级；功能区噪声点位达标率为88.5%。设区城市区域声环境中，10个城市昼间质量为二级，1个城市为三级；4个城市夜间质量为二级，7个城市为三级。设区城市道路交通声环境中，10个城市昼间质量一级，1个城市二级；3个城市夜间质量一级，4个城市二级，2个城市三级，2个城市四级。

五是生态优势不断巩固提升。划定生态保护红线面积46876平方公里，占全省面积的28.06%，在首批15个省份中列第三。婺源县被评为全国“两山实践创新基地”，井冈山、崇义、浮梁3个县（市）被评为国家生态文明建设示范县（市），首次开展省级“两山实践创新基地”评选。现有国家生态文明建设示范县6个、国家级生态县5个，省级生态县25个；国家级“两山”创新基地2个、省级“两山”创新基地5个；国家级生态乡镇228个，省级生态乡镇728个；国家级生态村9个，省级生态村820个。

（二）重点生态环境工作走在全国前列

一是将生态环境保护摆到更加突出的位置。省委、省政府高位推动、强力推进生态环境保护和污染防治攻坚。2018年，省委省政府连续召开全省

生态环境保护大会、污染防治攻坚战现场推进会、中央环保督察“回头看”动员部署会、生态环境保护工作座谈会等重要会议，始终把生态环境保护牢牢抓在手上。

二是污染防治攻坚战早谋划早部署。2018 年 4 月江西省制订实施打好蓝天保卫战三年行动计划，进度全国第二；5 月召开全省生态环境保护大会，进度居全国前列；6 月完成水质监测站建设，进度全国第一，生态环境部全文转发江西省文件，在全国推广江西经验；7 月出台江西省污染防治攻坚战实施意见，进度全国第三。全省污染防治攻坚战首战告捷，11 个设区市首次全面完成考核年度目标任务，南昌市填补了中部省会城市无空气二级标准的空白。

三是生态环境保护大格局初步建立。将省生态环境保护委员会调整为书记、省长任“双主任”，并增设绿色发展、农业农村污染防治等 10 个专业委员会，分专业、分领域推进生态环境保护工作。在 9 个省直单位“三定”方案中，明确其生态环境保护责任，切实压实党政同责、一岗双责和部门监管责任。这一做法被中央电视台“新闻联播”报道，受到生态环境部高度肯定，被许多兄弟省市学习借鉴。

四是生态环境领域改革试点全面推进。11 月 3 日，省生态环境厅正式挂牌成立，12 月中旬完成人员转隶任务。生态环境系统垂改工作先行先试，进度列全国第七、非试点省份第一，向市局单派纪检组做法获生态环境部肯定，并在两次全国性会议上介绍经验。作为全国 3 个流域改革试点省份之一，出台《江西省在赣江流域开展按流域设置生态环境监管和行政执法机构试点实施方案》，为推动落实流域监管“统一规划、统一标准、统一环评、统一监测、统一执法”提供“江西方案”。推动生态环境综合执法改革，在石城、会昌、安远，宜黄，宜丰 5 个县开展试点，形成了联席会议制度、联合执法队、专门生态环境执法局 3 种模式。

五是经济高质量发展和生态环境高水平保护协同共进。一方面，深入推进“放管服”改革，继续下放一批项目环评审批权限，开展区域环评制度改革试点，探索承诺备案管理新模式，打造政策最优、成本最低、服务最好、办事最快的“四最”营商环境。另一方面，配合开展中央环保督察“回头看”，完成省级环保督察全覆盖，开展长江经济带综合执法检查和全年全员全过程执法练兵，在全国率先出台省级生态环境损害赔偿改革实施方案，制定生态环境损害调查、磋商、修复管理等配套办法，成立司法鉴定评估中心，倒逼落后产能淘汰和产业转型升级，推动供给侧结构性改革。

六是中央和省级环保督察问题整改进展良好。按月调度2016年中央环保督察反馈问题整改进展，2018年6月1日至7月1日，配合中央第四环保督察组对江西省“回头看”，并根据反馈意见制定了整改方案，成立了“升级版”的中央环保督察问题整改工作领导小组，由省委书记、省长任“双组长”，实行了更严格的现场核实和销号管理制度。截至2018年底，2016年中央环保督察反馈的61个问题，需限期整改的40个问题已完成29个，11个达到序时进度；需长期坚持或持续改善的21个问题正在有序推进。“回头看”反馈的54个问题已完成5个。借鉴中央环保督察做法，从2018年11月起，对南昌、景德镇、赣州、上饶、抚州等5个市开展了省级督察，完成了第一轮省级环保督察“全覆盖”。

七是生态环境宣教建设力度持续加大。2018年江西省在中央及省级媒体上稿7000余篇；建立纵贯省、市、县三级的“江西环保微矩阵”；新闻发布工作走在全国前列，全年召开13场新闻发布会，生态环境部和省委宣传部在8期工作简报中介绍江西省经验做法；环保设施向公众开放工作，在全国会议上做典型发言；绿色中国年度人物评选实现“零”的突破，省环境监测站张振欣同志被评为全国“2018最美基层环保人”。

二　当前生态环境保护形势分析

以习近平同志为核心的党中央将生态文明建设摆在了战略和全局的位置，提出了一系列新理念新思想，做出了一系列重大部署和战略判断。生态文明建设正处于关键期、攻坚期和窗口期，我们要抓住机遇，迎接挑战，不断提高生态环境工作的质量和效率。

（一）存在的困难和挑战

一是全省污染排放负荷依然较大。江西省产业结构还不够优化，全省大部分支柱产业还处于产业链前端，能耗高、污染大，存在先天性不足和结构性矛盾。据不完全统计，2018 年全省 4600 万人口，1 万多家规模以上工业企业，1 万多家规模化畜禽养殖场，每年生猪出栏 3000 多万头、存栏 1000 多万头，家禽出栏 4.4 亿只、存栏 1.8 亿只，牛羊出栏 200 多万只、存栏 300 多万只，新增汽车近百万辆，汽车保有量达到 530 多万辆，每年排放大量工业废水、生活污水、生活垃圾等，控制增量、削减存量的任务较重。

二是污染防治攻坚考核压力依然艰巨。根据省委省政府《关于全面加强生态环境保护　坚决打好污染防治攻坚战的实施意见》，江西省污染防治攻坚战到 2020 年需完成的指标共 13 项，其中，气 4 项（PM2.5、优良天数、二氧化硫、氮氧化物），水 5 项（地表水、黑臭水体、化学需氧量、氨氮、消灭Ⅴ类及劣Ⅴ类水），土 2 项（受污染耕地安全利用率、污染地块安全利用率），生态 2 项（生态红线、森林覆盖率）。截至 2018 年底，已达到或优于国家考核要求的 4 项，包括 PM2.5、地表水、生态红线、森林覆盖率，其他 9 项都还在推进中，打好污染防治攻坚战还剩下两年时间，达到要求的指标并非高枕无忧，还要巩固成果，未达到要求的指标更要全力攻坚、加紧推进，13 项指标全面完成还需要全省上下勠力同心、爬坡过坎，一起打好污染防治的大仗、硬仗、苦仗。

三是环境基础设施欠账依然存在。污染治理工程性措施推进较慢，工业园区、城市污水污染较重，有的园区涉水企业较少，存在处理设备“吃不饱”甚至“晒太阳”，进水水量和浓度达不到设计要求，污水收集管网未建设到位及老管网破损、透漏等问题较为突出。农村地区环境基础设施建设严重滞后，农业面源污染严重。2017 年全省生猪出栏量达 3180 万头，排泄量达 3194 万吨，不少禁养区退养不到位，治污设施建设不足，达标排放养殖场比例较低。

四是生态环境风险依然较高。基层执法力量偏弱，企业污染防治主体责任落实不到位，入河排污口底数等环境基础信息不够清楚，突发环境事件时有发生，偷排、偷埋、偷放等案件仍高发频发。2018 年，国家开展饮用水源保护等相关检查，发现并交办 623 个问题，中央环保督察“回头看”发现 54 个问题。省生态环境厅会同相关部门对长江江西段和赣江干流段 25 个县区进行综合执法检查，排查点位（企业）3748 个，发现存在问题点位（企业）1225 个，其他 75 个县（市、区）自查也发现问题 1007 个。

（二）有利的条件和机遇

一是习近平生态文明思想已成为生态环境保护的有力武器。2018 年 5 月 18 ~ 19 日，党中央召开了全国生态环境保护大会，大会最大的亮点是确立了习近平生态文明思想。生态兴则文明兴的深邃历史观、人与自然和谐共生的科学自然观、绿水青山就是金山银山的绿色发展观、良好生态环境是最普惠的民生福祉的基本民生观、山水林田湖草是生命共同体的整体系统观、用最严格制度保护生态环境的严密法治观、全社会共同建设美丽中国的全民行动观、共谋全球生态文明建设的共赢全球观等“八个观”，为我们推进工作提供了重要方向指引。

二是做好生态环境保护已成为一项政治责任。生态环境既是重大政治问题，也是重大社会问题，生态环境保护也成为一项业务性很强的政治工作，也成为检验“四个意识”“四个自信”“两个维护”的一个标尺。2016 年 2 月，习总书记视察江西，对江西省加强生态文明建设和生态环境保护寄予厚望，希望江西经济高质量发展和生态环境高水平保护同步推进，打造美丽中国“江西样板”。作为全国首批三个国家生态文明试验区，坚决落实好习近平生态文明思想、习总书记对江西工作的重要要求、建设美丽中国“江西样板”和党中央关于生态环境保护的决策部署，已成为全省上下的共识和共为。

三是省委省政府决定打好污染防治攻坚战八大标志性战役，开展 30 项专项行动。其中，蓝天保卫战，包括城市扬尘治理、城市餐饮油烟治理、工业废气治理、柴油货车污染治理、农作物秸秆综合利用与禁烧、城市烟花鞭炮禁放6个专项行动。碧水保卫战，包括饮用水源地保护、消灭V类及劣V类水、城市黑臭水体整治、城镇生活污水处理、入河排污口整治5个专项行动。净土保卫战，包括城镇生活垃圾处理、农用地污染防治、建设用地污染防治、危险废物处置4个专项行动。自然生态保护攻坚战，包括自然保护区问题整改、矿山开发整治、湿地保护、野生动物保护4个专项行动。工业污染防治攻坚战，包括开发区环保基础设施建设、工业企业达标排放、化工园区整治、淘汰落后产能、散乱污企业整治5个专项行动。打好农业农村污染防治攻坚战，包括畜禽养殖污染治理、水产养殖污染治理、农药化肥污染治理、农村生活垃圾和污水处理4个专项行动。打好长江经济带"共抓大保护"攻坚战，要着力打造水美岸美产业美的百里长江"最美岸线"。打好鄱阳湖生态环境专项整治攻坚战，要着力改善鄱阳湖水质，守护"一湖清水"，确保到2020年污染防治取得成效。"八大标志性战役""30个专项行动"全面开展后，将形成全地域、全流域、全方位、全过程协同共治的立体战法。

四是经济结构转型升级为生态环境高水平保护提供契机。江西省委十四届七次全会提出，要以制造业高质量发展为重点，抢抓数字经济发展机遇，不断提升产业创新力，加快培育新兴产业，改造提升传统产业，着力构建一二三产业协调发展、传统新兴产业齐头并进的现代化产业体系。省政府工作报告也强调，要树立"生态+"理念，加快发展生态旅游、养生养老等产业。近年来，省委、省政府一手抓打击散乱污企业、淘汰落后产能，一手抓改造提升传统产业，加带发展环保产业和高新产业，新旧动能转化有序推进，新能源、新材料等优势产业逐步壮大，高新技术产业、战略性新兴产业增加值比重不断提升，这一减一增将进一步挖潜全省生态环境容量，降低企业平均污染排放强度，激活生态环境资源优势，进一步打通绿水青山与金山银山的双向转换通道，为实现生态优先、绿色发展创造条件。

五是生态环境领域综合改革活力将逐步释放。2019年全省生态环境系统机构改革、省以下环保机构垂管改革、赣江流域监管体制改革、生态环境保护综合行政执法改革等将陆续到位，相关部门生态环境监管职责将进一步理顺，正在谋划实施企业守法承诺、领导包案、培训与指导、媒体曝光、案例剖析等保障性制度，监管体制机制将进一步健全，环境质量监测事权上收，环境监管执法事权下沉，将进一步提升综合治理能力和监管能力，为打赢污染防治攻坚战提供有力保障。

三　2019年生态环境保护工作思路

2019 年是打好打赢污染防治攻坚战的关键一年，也是深化党和国家机构改革、组建生态环境机构运转的第一年。2019 年全省生态环境工作，要坚持以习近平新时代中国特色社会主义思想为指导，坚决贯彻习近平总书记对江西工作的重要要求和习近平生态文明思想，深入落实全国生态环境保护大会、全国生态环境保护工作会议和省委十四届七次全会、全省生态环境保护大会精神，坚持生态优先、绿色发展，聚焦八大标志性战役、实施 30 个专项行动，坚决打好污染防治攻坚战，扎实推进生态环境治理体系和治理能力现代化，坚守阵地、巩固成果，协同推进高质量跨越式发展和生态环境高水平保护，高质量建设国家生态文明试验区，高标准打造美丽中国“江西样板”，不断增强全省人民的生态环境获得感、幸福感、安全感，以优异成绩庆祝中华人民共和国成立 70 周年。

（一）打好八大战役，实施30项专项行动

每季度召开一次全省生态环境保护重点工作调度会，每半年召开一次全体成员会，专业委员会每季度召开一次本行业（领域）生态环境保护重点工作调度会，督促各级党委、政府及有关部门落实“党政同责、一岗双责”及“管发展必须管环保、管行业必须管环保、管生产必须管环保”的要求，除打好“蓝天、碧水、净土”三大传统保卫战之年，全力以赴推进长江经济带“共抓大保护”、鄱阳湖生态环境整治、自然生态保护、工业污染防治、农业农村污染防治等标志性战役，实施城市烟花鞭炮禁放、矿山开发整治等 30 个专项行动，分阶段推进各行业各领域生态环境保护的问题排查、

集中整治和总结评估，坚决完成大气、水、土壤、总量减排、碳排放等各项任务指标，扎实推进中央环保督察和各专项行动反馈问题的整改。

（二）创新八大体系，推进生态环境治理能力现代化

一是创新一个领导体系，形成生态环境保护“大格局”，强化专业委员会作用和地方党委政府积极性，分专业、分领域推进生态环境保护。二是创新一个组织体系，构建生态环境现代化治理体系和监管模式，统筹推进生态环境领域各项改革，释放更多红利。三是创新一个目标体系，将年度目标任务分解到地市，约束性指标必须完成，期望目标力争达到，在巩固 2018 年大气治理成效的基础上，力争 2019 年新增 2～3 个市达标。四是创新一个制度体系，实施企业承诺与双随机抽查、领导包案、培训指导等 10 项工作制度。五是创新一个责任体系，全面夯实各级党委政府、生态环境保护委员会成员单位和企业的生态环境保护职责和污染防治责任。六是创新一个奖惩体系，坚持目标导向和效果导向，采取“以奖代补”的方式，鼓励各地千方百计提升污染治理和环境保护的实际成效。七是创新一个服务体系，强化科研技术攻关，组建网络培训学院，推行“环保管家”服务，编印污染防治攻坚战作战手册，帮助企业制定环境治理解决方案。八是创新一个保障体系，落实全面从严治党责任，持续深化“五型”机关建设，深入查摆和防治生态环境领域“怕慢假庸散”问题，锻造一支政治强、本领高、作风硬、敢担当，特别能吃苦、特别能战斗、特别能奉献的生态环境保护铁军。

（三）抓好十项工作，推动生态环境保护迈上新台阶

一是推进高质量跨越式发展，出台《江西省生态环境协调高质量发展实施方案》，加快“三线一单”硬约束落地，实施工业企业污染源全面达标计划，出台支持民营企业绿色发展的环境政策举措。二是坚决打好污染防治攻坚战，全力推进蓝天、碧水、净土等攻坚战，完成 2019 年生态环境改善各项目标任务。三是抓好中央环保督察及“回头看”问题整改，对 2017 年

督察的6个市开展“回头看”。四是稳步推进生态环境领域改革，抓好已出台改革方案的落地，协调推进机构改革、环保垂改、流域改革、综合执法改革和其他业务改革。五是持续巩固提升生态优势，积极组织参加第三批国家生态文明建设示范市县和“两山实践创新基地”评选，开展江西省第二批省级“两山实践创新基地”评选。六是积极应对气候变化，确保完成单位国内生产总值二氧化碳排放同比下降2.5%的目标，建立全省生态环境系统应对气候变化工作队伍，开展第三批绿色低碳县试点和低碳旅游示范景区创建。七是加大生态环境执法力度，配合国家开展饮用水源保护、长江入河排污口整治、清废行动、绿盾行动等专项行动，实施生态环境保护公开承诺与“双随机”抽查和媒体曝光制度，开展系列生态环境保护执法检查，严厉查处重大生态环境违法问题和跨区域、跨流域生态环境违法问题，保持生态环境执法高压态势。八是开创生态环境宣传新局面，创作和传唱生态环境系统之歌，开展百名记者广寻“2019江西最美环保人”活动，组织开展“六五”环境日大型宣传活动。九是提升支撑保障能力，组织开展全省环境监测技术大练兵和辐射事故应急国考盲演等应急演练；分步开展乡镇空气质量监测自动站建设，推进环境遥感中心、应对气候变化等一批科技支撑平台建设，开展大气污染成因及控制、乐安河流域污染现状及治理、赣南废弃稀土矿山治理等一批环境治理项目研究。十是推动全面从严治党，坚持把政治建设摆在首位，严明政治纪律和政治规矩，持续深化“五型”机关、“五型”处室建设，开展“六型”干部测评，严肃查处全省生态环境系统违纪行为和腐败问题，锻造生态环境保护铁军，推动形成山清水秀的自然生态和风清气正的政治生态。

参考文献

习近平：《在全国生态环境保护大会上的讲话》，2018年5月18日。

陈小平：《坚守阵地　巩固成果　稳中求进　坚决打好打胜污染防治攻坚战》，2019

年1月10日江西省改善生态环境质量新闻发布会。

陈小平:《江西构建生态环境保护“大格局”　打响八大标志性战役》,《江西日报》2019年1月10日。

陈小平:《坚决打好污染防治攻坚战　书写江西环境保护新篇章》,2019年1月25日发表于江西省生态环境厅网站。

陈小平:《江西省生态环境厅厅长透露:今年有这些大动作》,2019年1月30日,大江网。

B.13
江西社会稳定与社会治安报告

中共江西省委政法委员会课题组*

摘　要： 2018年，在省委、省政府的坚强领导，全省各地各有关部门深入学习贯彻习近平新时代中国特色社会主义思想和党的十九大精神，围绕中心，服务大局，扎实做好维护社会稳定和社会治安各项工作，全省社会大局持续保持和谐稳定，人民群众安居乐业，全省公众安全感、满意度分别为96.64%、96.91%，达到历史新高，江西省连续第十四年被评为全国社会治安综合治理考核优秀省。2019年，全省社会稳定和社会治安工作将坚持以习近平新时代中国特色社会主义思想为指导，坚持稳中求进工作总基调，紧紧围绕保平安、迎大庆的工作主线，牢牢把握"三个加快"战略举措，忠实履行"四大职责任务"，攻坚重点难点热点问题，有效防范化解重大风险，为推进江西高质量跨越式发展创造更加和谐稳定的社会环境，以优异成绩迎接中华人民共和国成立70周年。

关键词： 稳中求进　三个加快　四大职责任务　江西

一　2018年全省社会稳定和社会治安基本情况

2018年，全省社会大局持续稳定，人民安居乐业，公众安全感、满意

* 课题组组长：毛保国，省委政法委秘书长；刘朝阳，省法学会专职副会长。成员：李镜鸿，省委政法委研究室副主任；唐俊，省委政法委研究室主任科员；郑汪文，省委政法委干部。

度分别为96.64%、96.91%，达到历史新高，江西省连续第十四年被评为全国社会治安综合治理考核优秀省。

（一）加大风险管控化解力度，社会大局保持和谐稳定

统筹压实维护社会稳定工作责任，有效维护了国家政治安全，确保了全省社会大局持续稳定。常态化开展影响社会稳定矛盾问题摸排调研化解活动，并将其纳入年度综治工作目标考评，强化动态调度。以扩面、提质、增效为着力点，启动新一轮为期三年的打造稳评精品案例活动，带动提升稳评规范化水平。政法舆论引导扎实推进，全省县级以上政法机关新媒体账号开设达到100%，江西政法公众号荣获2018年度“中国政法优秀新媒体”称号。健全完善“三同步”工作机制，妥善应对处置一批疑难复杂敏感案（事）件，实现了政治效果、法律效果、社会效果相统一。

（二）加大依法彻查严打力度，扫黑除恶专项斗争纵深推进

按照党中央和省委统一部署要求，依法对黑恶势力发起强大攻势，取得重要阶段性战果。省委书记刘奇同志多次做出批示，亲自出席全省扫黑除恶专项斗争推进会，多次在相关会议上进行强调部署，深入南昌、抚州等基层一线实地调研指导扫黑除恶工作。省长易炼红同志多次开展调研指导，提出明确要求。出台《江西省扫黑除恶专项斗争“7＋X”清单管理工作细则》，落实责任、工作、问题三项清单情况，并纳入年度考核。在全国率先将扫黑除恶知晓率、满意度纳入全省公众安全感、政法满意度测评范畴，作为评价各地扫黑除恶专项斗争成效的重要依据。在省市两级建立和落实了有奖举报、举报人保护等系列工作机制，共发放奖励资金55.4万元。在南昌市试点建设扫黑除恶专项斗争工作系统平台，依托大数据信息技术手段，碰撞对比发现黑恶线索百余起。出台指导扫黑除恶专项斗争的系列规范性文件，确保专项斗争始终在法治轨道上扎实推进。积极推动涉黑涉恶腐败问题查处、相关村级组织整顿，铲除黑恶势力滋生土壤，针对重点行业、领域整治不力的情况，组织南昌市、赣州市、景德镇市开展了“砂霸”专项治理、打击

串标违法犯罪专项行动、侵占公有资产资源专项整治，清除了一批“拦路虎”。

（三）加大法治服务保障力度，助推经济社会发展效能凸显

坚持法治思维和法治方式，充分发挥政法职能优势，创新服务保障举措，推动难题依法化解，执法司法公信力有效提升。着力优化营商法治环境。出台并认真落实《关于进一步营造公平公正法治环境为全省高质量跨越式发展提供优质高效法治服务保障的实施意见》。大力支持服务民营企业发展，研究制定《江西省委政法委关于依法保障民营企业健康发展的实施意见》，省政法各单位及时跟进相应举措。推进严格公正执法司法，全省法院结案率94.93%，位居全国第二；全省检察机关逮捕、起诉人数分别上升19.8%和8.4%。积极参与“万名干部进万企”调研活动，深入开展“降成本、优环境”专项行动，扎实做好永丰县工业园的挂点帮扶工作，推动建立园区法治保障中心，并给予业务指导和经费保障，协调帮助解决了一系列实际困难和问题。着力营造尊法学法守法用法氛围。将宪法纳入2018年全省重点普及的“四法一章程一条例”内容，集中开展了丰富多彩的宣传教育活动，不断掀起宪法学习宣传热潮。推动“法治江西智库项目”建设，开展百万网民法律知识竞赛活动，全面推进“七五”普法规划实施。全面推开“法律明白人”工程，已颁证上岗法律明白人66.97万人。精心组织第七届“江西十大法治人物”暨第三届“江西十大法治事件”评选。加强法学理论研究，推动成立原中央苏区法制研究会，顺利承办第十一届“中部崛起法治论坛”。着力深化司法体制改革。司法责任制改革深入推进，出台《关于加强法官检察官正规化专业化职业化建设全面落实司法责任制的实施意见》以及系列配套制度，建立健全法官、检察官遴选常态化机制，2018年遴选173名员额法官、19名员额检察官。建立完善惩戒机制，新型办案团队组建完成，机构编制省级统管工作扎实推进，法官检察官工资制度改革政策基本落实到位，改革活力充分释放，办案质量和效率进一步提升。公安改革、司法行政改革及社会体制改革专

项小组相关工作扎实推进。依法治理难点热点问题。依法破解涉法涉诉信访改革难题，“三项回避”等工作机制有效运转，2018 年 4 月，江西省在中央政法委深入推进涉法涉诉信访改革培训班做了经验介绍。充分发挥“基本解决执行难”工作领导小组协调推动作用，取得重要阶段性成效，全省共执结案件 19.41 万件，执行到位 691.18 亿元，江西省的基本解决执行难 4 项核心指标和最高人民法院对执行工作 26 项考核指标均位居全国前列。

（四）加大社会治理创新力度，群众安全感满意度稳步提升

大力弘扬新时代“枫桥经验”，进一步加强创新市域和基层社会治理，不断提升群众安全感、满意度。全面推开综治中心实体化建设。总结推广上饶市综治中心实体化建设工作经验，在全省全面推进社会治理“多网合一”，升级改造综治信息化系统，优化设计“两微两端一平台”，制定全省统一的社会治理网格编码规范地方标准，切实打造县（市、区）综治中心实体化指挥平台，做强乡镇（街道）综治中心实体化运行平台，建好村（社区）综治中心实体化操作平台。深入推进社会矛盾排查化解。大力弘扬新时代“枫桥经验”，及时总结推广安义“综治银行”等新的实践做法，进一步规范社会矛盾多元化解处置工作，健全完善矛盾纠纷预防、排查、预警、调处工作机制，全省各类矛盾纠纷化解成功率达 98% 以上。加强社会治安防控体系建设，“雪亮工程”建设扎实推进，省级公共安全视频监控共享平台顺利建成。组织开展系列严打行动，痛击“黑拐枪”“盗抢骗”等群众反映强烈的突出违法犯罪，全省刑事案件发案数量下降 13.5%，其中八类严重刑事案件发案数量下降 18.5%。持续深化全省电信网省际出入口诈骗电话防范拦截系统建设，累计拦截 640.8 万余条，有效避免和减少了群众财产损失。创新重点群体服务管理。强化青少年工作阵地建设，全省已建成青少年法治教育基地 186 个，第一批打造了 11 家“省级青少年法治教育示范基地”。全面启动平安志愿者行动，大力开展见义勇为工作。积极贯彻落实江西省人才引进政策，进一步放宽流动人口居住证申领条件。落实严重精

神障碍患者以奖代补政策，推动实施严重精神障碍患者监护人责任险。大力推进智能化建设。采取超常措施，狠抓工作落实。完成了全省政法机关网络设施共建和信息资源共享工程建设任务，政法部门间基本实现了“设施联通、网络畅通、平台贯通、数据融通”。积极推进政法单位应用创新，政法各单位结合实际建设的相关信息化应用系统实现长足发展，在实践中发挥了良好作用。

（五）加大全面从严治警力度，队伍能力作风更加过硬

认真贯彻中央《关于新形势下加强政法队伍建设的意见》和省委实施意见，努力锻造一支“五个过硬”的政法队伍。加强政治建设。始终把政治建设作为首要任务来抓，组织推动“大学习、大培训、大调研、大落实”活动，举办全省政法领导干部学习贯彻习近平新时代中国特色社会主义思想专题研讨班，引导全省广大政法干警学深悟透习近平新时代中国特色社会主义思想，教育引导广大政法干警增强“四个意识”、坚定“四个自信”，坚决做到“两个维护”，真正做政治上的明白人。加强革命传统教育，深入组织开展“诵读红色家书”活动，在全省政法系统广泛开展政治轮训，实现全省政法干警全覆盖。研究制定《江西省政法系统政治督察工作实施办法（试行）》。全面提升本领。分岗位建立健全干警素质能力标准体系和分层次按需培训机制，常态化开展岗位练兵，不断提升政法干警执法司法综合素质和专业化水平。积极推进高校与司法所“校所合作”，促进法律实务部门与高等院校良性互动。围绕中央政法委提出的“十大课题”，结合江西实际，组织开展政法工作重大问题专题调研，努力提升破解工作难题的能力水平。强化作风建设。认真落实全省作风建设工作会议精神，及时动员部署，开展全省政法系统作风问题“大起底”“大扫除”，健全完善群众满意度测评等相关工作机制，大力整治“怕、慢、假、庸、散”作风顽疾。定期组织开展政法队伍纪律作风建设分析研判，总结推广在赣州市开展的党委政法委纪律作风督查巡查试点经验，推动政法系统作风建设深入开展。出台《关于进一步激励政法干警新时代新担当新作为的实施意见》，在职业保障、绩效

考核、容错纠错等方面规范相应机制，不断增强政法干警投身政法事业的动力活力。全面从严治警。抓好防止领导干部干预司法活动等“三个规定”的贯彻执行，每季度统计汇总分析。严格落实党内政治生活制度，坚决全面彻底肃清周永康、苏荣案余毒，防范和遏制不正之风和腐败行为的发生。以“零容忍”的态度严肃查处了一批违法违纪案件，有力促进了公正廉洁执法司法。

二 2019年发展构想

做好2019年的社会稳定和社会治安工作，责任重大，使命光荣。总体思路是：坚持以习近平新时代中国特色社会主义思想为指导，全面贯彻落实习近平总书记在中央政法工作会议、省部级主要领导干部专题研讨班上的重要讲话精神，树牢“四个意识”，坚定“四个自信”，践行“两个维护”，坚持党对政法工作的绝对领导，坚持以人民为中心的发展思想，坚持稳中求进工作总基调，紧紧围绕保平安、迎大庆的工作主线，牢牢把握“三个加快”战略举措，忠实履行“四大职责任务”，攻坚重点难点热点问题，有效防范化解重大风险，为推进江西高质量跨越式发展创造更加和谐稳定的社会环境，以优异成绩迎接中华人民共和国成立70周年。

（一）深入学习贯彻习近平总书记重要讲话精神

习近平总书记在中央政法工作会议上的重要讲话，是新时代政法工作的思想指引和行动指南。要进一步兴起学习贯彻热潮，做出周密部署，自觉对标对表，做到融会贯通，真正学深悟透“两大奇迹”的新成就，学深悟透“九个必须”的新经验，学深悟透“两个不能变”的新概括，学深悟透“一大变局三个维度”的新方位，学深悟透“四个坚持、三个加快、四大职责任务”的新思路，学深悟透“加快推进社会治理现代化”的新命题，学深悟透“四项重点工作”的新使命，学深悟透“党对政法工作绝对领导”的新要求，确保习近平总书记重要讲话精神落地生根。要强化落地见效，把贯彻习近平总书记重要讲话精神作为践行“两个维护”的具体行动，以强烈的政治担当，大力发扬斗争精神、奉献精神、工匠精神，狠抓工作落实，以看得见、摸得着的落实成果来检验和评价。

（二）全力维护国家安全和社会大局稳定

深入贯彻总体国家安全观，强化斗争精神，提高斗争本领，全力打好政治安全保卫战，坚决捍卫党的领导和中国特色社会主义制度。常态化开展影响社会稳定矛盾问题摸排调研，健全落实社会矛盾风险排查预警、防范化解、依法处置等各项工作机制，进一步压实工作责任，防止矛盾问题沉淀激化、风险外溢。深入推进涉众型经济犯罪监测预警平台建设，不断提高预测预警预防能力。扎实做好特殊人群服务管理，健全分级分类动态管控机制，严格落实管控、帮教、帮扶措施。扎实推进社会心理服务体系建设，塑造良好的社会心态，加强心理疏导、危机干预等各项工作，防止发生个人暴力极端刑事犯罪案件。深入推进治安乱点及重点地区排查整治工作规范化、制度化建设，严厉打击涉枪涉爆等突出违法犯罪，深化易燃易爆危险化学品和寄递物流专项整治，深入开展道路交通秩序和安全、城区人员密集公共场所安全隐患集中排查整治，织密织牢公共安全防控网。狠抓扫黑除恶专项斗争，紧紧围绕三年为期的工作目标，突出“深挖根治”阶段性要求，聚焦重点环节，再掀强大攻势，以专项斗争新成效全面助力优化营商环境、净化政治生态。

（三）深入推进社会治理创新

主动适应人民群众对平安的新需求，坚持和发展新时代“枫桥经验”，以推进市域社会治理为抓手，坚持自律和他律、刚性和柔性、治身与治心、人力和科技相统一，探索构建具有江西特色的社会治理新模式，加快推进社会治理现代化，切实提高平安建设水平。认真落实省委办公厅、省政府办公厅印发的《关于进一步加强和改进基层综治中心实体化建设的指导意见》部署要求，扎实推进民生民安深度融合。围绕聚合人、地、物、网、组织等基本要素，制定网格服务管理内容和网格员工作任务“两张清单”，解决好网格员的薪酬待遇，打造“全科网格员”队伍。优化完善并尽快推行“两微两端一平台”，提高综治中心运行实效。着眼打造共建共治共享的社会治理格局，推广民情恳谈、群众说事、说事拉理等好做法，推动健全群众自治、民主协商机制，让群众的事情由群众自己解决；推动完善社会、学校、家庭三位一体的德育网络，加强和改进见义勇为工作，让全社会充满正义、正能量；全面开展平安江西志愿者行动，建强志愿者队伍，建好工作机制，动员平安志愿者积极参与基层社会治理活动。着力完善立体化、信息化社会治安防控体系，推动“雪亮工程”建设提档升级，加快推进重点支持城市项目建设和重点行业领域视频资源联网共享，推开智能安防工作，提高社会治理智能化水平。加快推进政法网建设优化升级，重点推进跨部门大数据办案平台建设应用，着力打造政法机关一体化网上办案“高速公路”，规范执法办案，提升执法司法公信力。健全完善平安建设工作协调机制和考核评价体系，更好统筹推进社会治理和平安建设工作，使之在新时代的社会治理工作中继续发挥积极作用。

（四）加快推进政法领域全面深化改革

大力弘扬改革创新时代精神，加快推进政法领域全面深化改革。深化政法机构改革。稳步推进党委政法委机构改革，科学确定职责定位，更好履行职责任务。精心组织实施行业公安机关管理体制调整，扎实推进法院、检察院内设机构改革，进一步提升战斗力。抓好司法行政机关重新组建工作，确保改革后机构有机融合、高效运行。充分发挥省委全面依法治省委员会办公室的职能作用，更好地统筹推进科学立法、严格执法、公正司法、全民守法。深化司法体制综合配套改革。抓好江西省《关于加强法官检察官正规化专业化职业化建设全面落实司法责任制的实施意见》的贯彻落实，确保各项任务落到实处。推动落实领导干部办案要求，加快推进法官检察官助理和书记员等级评定、职务晋升、聘用制书记员省级统一招录等工作，优化司法辅助资源配置。建立完善院庭长监督管理职责清单，抓紧推动开展法官检察官惩戒工作。推进以审判为中心的刑事诉讼制度改革，完善轻微刑事案件速裁机制。深化“分流、调解、速裁”民事司法改革，完善非诉讼纠纷化解体系，不断提高司法质量、效率和公信力。深化政法公共服务改革。进一步深化“放管服”改革，进一步完善细化政法领域便民利民措施，让人民群众获得感更加充实。加强诉讼服务体系建设，加快推进跨域立案诉讼服务改革，解决异地诉讼难等问题。深化全省公共法律服务实体平台建设，加快整合各类法律服务资源，为人民群众提供更加优质高效的法律服务。

（五）有力服务经济社会发展大局

贯彻新发展理念，充分发挥法治的经济增长助推器、社会运行调节器作用，切实担负起服务保障全省高质量跨越式发展的重大职责使命。以平等保护激发活力。坚持对各类市场主体实行平等保护、一视同仁，让民营企业放心投资、安心经营、专心创业。妥善处理涉及民营企业的民商事、行政案件，依法打击针对侵犯民营企业财产权利和民营企业经营者人身权利犯罪，持续推进基本解决执行难问题，切实保护民营企业及经营者合法权益。加强产权司法保护，健全涉企错案甄别纠正的常态化机制，推动形成明晰、稳定、可预期的产权保护制度体系。以规范执法创优环境。把严格执法放在首位，坚决打击挑战法律底线的违法犯罪行为，维护法治权威，防止引发“破窗效应”。加强对事关群众切身利益的重点领域执法，全面落实行政执法公示、执法全过程记录、重大执法决定法制审核制度。深入开展执法司法突出问题专项整治，继续开展案件评查活动，健全公正文明执法司法机制，提高执法司法规范化、人性化水平。探索加强对政法系统的执法监督，推动落实司法办案责任追究等制度，进一步规范自由裁量权行使。准确把握法律政策界限，准确认定经济纠纷和经济犯罪的性质，严格依法适用强制措施，严格掌握入刑标准，坚决防止刑事执法介入经济纠纷。以法治保障助力发展。充分发挥预警预防职能，积极参与防范化解经济领域重大风险，加强对经济犯罪案件的分析研判，从中发现苗头性、趋向性、规律性问题，及时向

党委政府提出对策建议。依法从严惩处扶贫攻坚领域的违法犯罪，妥善化解扶贫工作中的各类矛盾纠纷，为脱贫攻坚提供司法服务。主动服务国家生态文明试验区建设，严厉惩处污染环境、破坏生态的违法犯罪行为，大力推进公益诉讼，为打造美丽中国“江西样板”提供司法保障。推动完善纪检监察与刑事司法衔接配合机制，用好刑事缺席审判制度，更加有效服务反腐败斗争工作大局。进一步加强法学会工作，集聚法治人才和法学研究优势，为全省经济社会发展夯实法治支撑。

（六）大力加强政法队伍建设

加强政治建设。旗帜鲜明讲政治，坚决全面彻底肃清周永康、苏荣余毒，充分利用江西丰富红色文化资源，加强党章党规和党史国史教育，引导干警树牢“四个意识”、坚定“四个自信”、坚决做到“两个维护”。认真贯彻落实《中国共产党政法工作条例》，确保党对政法工作的绝对领导、全面领导落到实处。注重能力培养。聚焦实战导向，完善实战化技能训练机制，开展轮值轮训、实岗练兵、技能比武等活动，把基层一线实践作为教育培训的主课堂，让广大干警在重大任务锤炼中受考验、长才干。聚焦实用导向，建设“互联网+”培训体系，实行精准化、菜单式培训，形成分层次按需求培训机制。聚焦实效导向，构建覆盖全员、涵盖全能的素能培养体系，全面提升政法干警“五项能力”，大力培养一批复合型、专家型的政法人才。扭住纪律作风。抓紧完善执法司法权监督制约机制，把不能腐的制度笼子扎得更紧。组织开展违法违纪典型案件通报和警示教育，用身边人身边事教育引导干警守住底线。强化纪律作风督查巡查，及时发现和处理苗头性倾向性问题，督促抓好整改。坚持从优待警。健全政法干警依法履职保障机制，为干警担当作为撑腰打气。健全心理咨询、定期体检、大病帮扶救助、特困慰问等机制，保障干警身心健康。健全典型选树、宣传表彰机制，以改革先锋邱娥国为榜样，推出更多政法战线先进模范，打造一支政治过硬、本领高强的新时代赣鄱政法铁军。

参考文献

尹建业:《以强烈的政治担当奋力谱写新时代政法事业新篇章》,《江西日报》2019年1月29日。

郭声琨:《学习贯彻习近平总书记重要讲话精神不断开创新时代政法工作新局面》,《人民日报》2019年2月28日。

B.14
江西就业与社会保障报告

江西省人力资源和社会保障厅课题组*

摘　要： 面对错综复杂的国内外经济形势，2018年江西就业局势总体保持平稳、社会保障事业发展更加完善。本文分析了江西就业与社会保障工作的新特点和新趋向，提出应坚持新发展理念，采取稳定就业、抓好创业等举措确保就业局势稳定，通过深化养老保险制度改革、提升经办服务水平等举措扎实推进社会保障制度改革。

关键词： 就业创业　社会保障　人社扶贫　江西

2018年，江西省人力资源和社会保障厅以习近平新时代中国特色社会主义思想为指导，全面贯彻党的十九大和十九届二中、三中全会精神，从更高层次贯彻落实习近平总书记对江西工作的重要要求，按照党中央和省委省政府战略部署，坚持新发展理念，着力抓重点、补短板、强弱项、防风险、稳预期，紧紧围绕年度目标任务，有效应对风险挑战，各项工作取得显著成绩。

一　2018年江西就业工作的基本情况

就业局势保持稳定。面对中美经贸摩擦带来的深刻影响和劳动力供求

---

* 课题组组长：刘三秋，江西省委组织部副部长，江西省人力资源和社会保障厅党组书记、厅长。成员：肖国军，江西省人力资源和社会保障厅办公室主任；王克，江西省人力资源和社会保障厅办公室副主任；朱增祺，江西省人力资源和社会保障厅办公室科员。

矛盾突出等多重压力，不断丰富和完善促进就业的政策措施，稳住了就业基本盘，有力支撑了经济发展基本面，保持就业形势总体稳中向好、稳中有进。

（一）就业目标任务全面完成

2018 年，全省实现城镇新增就业 55. 32 万人，完成年计划的 122. 93%；城镇登记失业率 3. 44%，控制在 4. 5% 的目标以内；就业困难人员就业 5. 35 万人，完成年计划的 133. 75%。新增转移农村劳动力 62. 25 万人，完成年计划的 124. 5%，其中省内转移 42. 02 万人，完成年计划的 120. 06%。开展工业园区企业用工培训 29. 11 万人，完成年计划的 111. 97%，创业培训 14. 46 万人，完成年计划的 120. 48%，其中电商培训 6. 24 万人，完成年计划的 124. 85%。失业保险参保人数 287. 98 万人，完成年计划的 100. 34%，失业保险基金征缴 11. 41 亿元，完成年计划的 142. 63%。实施失业保险援企稳岗“护航行动”，全年共为 1793 户企业发放稳岗补贴 1. 15 亿元，为企业脱困发展、减少失业、稳定就业护航。实施失业保险技能提升“展翅行动”，全年共为 13101 名企业职工发放技能提升补贴 1995. 55 万元，增长 821. 31%。

（二）重点群体就业保持稳定

统筹推进高校毕业生、城镇就业困难人员、农村转移劳动力等各类群体就业，保持重点人群就业形势持续稳定。深入实施高校毕业生就业创业促进计划和基层成长计划，为离校未就业高校毕业生提供不断线的服务。全省实名登记 2018 届高校毕业生 44957 人，40193 人通过帮扶实现就业，高校毕业生年底就业率达 95. 75%。全年招募“三支一扶”人员 2099 人。开展“筑梦未来　与你同行”高校毕业生就业创业政策宣传推介活动、就业指导“五行”活动，累计服务高校毕业生 13 万人次。举办 2018 年全省人力资源市场高校毕业生就业服务周活动。扩大一次性求职补贴受益人群范围，33088 名高校毕业生直接受益，占毕业生人数比例由上年的 9. 22% 提高到

10.4%，发放一次性求职补贴3300余万元，金额较上年增长16.93%。稳妥推进去产能职工安置，关闭退出84家去产能煤矿企业，2210名拟分流安置职工全部分流安置到位。全省累计认定促进就业基地712个，吸纳就业困难人员就业6.57万人。

（三）就业扶贫工作稳步推进

始终把推进就业扶贫工作作为重大政治任务，摆在就业工作的突出位置。2018年3月成立调查组开展实地调查，形成《强化“通过劳动实现脱贫”理念确保革命老区与全国同步进入全面小康——兴国就业扶贫调查报告》，调查成果被采纳并转化为江西新一轮脱贫攻坚的政策措施。建立健全“企业自主建设、政府积极引导、人社落实奖补及服务”的就业扶贫载体工作机制，引导贫困劳动力就近就业。2018年底，全省本地户籍未脱贫劳动力34.9万人，通过帮扶实现就业24.7万人，占比71%；打造就业扶贫车间4922个，吸纳贫困劳动力就业4.09万人；开发扶贫就业专岗吸纳贫困劳动力就业9.5万人。2018年12月11日，人社部在四川省凉山州召开的全国就业工作暨推进就业扶贫工作座谈会上，江西省做了题为“聚焦主阵地　拓展主渠道　用好主抓手　全力攻好就业扶贫‘坚中之坚’”的经验交流发言，将就业扶贫经验再一次推向全国。

（四）创业促进就业更加高效

加大创业担保贷款工作力度，全省发放创业担保贷款138.9亿元，直接扶持个人创业10.2万人次，带动就业36.7万人次。全省创业担保贷款累计发放量突破千亿元大关，达到1053亿元，发放总量约占全国的1/7，被人社部赞誉为创业担保贷款的“江西模式”。不断强化创业载体建设，全省建立创业孵化平台196个，入驻实体9539个，直接带动就业6.78万人。“中国创翼”创业创新大赛上，江西省7个项目进入全国选拔赛，其中5个项目进入决赛，晋级率达71.43%，高出全国平均水平32个百分点，来自宜春市的建筑装饰浮法微晶玻璃项目获得全国主体赛创新组一等奖，实现历史性突破，江西省还获得专项组二等奖、优秀组织奖、优秀创业服务机构奖等多个奖项，获奖质量和数量位居全国前列。“江西省青年创业风云人物评选”、江西省“创领美好”创业就业服务系列活动、首届“赣台青年创业论坛”备受关注。推行劳动者终身职业技能培训制度，提高就业创业培训的针对性和有效性。针对工业园区、高校毕业生、贫困劳动力等群体开展有针对性的培训，2018 年，全省开展工业园区企业用工培训 29.11 万人，创业培训 14.46 万人。举办网络创业培训师资培训班 8 期，培训合格网创师资 216 人，为全省推广网络创业培训打下坚实基础。

（五）人力资源服务业发展加快

出台《江西省人民政府关于加快发展人力资源服务业的意见》，制定《江西省人力资源服务业发展行动计划（2018～2020 年）》，每年安排 2000 万元人力资源服务业发展扶持资金。举办中国（江西）人力资源服务业创新发展论坛，充分发挥人力资源服务业人才集聚效应。中国（南昌）人力资源服务产业园建设进展顺利，打造省、市、县级人力资源服务产业园 8 个。

（六）公共就业服务水平不断提升

组织开展就业援助月、春风行动、春暖赣鄱、民营企业招聘周、高校毕业生就业服务月、金秋招聘月、就业扶贫日等活动，全省累计举办各类招聘会 1864 场次，提供就业岗位 123.04 万个，达成就业意向 42.54 万人。积极打造“互联网 + 公共就业创业”服务平台，2018 年 3 月，“江西省失业保险服务 e 平台”在全省正式上线运行，是全国较早创建全省统一的集稳岗补贴、失业保险金、技能提升补贴于一体的失业保险网上服务平台，参保对象“一次不跑”就能通办失业保险业务。截至 2018 年底，全省共有 5045 户企业在平台注册，1019 户企业通过平台申领稳岗补贴，4394 人通过平台申领失业保险金，4215 人通过平台申领技能提升补贴。

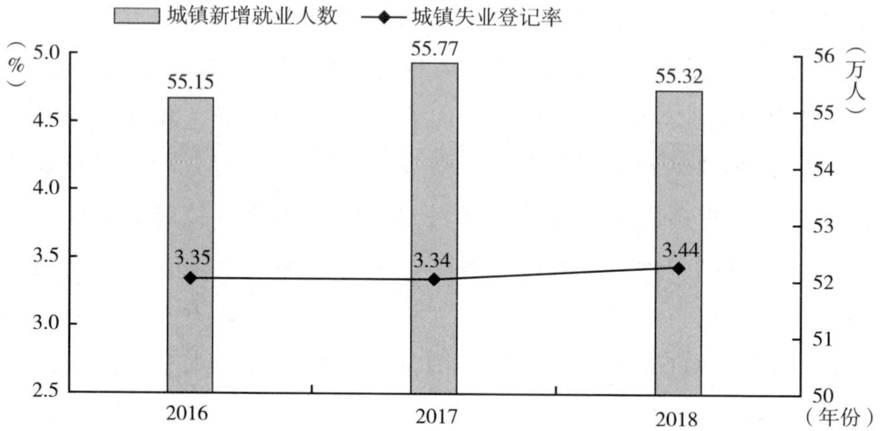

图1　2016～2018年全省每年新增城镇就业人数和城镇登记失业率

资料来源：江西省人力资源和社会保障厅。

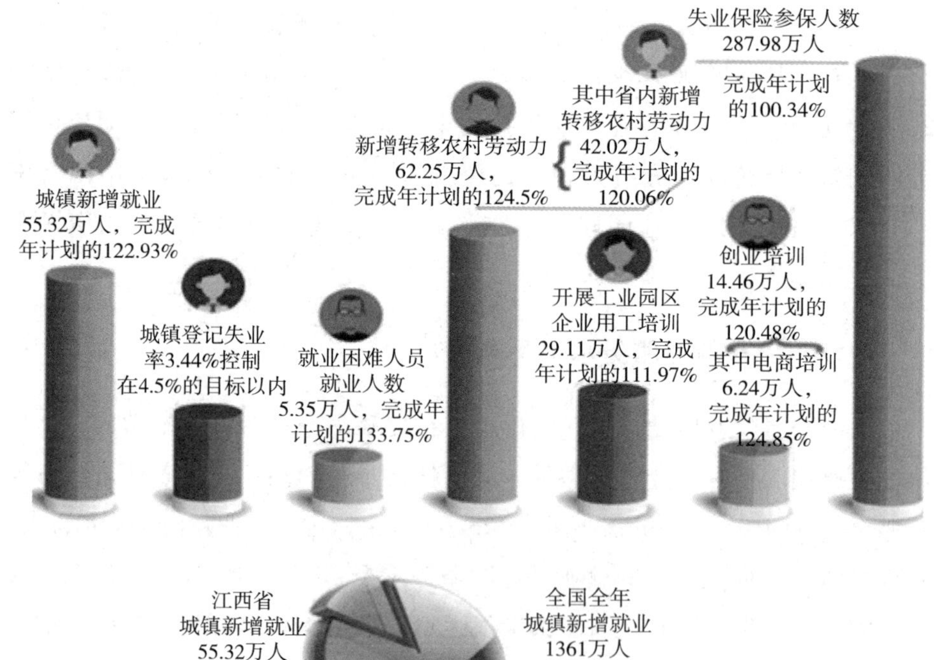

图2　2018年江西省就业服务工作主要数据

资料来源：江西省人力资源和社会保障厅。

二 2018年江西社会保障工作的基本进展

社会保障体系更加完善。全省社会保险工作运行总体平稳，通过深化以养老保险为重点的社会保障制度改革，进一步完善覆盖城乡的社会保障体系，推动社会保险工作取得新成效，老百姓获得感、幸福感、安全感持续提升。

（一）社会保障制度改革深入推进

进一步完善企业职工养老保险省级统筹制度。以省政府名义印发文件，贯彻实施企业职工基本养老保险基金中央调剂制度。积极稳妥推进机关事业单位养老保险制度改革，完善机关事业单位立功获奖和劳模等人员待遇政策，出台中央驻赣单位和军队文职人员属地参保办法，进一步规范机关事业单位达到退休年龄人员缴费工作。进一步完善江西省企业女职工退休年龄政策，进一步加强企业特殊工种提前退休审核确认管理。出台江西省职业年金基金管理实施办法，规范职业年金基金管理，江西省是全国第 5 家出台实施办法的省份。规范和完善江西省企业年金方案备案工作。加快推进工伤保险省级统筹，加强工伤预防费使用管理。完善社会保险基金管理风险防控制度。有序推进社会保险费征缴职能划转。继续落实阶段性降低社会保险费率政策，2018 年，企业职工养老保险、失业保险、工伤保险为企业减负 28.76 亿元。

（二）社会保险扩面征缴力度进一步加大

扎实推进全民参保计划，全面摸清全省人员参保底数，扎实推进数据互通互联，上报基础数据 5099 万条。截至 2018 年 12 月底，全省城镇职工基本养老、城乡居民基本养老、失业、工伤保险参保人数分别达到 1052.82 万人、1884.13 万人、287.98 万人、534.62 万人，分别完成年计划的 102.41%、104.67%、100.34%、105.24%，分别增长 4.73%、0.75%、0.6%、3.39%。2018 年 1～12 月，全省城镇职工基本养老、城乡居民基本养老、失业、工伤保险基金征缴收入分别达到 877.81 亿元、107.87 亿元、11.41 亿元、13.85 亿

元，分别增长21.93%、25%、46.1%、11.63%。拓展实施“同舟计划”，2018年全省建筑项目在建项目3035个、新开工项目4237个，均100%参加了工伤保险，江西省建筑项目工伤保险参保率始终处于全国前列。强化社会保险欠费清理工作，全省清理企业养老保险欠费16.78亿元。加强改制企业欠费挂账资金清偿工作，全省累计已偿还的挂账资金共计70.85亿元。

（三）社会保险待遇水平稳步提高

连续第14年提高企业退休人员基本养老金水平，连续第3年同步调整提高机关事业单位退休人员基本养老金水平，全省315万名退休人员受益。建立城乡居民基本养老保险待遇确定和基础养老金正常调整机制，提高2018年城乡居民基本养老保险基础养老金，从每人每月80元提高到105元。工伤保险待遇水平继续提高，2018年因工死亡职工的一次性工亡补助金标准由2017年的67.23万元提高到72.79万元，增长8.27%。调整失业保险金发放标准及其适用区域，由月人均925元提高到1260元，平均增长36.2%。2018年1～12月，全省基本养老保险、工伤保险基金、失业保险基金待遇支出分别达到996.76亿元、15.58亿元、2.25亿元，分别增长16.36%、12.30%、4.13%。

（四）基金抵御风险能力进一步增强

不断加大稽核工作力度。2018年1～12月，全省核查重复享受养老保险待遇148.6万人次，查出冒领养老保险费261万元，追回234万元，追回到账率89.66%；全省养老保险实地稽核参保单位32035户（涉及146.12万人），占全省养老保险参保职工户数的34.08%，共查出少缴养老保险费508万元，追回508万元，追回到账率100%。开展社保基金内部控制制度、养老保险重点指标核查及工伤保险内部控制专项检查，对全省90余家社保经办机构开展经办风险管理专项行动，将检查汇总的450个问题及时反馈，并督促整改，切实防范社会保险各领域潜在风险。2018年，在全省范围内全面取消现金业务、手工办理业务和社银人工报盘，进一步加强社保基金风险防控。对2017年工伤保险基金审计发现问题，督促各地认真完成整改和自查自纠工作，并以专项整改为契机，全面取消工伤定点资格行政审批，全面规范工伤保险定点协议管理，涉及问题资金已全部追回，涉及定点机构均已整改到位。2018 年 12 月顺利通过了省人大预工委组织的审计查出问题整改情况满意度测评。

（五）经办服务能力建设持续推进

积极响应省政府“五型”政府建设，将高频业务、即办件业务纳入延时服务，让参保群众在非工作时间能办事、办成事。江西人社手机 App 顺利上线运行，8 个设区市一次性上线，先期已实现 16 项社保在线功能，为实现“不进人社门，能办人社事”打下良好基础。开展“减证便民”行动，省本级取消调整了 27 项社保经办业务的证明材料，梳理出省本级业务事项“不要跑”6 项、“只跑一次”43 项，进一步精简各类证明手续，对没有法律法规依据的证明和盖章环节全部予以取消。完成社会保险业务经办信息系统与厅阳光政务服务系统的对接工作，实现数据共享，群众办事过程中不需要再提供居民身份证复印件、出生医学证明、火化证明、职业资格证、居民户口簿等证书材料。全面取消社会保险待遇领取资格集中认证，构建以信息比对为主，退休人员社会化服务与远程认证服务相结合的认证服务模式，不再要求参保人在规定时段到指定地点进行集中认证。大力推行城乡居民养老保险金融便民服务，截至 2018 年 12 月底，全省 100 个县（市、区）已有 96 个县（市、区）启动了金融便民服务点试点工作，全省共有 16629 个行政村试点，便民服务点行政村覆盖率达到 94.35%，全省便民服务点 POS 机共布置 16653 台。在全国率先实行建档立卡贫困户参加城乡居民养老保险政府代缴，全省符合参保条件的 157.48 万建档立卡贫困人员、低保对象和特困人员等贫困群体全部参加城乡居民养老保险，2018 年财政代缴保费 157.48 万人，代缴率 100%，当年代缴 1.55 亿元，累计代缴 3.9 亿元。全省社会保障卡持卡人数达到 4057 万人。人社领域 102 项应用项目全面开通。在新余、共青城开展电子社保卡试点工作，发放首张加载 eID 应用的电子社保卡。建立健全并贯彻执行经办人员星级服务评定、大厅巡查、领导带班、业务处长下沉、手机集中存放等制度，强化学习促进提升、强化标准促进规范、强化督导促

进落实，江西省作风建设取得良好效果，并受邀在全国社会保险经办机构作风建设工作会议上做了经验介绍和成果展播。

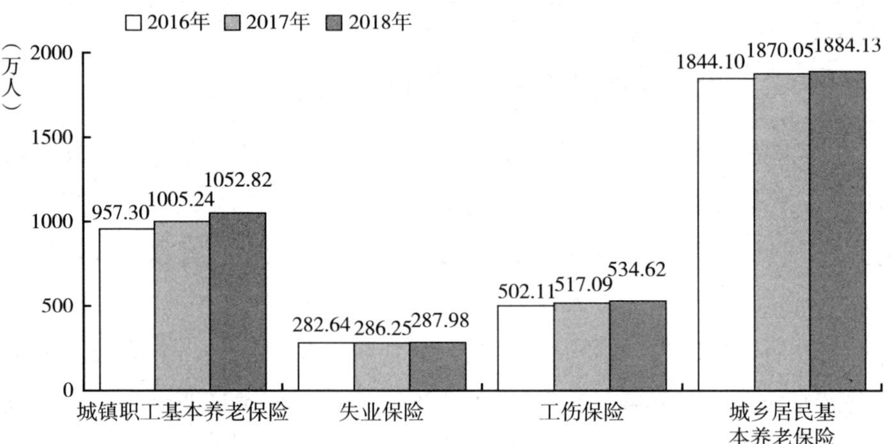

图3　2016～2018年各项社会保险参保情况

资料来源：江西省人力资源和社会保障厅。

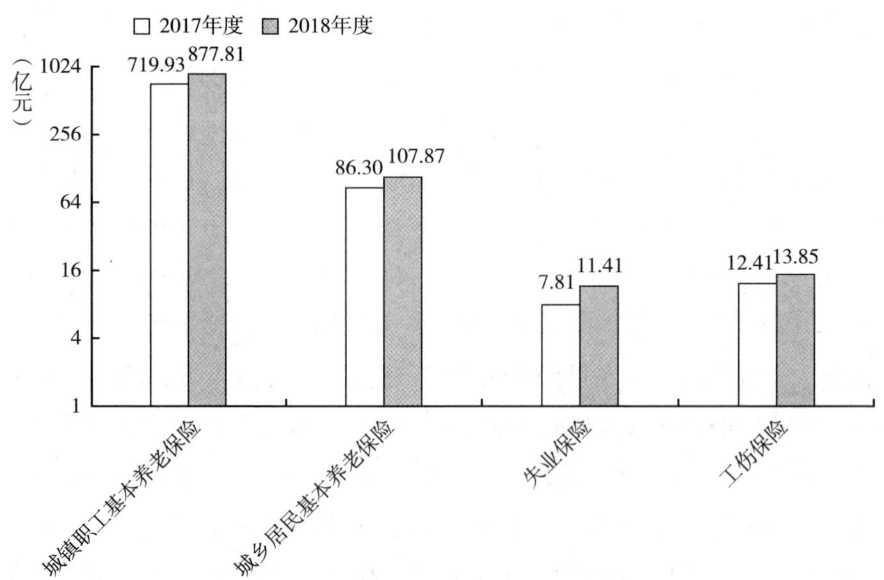

图4　2017～2018年度各项社会保险基金征缴收入

资料来源：江西省人力资源和社会保障厅。

三　2019年江西就业与社会保障工作的形势研判

（一）就业方面

2019 年，国内外经济形势可能面临更大的压力和挑战，就业形势更加错综复杂。一是就业结构性矛盾依然存在。由于薪酬待遇偏低、技能人才缺口较大、求职者技能不匹配等原因，企业“招工难、就业难”两难问题仍然凸显。二是中美贸易摩擦给外贸企业用工带来的影响仍未消除。有进出口业务的企业均受不同程度的影响，势必带来企业效益减少，用工萎缩。此外，劳动者对更高质量更加充分就业的需求与人力资源供求不平衡、公共就业服务不充分之间的矛盾已逐渐成为就业工作面临的新问题。面对上述问题，必须坚持目标导向、问题导向、责任导向，有效预防失业、稳定就业、促进创业，确保江西省就业形势的总体稳定。近年来，江西省经济的发展呈现持续向好态势，为稳定就业奠定了坚实基础。据统计，2019 年初企业开复工情况、务工人员返城返岗情况良好，企业用工需求和劳动力市场供给较为旺盛，随着各项稳就业、促就业政策措施落地见效，预计 2019 年江西省就业形势将继续保持稳定的基本态势。

（二）社会保障方面

近年来，江西省不断深化以养老保险为重点的社会保障制度改革，基本建立了覆盖城乡的社会保障体系，社会保险制度总体运行平稳。但也应该清楚地认识到，江西省社会保障体系建设还存在着一些问题，制度之间不协调，保障水平不平衡，少数法定人群游离在制度外，公共服务的可及性、便捷化还不够，受老龄化日益严峻、待遇刚性上调、阶段性降费率、扩面空间收窄等多重因素影响，社会保险可持续性发展面临重大挑战，尤其是基金支付风险不断加剧。在多层次体系发展、基金风险防控、经办管理服务能力等方面也还存在突出问题。要解决上述问题，必须坚持以人民为中心的发展思想，坚持稳中求进的工作总基调，以防范和化解社保领域风险为主线，扎实推进各项社会保险领域改革任务。

四　2019年江西就业与社会保障工作的发展目标和举措

（一）发展目标

把稳就业摆在更加突出的位置。2019 年，实现全年城镇新增就业 45 万人，城镇登记失业率控制在 4.5% 以内的总体目标；新增转移农村劳动力 50 万人，开展企业职工岗位技能培训 18 万人，创业培训 12 万人；全年新增担保基金 1 亿元，新增发放创业担保贷款 110 亿元。社保制度更加公平、可持续。2019 年，全省城镇企业职工基本养老、机关事业单位养老、失业保险参保人数分别达到 926 万人、148 万人、288 万人，城乡居民养老保险参保人数达到 1800 万人以上。

（二）主要举措

全力促进就业创业。一是完善和落实稳就业的政策措施。全面贯彻省政府做好当前和今后一个时期促进就业工作的若干措施，完善落实各项就业创业政策措施，加大对灵活就业、新就业形态支持，充分发挥政策在促就业、稳就业方面的积极作用。二是突出抓好重点群体就业。持续推进高校毕业生就业创业促进计划、基层成长计划和青年见习计划，全面落实离校未就业高校毕业生实名制就业管理服务，加大对困难大学生的就业帮扶力度，落实一次性求职补贴等政策，多渠道促进高校毕业生就业创业。深入实施高校毕业生“三支一扶”计划。统筹做好去产能职工分流安置、农村劳动力转移就业、退役军人就业、就业困难人员就业帮扶等工作。三是着力解决结构性就业矛盾。认真组织开展好各类公共就业服务活动，搭建用工对接平台。落实新出台的就业补助资金管理办法、职业培训补贴管理办法。开展专项职业培训行动，引导社会力量广泛参与就业创业培训。四是促进创业带动就业。积极落实新一轮创业担保贷款政策，加大对高校毕业生、返乡农民工等重点群体和小微企业发展升级支持力度。开展江西省“创领美好”创业就业服务系列活动、“江西省青年创业风云人物评选”、创业就业服务展示交流、创业培训讲师大赛等活动。五是加强就业失业形势监测预警。着力抓好就业风险防范，准确评估就业形势变化和风险隐患，加强政策储备，精准采取措施。针对经贸摩擦和结构调整中下岗人员再就业问题，实施失业保险稳岗补贴“护航行动”和技能提升补贴“展翅行动”，提供针对性职业培训和就业服务。六是大力发展人力资源服务业。贯彻落实省政府加快人力资源服务业发展的意见，深入推进与发达地区人力资源服务行业的合作，继续举办人力资源服务创新发展论坛，设立人力资源服务产业基金，加快人力资源服务孵化基地建设。做好《江西省人力资源市场管理条例》修订工作。七是提升公共就业服务水平。落实推进全方位公共就业服务指导意见，提升服务质量效能。组织开展就业援助月、春风行动、民营企业招聘周、全国高校毕业生就业服务行动等就业创业服务专项活动。全面提升全省公共就业服务水平，初步建成全省公共就业服务信息系统。

深化社会保障制度改革。一是积极稳妥推进养老保险制度改革。认真贯彻落实企业职工基本养老保险基金中央调剂制度，统一企业职工基本养老保险省级统筹制度政策，从 2020 年 1 月 1 日起实现企业职工基本养老保险基金省级统收统支。推动机关事业单位养老保险制度改革全面实施到位，做好中央驻赣机关事业单位及其工作人员参保工作。加快推进职业年金制度实施，开展职业年金投资运营工作，落实职业年金待遇。调整城镇退休人员基本养老金水平。实施城乡居民养老保险待遇确定和基础养老金正常调整机制。二是进一步加强扩面征缴。继续深入实施全民参保计划，推动全民参保计划的成果转化应用，对重点人群实施精准扩面。做好被征地农民参加城乡居民养老保险工作，抓好建筑及交通运输业参加工伤保险工作。做好社会保险费征收管理的有序对接。全面展开工伤保险省级统筹工作，夯实工程建设领域按项目参加工伤保险长效工作机制。三是继续提高社保待遇水平。按照国家统一部署，继续提高退休人员基本养老金水平，统筹安排机关事业单位和企业退休人员的基本养老金调整，并确保按时足额发放。四是落实好降低社会保险费率政策。制定出台江西省适当降低企业职工基本养老保险单位缴费费率、完善缴费基数等政策。落实阶段性降低养老保险和工伤保险费率政策，严格执行政策的延长期限。五是加强社保基金风险防控。强化预决算管理，加强基金运行风险分析研判和监控，构建省市县联动的风险预警机制，有效防范和化解基金风险。加强社会保险基金风险防控工作，开展警示教育活动和失业保险专项检查。开展经办风险管理“回头看”专项行动，加大社保基金结算和待遇支付稽核力度，坚决查处社保基金欺诈案件。六是提升社保经办服务水平。继续做好江西省社会保障公共服务平台建设工作。全面推进城乡居民养老保险村级金融便民服务点建设工作。进一步完善基层服务网点及业务终端配置。继续推进社会保障“一卡通”应用，充分发挥社会保障卡功能。做好机构改革中社保相关工作的有序对接，确保职能划转过程中各项经办管理服务工作平稳过渡。

大力推进就业和社保扶贫工作。持续推进就业扶贫，推动贫困劳动力就业意愿、就业技能和就业岗位精准对接，充分发挥各级公共就业服务机构及各类基层服务平台作用，继续深化“6 + 1”就业扶贫模式，促进就业扶贫和产业扶贫融合发展。实施技能脱贫专项行动，大规模开展职业技能培训，增强贫困地区职业培训供给能力，优先面向贫困县重点支持建设县级技工院校。加快实现贫困人员城乡居民基本养老保险应保尽保，继续做好财政资助贫困人口参保工作，逐步提高城乡居民基本养老保险待遇水平。

参考文献

江西省人力资源和社会保障厅：《2018 年江西省人力资源和社会保障工作要点》，

2018 年 3 月 30 日。

江西省人民政府：《江西省人民政府关于加快人力资源服务业发展的意见》，2018 年 9 月 19 日。

江西省人民政府：《江西省人民政府关于贯彻落实企业职工基本养老保险基金中央调剂制度的通知》，2018 年 12 月 3 日。

专题报告

Monographic Reports

B.15

以创新驱动为引领 重塑江西制造新辉煌

——江西制造业高质量发展的对策建议

陈石俊*

摘　要：　重塑江西制造新辉煌，是高质量发展背景下，江西省委省政府做出的重大战略部署，是新时代的新担当新作为新使命。必须针对当前“江西制造”存在的总量不足、结构层次偏低、产业供给质量不高、综合竞争力不强等问题，抓住新一轮科技革命的发展机遇，遵循高质量发展规律，以制造业为引领，推动“三个变革”，在聚动力、优布局、强支撑、深融合“四个战略维度”综合发力，并在产业项目投资、提升园区水平、强化企业培育、降低物流成本、促进民营经济发

* 陈石俊，江西科技学院副校长，江西省区域发展研究院研究员，研究方向为区域经济。

展推出扎扎实实的举措，让江西制造焕发出新的时代荣光。

关键词：　创新　制造　江西

重塑江西制造新辉煌，是中国经济进入高质量发展阶段大趋势、大环境下，对江西经济发展战略提出的一个重大命题，也是江西立足省情特征、把握发展规律、抢抓历史机遇、推动高质量发展的一项重大战略部署。实施好这一战略，既需要认识上的统一，更需要行动上的扎实推进，必须在理论引导上更加科学，在目标上更加清晰，在路径上更加明确，在措施上更加务实。

一　重塑江西制造新辉煌，是新时代的新担当新作为新使命

制造业是国民经济的主体，直接体现了一个国家和地区生产力的水平。习近平总书记强调，工业是我们的立国之本，只有工业强才能实现国家强。中国经济避免脱实向虚，要从制造业大国迈向制造业强国。无论是从经济发展的历史看，还是从当前经济竞争的格局看，自第一次工业革命以来，决定一国一地经济竞争力的关键，始终是制造业水平的强弱。实现经济发展目标，离不开制造业的核心支撑作用。

以创新驱动为引领，重塑江西制造新辉煌，其核心要义是：抓住新一轮科技革命的发展机遇，把握新时代产业变革的特征和市场需求方向，遵循高质量发展规律，以科技进步为核心动力，推动制造业的质量变革、效率变革和动力变革，做强做大工业经济，全面提升制造业竞争力，为全省经济发展、向基本实现现代化目标迈进，提供坚强有力的支撑。

重塑江西制造辉煌，是从更高层次贯彻落实习近平总书记对江西工作重要要求的重大举措。从更高层次贯彻落实好习近平总书记对江西工作提出的

“新的希望、三个着力、四个坚持”的重要要求，共绘新时代江西物华天宝、人杰地灵新画卷，是贯穿全省工作的主线和鲜明的时代主题。重塑江西制造辉煌，与这一主题高度一致：第一，这是解决江西发展不足问题的关键所在。工业强则经济强，工业稳则经济稳，工业兴则百业兴。只有打牢制造业这个基础，提升制造业发展水平，才有全省经济发展水平的提升。第二，这是提升全省经济综合竞争力的重要抓手。一个地方经济发展的竞争力，体现在多个方面，但就中部地区而言，最主要的要看制造业的竞争力。一段时期以来，“新经济”蓬勃兴起，这本是大变革时代的必然现象，但一度出现极不正常的“脱实向虚”现象，给实体经济带来严重困难。这是值得重视的现象。就我国目前发展阶段而言，无论“新经济”多么活跃，始终离不开制造业的支撑。只有制造业的竞争力做实了，做强了，经济发展的竞争力才有后盾、有保证、有底气，才能实现持续稳定的发展。第三，这是改善供给结构的主攻方向。重塑江西制造辉煌，很重要的一个方面是，抓住消费需求升级与中高端供给不足的矛盾，从工业生产端、供给端入手，聚集创新动力，以结构性改革补齐短板，矫正生产要素配置扭曲，减少工业产品无效和低端供给，增加高效供给，从而实现制造业量的扩张和质的提升，为解决“发展不足”的问题提供坚实有力的保证。

重塑江西制造辉煌，是基于省情特征做出的重大战略部署。制造业是国民经济的基础产业，是一个地方发展水平和综合竞争力的重要体现。新中国成立以来，江西制造经历了不寻常的发展历程，闪耀过独特的历史荣光。直至20世纪90年代初期，除某些特殊年份外，江西工业一直保持较为稳定的发展状态，但在此后的一段时间，相对于沿海省份，明显地拉下了距离。工业产值占全国的比重由1990年的1.8%降至2000年的1.09%，跌入谷底；在华东地区已属垫底，中部地区只高于山西。工业相对落后也导致全省经济在全国排位的后移。尽管如此，曾经的“辉煌”留下珍贵的工业基础、工业文化和工业精神，是宝贵的“工业遗产”。这些基础和条件与新时代发展的机遇相结合，必然焕发出新的时代荣光（江西工业占全国比重情况见表1、表2、图1、图2）。

表1　部分年份江西工业总产值占全国比重

年份	1952	1957	1962	1970	1975	1980	1985	1990	1995	2000	2005	2010	2015
江西在全国的占比（%）	2.0	1.66	1.84	1.96	1.70	1.82	1.86	1.78	1.27	1.09	1.34	1.98	3.01

资料来源：《江西统计年鉴（2016）》和《中国统计年鉴（2016）》。

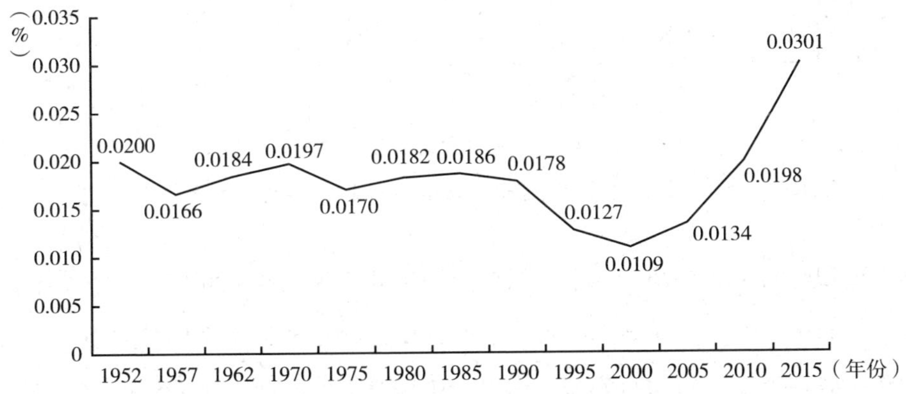

图1　江西工业总产值占全国的比重

资料来源：《江西统计年鉴（2016）》和《中国统计年鉴（2016）》。

表2　“十三五”前三年江西规上工业主营业务收入占全国的比重

单位：%

2016年	2017年	2018年
3.08	3.06	3.14

数据来源：2016～2018年江西与全国的国民经济和社会发展统计公报。

重塑江西制造辉煌，具有鲜明的高质量发展的时代特征。中国特色社会主义进入新时代，我国经济已由高速增长阶段转向高质量发展阶段。新时代新使命赋予了“江西制造”新的发展要求和内涵。今天的“江西制造”与过去的条件、环境和竞争相比，至少有三个“不一样”：第一是供需条件不一样，第二是竞争环境不一样，第三是要素配置的条件和手段不一样。显

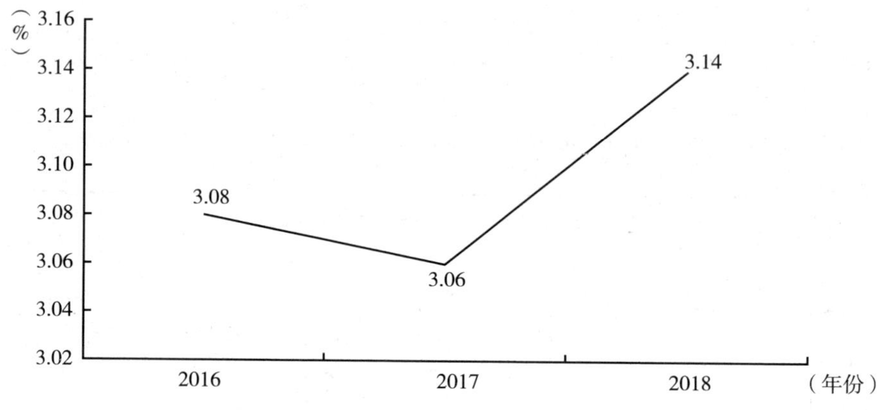

图 2 江西规上工业主营业务收入占全国比重

资料来源：2016～2018 年江西与全国的国民经济和社会发展统计公报。

然，重塑江西制造辉煌，绝不是因循过去工业发展的路径和模式，也绝不是低水平的量的扩张，而是以习近平新时代中国特色社会主义思想为指导，贯彻新发展理念，突出创新驱动，走出一条具有鲜明高质量发展特征的江西制造之路。

二 重塑江西制造新辉煌，有扎实的工作基础

历史地看，江西为推进制造业发展，先后做出过一系列战略性部署，并在实践中扎实推进。进入“十三五”特别是近两年来，省委省政府明确以高质量发展的要求来统筹、谋划全省的工业经济发展，出台并实施了一系列推动工业经济发展的战略和举措。

第一，提出明确的战略定位。省委省政府鲜明地强调，工业是实现现代化的主导力量，制造业始终是地区经济社会发展的根基所在。明确提出，工业始终是全省经济发展的主力军，是三产繁荣的活力源。要始终坚持新型工业化道路不动摇，推动江西制造向江西创造转变，江西速度向江西质量转变，江西产品向江西品牌转变，以新时代、新担当、新作为，努力重振江西

制造辉煌。

第二，做出系统全面的战略部署。制定并实施《关于深入实施工业强省战略推动工业高质量发展的若干意见》《制造业振兴发展意见》《军民融合发展实施意见》等一系列宏观性战略文件，以及《江西省航空产业发展意见》《江西中医药产业发展意见》《江西省5G产业发展规划（2019～2023年)》《数字经济发展意见》等一系列行业性发展文件，科学系统谋划推动全省工业高质量发展的3大工程、6大路径和5大行动，不断细化任务，系统有序推进各项工作。

第三，推出扎实的发展举措。围绕高质发展、绿色发展，强抓科技创新，增强工业发展核心竞争力。一是突出企业创新主体地位，推动制造业高质量发展。二是瞄准产业集群，挺起工业发展的脊梁和支柱。三是全面推进开放，提升园区水平。四是优化营商环境，培优培厚工业发展土壤。

第四，重点突出，狠抓落实。着力推进航空、电子信息、中医药、新能源汽车及锂电、光伏等产业倍增发展；大力推进有色、石化、钢铁、建材、食品、纺织服装等传统产业改造升级。

2018年江西全口径工业增加值达到8112.96亿元；规上工业增加值增长8.9%，高于全国平均水平2.7个百分点，增速列全国第8位，中部第2位。

三 “江西制造”存在的主要问题及深层影响因素

进入新时代，江西步入工业化中后期阶段，“江西制造”在取得显著成绩的同时，也存在一些突出问题。主要表现在：一是工业总量不足，产业规模偏小。二是产业集群效应弱，结构层次偏低。三是产业供给质量不高。四是创新供给能力不足。五是产业根植性不强。

一个地区发展存在的问题，既有历史的原因，也有现实的原因。从江西来看，问题背后的原因比较复杂。一是受限于国家对江西的定位。长期以来，在国家发展战略布局中，江西一直被定位于“粮食主产区”和原材料供应“基地”，既承担向全国提供粮食和农副产品的重任，也承担重要工业原材料开采及初加工的任务。正是这种定位，江西获得国家投资和工业项目的布局有限。这也是江西工业相对落后的一个重要原因。二是重要发展机遇抓得不牢。改革开放以来，江西抢抓机遇、加快发展取得的巨大成就毋庸置疑，但改革开放的力度不够大，有些机遇抢抓不及时，错失良机，也是客观事实。三是产业转型升级没有跟上市场节奏。改革开放 40 年来，随着消费结构不断升级和技术进步不断出新，产品更新换代的周期大幅缩短，江西工业没能及时跟上，迫使很多产品生命周期提前结束，从而导致“江西制造”逐渐失去了往日的辉煌。四是企业家资源的缺乏。多年来，江西企业家成长的民间动力不足，市场培育企业家的机会不够多、养分不够充沛，加之体制内企业改制“消失”大批企业，许多有能力的企业管理者“英雄无用武之地”等等，导致江西企业家队伍相对要小。五是思想观念相对保守。江西耕读文化深厚，民间“重仕轻商”的观念存留比较浓，对新兴的市场经济思想观念的接纳不够敏锐，抢占市场先机的认知和行动相对迟缓，导致一些工作没有跟上改革开放的节拍。

四　重塑江西制造辉煌：对策与建议

在中国经济由高速增长向高质量发展转变阶段，重塑“江西制造”辉煌，面临既要做大总量更要提升质量的双重任务。江西制造必须审时度势，抓住战略机遇，按照高质量发展的要求，明确方向，优化布局，实施有力度、可操作、接地气的重大政策举措，实现江西制造新辉煌。

（一）总体思路及战略目标

重塑江西制造辉煌，必须以习近平新时代中国特色社会主义思想为指导，深入贯彻党的十九大精神，把从更高层次贯彻落实习近平总书记对江西工作的重要要求、落实省委“二十四字”工作方针，体现在推动全省制造业高质量发展上，在聚动力、优布局、强支撑、深融合“四个战略维度”

上做细做实，以“2+6+N”目标为重点，全面推进量质提升。在未来的3~5年，全省工业增加值增速保持9%以上，重点制造业年均增速保持在11%以上，部分新技术产业增速力争20%以上；到2020年，全省工业主营业务收入占全国的比重争取达到3.9%（2018年为3.14%）；2023年争取达到5%；一批特色产品和产业树帜全国；绿色生态工业走在全国前列。

1. 战略维度一：创新聚动力

把重塑江西制造辉煌，建立在科技创新基础上，全面提升现代制造业的核心竞争力。一是强化企业主体地位，协同推进创新。激发企业创新动力，发挥财政基金的杠杆作用，通过重大新产品研发成本补助、引导基金支持、创新产品首购首用、保险机制融入等激励措施，消除企业顾虑，增加研发投入。二是聚焦重点，引领升级。在航空、中医药、新能源新材料、电子信息和新型光电、新能源汽车等领域，组建省级、国家级制造业创新中心，依托优势产业集群，建设一批产业研究院和创新综合体。分行业制定发布技术路线图，力争在有色、稀土等优势产业领域的基础性技术理论研究和产业化方面取得新的突破。三是嫁接智能，推动转型。顺应人工智能技术向各行业深度渗透的大趋势，实施好智能制造“万千百十”工程，推广应用10000台（套）智能装备，打造1000家数字化车间，100家智能装备生产企业，10个智能制造基地，推动“江西制造”向“江西智造”转型。四是产研对接，推进转化。在全省重点搭建一批线上线下科技成果转化平台，完善技术交易市场，密切产研关联，加快实现创新成果从科学研究、实验开发到推广应用的三级跳。五是多措并举，聚焦人才。人才培养、引进、使用多向发力。科研型人才培养与应用型人才培养并重。重点高校博士培养资源应向理工科类博士倾斜。多途径、多方式引进高端人才。搭好人才干事的平台，让人才有用武之地，有事业的成就感。建议省里举办的“赣商大会”改名为“赣才大会”，在重视招商的同时，更重视招才引智。

2. 战略维度二：科学优化布局

科学合理的产业空间布局，是江西制造业高质量发展的重要前提。把省委十四届六次全会提出的“一圈引领、两轴驱动、三区协调”区域发展新

格局，体现和落实在重塑江西制造新辉煌上。根据省内各区域不同的发展取向和功能定位，结合各地制造业比较优势，优化制造业空间布局，形成“核圈引领、轴向拓展、集群聚集”的制造业空间新布局。

——彰显核圈引领。一是发挥南昌省会城市优势，优先培育发展航空、虚拟现实、LED 光照明、生物医药、新能源新材料、汽车等现代产业，加快建设工业文明、城市文明、生态文明融合发展的现代化大都市。二是充分发挥九江通江达海的独特优势，集中发展新能源新材料、石油化工、钢铁、现代纺织等临港型先进制造业，建设长江中游“最美岸线”，打造好世界山水历史文化名城、长江经济带绿色发展示范区、全国区域性综合交通枢纽和区域性航运中心。三是以昌抚合作示范区为平台，打造中部地区生物医药产业基地、全国生态文明示范市、国家历史文化名城。从全省大格局看，特别要用好赣江新区这块“金字招牌”，积极引导新技术、新模式、新产业、新业态优先在新区布局，推动研发、设计、创意、教育、培训、成果转化等创新要素向“新区”聚集，形成先进科研技术成果示范引领区。

——依托轴向拓展。积极抢抓江西省将形成沪昆和京九高铁一纵一横大通道的历史机遇，强化江西省“十字形”生产力布局主骨架。依托两大高铁通道以及合福、渝厦等高铁网络，加速资源集聚、要素流动、动能积蓄，加快建设高铁经济带，支撑昌九抚城市圈高质量发展，带动赣南、赣东北和赣西三大区域协调发展，构建承东启西、纵贯南北的内陆双向开放大通道。

——推动集群聚集。科学规划和引导全省 99 个开发区的功能和产业定位，避免各区县、各功能区产业同质化带来的弊端，形成分工有序、相互支撑、互补互促的园区产业发展新格局。

3. 战略维度三：强化产业支撑

重塑江西制造辉煌，最终建立在产业、企业做大做强的坚实支撑上。根据引领型、优势型、科技成长潜力型等不同产业及企业的特点，因“型”施策，做强企业，做大产业。

——引领型产业：具有产业关联度高，技术先进，市场需求广阔的鲜明特点，必须抢抓机遇，加速推进。①抓住时机推进航空产业发展，真正让江西的航空制造大起来，航空研发强起来，航空小镇兴起来，航空市场旺起来，江西飞机飞起来。②聚焦关键核心领域，推动电子信息产业做大做强。通过5年左右的努力，力争全省电子信息产业主营业务收入上万亿元。③聚焦突破核心技术，推动新能源汽车产业升级发展。力争到2020年，新能源汽车产业主营业务收入达500亿元，形成1家销售收入超100亿元整车企业。

——优势型产业：具有天然资源占有率高，产业传统基础深厚，供应链稳定的鲜明特点，必须抓住时机加快转型升级，量质提升。①聚焦铜、钨、稀土等重点领域，进一步增强资源控制和开发利用能力，进一步做大做强有色金属产业，全力推进有色产业向万亿元级迈进。②围绕大健康做大做强中医药产业。到2020年，中医药产业实现主营业务收入力争达千亿元，建成全国最重要的中药材种植养殖、加工、现代制药基地和交易物流中心。③以安全、健康、营养、便利为导向，做强做大食品产业。④以时尚高端为标志，做强做大纺织服装产业。⑤以节能降耗、转型升级、延伸产业链、提升价值链为导向，推动机械及装备制造、钢铁、建材、石化等传统制造、重化工业做强做大，为重塑江西制造挺起坚实的脊梁。

——技术成长潜力型产业，是技术变革的大趋势中，涌现或分化出的充满朝气的新兴行业或产业，具有市场需求扩张迅猛、技术前沿、人才密集的鲜明特征，是一个地方赢得当下，更赢得未来的制胜点，江西应抢抓先机，促其做强做大。当前及今后相当长的一段时期，最具影响力，最具爆发力的产业是数字经济产业。这是一种以数据资源为生产要素，以现代信息网络为主要载体，以信息通信技术融合应用、全要素数字化转型为重要推动力，促进公平与效率更加统一的新经济形态。加快培育和发展数字经济，是高质量发展所必须。①大力发展物联网产业。以国家“03专项”试点示范为契机，抓好“一核心六拓展区五辐射区”布局，打响“物联江西”品牌。②大力发展大数据及云计算产业。加快江西省云计算基地和大型数据中心等重点项目建设，引进和培育一批数据采集、存储、挖掘、交易、应用等云计算企业；打造技术先进、生态完备的产品产业体系。③大力发展人工智能产业。重点抓好计算机视觉、生物识别、机器学习等关键技术的研发及产业化，培育人工智能创新产品和服务。④大力发展软件和信息技术服务业。到 2020 年，全省数字经济产业体系加快形成，数字经济增加值比重达到 30% 以上；2035 年数字经济主要指标占比大幅提高，在全国排位力争进入前列。任何产业的发展，都要落脚到企业上。在积极帮扶各类企业发展的同时，当前尤其要高度重视“独角兽企业”和“瞪羚企业”的发展。既要及时跟踪、发掘这类企业，更要在政策、人才引进、要素配给、融资投入等方面给予实实在在的支持，“一企一策”促其快速成长、壮大。

4. 战略维度四：融合促发展

融合发展是现代产业发展的重要形态和必然趋势，是推动制造业转型升级的重要途径。抓住信息技术、生物技术对传统制造业深度融合的技术特征、工业与服务业紧密相关的产业融合特征和军工技术与民品生产相互促进的体制机制特征，深化“三个融合”，促进高质量发展。

（1）大力促进工业化与信息数字化的深度融合。一是推动数字技术在制造业的应用，发展基于数字技术的智能监测、在线管理，打造数据驱动的智能车间、智能工厂，提升数字化管理水平。二是重点在生物医药、纺织、服装、电子信息、汽车等领域建设智能工厂，在食品、机械、建材、有色、轻工等行业组织实施“机器代人”。三是构建工业互联网平台体系，建设企业服务云平台，打造完整的企业服务生态圈，推动省内各类企业“上云”“上平台”。

（2）大力推进军民深度融合。凸显江西军民融合的独特优势，破除“民参军”“军转民”壁垒，强化军民科技协同、设备共享、人才共用，着力打造国家军民融合创新示范区、全国军民融合产业发展示范区、东南沿海地区平战一体化平台建设示范区、全国革命老区军民协同创新样板区。聚焦航空、北斗应用、国防装备等领域，大力发展航空、军用电子、卫星运用、核工等国防科技工业，争取一批国家重大项目布局落地。在未来 3 ~ 5 年，争取全省军民融合发展特别是主产主营业务收入、增长速度要达到“两位数、贰字头”，进入全国“前三甲”。

（3）大力推进制造业与现代服务业深度融合。现代制造业与现代服务业紧密相关，特别是生产性服务业，既诞生于制造业又服务于制造业。两者互为依赖，相互促进。一是完善制造业服务体系。大力培育为制造业配套的供应链服务、定制化服务、总集成承包服务以及产品全生命周期管理的现代制造服务业。二是大力发展工业设计、创意研发、信息咨询等第三方服务，为制造业发展提供良好的条件。三是支持制造企业与科研院所、商贸物流、各类社会服务机构的合作，打造先进制造业与生产性服务业协同互动的产业综合体。

（二）重大举措及政策建议

重塑江西制造辉煌的各项战略落地，必须要有相应的举措、行动及政策来保障。当前重点是“抓住一个关键，推进三项行动，降低物流成本，促活民营经济”。

1. 抓住一个关键：持续推进重大产业项目投资

没有项目投资，一切战略性规划都难以落地。从改善制造业供给侧质量入手，围绕重大产业发展、重大技术创新、重大结构调整、重大产能提升、关键瓶颈突破等领域和环节，精心谋划项目投资。着力扩大投资规模、改善投资结构，提高投资效能，争取每年新开工投资亿元以上的项目 1500 项左右，投产 1000 项左右；每年推进实施 100 个投资 20 亿元以上的重大项目，100 个重大技术改造项目，100 个重大新动能培育项目。高新技术制造业投资对制造业投资增长的贡献率，要争取提高到 35% 以上（2018 年大致为 31%）。通过投资，加快一批百亿元级企业的形成。

2. 推进三项行动

（1）行动一：推进工业园区提升行动

工业园区是制造业发展最重要的支撑平台，是工业强省战略的主阵地、主战场。围绕打造升级版工业园区，着力抓好三个方面：①开展园区提标提档行动，打造资源节约型、环境友好型和智慧化、绿色化、服务化“两型”“三化”新园区。②开展好集群式项目满园扩园行动。有所为，有所不为，聚焦特色、优势、主导产业，集群化发展。③打好园区功能完善提升战役，重点打造技术研发、信息共享、检验检测、物流配送、电子商务、原材料和能源集中供应、排污处理等公共服务平台，使园区成为功能完善、支撑有力的制造业载体。④有序推动重点园区向1000亿元、2000亿元、5000亿元量级迈进。其中超5000亿元1个（南昌高新区）；超2000亿元园区4个（南昌经开区、南昌小蓝经开区、九江经开区和上饶经开区）；超千亿元园区15个（赣州经开区、萍乡经开区、鹰潭高新区、井冈山经开区、丰城高新区、上饶高新区、樟树工业园、新建长堎工业园、上高工业园、贵溪经开区、新余高新区、景德镇高新区、高安高新区、抚州高新区、乐平工业园）。

（2）行动二：推进两个专项建设行动

抓好制造强省建设专项。对照《江西省人民政府关于贯彻落实〈中国制造2025〉的实施意见》，完善顶层设计，健全推进机制，强化项目带动，大力推进三个工程。一是智能制造工程。按照全省应用智能装备2000台（套）以上、建设100个数字化车间、培育1～2家智能制造系统解决方案供应商的要求，持续推进智能制造试点示范，培育发展智能制造产业基地1～3个，实施40个左右智能制造试点示范项目。二是工业强基工程。重点支持一批核心基础零部件（元器件）、先进基础工艺、关键基础材料和产业技术基础等工业“四基”项目，抓紧做好国家工业强基示范工程的组织申报，争取江西省更多符合条件的项目纳入中央预算内支持计划；将一批工业“四基”项目纳入省重点调度推进的“三百”项目库，定期调度通报项目建设情况，促进项目建设。三是绿色制造工程。抓好国家绿色制造系统集成项目，持续开展绿色工厂、绿色工业园区创建和绿色制造体系建设试点。建立健全绿色发展服务体系，增强服务能力。

抓好网络强省建设专项。对照《国家网络强国实施纲要》《国家信息化发展战略》等部署要求，以信息化驱动现代化及融合发展为主线，以应用驱动为牵引，强化统筹协调和顶层设计，完善政策体系，健全工作机制，着力实施四个重大工程：一是网络优化升级工程，推进“光网江西”“无线江西”建设；推动基础电信运营商完成主干网络IPv6升级改造，推进IPv6规模部署。二是实施工业互联网建设培育工程。推进工业互联网外网升级和内网改造，成立工业互联网发展研究院和江西工业互联网发展产业联盟，推进IPv6在工业互联网的应用。三是数字经济培育发展工程。推进产业数字化转型，培育壮大数字化新业态。四是企业入网上云工程。分行业分领域建设2～3个行业工业云平台，组织万家企业入网上云。

（3）行动三：强化企业培育行动

重塑江西制造辉煌，最终靠企业支撑。在全省深入开展企业培育行动，按照“众创业、个升企、企入规、规改股、扶上市、育龙头、聚集群”的企业成长路径，招商引资与支持本土创业并重，持续打好企业升级发展组合拳，推动全省中小企业户数持续增加、结构不断优化、活力不断增强、效益不断提升、贡献不断加大。一是培育小微企业孵化载体。组织开展省级小微企业创业创新示范基地培育认定工作，重点培育认定一批工业设计、服务型制造、大数据、云计算、虚拟现实等新经济领域的企业孵化器。二是抓好企业梯次培育。建立全省“小升规”重点企业培育库，推动规下企业入规。制定出台《全省专业化“小巨人”企业认定办法》，培育认定一批全省“专精特新”企业和专业化小巨人企业。对有条件的企业，跟踪开展建立现代企业制度和上市培训辅导活动。三是完善中小企业公共服务体系。培育认定一批省级中小企业公共服务平台，优化企业发展政策环境。加快《江西省中小企业促进条例》修订；制定出台《促进中小企业成长提升实施意见》，加速企业成长。

3.降低物流成本

江西物流成本偏高，是企业普遍反映的一个问题，并成为招商引资、创办企业中一个关注度比较高的因素。2017年，全省物流总费用与GDP比为16.6%，高出全国平均水平2个百分点，比周边沿海省份的浙江、广东、福建分别高出2.4个、2个和0.9个百分点；和中部省份鄂、湘、豫、徽相比，分别高出1.7个、1.3个、0.9个和0.7个百分点；只比山西低0.2个百分点。江西物流成本高有多方面原因，其中运输方式结构是个主要问题。单位货物运输成本的比例，大致公路是铁路的2倍、水路的5倍，而江西公路、铁路、水路运输量的比例为89.4∶3.2∶7.4（2017年），其中的公路运输分别比湖南、湖北、安徽高1.3个、10.9个、19.9个百分点，水运则分别低9.3个、18.5个、27.6个百分点。此外，江西物流企业管理水平不高，货物粗、精比例等也是影响物流成本的重要因素。从全省看，降低综合物流成本，一是改善运输方式结构，主要是增加铁路、水运货运量。这方面潜力较大，应抓紧进行。二是加强物流枢纽及网络建设，以时效换成本。三是加强与货物交流量大的省份协作，密切联运关系，降低成本。以铁路货物交流量为例，2017年与江西交流量超过百万吨的省份有7个，分别是福建（653万吨）、湖南（587万吨）、浙江（330万吨）、贵州（213万吨）、广东（190万吨）、云南（110万吨）、湖北（101万吨），完全可以通过公改铁、铁改水及路港联运的方式，大幅降低运输成本。

4. 促活民营经济

江西制造业不强，主要差距在民营制造业上。2017年，江西民营工业企业5794个，分别只是湖南、湖北、安徽的50.3%、70.7%和43.9%，主营业务收入只是上述三省的57.5%、86.9%和67.8%，只占全国的3.3%。没有江西民营工业的辉煌，就没有江西制造业的辉煌。一是加强对现有民营企业的扶持。对成长性好的企业，政府产业引导基金应率先投入，并带动民间基金跟投，促其成长。对已出台的支持“瞪羚企业”的十二条措施，要跟踪落实。二是进一步做活金融市场，为民营经济融资提供更多的选择。用活政府的财金资源（财政账户等），激励、引导银行金融机构对民营企业的放贷，对无充分理由的抽贷，应采取适当措施予以约束。三是营造环境，鼓励、支持本土创业和外部资本、企业的引入。省委省政府倡导的“三请三回”反响热烈，各市县要更加务实地推进。四是营造良好的法治环境，切实保护民营企业家的合法权益。

参考文献

中共江西省委、江西省人民政府《关于深入实施工业强省战略　推动高质量发展的若干意见》（赣发〔2018〕14 号），2018 年 5 月 4 日。

刘奇：《在省委十四届六次会议上的讲话》，《赣办通报》〔2018〕第 54 期，2018 年 7 月 30 日。

刘奇：《在省委十四届七次全体（扩大）会议上的讲话》，2018 年 12 月 27 日。

易炼红：《在省委十四届七次全体（扩大）会议上的讲话》，2018 年 12 月 27 日。

江西省人民政府办公厅《关于印发推动高质量跨越式发展亟待解决主要困难问题清单的通知》（赣府厅字〔2018〕98 号），2018 年 10 月 26 日。

中国（南昌）中医药科创城推进工作协调小组办公室：《中国（南昌）中医药科创城建设现场推进会参阅文件汇编》，2018 年 10 月。

齐美煜：《江西独角兽企业实现零突破》，《江西日报》2019 年 2 月 23 日（第 1 版）。

江西省通信管理局《江西省 5G 发展规划（2019～2023 年）》，2018 年 10 月。

中共江西省委办公厅、省政府办公厅《关于印发〈推进互联网协议的第六版（IPv6）规模部署行动实施方案〉的通知》（赣办字〔2018〕38 号），2018 年 8 月 31 日。

“‘中国制造 2025’政策体系研究”课题组：《关于构建“中国制造 2025”产业政策体系的顶层思考》，国务院发展研究中心，2017 年 12 月 27 日。

国家统计局：《中国统计年鉴》，中国统计出版社，2018。

江西省统计局、国家统计局江西省调查总队：《江西统计年鉴》，中国统计出版社，2018。

B.16
立足消费升级促进投资质量提高的重点难点研究

周国兰　刘飞仁*

摘　要： 推进高质量、跨越式发展是江西的首要战略，在经济增长方式变革、消费端升级等背景下，江西消费升级促进投资质量提高呈现既不断推动投资扩张、新业态新模式兴起、服务投资加速、“互联网+消费”快速融合等，又伴有高端投入不足与低端投入过剩并存、“缺供给、缺品牌、缺标准”、“互联网+产业”融合滞后等特征，在城乡同步、投资优化、重点领域消费市场、高质量产品投资、监管体系等方面存在难点，应立足消费能力、结构、品质、模式、形态、环境等重点领域升级，促进投资质量提高。

关键词： 消费升级　投资质量　江西

当前，投资和消费已成为拉动江西经济增长的主要动力。在稳增长与提质量的双重压力、转动能与调结构的双重挑战背景下，投资既要坚持质量第一、效益优先，着力推进经济发展质量变革，又要坚持发展第一要务，着力挖掘内需潜力。加快形成消费升级促进投资质量提高、拉动产业升级的良好

* 周国兰，江西省发展改革研究院院长、研究员，研究方向为宏观经济、产业经济；刘飞仁，江西省发展改革研究院发展规划研究室副主任、助理研究员，主要研究方向为区域经济、产业经济。

局面，对于江西省更好地顺应消费升级、发挥投资关键作用，推进高质量跨越式发展首要战略，努力实现总量质量双提升、速度效益相协调，建设具有江西特色的现代化经济体系意义重大。

一　消费升级促进投资质量提高面临的时代背景

（一）投资、出口拉动向消费、投资、出口协调拉动的经济增长方式变革助推消费持续升级

中国经济增长正从过去过多依赖投资、出口拉动，转向更多依靠消费拉动、服务业带动和内需支撑。消费连续5年成为拉动经济增长的第一驱动力，2018年，我国最终消费支出对经济增长的贡献率为76.2%，比2017年提高18.6个百分点（见图1）。江西现阶段经济增长主要依靠投资和消费驱动，从长远来看，受国家经济增长方式结构性变革带来的对投资端和消费端

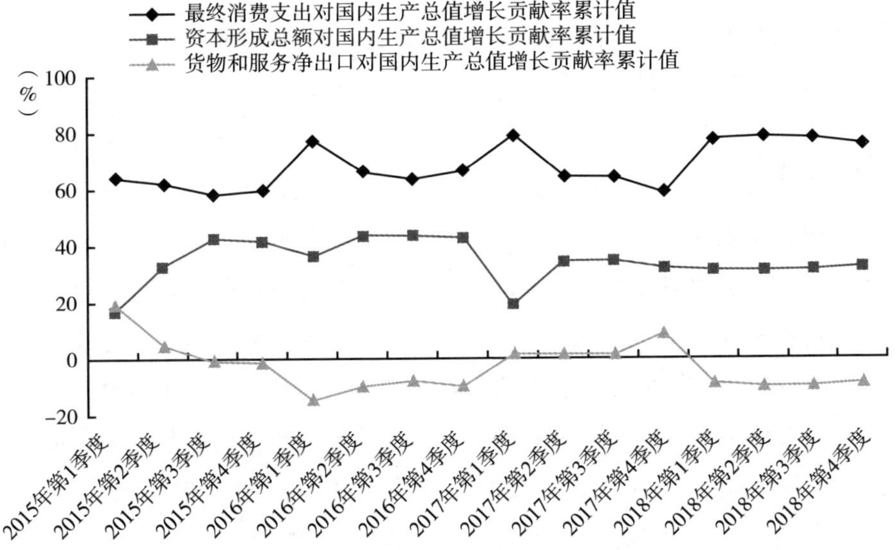

图1　2015～2018年中国各季度消费、投资、出口经济增长贡献率

资料来源：根据公开数据整理而得。

的双重影响，消费将持续升级、经济增长拉动作用不断强化。对投资端来说：意味着投资导向转变，投资不再是“大水漫灌”式，而是适应人民消费需求、有利于经济高质量发展式；且高速增长的投资规模难以长期维持，向消费领域挖掘更大投资潜力势在必行。对消费端来说：全国消费市场扩大、消费升级步伐加快将进一步加速省内外整体消费环境升级。2018 年全国居民恩格尔系数为 28.4%，处于联合国划分的 20% ~30% 的富足区间，居民消费结构将进一步优化，享受型、发展型、服务型消费比例将不断提升。

（二）高速增长向高质量发展的经济阶段跨越要求投资更注重质量提高

2013 ~2018 年，我国国内生产总值分别增长 7.7%、7.3%、6.9%、6.7%、6.8%、6.6%，经济已由高速增长转向高质量发展，处在转变发展方式、优化经济结构、转换增长动力的攻关期，实现高质量发展是新时代中国经济发展的根本要求。习近平总书记指出：“必须要坚持质量第一、效益优先，以供给侧结构性改革为主线，推动经济发展质量变革、效率变革、动力变革，提高全要素生产率”，为投资质量提高指明了方向。未来较长时期内，投资须做到三个适应：一是适应经济发展方式转变需要，投资将由要素投入型向创新驱动型转变、由技术引进型向自主创新型转变、由高碳型向低碳型转变、由资源消耗型向环境友好型转变；二是适应供给侧结构性改革需要，投资质量提升成为主攻方向，传统产业优化升级、先进制造业、互联网、大数据、人工智能等投资力度将不断加大，以投资质量提升推动我国产业迈向全球价值链中高端成为必然；三是适应新旧动能转换的需要，旧动能在弱化、新动能在加快成长，投资须以更高质量面向《中国制造 2025》、“互联网 +”、新产品新服务等新动能领域。对正处于工业化和城镇化加速期的江西来说，面临稳增长与提质量的双重压力。进入高质量发展阶段后，支撑经济高速增长的生产要素供求关系发生变化，原有的低成本竞争优势开始减弱，继续依靠大规模增加要素投入支撑经济增长将越发困难，尤其是面对不具备生产要素优势的欠发达省情，转变传统的粗放投资方式，提高投资质量和效益显得更为紧迫。

（三）“量的满足”向“质的提升”的消费端升级倒逼投资端产品与服务质量变革

随着中国渐渐进入中等偏高收入国家行列，居民消费需求步入快速发展新车道，由传统的追求数量满足逐渐转向注重品质提升。消费结构正加速从生存型、传统型、物质型消费阶段向发展型、服务型、现代型消费转变。追求品质更好、体验更佳、服务更到位等消费观念的转变，正催生着深刻的消费变革、引发持久的消费升级，进而倒逼投资端产品和服务质量变革，服务投资、信息投资、教育投资、医疗投资、时尚投资等以居民消费升级为导向的投资加速增长。2018 年，全国通信、文化体育娱乐和教育等领域投资增长迅速，均明显快于全国固定资产投资增速平均水平。在消费品能够“买全国”“卖全国”，甚至向“买全球”“卖全球”方向快速发展趋势下，江西只能顺应消费升级趋势，不断提升投资与服务质量。

二　江西消费升级促进投资质量提高的四大现实特征

（一）消费规模快速扩张推动投资稳定增长，但投资结构与方向正在改变

兴赣富民是江西发展的根本目的，江西把人民对美好生活的向往作为一切工作的根本出发点和落脚点，不断满足居民消费需求，推动居民消费规模快速扩张、总量持续扩大。2013 ~2018 年，社会消费品零售总额由 4696 亿元增至 7566.4 亿元。随着消费规模的不断扩张，相关领域投资规模稳定增长，并发生阶段性结构变化。根据国际发展经验，当人均 GDP 超过 6000 美元时，进入典型的消费升级周期，非生活必需品消费将成为主流。江西在 2016 年人均 GDP 突破 6000 美元，进入典型消费升级周期阶段。在典型消费

升级周期前（以 2013 ~ 2016 年为例），交通通信、教育、文化娱乐、医疗保健、医疗服务、居住消费支出增加推动相关投资持续增长，但从投资构成占比来看，交通通信、教育、卫生呈上升趋势，文化娱乐、房地产呈下降趋势。其间，交通运输、仓储和邮政业投资由 484.11 亿元增至 958.3 亿元、固定资产投资构成占比提高 1.01 个百分点，卫生和社会工作投资由 86.93 亿元增至 145.64 亿元、固定资产投资构成占比提高 0.1 个百分点；文化、体育和娱乐业、房地产投资分别由 143.27 亿元增至 176.01 亿元、1724.32 亿元增至 2522.2 亿元，但固定资产投资构成占比分别下降 0.25 个、0.87 个百分点。进入典型消费升级周期阶段后，城乡居民从基本的吃穿消费向发展和享受型消费倾斜，旅游、医疗、健康、文化等服务型消费快速增长，带动相关领域投资成为新的重点投资方向。2018 年前三季度，教育投资增长 57.3%，生态保护和环境治理业投资增长 49.2%，文化、体育和娱乐业投资增长 59.0%。

（二）消费结构优化及热点涌现催生新业态、新模式投资兴起，但高端投入不足与低端投入过剩并存

创新引领是江西发展的第一动力，进入典型消费升级周期后，江西以更大力度、更实举措加快产业升级，不断创新消费品供给，助推居民消费结构进一步优化，消费层次由温饱型向全面小康型转变、消费品质由中低端向中高端转变，汽车消费、文化娱乐消费、教育医疗消费等消费热点纷呈，消费升级类相关商品增长明显快于基本生活类商品增长。2018 年 1 ~ 11 月，全省限额以上单位化妆品类零售额增长 20.1%，体育娱乐用品类增长 12.3%，文化办公用品类增长 12.5%，旅游总收入增长 26.1%；而限额以上单位烟酒类商品零售额仅增长 6.1%，服装、鞋帽、针织品类仅增长 5.4%。消费结构的持续优化及诸多消费热点涌现，催生线上线下融合型、个性体验型等新模式、新业态兴起。2018 年，江西限额以上单位通过公共网络实现的零售额增长 23.9%，高于限额以上消费品零售额增速 13.2 个百分点。然而，由于长期以来，大规模的重复投资和低准入限制，造成区域产业高度同构，

产品同质化现象明显，出现低端供给过剩、产品积压等现象，同时，新兴技术、先进工艺改造、高端制造等投资存量与增量和周边省份相比有不小差距。2018 年前三季度，江西工业投资仅占全部投资的 50.2%，比湖南省低 27.9 个百分点；工业投资、工业技改投资增速分别比湖南省低 20.4 个、3.1 个百分点；电子器件制造、通用仪器仪表制造等中高端投资分别增长 40.6%、34.4%，而湖南相近的半导体光电器件、工业机器人等中高端产品分别增长 109.9%和 153.3%。

（三）消费商品形态由物质向服务拓展加速服务投资增长，但“缺供给、缺品牌、缺标准”矛盾明显

江西围绕“三大提升”战略重点，不断强化需求导向，做优大众体验，按照消费升级规律，推动消费商品形态由传统的物质产品向服务型消费需求拓展。这主要表现为两方面：一是传统物质产品服务功能不断延伸，生产和最终消费环节开始嵌入越来越多的新型服务，个性化、高端化趋势明显；二是服务型消费需求快速爆发，健康、医疗、文化、旅游、教育、信息等服务型消费需求成为人民对美好生活需要的重要内容。持续增长的服务型消费需求加速服务投资增长。2018 年 1 ~ 11 月，全省文化、体育和娱乐业投资增速同比提高 35.3%；教育投资增速同比提高 42.1%。

但由于江西产业大多处于产业链前端和价值链低端，服务业市场开放滞后，“有需求、缺供给；有产品、缺品牌；有服务，缺标准”矛盾显现。一是市场需求旺盛的终端消费品和高端制成品供给能力短缺，供给缺口只能通过网络购买等形式补齐，《2018 中国新品消费趋势报告》显示，江西是全国新品消费热度最高的 5 个省份之一。二是满足消费升级需求的优势产品品牌不多，2018 年，江西地理标志产品仅有 4 个品牌入选全国区域品牌百强榜，其中，仅赣南脐橙进入前 10 强、位列第 9，其他 3 个品牌排名靠后，分别位列第 53、第 55、第 90 名。三是服务型消费缺乏高质量标准，重点包括旅游休闲服务、健康管理服务、家政服务等领域。以旅游休闲为例，2018 年江西委托第三方机构对全省 50 家高 A 级景区暗访评估发现，48%的景区旅

游交通不达标、35%的景区存在购物服务管理不到位、40%的景区游览服务设施还存在差距等问题。

（四）“互联网+消费”需求侧快速融合引爆信息服务投资，但“互联网+产业”供给侧融合相对滞后

江西牢牢把握发展这个第一要务，把推进高质量、跨越式发展作为首要战略。按照高质量发展战略要求，不断强化移动互联网应用、完善物流配送体系，推动消费需求侧线上线下融合加速，衣、食、住、行等消费领域经由数字化而实现重塑，网购、外卖、移动出行、智能穿戴等兴起，助推与共享经济、数字经济密切相关的信息服务业投资高速增长。2018年1~11月，全省电信、广播电视和卫星传输服务业投资增长3.5倍，高新技术产业投资增长30.0%、占工业投资的30.9%。

与需求侧的快速融合相比，供给侧“互联网+产业”融合发展相对困难、滞后。“互联网+产业”融合涵盖企业生产经营活动全过程，包括设计、研发、生产和流通各领域的融合渗透，其融合过程本身相对复杂，须依靠龙头引领、互联网催化、物流配套等加速。而江西“互联网+”龙头企业缺乏、企业互联网应用广度深度不够，2018年，无一家企业进入全国互联网企业100强、物流50强、仓储100强。与全国和中部其他省份相比，江西省以互联网为基础设施和创新要素的产业发展速度略显滞后。以高新技术产业为例，2018年，江西省高新技术产业增加值增长12.0%，比山西、湖南、安徽、湖北分别低4.3个、2个、1.9个、0.8个百分点。

三　江西消费升级促进投资质量提高须破解的五个难点

（一）城乡消费潜力、消费结构难以实现同步化

一是城乡消费品零售市场“二元化”明显。2013年，城镇社会消费品零售总额是农村的4.97倍，2017年略降至4.82倍，改善情况并不明显，

到2018年，反增至5.49倍。二是城乡居民消费潜力差距有扩大趋势。2018年，城镇居民消费支出占可支配收入比重比农村居民低13.9个百分点，随着城镇居民消费意愿提升，城乡消费市场差距可能进一步扩大。三是农村居民消费结构升级滞后于城镇居民，具体表现为城镇居民食品等基本生活类消费品支出构成占比在下降、农村下降得不明显甚至在上升，城镇居民享受型消费的支出构成占比在扩大，农村扩大得不明显甚至有所下降。2013~2016年，城镇居民食品烟酒消费占消费支出比重下降0.66个百分点、农村上升0.67个百分点，生活用品及服务消费上城镇下降0.46个百分点、农村却上升0.1个百分点，衣着消费上城镇下降0.92个百分点、农村仅下降0.18个百分点；医疗保健消费上城镇上升0.38个百分点、农村下降0.1个百分点，交通通信消费上城镇上升2.39个百分点、农村下降0.48个百分点。

（二）投资结构优化难以跟上消费结构升级步伐

一是对消费升级领域新兴投资热点的前瞻性把握滞后。2018年，教育、文化、体育、娱乐等成为消费升级热点方向，而前期投资前瞻性把握不足。2013~2016年，江西计算机、通信和其他电子设备制造业、教育、文化、体育和娱乐业在固定资产投资的构成中分别下降0.3个、0.32个、0.25个百分点。二是对消费结构升级引致投资结构调整的趋势性预判滞后。以住宿餐饮和批发零售的投资结构调整为例，2018年前三季度，江西住宿餐饮消费需求增速比批发零售消费快3.8个百分点，而前期（2013~2016年）住宿餐饮投资构成占比却下降0.78个百分点、批发零售上升0.87个百分点。三是投资项目转化滞后、居全国最末方阵。根据国家发改委发布的全国固定资产投资发展趋势监测报告，2018年前三季度，江西拟建投资项目转化率处于全国第三档即最末一档（转化率低于20%），远落后于云南、甘肃、宁夏、青海等西部地区。

（三）重点领域消费市场难以满足居民多层次多样化消费需要

一是文化体育消费公共设施“硬件”不足、“软件”不优。从硬件来看，2017 年，江西文化馆 118 个、公共图书馆 113 个，均位列中部倒数第一，博物馆 139 个，仅为河南的 41.5%、安徽的 81.3%、湖北的 88.5%；从文化消费软环境来看，2017 年，江西图书、期刊、报纸总印数仅分居中部第 5、第 4、第 4 名。二是旅游休闲消费热点城市、家庭旅游消费产品供给不足。旅游资源整体优势在全国处于前列，但没有城市进入 2018 年旅游目的地城市人均消费榜前 50 强。与国内 96.5% 的消费者渴望家庭旅游这一旅游消费升级方向相比，家庭旅游消费产品存在精品投资不足、成员需求无法兼顾、同质化严重等问题。三是医疗健康消费市场服务能力与质量欠佳。医疗机构服务接待能力不强，健康消费升级类产品质量难以保证，制约了医疗健康消费市场繁荣发展。江西省每千人口卫生技术人员和医院卫生院床位数量均位列中部倒数第二名（以各省 2017 年常住人口算）；保健品类投诉居高不下，问题主要集中在质量、虚假宣传、售后服务领域。四是养老家政等社区服务消费市场供给数量不足、管理质量不高。养老健康家政等社区服务业市场起步相对较晚，服务机构供给偏少、管理机构臃肿。2018 年，社区服务中心、社区服务站、社区养老床位数均位于中部倒数第一，但社区服务指导中心数量却达 42 家、位列中部第一。

（四）高质量产品投资难以匹配中高端消费需求

全球知名管理咨询公司麦肯锡发布的调查报告显示，中国消费者的选择正在从大众产品向高端产品升级，50% 的受访消费者表示要追求最优质的产品，而且这一比例仍在不断提高。江西高质量产品和服务有效供给相对不足，特别是当前全球正爆发着新一轮科技革命，新一代信息、人工智能（AI）等技术突破和应用加速消费升级，按摩椅、扫地机器人、除螨仪、吸尘器、智能手机、智能电视等中高端智能电器产品需求增长速度空前，而江西这类产品投资难以跟上。相当多居民中高端消费得不到满足，导致大量消费需求外流，往往依靠国外进口来满足。2018 年，江西省消费品进口突破 10 亿元，进口值 17.2 亿元，增长 1.6 倍。

（五）产品质量监管体系难以达到居民消费期望

随着消费需求升级，居民对高质量产品、优质售后服务、合法消费权益的需求期望显著上升，而产品质量监管体系往往难以跟上。主要表现在三个方面，一是产品质量监管不严，导致产品质量总体不高、假冒伪劣产品侵害消费者权益事件时有发生；二是产品售后监管不完善，不放心消费和不敢消费仍较普遍；三是服务消费升级领域服务监管落后。2018 年，在全省消保委受理投诉中，质量问题占 27.96%，虚假宣传问题占 14.46%，售后服务问题占 9.59%；服务类投诉中，生活、社会服务类投诉占服务类投诉总量的 36.04%，位居服务类投诉第一；消费者反映的问题主要集中在电商领域、保健品领域、家具消费领域。

四　消费升级促进江西投资质量提高的六大重点

（一）聚焦消费能力升级，提高城乡居民收入，缩小城乡公共投资差距

一要聚焦消费总潜能升级，提高城乡居民收入。着力从需求侧缩小城乡差距，建立居民收入增长与经济发展相适应的增长机制。把农民增收作为重点，鼓励发展多种形式的农业适度规模经营，鼓励农村集体经营性建设用地使用权、土地承包经营权有序进入市场。稳定城镇职工未来收入预期，落实国家各项工资增长机制。扩大养老医疗等社会保障覆盖面，逐步提高社会保障均等化水平。逐步形成以中等收入群体为主的社会结构，提高中低收入居民的消费能力。

二要聚焦农村消费升级，促进农村公共投资“增量提质”。提高公共财政投向农村比例，缩小农村公共基础设施和服务与城镇差距，加大农村公共产品投资。在财政支出总量增长的同时，确保财政对农村基础设施投入规模适当提高。扩大农村公共服务供给，重点扩大在教育、医疗卫生、文化娱乐

等发展享受型服务消费投资力度，完善农村休闲活动中心、互联网电商平台等平台建设，加快农村居民消费升级。

（二）立足消费结构升级，减少无效和低端投资，扩大有效和中高端投资

一要立足传统家庭耐用品消费下降趋势，做好无效和低端投资“减法”。一是减量，把握消费由温饱型向全面小康型升级趋势，减少对低档食品、衣服、鞋子等产业投资力度，进一步去产能、去库存、去杠杆，为经济发展留出新空间。二是提质，推动纺织服装、食品加工等传统产业改造升级，推动低档、低端产品往高端化、智能化、多功能化、品牌化等符合居民消费升级方向发展，提升技术含量和附加价值；优化生产要素市场化改革和国有企业改革，通过市场竞争实现优胜劣汰、提质增效。

二要立足消费升级向中高端转变趋势，做好有效和中高端投资“加法”。加大优质、绿色、安全、有机农产品投资，增加绿色优质粮食产品供给，满足老百姓“吃得好、吃得健康、吃得放心”消费需求。加大高档化、高端化等基础设施及制造业短板和关键技术领域投资，增加高端消费品有效供给。重点围绕5G商用、物联网、工业互联网等新型基础设施，城际交通、物流、市政、农村基础设施等短板，技术改造、设备更新等制造业高质量发展领域，健康养老、教育医疗等幸福产业领域，谋划一批大项目。鼓励产业发展关键技术领域投资，在技术改造贴息资金、研发费用加计扣除等资金政策上予以优先安排。

（三）瞄准消费品质升级，加大新技术、新业态投资，提升品牌影响力

现阶段，我国物质型消费基本满足，居民消费需求逐步向品质消费升级即更加注重商品质量、更加注重品牌美誉、更加注重生态文明。应以品质消费升级倒逼投资质量提高，重点做好三个方面。

一要瞄准商品质量升级需求，加大新技术投资。顺应新一轮科技革命和

产业变革趋势，加快构建现代产业技术体系，以技术创新推动产品创新，不断提高产品质量和档次，更好地满足智能化、个性化、时尚化消费需求。实施企业技术改造提升行动计划，引导企业加快产品转型升级，增加消费品市场多样化的有效供给。加大消费品工业“三品”专项行动力度，重点加大企业围绕产品升级换代、中高端产品技术革新等支持力度。

二要瞄准品牌美誉升级需求，强化质量品牌建设。探索开展“江西品牌”提升工程，重点考虑依托沃格光电、江西银行等有一定品牌基础的“映山红行动”企业，培育一批国家级名牌产品、优质产品以及中小企业名牌产品等能够展示“江西制造”和“江西服务”优质形象的品牌与企业。加强知识产权保护法律法规建设，营造良好的创新环境。

三要瞄准生态文明升级需求，扩大新业态投资。扩大对网络经济、高端制造、生物经济、创意经济等新兴业态投资，提升农业、工业和服务业数字化水平，促进生态优势向经济优势加速转化。扩大智慧环保和生态治理领域投资，依托赣江新区绿色金融创新试验区，完善绿色投资项目担保机制，加大智能物联网监测、环境大数据、污染源预警等智慧环保项目投资。

（四）围绕消费模式升级，优化资本要素配置，推动投资跨界深度融合

一要围绕消费购买模式向“线上线下”升级，建立消费驱动型供应链。推进企业信息系统建设和供应链改造，实现线上线下融合发展和物流配送效率提升，加大对订单接受、研发设计、产品生产加工、物流配送、货款收发及贸易融资等环节整合创新企业的人才、资本、技术支持力度。围绕区域主导产业和优势集群，大力推广“制造业+服务业”产业链模式，发展电子商务平台、公共物流体系和专业市场。创新发展生活类信息消费，重点发展面向社区生活的线上线下融合服务、面向文化娱乐的数字创意内容和服务、面向便捷出行的交通旅游服务。

二要围绕消费需求模式向个性化、定制化升级，推动投资跨产业跨界融合。利用“互联网+”模式，优化配置大数据等信息技术资源，为传统制

造业产业提供满足个性化、定制化消费信息，整合产业上中下游和消费资源，谋求跨界融合。重点引导文化、体育休闲、健康、旅游消费等服务业间深度融合，着力延伸产业链条，提升产业发展质量，提供丰富、多层次的服务消费产品；推进现代服务业与制造业深度融合，大力发展现代物流、工业设计、人力资源服务等生产性服务业；加快互联网与机器人、商业零售、科教文卫、居民养老等产业跨界融合，打造满足消费升级的全渠道新模式；加速金融与科技融合，鼓励支持江西银行、省金融控股集团等省管重点金融企业加大云计算、大数据、人工智能、物联网、区块链等现代信息技术在金融领域的应用和创新力度；着力推进军民深度融合，加快推进省级军民融合创新示范区和产业基地建设。

（五）紧扣消费形态升级，补齐民生和服务投资短板，实现更高水平供需平衡

一要紧扣实物消费升级，加大民生领域投资。以传统实物消费升级为重点，通过提高实物产品质量，倒逼供给侧投资质量提升，推动中高端消费平稳增长，在更高层次上解决供需矛盾，实现经济增长与民生改善相协调。重点加大对宽带网络、智能物流、保障房、旅游休闲设施设备、博物馆、图书馆、体育场地、公益性养老机构等建设投入；研究制定江西基本公共服务标准化体系，深入实施公共服务基础设施三年攻坚行动计划；加大对有一定特色的航空、汽车等赛事、旅游、文化、改装相关产业及特色小镇建设力度；鼓励各类生态、文化主题酒店和特色化、中小型家庭旅馆及便利店、社区菜店等投资。

二要紧扣服务消费升级，加大重点服务投资。重点围绕养老家政健康消费、信息消费、旅游休闲消费、教育文化体育消费、社区服务消费等领域，推进一批教育、医疗、文体、健康等项目建设，在金融、商贸、物流等行业布局一批现代服务业项目，在大南昌都市圈布局建设 1 ~2 个幸福产业示范区，形成一个更大规模、更多品种、更高质量和档次的消费市场。

三要紧扣消费升级趋势，强化民间投资引导。推动民间资本“唱主角”

"挑大梁"，激发民营资本进入传统实物消费升级领域和文教体、医疗卫生、养老、家政、信息等服务消费领域的积极性，对具备一定经营条件的公共产品和服务领域的投资项目，逐步向社会投资主体开放，建立向民间资本推介项目的长效机制。强化已出台的130项政策执行落地，引导民间投资向航空、中医药、新型光电、装备制造、新能源、新材料、数字经济等新兴产业、高端制造业领域倾斜。

（六）顺应消费环境升级，探索投资全过程监管，铸就高质量产品

一要深化"放管服"改革，提高"投资前"审批效率。针对审批事项偏多、流程复杂、周期较长等问题，进一步精简下放审批事项，推进联合图审、联合测绘、联合勘验、联合验收，进一步压减政府投资项目、企业投资项目的审批时间，加快实现从"管理者"向"服务者"的转变。

二要推进"互联网+政务服务"，强化"投资中"全方位监管。促进互联网与政务服务深度融合，加快推动政务信息资源共享和政务服务事项标准化编制，大力推进政务服务"一网通办"。建立政府投资项目全流程监督管理系统，提高在线监测、在线控制和产品全生命周期质量追溯能力。推动创新平台整合，提升创新平台质量，落实"一廊两区五城多点"的创新布局，引导企业往个性化定制、柔性化生产创新，提高产品扩展性、耐久性、舒适性等质量特性。充分运用数字化、网络化、智能化等技术，完善企业产品标准评价，推动具有江西特色、江西优势的消费产品和服务标准与规则与国际一流标准对接。

三要加大消费品市场监管，健全"投资后"责任追溯机制。统筹协调纪检、监察、规划、用地、财政、审计、建设等部门监管职责，明确职责范围，建立全过程可追溯问责制度。对接零售、餐饮、住宿、居民服务等大众消费领域网络平台消费者评价数据，强化信用信息与企业奖惩、融资优惠对接，让信用好的企业获得更多金融支持。完善消费监管机制，建立全省产品追溯、召回制度，严厉打击侵犯知识产权、销售假冒伪劣商品、商业欺诈、不正当竞争等各类违法违规行为，营造一个安全、放心、便捷

的消费环境，引导消费结构向更加合理、更加绿色、更加健康和可持续的方向发展。

参考文献

杨天宇、陈明玉：《消费升级对产业迈向中高端的带动作用：理论逻辑和经验证据》，《经济学家》2018 年第 11 期。

郭东阳：《消费升级对技术创新的影响实证分析》，《商业经济研究》2018 年第 19 期。

汪红驹：《当前增加有效投资的重点是补短板》，《中国发展观察》2018 年第 17 期。

宁国富：《消费升级与供给提质》，《中国邮政》2018 年第 8 期。

潘锡泉：《消费升级引领产业升级：作用机理及操作取向》，《当代经济管理》2019 年第 3 期。

张翼：《改革开放 40 年来中国的阶层结构变迁与消费升级》，《中国社会科学评价》2018 年第 1 期。

张磊、刘长庚：《供给侧改革背景下服务业新业态与消费升级》，《经济学家》2017 年第 11 期。

梁达：《综合施策　充分发挥新消费的引领作用》，《宏观经济管理》2017 年第 1 期。

梁达：《创新商品服务供给　培育消费升级动力》，《宏观经济管理》2016 年第 1 期。

朱惠莉：《消费发展新阶段需要加强供给管理》，《中国经济问题》2014 年第 1 期。

韩立岩、杜春越：《城镇家庭消费金融效应的地区差异研究》，《经济研究》2011 年第 46 期。

B.17

推动江西更高水平开放的思考与建议

江西省商务厅综合处课题组*

摘　要： 认真贯彻落实习近平总书记关于扩大开放的重要思想和对江西工作的重要要求，推动江西更高水平开放，必须摸清江西扩大开放的基础条件，查找江西扩大开放的弱项、短板和瓶颈，对标沿海发达地区，努力在瞄准中高端“引进来”、打造更高竞争力的出口新优势、构建更高标准的开放平台和通道、增强“走出去”获取国际资源和参与国际分工的更高能力、提高区域经济开放合作参与度等方面狠下功夫，为推进江西经济高质量、跨越式发展提供强力支撑。

关键词： 开放　“一带一路”　江西

习近平总书记在庆祝改革开放40周年大会上的重要讲话，郑重宣示了改革开放只有进行时没有完成时、改革开放永远在路上。习近平总书记在首届中国国际进口博览会开幕式上的主旨演讲，全文近5000字，其中52次提到“开放”。习近平总书记强调，要以更宽广的视野、更高的目标要求、更有力的举措推动全面开放。认真贯彻落实习近平总书记关于扩大开放的重要

---

* 课题组组长：陈建荣，江西省商务厅综合处处长。副组长：王春雷，江西省商务厅综合处副处长。成员：黄纪泽、龚朴、林思思，江西省商务厅综合处主任科员；杜宇超、周益臣，江西省商务厅综合处干部。

思想和对江西工作的重要要求，推动江西更高水平开放，这是一个重要而紧迫的任务。

一　江西扩大开放的做法与成效

（一）江西扩大开放的基础条件

1. 江西开放型经济主要指标情况

2018 年，江西开放型经济主要指标增幅居全国“第一方阵”。实际利用外资 125. 7 亿美元，增长 9. 7%，其中按商务部统计口径现汇进资 17. 6 亿美元，增长 10. 5%；利用省外项目资金 7346. 4 亿元，增长 10. 8%；实现外贸进出口 482. 4 亿美元，增长 8. 8%，其中出口 339. 6 亿美元，增长 4. 5%，进口 142. 8 亿美元，增长 20. 5%。完成对外承包工程营业额 44. 7 亿美元，增长 4. 8%，对外直接投资 8. 4 亿美元，增长 17%（见表 1）。

表 1　2018 年江西省开放型经济运行综合情况

项目		全年累计	
		绝对数	增幅(%)
对外贸易	进出口(亿美元)	482. 4	8. 8
	出口(亿美元)	339. 6	4. 5
	进口(亿美元)	142. 8	20. 5
利用外资	新批外商投资企业数(个)	594	20
	实际利用外资金额(亿美元)	125. 72	9. 66
引进省外资金	新引进项目数(个)	3341	16. 45
	引进省外项目金额(亿元)	7346. 36	10. 80
对外投资合作	对外承包工程完成营业额(亿美元)	44. 67	4. 8
	对外直接投资额(亿美元)	8. 35	17. 4

资料来源：江西省商务厅数据。

2. 开放型经济经营主体情况

截至 2018 年底，江西省累计引进境外世界 500 强企业 66 家、国内

500强企业148家。累计批准设立的外商投资企业18203家。有出口实绩的外贸企业3928家，生产型企业中出口额在1000万美元以上的244家，1亿美元以上的16家。省级外贸综合服务企业3家。通过商务主管部门备案或核准的江西省境外投资企业（或机构）655家、对外承包工程企业33家。

3. 对外开放平台情况

截至2018年底，江西省共有各类开发区107个，其中国家级新区1个（赣江新区），国家级经开区10个（数量居全国第5位，中部第2位，仅次于安徽12个），国家级高新区9个（数量居全国第5位，中部第2位，仅次于湖北12个），海关特殊监管区域4个（综合保税区和出口加工区各3个、保税物流中心1个），跨境电子商务综合试验区1个。此外，有全国加工贸易承接转移示范地1个（赣州，全国共3个），国家级加工贸易梯度转移重点承接地5个，国家科技兴贸创新基地6个，国家外贸转型升级示范基地4个。重大经贸活动平台有：世界绿色发展投资贸易博览会、赣港赣深经贸合作活动、赣台经贸文化合作交流会、中国绿色食品博览会、世界赣商大会、中国景德镇国际陶瓷博览会、樟树全国药材药品交易会等。

4. 口岸通道情况

截至2018年底，江西省拥有国家级开放口岸3个，分别是南昌航空口岸、九江水运口岸、赣州铁路临时开放口岸；功能性口岸4个，分别是九江粮食、肉类和赣州肉类、汽车整车指定进境口岸；综保区3个，分别是赣州、南昌、九江综保区；出口加工区（井冈山）1个，保税物流中心（龙南）1个；跨境电商综合试验区（南昌市）1个。从陆上通道看：一是2018年赣欧班列开行202列（其中出境164列，进境38列），是2017年开行总量（26列）的7.7倍。江西省赣欧班列主要是通过满洲里、二连浩特、阿拉山口、霍尔果斯四个沿边通道出入境的。二是铁海联运班列开通至宁波、深圳、福州、厦门、广州5条线路，开行班列1064列，集装箱10.62万标箱（出口5.92万标箱，进口4.7万标箱）。

宁波班列连续4年保持“天天班”。从水上通道看，2018年，九江城西港至上海港进出口集装箱16.3万标箱（出口8.4万标箱，进口7.9万标箱）。从空中通道看，2018年，昌北机场开通国际客货运航线15条（包括中国香港、比利时2条货运航线），货邮吞吐量8.26万吨，增长58.1%，货运增幅为国内省会城市机场第1名，其中，进出口货物2272.8吨（进口1063.7吨，出口1209.1吨）。

（二）江西促进开放提升的做法与成效

2018年，在改革开放40周年之际，江西省委、省政府把扩大开放提到一个新的高度，将“开放提升”纳入省委“二十四字”工作方针，并首次提出“开放提升是江西发展的关键一招”。

1. 加强政策设计，提出了扩大开放的系列政策举措

一是出台了《关于进一步扩大开放推动经济高质量发展的若干措施》（赣办发〔2018〕12号）。该文件对江西省扩大开放工作目标、路径、政策进行顶层设计，从促进外资引进、推动外贸发展、加快开发区创新提升、加强“一带一路”沿线交流合作等几个方面明确提出30条具体措施。二是召开内陆口岸开放提升座谈会，提出“货物进境与沿海同价到港、出境与沿海同价起运、通关与沿海同等效率”目标要求，以务实举措优化营商环境。

2. 成功举办系列重大经贸活动，提升了江西对外开放形象

成功举办第五届世界绿发会、首届世界VR产业发展大会、第17届赣港会、首届赣深会、首届中国国际进口博览会江西省采购需求发布暨现场签约会、首届中国赣菜美食节、第二届赣京会、江西省与跨国公司（上海）合作交流会、亚布力中国企业家论坛2018夏季高峰会、第16届赣台会、2018景德镇陶瓷博览会、第49届樟树药交会等。特别是倾全力打造了全省重大经贸活动的收官之作、压轴大戏——第五届世界绿发会。大会以“迈入高质量绿色发展新时代”为主题，共举办15场主体活动。来自39个国家和地区的政要、驻华使节、友好省州、专家学者和企业代表参

会，参会嘉宾和客商2400余人，参展企业2200多家；大会现场签约重大合作项目118个，投资总额2094.51亿元；展馆面积达7.5万平方米。这届绿发会无论在参会规模、嘉宾规格层次，还是展览面积、签约成果均为历届之最。

3. 争取到一批国家级开放平台，为推动江西经济高质量、跨越式发展提供了新动能

2018年7月，中国（南昌）跨境电子商务综合试验区成功获批，这是经国务院批复的江西省又一重大对外开放平台；10月，九江综合保税区成功获批，这是江西省第三个综保区。国家级经开区进位赶超态势明显，在2018年国家级经开区全国考评中，南昌、上饶、井冈山、九江、萍乡、小蓝6家国家级经开区进入全国百强，比2017年增加了2家，南昌经开区继续保持全国50强。这些开放平台与重大活动平台一起，为推动江西经济高质量、跨越式发展提供了新动能。

二　江西扩大开放的问题和不足

（一）促进开放型经济发展的要素成本优势还不明显

与周边省市比较，江西省供气不足（详见表2），人工成本中的社保成本偏高，社会物流成本中的公路运输成本占比过高，用地方面一些地方存在土地批而未供、供而未用的现象，融资方面存在门槛高、手续多、成本高的问题，招工方面存在招技术骨干、熟练员工难的问题。

（二）行业龙头领军企业特别是欧美制造业企业在江西省布局投资偏少

主要原因：一是跨国公司亚太投资布局上，惯例先在香港、上海、北京

表2　中部六省省会城市管道天然气销售价格情况

城市	工业(元/立方米)	商业(元/立方米)	居民(元/立方米)
南昌	3.90	4.08	3.20
长沙	3.88	3.88	2.45
合肥	3.60	3.60	2.33
武汉	3.41	4.08	2.53
郑州	3.70	3.70	2.93
太原	3.60	3.60	2.26

资料来源：根据各地公布的数据整理。

设立总部或地区总部。所以香港有1389家世界500强企业和跨国公司总部或亚太地域总部，上海有470家，研发中心北京、上海各占50%。对内陆地区投资着重考察当地产业、交通、高端人才、生活配套等情况。二是招商重点地区上，受地域文化语言等方面影响，江西省“走出去”招商重点多年来以港澳台为主。三是在统计方法上，欧美跨国公司投资亚太往往先在香港设立投资性公司，再向内地省份投资，所以统计上显示的是港资，但有部分是欧美资金。如美国雅保出资1亿美元并购江西江锂，资金是从香港渠道过来的，统计上也只显示是港资，事实上出资的是美资。在项目对接和落地上存在重签约轻落地、重引进轻服务、重承诺轻兑现的问题。

（三）与沿海国际港相比，江西省港口在功能、成本、效率方面存在一定的差距

一是对标沿海国际港的功能要素，江西省港口还有较大差距，特别是在功能性口岸申报、加强基础设施建设、加密国际航路航线、加强港口配套服务水平等方面，需要加大力度，补齐短板。二是对标沿海国际港的成本要素，从铁海联运、水水联运、中欧班列、航空货运、公水联运、公路运输等6个模式进行对比分析，江西港口与沿海国际港还存在较大的成本差距。三是对标沿海国际港的效率，江西企业多出了港口间运输、调拨转场、装卸等环节，客观上所耗费的时间更多。从主观上看，江西省还存在基础设施薄

弱，港口作业效率不高、提前申报率低，信息化水平不高、港口联动不足等问题。

（四）对外开放的营商环境有待进一步加强

一是有的地方对“放”的尺度把握不准。一方面，有的地方审批权限下放不同步、不配套。虽然江西省绝大部分市、县、园区已建有行政服务大厅，相关部门也有人员在大厅办公，但真正涉及审批、报批等环节时还需回相关部门具体办理，项目落地手续在行政服务大厅不能一次性办结，出现“多头跑”“来回跑”的现象，无形中增添了项目落地的难度。另一方面，有的地方审批权下放具体方法不明确或人员不到位，导致承接困难。如赣江新区行政审批局，正在推行“扁平化管理模式”，实行“一口式受理、并联审批”模式，市县下放了权限 199 项，部门下放了权限 61 项，但实际承接到位正常推行的目前只有 33 项。二是有的部门对“管”的实效关注不够多。不少企业反映，条管单位更多地强调“上头的规定”，而对“下头的实情”相对淡漠；更多地强调管理上限的“硬杠杠”，而主动帮扶企业的意识不够强。三是有的单位“服”的主动性有待加强。有的单位习惯于“走出去”招商，对主动上门的客商却存有偏见，不作甄别认为“不靠谱”。

三　进一步推动江西更高水平开放的政策建议

（一）瞄准中高端“引进来”

1. 瞄准龙头领军企业，着力引进“三个500强”

开展“三请三回”（请乡友回家乡请校友回母校请战友回驻地）和“三企入赣”（外企入赣、民企入赣、国企入赣）工作。建立健全世界 500 强、中国 500 强和中国民营企业 500 强重点关联企业名录。深入研究“三个 500 强”企业的投资方向、战略和特点，有针对性地制定对接联络方案。对新落户江西的境内外世界500强企业，可考虑给予500万元的奖励；对当年实际到资5000万美元或者5亿元人民币以上的重大招商引资项目可考虑给予500万元奖励；对在江西新设立的跨国公司总部企业，经审核认定后，可考虑给予1000万元的奖励；对新建立的招商引资研发中心、技术中心、采购中心、结算中心等功能性机构，经审核认定后，可考虑给予500万元奖励；对新建立的招商引资创新创业载体平台，经评定为国家级或者省级孵化器和加速器的，可考虑分别给予500万元、200万元的奖励。

2. 立足提升产业链，着力引进中高端产业

一是围绕先进制造业招商。重点围绕电子信息、LED、航空制造、汽车制造及零部件、生物医药、新能源制造及应用、绿色食品加工业，开展重点产业的增链、强链和补链，大力引进上下游配套产业链项目，形成整体优势。二是围绕现代服务业招商。重点围绕金融、物流电商、旅游文化、通用航空业，指导各地产业品牌引进，增强产业竞争优势，推动产业结构调整。三是开展联动招商。完善政府、部门、园区、企业上下联动的招商机制，结合全省引资产业布局，推进南昌光谷、智能终端、生物医药发展，推进上饶、赣州、南昌、九江新能源汽车、新材料产业发展，推进鹰潭、吉安、上饶电子信息、物联网产业发展，推进抚州、宜春、鹰潭大健康产业、医疗医药产业发展，推进南昌、景德镇航空产业，推进宜春、新余、萍乡新能源，锂电池、电瓷产业，推进景德镇、抚州创意文化发展。

3. 紧盯欧美日韩、台港澳，引进高质量外资

开展委托招商和驻点定向招商，在欧美日韩等地新设立10个左右的境外经济联络和招商中心。进一步放宽外资市场准入。认真贯彻新出台的《外商投资法》，深入研究国际经贸规则，按照国家部署，全面实施外商投资准入前国民待遇加负面清单管理制度。对未纳入负面清单管理的行业、领域、业务等，鼓励和支持外商投资企业和民间资本依法依规平等进入。落实专用车和新能源汽车制造、船舶设计、支线和通用飞机维修、国际海上运

输、铁路旅客运输、加油站、互联网上网服务营业场所、呼叫中心、演出经纪、银行业、证券业、保险业对外开放举措，进一步减少外资准入限制，增强投资环境的开放度、透明度、规范性。

4. 突出引技引智工作，引进中高端人才

集中优势资源和力量引进高新技术企业和科技创新型企业，吸引国内外企业在江西设立地区总部、研发中心、技术中心、财务管理中心、采购中心和数据中心等功能性机构。鼓励省内企业通过引进先进技术和设备改造升级，支持现有企业与国内外科研组织、高等院校开展产、学、研合作，建设院士工作站、技术研究院、科技产业园等创新创业孵化基地，制定专项政策吸引各类高端人才来赣进行技术攻关和产品研发。鼓励内外资投向科技中介、创新孵化器、生产中心、技术交易市场等公共科技服务平台建设。支持和鼓励建立海外人才工作站，开辟人才引进渠道。积极推进省部、省院合作，争取国家重大工程和科技成果支持，建设一批科研试验基地和科研成果转化项目，发挥示范和带动作用，发展创新型经济。依托省级重大人才工程和重大经贸活动平台开展招才引智，加强与国内外各类人才中介服务机构的合作，举办“海外人才江西行”、“海智惠赣鄱”、国（境）外引资引智专题对接会等活动，着力引进一批优秀科研人才、高端管理人才和创新创业高层次人才，增强产业创新发展能力。

（二）打造更高竞争力的出口新优势

1. 壮大出口主体，提高生产企业自营出口比重

结合各地产业特色，精准有效推进千家企业拓市场；从政策引导、考核督导入手，推动三外联动发展，加大生产型出口企业的引进力度，主动对接东部地区加工贸易企业转移，不断壮大出口主体队伍。通过 3 ~5 年的努力，生产企业自营出口成为全省外贸出口增长的主导力量。

2. 促进产业优势转化为出口优势

抓好南昌纺织服装、赣州家具等现有 4 个国家级外贸转型升级基地建设，认定一批有特色和出口潜力的省级基地，在品牌培育、国际营销网络建

设、出口信保等方面加大扶持力度，力争3年内培育10个国家级外贸转型升级基地，30个省级基地。

3. 增强外贸增长新动能

加快国家跨境电子商务综合试验区建设经验在江西省的复制推广，推动政策创新和落地。支持赣州、九江等设区市申报国家跨境电子商务综试区。持续推进南康家具、新干箱包两个内外贸结合市场的建设发展，培育市场外贸功能。培育与引进相结合，支持一批外贸综合服务企业做大做强，有效帮助中小微企业降低成本，增强外贸增长新动能。

4. 积极扩大进口

结合全省产业发展需求，定期修改完善省级进口贴息目录，扩大先进设备、关键零部件和技术进口。完善扩内需政策，将鼓励特色优质消费品进口列入支持范围。争取国家支持，力争国家进口促进创新示范区、汽车平行进口试点等落户江西省。积极对接上海中国国际进口博览会，争取进口博览会溢出效应在江西省的最大化。培育完善南康木材进口的功能，使之成为南方重要的木材进口、交易和加工市场。

5. 促进加工贸易创新发展

积极承接加工贸易产业转移。以“珠三角”、“长三角”、闽东南三角区为重点，围绕电子信息、移动通信、光伏、汽车及零部件、集成电路、纺织服装、箱包鞋帽等产业，大力引进品牌企业和大型代工企业，引进加工贸易龙头企业和配套企业，不断提高江西省加工贸易产业配套能力。抓住加工贸易向中西部加快转移的重大机遇，与东部地区建立对口合作机制，共建加工贸易产业园区。加强国家开发区、综合保税区（出口加工区）与国内加工贸易转型升级试点城市、示范区的合作。发挥开发区、综合保税区、出口加工区招商引资和承接加工贸易企业转移的“主阵地”作用，引进一批带动作用强、关联度高的加工贸易企业。

6. 加快服务贸易发展

拓展服务贸易发展领域，使江西省服务贸易结构更趋优化，旅游、建筑设计、运输等传统服务领域基础作用更加突出，计算机、专有技术、保险、金融等新兴服务领域占比逐步提高。积极推动赣江新区申报国家服务贸易创新试点和赣州市列为中国服务外包示范城市。建立健全省级示范园区动态调整机制，加快服务外包转型升级。推进江西文化出口基地建设，大力发展文化服务贸易。积极推动中医药对接“一带一路”战略，开拓中医药服务贸易新局面。

（三）构建更高标准的开放平台和通道

1. 升级国家级和区域性重大经贸活动品牌

重点打造绿发会、赣商大会、赣港会、赣深会、瓷博会、药交会，拓展投资促进、贸易合作、对外开放平台功能，提升办会办展专业化、国际化、品牌化和信息化发展水平。精益求精，务实高效，把赣京合作打造成为首都携手老区共同发展的典范，把赣港、赣深经贸合作打造成为对接粤港澳大湾区的桥头堡，把世界赣商大会打造成为赣商助推家乡发展的重要平台，把世界绿色发展投资贸易博览会打造成为展示江西绿色生态发展的宣传窗口。

2. 促进开发区转型升级创新发展

对标国内外先进园区，复制推广自由贸易试验区改革试点经验，创新开发区体制机制，营造稳定、公平、透明、可预期的国际化营商环境。研究出台《江西省开发区改革创新发展条例》，促进开发区改革和创新发展。建立健全开发区综合考核评价体系，突出创新型、开放型经济考核比重。鼓励开发区在政策和权限范围内制定招商引资优惠政策，引进龙头项目和战略投资者。采取飞地经济、联合共建、委托管理等多种形式，探索建立国际合作园区和飞地园区。加强与沿海发达地区开发区与江西省开发区结对共建，探索共建合作园区新模式。推动建立 3 ~ 5 个“国别 + 产业”园。依托各设区市优势产业布局，对接国际产业前沿，吸引国际企业、资本、技术，建立“中美绿色能源产业园”“中英绿色金融产业园”“中加绿色建筑科技产业园”“中德高端制造产业园”，让对外开放举措落地生根。

3. 对标沿海积极开展口岸“三同”试点工作，为打造江西省“四最”营商环境奠定坚实基础

以赣州、九江、南昌三个现有开放口岸为基础，以九江城西港、赣州港、南昌向塘铁路场站、南昌昌北国际机场为试点，以沿海的上海港、宁波港、盐田港、上海浦东国际机场等国际港为对标参照系，以降低成本、提升效率、增强功能为重点突破口，深化改革创新，扩大开放合作，用三年左右时间，基本实现“三同”目标。一是通过采取“沿海港口优惠一点、企业让一点、规模化运作降一点、政府补一点”的办法，政府设立“三同”试点专项资金，由省、市、县三级财政共同承担，努力在降低物流成本、实现“同价起抵”上取得新突破。二是通过提升通关监管效率、口岸作业效率、政务服务效率等举措，努力在实现“同等效率”上取得新突破。三是通过加快功能性口岸建设、提升国际货物直达功能、加密国际货运航线航路、加强港口集疏运体系建设、提升港口配套服务能力等举措，努力在增强港口功能上取得新突破。

4. 拓展对接“一带一路”国际大通道

以“水、陆、空”三个口岸为核心，推动南昌、九江、赣州建设“一带一路”和长江经济带交汇开放高地。南昌市以加快建设智慧航空港物流中心为龙头，大力发展多式联运，建设赣江新区多式联运中心，积极推进南昌向塘铁路（口岸）项目二期加快建设，稳定开行赣欧班列。九江以建设江海联运区域航运中心为带动，积极推进九江港水运口岸扩大开放，加快推进铁路进港发展多式联运，深化昌九两港一体化发展。以赣州港发展为中心，大力发展赣欧班列，每年力争稳定开行100列以上。推动赣州航空口岸“十三五”期末正式对外开放，推进区港联动发展。积极推进开行九江至上海和重庆的江海直达班轮，增开加密国际客货运航线，稳步推进全货机开行。推动景德镇陶瓷文化产业对接“一带一路”建设，把景德镇打造成为江西与世界对话的精品窗口和重要平台。

（四）增强“走出去”获取国际资源和参与国际分工的更高能力

1. 推动对外承包工程实现高质量发展

巩固非洲和东南亚市场的同时，引导和鼓励企业以“六廊”为重点，持续加大对“一带一路”沿线国家新市场开拓力度。鼓励企业在公路、房建、水利等传统领域外，重点在大型电站、新能源、石油化工、轨道交通等重大装备领域开发一批带动能力强、附加值高的成套工程项目。推动企业逐步提升“融资 + 工程总承包”“投资 + 工程总承包”等业务模式的比重。鼓励有实力的企业实施“建营一体化”项目，延长产业链。

2. 提高对外投资服务实体经济能力

支持江铜集团以建设世界一流企业为目标，加快实施境外矿产资源开发项目，提升资源保障水平。鼓励省内大型企业积极开展对外投资，以先进技术、知名品牌、营销网络等优质资源的并购重组为重点，提升与欧美等发达国家（地区）的合作层次和水平，推动项目回归带动省内实体经济发展。加强以光伏、电力设备、医疗器械、特种设备装备制造等产业为重点的国际产能和装备制造合作。鼓励有条件的生产企业设立海外技术中心和营销中心，实现产品和技术研发国际化，扩大产品出口和所需资源进口。发挥重点企业龙头作用，大力推进境外经贸合作区建设，搭建国际产能合作海外平台。鼓励有条件的开发区与有关国家（地区）在园区规划、设计、运营、管理模式等方面开展合作共享。

3. 大力推动中医药和文创产业“走出去”

加快推动江西中医药“走出去”，以各种方式在海外建立江西中医药服务中心。推动江中集团等中医药企业完善海外布局，提升中医药产业国际化发展水平。鼓励省属文化企业“走出去”开展投资合作，扩大文化创意产业国际交流，带动文化创意产品和服务出口，不断提高赣文化国际知名度。

4. 加强“走出去”第三方合作，更高层次开拓国际市场

鼓励江西企业与知名跨国企业、央企和外省企业优势互补开展合作，以组建联合体等方式共同开拓国际基建投资市场。鼓励江西企业在香港设立分

支机构，借助其在金融、贸易、航运、专业服务等方面的优势开拓市场。鼓励江西企业充分发挥中国澳门－葡语国家商贸合作服务平台作用，积极开辟葡语国家市场。鼓励国际商务官员研修（江西）基地申报实施对外援助培训项目，把基地建设成为全省促进扩大开放、深化对外交流合作、推动企业“走出去”的重要窗口和有效平台。

5. 加大教育、科研、标准等国际合作力度

加强“走出去”智库建设，鼓励省内有条件的高校和科研机构与国内外智库加强交流，深入开展“一带一路”和“走出去”战略相关课题研究，为提升江西参与“一带一路”建设水平，加快实施“走出去”战略提供决策参考和依据。鼓励省内高校与国外高校开展形式多样的办学合作，积极申办孔子学院项目，扩大交换生规模，加大来华留学生招收力度。鼓励企业在交换生和来华留学生中择优选拔聘用人才。全面对接国家“一带一路”科技创新行动计划，深化与沿线国家（地区）科技交流，推动与沿线国家（地区）的科技园区开展合作共建，以及与沿线国家（地区）科研机构和高校共建联合实验室或联合研究中心。开展与“一带一路”沿线国家（地区）的检验检测认证认可和标准计量合作，服务好中国标准“走出去”。

（五）提高区域经济开放合作参与度

1. 深化“联江”合作，积极参与长江经济带共抓大保护

实施“共抓大保护”专项行动，加快打造长江“最美岸线”，实现“水美、岸美、产业美”。加快推动长江经济带建设在江西省融会贯通，积极参与沿江产业承接转移和分工协作，坚决把好招商引资的环境保护关、投资效益关、质量安全关，不断提升开放合作水平。积极参与长江经济带合作，推动省内开发区（工业园区）加入“长江流域园区合作联盟”，开展开发区合作共建、共利共赢。

2. 深化“联京”合作，积极对接承接北京非首都功能产业转移

主动对接京津冀协同发展国家战略，聚焦产业园区、科技创新、金融服务、文化旅游、商贸物流、教育医疗等重点领域加强协作，积极承接北京非首都功能转移。

3. 深化“联海”合作，深度融入“长珠闽”经济板块

利用江西省地缘人缘优势，以产业合作与市场一体化建设为切入点，主动融入长三角一体化发展格局。融入泛珠三角区域经济合作发展，加强与海西经济区深度合作，畅通出海通道，加强基础设施、重点产业、开放平台和市场体系对接，把江西打造成为“长珠闽”中高端产业承接基地、研发创新成果转化和生产制造基地、现代农业和特色文化体验基地、健康养生和旅游休闲后花园。

4. 深化“联边”合作，深化同我国边境省份的区域合作

加强同新疆、内蒙古、云南、广西等沿边省份合作，加快推进蒙华煤运通道、西气东输工程建设，积极争取西南水电特高压入赣，在电力能源、矿产资源开发、生态环境保护、出国通道建设等方面深化合作。组织企业参加丝绸之路博览会、中国－亚欧博览会、青海绿色发展投资贸易洽谈会、西洽会等重点区域经济合作活动，实现“招商引资＋贸易洽谈”的联动发展。继续做好产业援疆和对口支援三峡库区工作。

（六）建立江西开放型经济高质量跨越式发展指标体系

推动江西更高水平开放，必须在现有统计体系基础上创新提升，设计一套适应江西开放型经济高质量跨越式发展的指标体系。通过这一指标体系，彻底解决开放型经济统计指标体系不够科学、不够完善、不够接地气等问题，改变开放型经济统计指标体系时效滞后、受制于人的被动局面，真正提升开放型经济发展的数据话语权，推动开放型经济高质量跨越式发展。指标体系要分析传统的总量数据，而且要从结构、贡献、效益、趋势等方面加强分析研判。一是要分析量的变化。总量、增幅、全国排位比较等传统指标不能少。二是要分析质的变化、结构的变化。要有分项指标的占比变化情况分析。哪一项上升了，哪一项下降了，什么原因等都要分析透。三是要分析贡献和效益的变化。四是要有趋势研判。重点指标必分析、新增指标必分析、异常指标必分析、趋势性指标必分析。

建议从以下方面设计主要指标体系（见表3）。

表3　江西开放型经济高质量跨越式发展指标体系

板块	分类	序号	指标名称
招商引资	总量	1	实际利用外资总额、增幅，现汇进资总额、增幅及在全国位次
		2	利用省外项目资金总额、增幅
	结构	3	全省利用外资主要国别（地区）新设外商投资企业数、合同外资金额、实际使用外资金额、现汇进资金额、占比、增幅
		4	三次产业利用外资企业数、合同外资金额、实际利用外资金额和分别占利用外资金额的比重
		5	六大重点产业（航空、电子信息、装备制造、中医药、新能源、新材料）利用外资金额、占比、增幅
		6	各设区市利用外资新设外商投资企业数、合同外资金额、实际使用外资金额、现汇进资金额、占比、增幅
		7	外资增资和并购数量、金额、增幅
		8	1000万、5000万和1亿美元以上新批或增资外资大项目数量、金额、增幅
		9	开发区利用外资新设外商投资企业数、合同外资金额、实际使用外资金额、现汇进资金额、占比、增幅
		10	国家级开发区引进投资总额50亿元以上项目数量
		11	省级开发区引进投资总额20亿元以上项目数量
		12	各设区市利用省外项目资金实际进资额、增幅
		13	全省利用省外项目资金主要来源地（省、自治区、直辖市）、实际进资额、占比、增幅
		14	三次产业利用省外项目资金实际进资额、占比、增幅
		15	六大重点产业（航空、电子信息、装备制造、中医药、新能源、新材料）利用省外项目资金额、占比、增幅
		16	赣商返乡投资利用省外项目资金实际进资额、占比、增幅
		17	全省新签约省外50亿元以上项目数量
		18	全省新签约省外20亿元以上项目数量
	贡献效益	19	外商投资企业年出口额及在全省生产型企业出口额的占比
		20	外商投资企业税收及在全省税收的占比
		21	规模以上外商投资企业工业增加值及在规模以上企业工业增加值占比

续表

板块	分类	序号	指标名称
对外贸易	总量	1	进出口额占全国的比重
		2	进出口额、增速以及在全国位次
		3	出口额、增速以及在全国位次
		4	进口额、增速以及在全国位次
		5	服务进出口额、增幅、占比
	结构	6	自营出口额、增速、占比
		7	国有企业、民营企业、外资企业出口额、增速、占比
		8	生产企业出口额、增速、占比
		9	有出口实绩企业数量、出口达一定规模企业数量及占比
		10	重点企业出口、增速
		11	一般贸易方式、加工贸易方式、其他贸易方式出口额、增速、占比
		12	对欧美日等传统市场出口额及占比
		13	对“一带一路”沿线国家出口额及占比
		14	机电和高新技术产品出口、增速、占比
		15	机械设备进口、增速
		16	综合服务企业出口、增速
		17	服务外包接包合同签约额、增幅,服务外包接包执行额、增幅
		18	技术贸易进出口额、增幅
	趋势	19	与美国贸易主要企业出口、增速,进口、增速
		20	出口订单,企业反映的订单增加、持平、减少变化情况
		21	价格走势,企业反映的产品价格上涨、持平、下跌变化情况
		22	加工贸易进口额、增速
“走出去”	总量	1	对外承包工程完成营业额、增幅
		2	对外直接投资额、增幅
	结构	3	在“一带一路”沿线国家承揽项目占新签对外承包工程项目比重
		4	EPC 总承包项目占新签对外承包工程项目比重
		5	对“一带一路”沿线国家投资项目占新备案投资项目比重
		6	对发达国家投资项目占新备案投资项目比重
		7	绿地投资、并购项目分别占新备案投资项目比重
		8	农业、制造业项目分别占新备案投资项目比重
	贡献效益	9	对外投资合作(含实施对外援助项目)带动产品出口额
		10	对外投资合作(含实施对外援助项目)带动省内居民境外就业人数

续表

板块	分类	序号	指标名称
口岸	总量	1	全省口岸货运量
		2	全省口岸集装箱量
		3	全省口岸出入境人员
		4	全省整体通关时间
		5	昌北机场旅客吞吐量
		6	昌北机场货邮吞吐量
		7	赣欧班列开行列数
		8	铁海联运集装箱量
	结构	9	南昌、九江、赣州货物进口通关时间
		10	南昌、九江、赣州货物出口通关时间
		11	南昌、九江、赣州进口货物内陆段物流成本
		12	南昌、九江、赣州出口货物内陆段物流成本
	效益贡献	13	南昌、九江、赣州进口货物内陆段物流成本下降比例
		14	南昌、九江、赣州出口货物内陆段物流成本下降比例
		15	南昌、九江、赣州进出口通关时间压缩比

参考文献

习近平：在庆祝改革开放40周年大会上的讲话。

钟山：《新时代推动形成全面开放新格局》，《求是》2018年第1期。

吴秋余：《扩大开放，实现共同繁荣的主动选择》，《人民日报》2018年5月2日。

顾学明：《必须坚持扩大开放》，《求是》2018年第24期。

王水平：《商务发展战略》，中国商务出版社，2015。

王水平：《开放发展江西篇章》，中共中央党校出版社，2016。

B.18 全面提升江西城市功能与品质的对策建议

孙育平 *

摘　要： 江西处于重要战略机遇期和转型升级期，面对新时期推动经济社会高质量跨越式发展定位，需要借助城市承载发展要素的重要平台作用，提升具有创新因素的战略驱动力，抢抓发展机遇，努力形成具有区域影响力和可持续发展竞争力的现代化城市体系。要以习近平总书记关于城市建设工作的重要论述与指示为根本遵循，按照“精心规划、精致建设、精细管理、精美呈现”的要求，着力提升城市功能与品质，推动城市高质量发展，努力构筑美丽宜居、整洁文明的现代化城市。

关键词： 城市　城市建设　江西

一　城市建设进入高品质发展时代

城市是人类文明发展与进步的重要成果和标志，是各种资源要素集聚、交换与流通的重要场所，是人类进行创新与创造的主要区域。随着我国城镇化进程的加快，现代城市的发展理念和管理模式正在发生重大变化，开始从

* 孙育平，江西省社会科学院产业经济研究所所长，研究员，研究方向为区域经济学。

外延扩张式的城市建设，向内涵式拓展、向城市功能不断完善和城市品质不断提升的发展方向转变。

从《雅典宪章》对城市作用的定义看，城市可以划分四大基本功能——居住、就业、休闲和交通。城市犹如一个生物体系，具有外在与内在的匹配性和统一性。城市外在的景观呈现是不同城市的“形”，而附着在城市内里的功能内涵，则是城市的“神”。人类城市发展历程已经证明，具有全球影响力和魅力的城市，都是秀外慧中和形神兼备的城市，被世人认可为有特色、有内涵和有品位的城市，也是让人流连忘返的地方。一座城市的形象和影响力的产生，有多方面的要素构成和多方面的因素决定，如城市的经济发展水平、社会发展状况、基础设施配套、市容市貌环境及历史文化的积淀等，既有外在的城市风格、基础设施与建筑，更有蕴含的内在城市文化与精神的交融与呈现，只要细细品味，就会发现城市由内向外散发的活力与魅力，这种内在之美的呈现，就是城市品质的体现。

随着经济社会的发展，现代城市功能与作用已经有较大扩展，绿色环保、社区治理、行政服务、创新创业、医疗卫生、教育、智慧与智能化管理等，成为日益重要的现代城市建设内容。传统的区域经济竞争已经发生较大的形式转变，从过去产业竞争或产品的市场竞争，转化为经济体或城市之间的竞争，尤其是要素高度集聚与产业高度协同以及城市功能互补对接的城市群之间的竞争，90%以上国民财富的产出，决定城市已经成为经济社会发展重要的载体与命运共同体。

纵观我国改革开放40年来的历程，城市更多强调其经济与生产功能，物质财富不断增加，居民收入水平稳步提高，但在财富不断增长的同时，城市居民的幸福感却呈现下降之势。在工业化驱动下的粗放式城市外延扩张中，既带来了城市快速发展，城市化水平迅速提升，同时也造成城市的野蛮生长、城市人口急剧膨胀与无序增长，日益严重的“城市病”，导致城市空气污染、交通拥堵、垃圾围城、生活成本剧增、治理难度增加等。在我国城镇化发展水平已经达到一个新高度，城市经济成长为国家或地区竞争的决定性力量时，尤其是国民经济从高速增长步入高质量发展的新历史时期，加快城市现代化及提升城市功能与品质，已经成为重要的改革与发展命题。全球城市发展最新研究成果表明，现代城市既要体现经济发展的载体作用，集聚生产与市场要素，形成强大的要素集聚与辐射能力，同时又要给予城市主体即城市居民以舒适的生活环境与体验，高品质的生产、生活与生态环境是未来城市的核心竞争力。在这种背景下，宜居城市、幸福城市、生态城市、休闲城市及花园城市等成为新时期城市转型的新目标和新方向。

在新的发展时期，城市发展逐渐由规模扩张向内涵提升、由粗放发展向精细规划建设治理转型，打造高品质城市成为必然趋势。而拥有产业优构、环境优美、形象优秀、生活优越等诸多优良品质的城市，就必然会形成强大吸引力，成为汇聚资金项目、先进技术、优秀人才等高端要素的重要“洼地”。面对新旧动能转换的重大历史发展机遇，培育和提升区域竞争力就要更新理念，着力提升城市的功能与品质，努力打造市民满意的城市、人才向往的城市、游客乐道的城市、投资者称颂的城市，实现亚里士多德的论断“人们为了生活来到城市，为了生活得更好留在城市”，进而蓄积强大的引力场形成经济增长极。

二 江西城市建设与发展面临的形势

在《中国城市竞争力报告 2018》中，南昌市在综合经济竞争力城市中名列第 40 位，与中部地区的武汉（第 10）、郑州（第 16）、长沙（第 18）、合肥（第 31）比较，差距较大。尤其是武汉市在综合竞争力与可持续竞争力排名上，挺进前 10 名，名次亮眼。其中紧邻江西的浙江省杭州市，从 2017 年的第 24 位，跃升 3 位排列第 21 位（见表 1）。南昌市综合经济竞争力偏低，主要是由于城市体量较小，人口与要素集聚程度较低，产业竞争力不强以及科技创新能力不足等因素制约，导致在中部地区省会城市之间比较指数偏低。中部地区武汉与长沙的城市综合经济竞争力良好发展势头，与其城市经济强劲的发展势头形成鲜明的比照，即使是后发的合肥市，也依靠研发投入的大手笔激发城市发展的创新驱动力，城市可持续竞争力指数令人瞩目。

表1　2018 年中部 5 省会及杭州市综合经济与可持续竞争力比较

城市	排名	GDP(亿元)	人均 GDP（万元）	人均可支配收入(元)	城镇化率（%）	研发经费投入强度(%)
武汉	10	13410	12. 31	38642	80. 04	3. 20
郑州	16	9130	9. 24	30556	72. 20	1. 78
长沙	18	10535	13. 30	41131	77. 59	2. 90
合肥	31	7000	8. 79	31800	73. 75	3. 09
南昌	40	5003	9. 35	31989	73. 32	1. 65
杭州	21	12556	13. 26	49832	77. 40	3. 15

资料来源：根据各省 2018 年统计公报整理。

在城市宜居竞争力方面，作为城市人才竞争的重要砝码，呈现激烈的竞争态势。南昌市的生态与环境优势得以体现，在榜单排名上名列 28 位，（见表 2）但位次比 2017 年评估报告排名下降了 6 位，主要是由于生活成本的攀升，导致评价指数的降低，需要警觉与反思。

表2　2018 年城市宜居竞争力前 3 及中部 4 省会排名比较

城市	排名	空气优良率(%)	居住价格变化(%)	医疗保健价格变化(%)
香港	1	—	—	—
无锡	2	67. 7	2. 2	3. 4
杭州	3	74. 2	5. 7	1. 7
武汉	14	69. 9	1. 4	19. 3
长沙	16	76. 8	5. 0	1. 3
合肥	23	61. 7	10. 3	3. 7
南昌	28	83. 1	2. 5	7. 2

数据来源：根据各省 2018 年统计公报整理。

江西城市发展有成就也有挑战。2017 年城镇化率为 54. 6%，城市建成区面积为 2437 平方公里，中心城区常住人口达到 1968 万人；城市功能日渐完善，城镇供水、燃气普及率分别达到 97% 与 94%，人均城市道路面积 18. 36 平方米，建成区路网密度 6. 99 公里/平方公里，位居全国前 10；城镇排水管网为 27118 公里，垃圾焚烧处理能力达到 5800 吨/天；建成海绵城市

121平方公里，萍乡市连续两年获评国家海绵城市试点城市绩效考评第一；城市建成区绿化覆盖率达到44%，绿地率达到40%，全省11个设区市全部进入国家森林城市行列，为全国唯一省份；城市风格与特色逐渐展现，千年瓷都景德镇的老街区、老窑址、老建筑成为旅游热点，历史文化名城吉安、抚州、赣州，通过将庐陵文化、“东方莎士比亚”汤显祖戏剧文化及宋城文化融入城市景观建设，彰显城市个性与品位。

同时也要看到，江西城市发展也面临诸多问题。城市经济与产业发展层次与水平不高，产业同构现象严重，城市经济发展的创新动能还不够强劲，园区经济集群发展有待加强；城市之间与区域之间的经济协作程度较低，城市群建设仍然处于缓慢推进的阶段，资源配置优化不足；城市基础设施建设配套不够完善，城市空气污染与交通拥堵等情况依然存在，停车难停车乱已成城市顽疾，“城市不如新农村”成为部分中心城市环境卫生现状真实写照，城市环境治理有待加强；城市建设缺乏个性与特色，城市缺乏历史传承与文化特性，生态优势也没有得到充分的展现；城市规划还需强化前瞻性与长远性，产城融合问题没有得到根本性改观，城市生活成本居高难下，影响人才引进与宜居城市建设，智慧城市与海绵城市建设有待加大推广力度，城市“地下综合管廊”建设亟待推进。以上种种都是江西城市功能与品质提升的“拦路虎”，必须要以打“歼灭战”的毅力与决心，来一场全民攻坚行动。

在全省开展城市功能与品质提升三年行动，是深化城乡环境综合整治、推动江西高质量跨越式发展的必然要求。江西城市发展已经进入关键机遇期，把握好提升城市功能与品质建设，就能促使发展基础得以大提升，江西改革开放也将迎来新一轮跨越式发展势头。加快江西城市功能与品质的全面提升，有利于推进江西省产业迈向中高端，厚植城市发展的新优势与新动力，提升城市的核心竞争力；有利于弘扬传承优秀传统文化，让赣文化的优良基因融入城市建设之中，让具有江西独特优势的绿色生态文化融入特色城市建设之中，让具有全国影响力的红色文化成为城市建设的精神图腾与形象体现，进而提升和丰富江西城市的文化品位与内涵，增强城市文化软实力；

有利于进一步提升城市环境品质，突出江西城市的个性特色，彰显生态文明试验区建设的城市生态环境魅力，以绿色生态城市建设助力绿色崛起；有利于创新城市管理，立足于城市管理以人民为中心的发展理念，推动城市管理的智慧化与精细化，全面提高城市综合治理能力；有利于江西全面开放大格局的形成，以海纳百川的开放胸襟，建设开放包容的现代城市，增强城市开放吸引力，打造高能级的城市开放平台；有利于满足人民对美好生活的新期待，通过城市功能与品质提升，能够增进民生福祉，提升市民的归属感、获得感和幸福感，形成政府、社会、企业、市民多方互动建设美丽宜居、整洁文明现代化城市的良好局面。

三　提升江西城市功能与品质的根本遵循与要求

（一）根本遵循

必须以习近平总书记关于城市建设与工作重要论述为指引，按照党的十八大以来战略部署，推进城市功能与品质全面提升。习近平总书记非常关心城市的建设与发展，对城市工作开展有系列的重要观点与指示，归纳起来主要如下：一是强调城市规划的重要性。认为“考察一个城市首先看规划，规划科学是最大的效益，规划失误是最大的浪费，规划折腾是最大的忌讳。”“城市规划是城市建设的龙头”，而且特别强调城市规划的多规融合协调，城市规划与各专项规划之间的相互衔接，开展城市建设应注重系统性与整体性；强调城市规划要体现科学性、前瞻性与执行力，避免“一任领导一任规划”的折腾。二是强调城市建设要尊重发展规律。提出要认识、尊重、顺应城市发展规律，端正城市发展指导思想，不以牺牲生态环境换取城市的快速扩张，城市建设不要“摊大饼”，而要注意留白、留绿地和留充裕的发展空间，提出“城镇建设要体现尊重自然、顺应自然、天人合一的理念”“依托现有山水脉络等独特风光，让城市融入大自然，让居民望得见山、看得见水、记得住乡愁”。还提出要大力建设具有自然积存、自然渗透、自然净化特征的“海绵城市”。通过海绵城市建设，促使我国城市的70%降雨就地消纳和利用，既避免城市内涝，又节约用水。同时指出要加快城市“地下综合管廊”建设，推进城市环境的有效治理、综合治理。三是强调突出城市建设的文化品位与鲜明特色。提出“当高楼大厦在我国大地上遍地林立时，中华民族精神的大厦也应该巍然耸立”。对城市文化建设寄予很高期望，指出“城市文化是城市现代化的根基，是城市的气质、是城市灵魂”。“文化功能是城市的主体功能”，认为一座城市，不应该是“千城一面”，而应该是保护自然景观，传承历史文化，形态多样丰富，保持特色风貌。四是强调要牢固树立城市建设以人为本的思想。深刻指出城镇化进程中的核心必须是人，认为“城镇化不是土地城镇化，而是人口城镇化”“户籍人口城镇化率直接反映城镇化的健康程度”，强调要加快推进户籍制度改革，加快农村转移人口市民化步伐。

必须认真贯彻落实中央城市工作会议精神，坚持人民城市为人民的根本宗旨，以建设和谐宜居富有活力及各具特色的现代化城市为目标与工作导向，以“一个尊重、五个统筹”的基本思路为指引，作为江西城市功能与品质提升行动的根本遵循。要充分尊重城市发展的客观规律，尤其是要注意把握城市发展的新变化、新情况、新问题，因地制宜、因城施策，把握城市转型发展的方向，把城市外延的扩展与功能内涵的提升有机结合起来。要按照“五个统筹”要求，在全局性、系统性、可持续性、宜居性以及调动各方积极性方面，对城市空间、规模、产业三大结构，规划、建设、管理三大环节，改革、科技、文化三大动力，生产、生活、生态三大布局，政府、社会、市民三大主体，加强城市建设与发展工作的全面统筹、协调推进。

（二）基本要求

——要突出现代城市的产业承载功能，坚持以产兴城、以城促产，加快产城融合进程，形成产业布局与结构优化，产商住空间合理，城市基础设施配套与产业发展需求衔接的城市功能体系。形成省会城市与设区市中心城市分工协作的产业体系，明晰各城市主体的产业分工与布局，加大城市战略性新兴产业、高新技术产业和现代服务业发展力度，重视以科技创新引领城市产业的转型升级，尤其是要注重“三新”经济与产业变革的关系，寻找城市经济发展新增长极，培育和发展能够体现区域特色和竞争优势的产业体系，奠定产业兴城的坚实基础。

——要以绿色发展为主线，凸显江西城市建设与发展的绿色底色。现代城市建设应突出生态优先理念，以城市的地理地貌为依托，合理规划城市绿地与“绿肺”，坚持绿色发展理念，营造城市发展舒适空间，善于在城市建设中留白留空留绿。要让城市融入大自然，依托山水的自然脉络，打造别具特色的具有江西独特山水风格的新型生态绿色城市，为生态文明试验区建设做出积极贡献。着力建设美丽宜居城市，既要净化美化亮化城市的核心功能区域和重要展示窗口，还要关注城市小环境小区域的局部治理改造，对背街小巷“城市细部”存在的诸多问题开展综合整治，力求常抓不懈、常治常新。

——要充分体现城市建设以人为本的发展理念。提升城市功能与品质，根本目的就是满足人民对生活环境改善的更高期望，要从完善城市功能与提升服务品质的角度，合理布局城市的公共服务资源，尤其是要着力推动优质公共服务资源的均衡供给，让城市居民共享改革发展成果，进而改善城市居民的生活条件与品质。要着力建设和谐幸福与活力城市，让江西城市成为吸引八方人才的热土，就必须加快城市体制改革，如中心城市的户籍制度、养老医保制度等，让外来劳动者充分享受市民待遇，进而融入城市安居乐业。要突出设施配套，加强交通基础设施、地下综合管廊、环保和停车设施等领域的建设，整体提升城市综合承载能力，着力建设便捷舒适城市。

——要充分体现城市的文化内涵与底蕴，以文化人，以文塑城，构建充满人文气息、历史传承及文化品位的魅力城市。具备山水资源优势与条件的城市，其城市建设特色就应该充分突出自然风貌，以自然山水资源塑造绿色城市；具有典型地域文化特色的城市，则应充分展现地域风情与人文精粹，彰显城市独特风格与面貌；具有历史经典与文化传承的城市，则要借助传统经典塑造时代新风，打造具有影响力的城市品牌与形象，提升城市感知度和美誉度，着力建设特色魅力城市。

——要以城市治理能力现代化为抓手，突出城市科学管理、精细管理与人性化管理，提升城市管理效能与质量。要通过“互联网+”、物联网与智慧城市建设等信息化手段，加快城市治理的网络化与智能化，实现城市管理的便捷高效；要加强城市管理的地方立法建设，以法律与制度规范政府与公民行为，形成城市有序治理的法治环境，实现良性发展与循环；充分调动政府、社会与市民各方建设城市的积极性，促进城市管理主体的大众化，为城市治理体系和治理能力现代化奠定扎实基础。

（三）目标与任务

《江西省城市功能与品质提升三年行动方案》提出，将发挥生态优势、拓展红色文化内涵、彰显古色历史特质，着眼城城有特色、处处有风景，全力促进生产生活生态空间新融合，树立城市新风貌，凸显城市高品质，塑造城市好形象，展现城市新魅力，建设“美丽宜居、整洁文明”城市，力争全省城市功能与品质“一年有提升，两年上台阶，三年进一流”阶段性任务与目标，部署全面推动城市功能与品质提升的“八大行动”。

1. 确定三年行动目标

力求行动执行有力，每年都能见到变化与成效，三年大变样，以只争朝夕的气概推进城市功能与品质提升行动，通过实干抓出成效，实现“一年有提升、两年上台阶、三年进一流”。“一年有提升”就是要针对城市存在的突出问题，重点开展顽疾治理，营造良好的城市人居环境，建设让市民满意的城市；“两年上台阶”就是要补齐城市基础设施短板，完善城市功能设施，以提升江西城市的整体面貌；“三年进一流”则是提出较高的城市品质建设目标，须对标高质量跨越式发展“六大突破、三大提升”任务，提升城市服务江西经济社会高质量发展的平台支撑能力与水平，推动建设高标准的生态城市、智慧城市、文明城市。

2. 着力推进八大行动

为全面推进城市功能与品质提升，对应三年行动的目标任务与要求，江西将集中各方力量，着力开展提升城市功能与品质的八大行动（见表3）。

表3 “八大行动”及指标分解示意

行动类别	指标
治脏行动	2019年底中心城区道路机扫率达到85%以上，2021年底达到95%以上；2021年城市环卫保洁基本实现市场化
治乱行动	到2019年底，实现30%以上的背街小巷整治提升，到2021年实现全覆盖
治堵行动	到2020年，南昌市公共交通分担率提升到30%以上，其他城市中心城区公共交通分担率提升到20%以上；新建住宅停车场需按标准100%预留新能源汽车充电设施安装条件
功能修补行动	15分钟步行便民社区服务圈；2021年底设区城市全面建成污泥处理设施；到2021年城镇垃圾焚烧比例达到70%以上，跻身全国先进水平
生态修复行动	全面落实河湖长制；到2021年，城市建成区面积25%以上的达到海绵城市建设要求
特色彰显行动	打造一批在全国有影响的城市滨水空间和特色风貌街区
亮化美化行动	亮灯率达95%以上，建成一批精美的城市小品和雕塑
治理创新行动	开通数字城管App；力争到2021年新增两个以上全国文明城市，其他设区市全部创评为全国文明城市提名城市；到2021年国家卫生城市数量占城市总数的40%以上，国家卫生县城数量占县城总数量的20%以上；到2021年国家园林城市达到13个，国家园林县城达到15个，国家生态园林城市达到8个

资料来源：根据《江西省城市功能与品质提升三年行动方案》整理。

三年行动方案任务明确、目标定位也符合江西发展实际，能够体现城市高品质建设与管理的诉求及特色，对于提升城市综合发展能力与水平，增进人民群众生活福祉，具有直接的行动引领与促进作用，使“城市让生活更美好”期盼在江西大地上成为现实。

四 若干建议

江西城市功能与品质提升行动目标明确，任务艰巨，要有睿智、魄力与恒心破解城市高质量发展面临的诸多难题。省委提出“精心规划、精致建设、精细管理、精美呈现”，其实是对行动方案实施提出高标准的总体要求，三年提升行动是否能够取得成效，要看能否做到“四精”，对此提出以下几点建议。

（一）统一思想认识，突出重点有序推进

首先，全省必须深化思想认识形成共识，提升城市功能与品质是江西经济社会发展进入新时期的必然战略选择，是推动高质量跨越式发展，增强城市综合承载能力，提高城市品质与形象的重要举措，是大势所趋与民心所向，要汇集社会各方力量形成合力，凝心聚力于行动实施。二是提升行动是一项艰巨的系统工程，涉及城市建设与发展的方方面面，不可能毕其功于一役而快速取得亮眼成绩，必须久久为功，以抓铁有痕踏石留印的毅力与作为，按照三年行动方案分解的阶段性目标与任务，扎实推进“八大行动”，解决一批掣肘江西城市高质量、高品质发展的瓶颈问题，让城市更加美丽、更显魅力、更具活力。三是在整体推进中要突出核心与重点，尽管提升行动是对全省城市的整体要求，但在行动部署中必须要突出重点，尤其要确立行动的标杆城市，省会南昌市理应成为提升行动的引领者、示范者。南昌市城市功能与品质提升，要有大格局、大思路、大境界，要对标国际国内先进城市发展经验与模式，要体现城市功能与品质提升的整体性与先进性，成为其他设区市学习榜样。

（二）以“精心规划”为引领保障，提升城市建设层次与品质

一是要注意城市规划的统筹协调。城镇体系规划、城市总体规划、城市详细规划和各专业规划之间要相互衔接，而且城市规划要与国民经济和社会发展中长期规划、产业发展规划、土地利用总体规划和重大基础设施规划等相衔接，各类规划中有与高质量发展要求相悖的，应进行修编调整。二是要坚守规划的法规底线，保持规划执行的严肃性与稳定性。要科学决策与规划，因城施策、分类推进，坚决防止盲目攀比搞“一刀切”式的高标准城市建设，防止以提升城市品质为名搞政绩工程或房地产项目。三是要推动全

省城市功能规划与配置的合理化。如南昌市作为省会城市，拉大城市架构增强城市功能是首要选择，应统筹布局大南昌都市圈的发展格局，促进昌九一体化、昌抚一体化与南昌城区功能体系的衔接融合。要充分体现其产业引领者的角色作用，在对外开放平台、高新技术产业、商贸物流、金融、研发及大健康等领域确立主导地位；各设区市则围绕增长核心和“两轴驱动、三组团”区域发展布局，构建具有区域竞争优势产业体系。四是要把握城市发展规律，认识到品质是现代城市建设与发展的灵魂。要积极倡导“品质立城”理念，建设发展更有质量、更具文化品位、更富城市活力与魅力的六型城市（生态型、健康型、智慧型、宜居型、宜业型、宜游型），以高品质、高品位塑造现代城市品牌与形象。五是要以提升城市功能与品质为主线，构建一套科学合理、具有实操性与监督考核机制的城市品质建设评价体系，成为江西省提升城市功能与品质的方向指引与重要抓手，保障城市品质提升行动部署落实到位，卓有成效。

（三）以“精致建设”为发展理念，完善城市功能与效用

一是要注重城市功能的大提升，加快完善城市基础设施与公共服务设施，打造便捷高效舒适城市生活环境。切实提升城市治理能力与水平，深化环境综合整治，着力推进城市治理智能化、精细化建设，把城市“面子”建设与“里子”能力提升结合起来，软硬实力都得到增强。要统筹推进智慧城市、海绵城市、城市“双修”等专项行动。二是要构建系统化的城市公共空间，利用公共空间分割城市地区边界，形成明晰的城市功能区间。可分两大层面，第一层面利用绿带、绿色走廊、景观大道等，构建城市各组团之间的缓冲地带；第二层面通过广场、公园、绿地等，优化城市布局与肌理。三是要以文铸魂提升城市品位。要加强城市创意与设计，彰显江西山水人文特色，实现人、景、城和谐共存相互映衬。如赣州的客家文化、南昌的水文化等，要找到与城市品质提升同频共振的切入点，打造具有江西特色与人文风格的宜游宜居城市。我们正处于城市环境角力的大时代，创新创业环境成为城市竞争力的重要构件，江西省要为创新创业营造更优的发展环境，

才可能成为招才引智的高地。四是要大力促进产城融合。要促进城市产业布局与城市功能配套的融合，在空间优化上整合资源，形成产业、城市、人之间的有序协同发展格局。通过“拆笼腾地”，加快城市用地优化调整，通过“腾笼换鸟”，推动城市产业更迭与升级，为现代城市功能区的优化腾出充分的发展空间。要顺应产业集聚集群发展态势，强化城市综合承载能力，以园区支撑、产业配套和服务跟进，提升城市经济功能与效能，真正做到“以产促城，以城兴产，产城融合”。

（四）以“精细管理”为切入点，提升城市治理能力与水平

其一，着力建设生活舒适、治理高效、社会和谐的“宜居城市”。加快城市基础设施的配套完善，以提升城市治理能力与水平为抓手，促进城市生活环境与条件的改善，提升城市生活便利性与舒适性。重视社会组织和居民自治组织建设，构建和谐社区，提升城市社区自治与管理水平。加强城市保障性住房建设规划工作，形成多层次的住房保障和供应体系，以促进外来人员“市民化”转化。加快城市医保制度建设，构建完善的食品药品安全供给体系，营造高质量城市生活环境。以“换乘高效、绿色安全”为引领，着力构建城市立体公共交通运行网络，建成中部地区领先的现代公交示范城市。其二，建成居民认同有安全感与归属感，域外有美誉度的“幸福城市”。可以充分利用江西地域与资源特色，可在健康养生与养老方面，强化“幸福城市”的特色功能与定位，以“国际化、标准化、集约化”为导向，打造国际知名的疗养康复中心、养生休闲基地。其三，借全境建设生态文明试验区发展之势，本着“生态环境优美、经济绿色低碳”发展原则，在国内率先建成有影响力与吸引力的“生态城市”。加快对城市自然生态系统的修复，坚持生态友好、绿色低碳发展之路，以促进城市低碳减排为抓手，大力推动城市地下综合管廊与海绵城市建设。当前，江西省应以低碳社区建设为项目抓手，让绿色低碳城市建设深入人心，具体可从社区基础设施、楼宇建筑、运营管理、生活方式的绿色低碳化等方面，引导城市居民绿色低碳生活方式，自觉减少资源消耗与能源浪费。

（五）以“精美呈现”为创新点，提升城市形象与实力

一是要在城市建筑风格上体现特色与美感。城市形态给人第一印象与观感，后续才是城市生活方式、城市精神的体验。相信“千城一面”的城市景象不会让人有任何良好的记忆与遐想，更不会有浪漫的情愫。埃菲尔铁塔、大本钟就是让人记住巴黎、伦敦的地标性建筑，同时也与城市发展的历史文化紧密相连。在城市建筑设计上，要体现功能、外观、文化、品位的协调统一，既体现建筑个性又具有美学品性，通过植入文化基因、创意元素实现从规模城市到文化城市、品质城市的华丽转变，进而提升城市的文化竞争力。二是要坚持文化自觉和文化自信，传承和彰显赣文化特色，在更广视野、更深层次、更高起点上大力推进赣文化在城市建设上的创新发展。在推进城市品质提升行动上，要组合运用并打好红色、古色与绿色文化牌，如南昌市在城市文化建设方面具有全方位的优势，“红绿古”文化元素璀璨夺目，当前问题是项目建设的文化主题不鲜明，城市建设与文化衔接不充分，文化资源转化为经济资源还有待加强。三是打造具有江西特色的城市文化体系，提升城市软实力。推动城市功能与品质提升，同样也要做好“显山露水”的大文章，如南昌市古称豫章城，如果这个城市没有众多樟树点缀装扮，如何能够让人联想起南昌的历史底蕴与文化传承。还有南昌的洪州“水城”名号，江河湖泊的联结要呈现系统性、关联性，要让人看到滕王阁就联想到“秋水共长天一色”的赣江（古称豫章水）。四是要善于借势改造与美化城市。上海世博会、北京奥运会、乌镇世界互联网峰会等举办城市，通过举办具有全球影响力的大型展会活动，让城市的文化与创意品位得到极大提升，也促使城市建设向世界级水平看齐，迈上崭新的台阶。江西具有同样的契机与世界对话，如抚州的汤显祖国际戏剧节、南昌的世界 VR 产业大会、鹰潭龙虎山道文化国际旅游峰会等，都有可能在规模和成效上，引发城市品质化发展的高潮与城市文化的繁荣。

参考文献

吴菁、王纪洪：《江西全面推进城市功能与品质提升三年行动》，人民网，2018 年 12 月 12 日。

《江西省城市功能与品质提升三年行动方案》，中共江西省委、省人民政府办公厅，2018 年 12 月。

社评：《不断深化品质城市建设》，《中国城市报》2017 年 2 月 13 日。

王玉海、何海岩：《如何实现“人－产－城”的共生共轭》，《前线》2018 年 11 月 5 日。

冷静：《基于城市功能定位的青岛市“十三五”发展策略研究》，《青岛职业技术学院学报》2016 年第 6 期。

B.19
激发江西民营经济发展活力的政策机制研究

江西省社会科学院课题组*

摘　要： 民营经济是全省经济发展的源头活水，已成为全省国民经济的重要组成部分。在当前经济下行压力有所加大、外部环境发生深刻变化的大环境下，江西省民营经济发展总体呈现“五多五少”的主要特点，为增强全省民营经济发展的活力、韧性、创新力，助推江西实现高质量、跨越式发展，本文提出要深入落实《关于支持民营经济健康发展的若干意见》、打造民营经济转型升级试验区、打造民间资本市场准入示范区、打造民营经济发展环境优化样板区等对策建议。

关键词： 民营经济　“五多五少”　江西

习近平总书记在2018年11月1日民营企业座谈会上的讲话上强调发展非公有制经济“三个没有变”，精准指出了民营经济发展面临的困难，并提出了系统性解决方案，发出了大力支持民营企业发展的最强音，给民营经济发展吃了一颗“定心丸”。民营经济是全省经济发展的源头活水，已成为全

---

* 课题组组长：梁勇，江西省社会科学院院长、研究员，研究方向为区域经济。副组长：龚建文，江西省社会科学院副院长、研究员，研究方向为农村经济。成员：张宜红，江西省社会科学院应用对策研究室副主任、副研究员，研究方向为区域经济；盛方富，江西省社会科学院应用对策研究室助理研究员，研究方向为区域经济；马回，江西省社会科学院应用对策研究室助理研究员，研究方向为区域经济。

省国民经济的重要组成部分，在当前经济下行压力有所加大、外部环境发生深刻变化的大环境下，江西省民营经济发展同样遇到了一定困难，亟须增强全省民营经济发展的活力、韧性、创新力，助推江西实现高质量、跨越式发展。

一　江西民营经济发展的基本现状

在宏观经济发展步入增长速度“换挡期”、结构调整“阵痛期”的大环境下，江西省民营经济保持了稳中有进的势头，挑起了经济发展的大梁，已成为全省高质量、跨越式发展不可或缺的重要力量。

（一）总体规模保持增长

截至2018年6月底，全省民营经济完成增加值6004.16亿元，占GDP比重为59.3%；全省民营经济固定资产投资增长10.2%，占全部投资比重74.9%，其中民间投资增长11.7%，占全部投资的67.7%，对投资增长的贡献率为68.6%；全省民营经济上缴税金总额为1461.91亿元，同比增长33.5%，占全省财政总收入的64.2%。全省规模以上私人控股工业企业实现主营业务收入10878.9亿元，同比增长15.1%，高出全国平均水平5个百分点；从业人员158.1万人，同比增长3.5%，高出全国平均水平5.4个百分点；实现利润总额700.1亿元，同比增长11.9%。不仅如此，江西民营经济实现了从“个体少、实力弱”向“数量多、绩效优”的跃迁。2018年中国民营企业500强中，江西省有6家上榜，营业收入合计2185.91亿元。《江西省2018年度独角兽、瞪羚企业发展报告》显示，独角兽企业1家（孚能科技）、潜在独角兽企业1家（高创保安）、种子独角兽企业4家（好朋友科技等），总估值40亿美元；拥有瞪羚企业60家（工埠机械、金格科技等），2017年，60家瞪羚企业营收总额为406.21亿元，76.67%的企业营收规模过亿元。其中，最高收入104亿元，最低收入2288万元，平均每家6.77亿元，实现净利润31.8亿元，群体纳税总额达13.16亿元，

平均纳税额近 2200 万元；潜在瞪羚企业 30 家（欧菲光电等），近九成是民营企业。

（二）投资领域不断扩大

在新增投资来源方面，2017 年江西省 100 强民营企业仍然选择自有资金和银行借贷为主。65 家上规模民营企业依靠自有资金，61 家选择银行借贷。此外，引入战略投资者的企业共有 13 家。通过资本市场开展直接融资的企业中，有 9 家企业通过股票市场融资，有 4 家企业通过债券市场融资，上规模企业融资渠道多样。

在投资类型方面，江西省民营企业参与国家发展战略的热情高涨。2017 年，全省民营企业 100 强中有 58 家企业参与了污染防治攻坚战，有 34 家企业参与了乡村振兴战略，19 家企业参与了混合所有制改革。6 家企业已参股国有企业，2 家已控股国有企业，有 4 家国有资本入股民营企业，有 7 家企业选择与国企共同发起设立新企业。

在“走出去”方面，江西民营企业对外投资和进出口业务快速发展，民营企业已经成为江西省进出口贸易、对外投资的中坚力量。2018 年上半年，全省民营经济累计进出口达 1413 亿元，同比增长 8.99%，占全省进出口总额的 77.8%，其中，累计出口额 1185.9 亿元，同比增长 5.6%，占全省比重为 85.8%。同时，近年来江西省有 27 家上规模民营企业参与国际合作，18 家民营企业新增海外投资项目 39 个。值得一提的是，随着“一带一路”建设推进，民营企业的作用不断发挥，华坚鞋业埃塞俄比亚国际轻工业城、晶科能源马来西亚光伏产业园等一大批劳动密集型制造业项目，一张张响亮的“江西制造”名片沿“一带一路”迅速铺展开来。

（三）自主创新持续加大

据《2018 年江西上规模民营企业百强发展报告》显示，超过半数约有 63.4% 的上规模民营企业，年研发投入占营业收入的比重超过 1%，其中有 19 家超过 5%。与此同时，民营企业强化科技创新和成果转化，积极进入战略性新兴产业，据《2018 年江西上规模民营企业百强发展报告》显示，上规模民营企业共有 305 家企业投资战略性新兴产业，占上规模民营企业总数的 72.27%，其中以节能环保产业（101 家）居多，上规模民营企业进入较多的产业有节能环保产业、新材料产业、新能源产业、新一代信息技术产业等（见表 1）。此外，有 95 家上规模民营企业进入军品科研生产维修领域，占 22.51%。可见，民营企业在江西省转型发展、培育新动能，助推创新型省份建设中发挥了重要主体作用。

表 1　江西省上规模民营企业投资战略性新兴产业情况

战略性新兴产业名称	企业数量(家)	占上规模企业的比重(%)
节能环保产业	101	23.93
新一代信息技术产业	40	9.48
生物产业	24	5.69
高端装备制造产业	20	4.74
新能源产业	39	9.24
新材料产业	64	15.17
新能源汽车产业	17	4.03

资料来源：《2018 年江西上规模民营企业百强发展报告》。

（四）营商环境不断改善

近年来，从制约民营经济发展最突出问题、从民营企业家最期盼领域出发，遵照习近平总书记为非公有制经济发展“搬山开门”的重要指示精神，江西省委、省政府以“一次不跑”“最多跑一次”为牵引“放管服”改革作为推进供给侧结构性改革的重要内容，相继出台《关于深化行政审批制度改革的意见》《关于构建新型政商关系的指导意见》《关于加强作风建设优化发展环境的意见》《关于支持民营经济健康发展的若干意见》《关于金融支持民营经济发展的若干措施》等一系列政策措施，加速“放管服”改革，营商环境不断优化，取得积极成效。2018 年，江西省省本级行政权力事项精简率达 82.5%，累计取消调整证明事项 315 项，1233 项政务服务事项实现“一次不跑”或“只跑一次”，比2017年增加1060项。打造“四最”营商环境，“赣服通”开通运行，203项高频服务事项可“掌上办理”；实现“39证合一”，企业注册登记时间压缩至5个工作日；2015～2018年，江西连续四年组织开展“万名干部进万企活动月”帮扶活动，助推全省民营经济发展，全省参加帮扶活动的干部共有近4万人次，走访民营企业超3万家，解决企业困难近2.6万个。

（五）产业结构持续优化

2017年上规模民营企业仍集中在第二产业。491家上规模民营企业属于第二产业的有401家，占比81.67%；属于第一产业的有26家，占企业总数的5.3%；属于第三产业的有64家，占比13.03%。

从入围的江西省民营企业100强来看，仍以制造业为主导。2017年，共有65家制造业企业入围民营企业100强，与2016年入围企业数量保持一致。制造业营业收入占比稍低，营业收入仅占上规模民营企业63.15%，吸纳就业人数仅占53.96%。

建筑业和医药制造业表现突出，2017年，上规模民营企业前十大行业共278家企业中，有64家企业集中于有色金属冶炼和压延加工业，42家集中于建筑业。

二　江西民营经济发展面临的难题

尽管江西民营经济的发展保持着良好态势，但从整体上来看，受市场需求不旺、成本上升较快、融资难度较大等问题的困扰，江西省民营经济在追求高质量发展过程中依然存在着一定的困难与问题，具体表现为“五多五少”的特点。

（一）“个小体弱”多，“量多质优”少

改革开放40年来，江西民营经济如雨后春笋般快速崛起，民营企业数

量快速增加。截至 2018 年 6 月底，全省民营企业占所有企业比重达近 90%，民营经济贡献了全省 64.2% 的税收、59.3% 的 GDP、67.7% 的投资、85.8% 的出口，成为江西省经济发展的重要组成部分。

然而，民营企业呈现“个小体弱”多与“量多质优”少并存的现实。江西没有一家过千亿元民营企业，2017 年省内主营业收入最高的正邦集团（663.53 亿元）也不到 700 亿元，而江苏省有 10 家、浙江有 7 家、福建省有 5 家。江西省只有 6 家上榜 2018 年中国民营企业 500 强，与浙江、江苏等东部沿海发达地区，以及周边福建省、湖北省等差距明显（见表 2）。

表 2　2018 年中国民营企业 500 强区域分布

排名	区域	数量(家)	排名	区域	数量(家)
1	浙江省	93	11	重庆市	14
2	江苏省	86	12	四川省	8
3	山东省	73	13	湖南省	7
4	广东省	60	14	天津市	7
5	河北省	24	15	内蒙古	7
6	福建省	20	16	江西省	6
7	上海市	18	17	辽宁省	6
8	北京市	15	18	山西省	5
9	河南省	15	19	陕西省	5
10	湖北省	15	20	安徽省	4

资料来源：根据中商产业研究院资料整理。

（二）“被动追赶”多，“主动转型”少

为改造升级传统产业、加速布局新兴产业，江西打出经济转型升级的“组合拳”，出台《关于加快发展新经济培育新动能的意见》，为新技术、新产业、新业态、新模式加速涌现增添强劲动力。2018 年，江西装备制造业增加值增长 15.2%、高新技术产业增长 12.0%、战略性新兴产业增长 11.6%，均快于规模以上工业增加值增速（8.9%）。

然而，江西民营企业“被动接纳新技术”的多，主动布局新产业的少。全省传统产业占工业比重约70%，传统产业链条中中低端产业占比约70%，而中低端领域又以中小微民营企业为主体。作为民营企业创新创业典型代表的“瞪羚企业”，根据《江西省2018年度独角兽、瞪羚企业发展报告》显示，江西省只有孚能科技1家独角兽企业，其估值为29.85亿美元，说明江西省缺乏像华为、娃哈哈等“独角兽企业”引领民营经济发展。

表3　2017年全国164家独角兽企业区域分布

排名	区域	数量(家)	排名	区域	数量(家)
1	北京	70	11	无锡	1
2	上海	36	12	镇江	1
3	杭州	17	13	珠海	1
4	深圳	14	14	宁德	1
5	武汉	5	15	成都	1
6	香港	4	16	东莞	1
7	广州	3	17	宁波	12
8	南京	3	18	沈阳	1
9	天津	2	19	丹阳	1
10	苏州	1			

资料来源：根据科技部发布的《2018年中国独角兽企业发展报告》整理。

（三）“低端集成”多，“智能制造”少

民营经济是江西强化企业创新能力、撬动产业升级的重要抓手。

然而，深入分析不难发现，江西民营企业在创新发展上“低端集成”的多，真正实现从“劳动力密集生产”转向“智能制造”的少。2016年，全省智能装备产业实现主营业务收入约为150亿元，仅为上年度湖北的17.6%、安徽的18.7%和湖南的45%，特别是机器人产业主营业务收入不到1亿元（见图1）。尽管南昌大学、南昌航空大学、洪都国际机电自主研

制的焊接机器人、割草机器人达到国内领先水平，但尚未形成规模化生产能力。

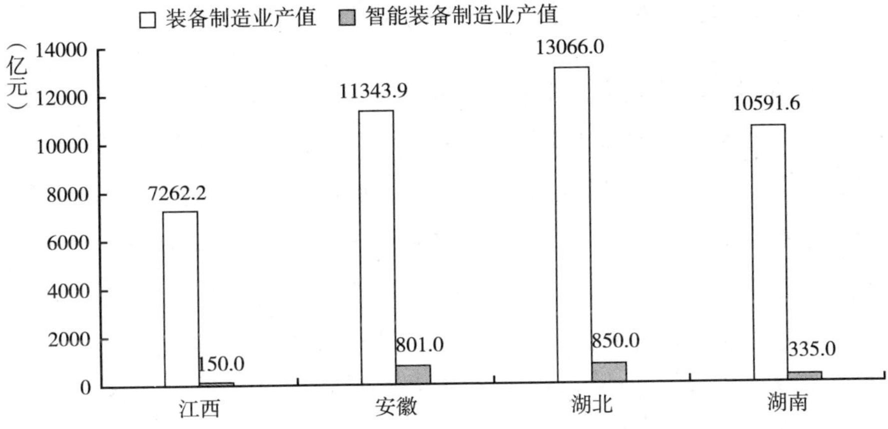

图1　中部省份装备制造业和智能装备制造业产值对比

注：除江西数据为2016年外，其余均为2015年数据。

（四）“普惠政策”多，“精准施策”少

近年来，江西出台《关于进一步降低企业成本优化发展环境的若干政策措施》，不断升级惠企政策“套餐”，至22条降成本补充意见，有效减轻民营企业负担，2017年全年为企业减负1135亿元的基础上，2018年再为企业减负约1200亿元，释放了民营企业发展活力。

然而，在调研中发现，不少支持实体经济、降低企业成本的好政策，因“后天缺乏”“后天失调”等原因不少处于“休眠”状态。处于产业链中下游的民营企业，受制于门槛、规模等条件的限制，往往难以享受到切实管用的政策。受原材料价格、人工、土地、物流等刚性成本不断上升影响，2018年全省每百元主营业务收入成本（86.61元）仍然高出全国平均水平（83.88元）2.73元。2018年以来，由于供给侧改革以及环保等一系列因素，原材料价格持续上涨，而处于行业中下游的民营企业普遍溢价能力较

弱，短期难以通过涨价的方式向消费者传导成本上涨，致使民营企业利润空间日益缩小。

（五）“稳步推进”多，“全面保障”少

在推进营商环境优化过程中，“稳步推进”的多，积极主动、全面保障的少，进而导致江西省民间投资增速下滑明显。2018 年，江西民间投资增长仅 12.5%，与安徽、福建、湖南等地相比差距明显（见表 4）。深究背后原因：一是部分干部不敢“亲近”民营企业。党的十八大之后，面对从严治党的高压态势，一些干部在工作中瞻前顾后，信奉“只要不出事，宁愿不做事”，工作中怕担责不敢积极作为、怕犯错不敢“亲近”民营企业等情况不同程度存在。二是政务环境不尽如人意使民营企业不想投。审批时间长、手续烦琐的沉疴没有完全去除。此外，当前省内政府采购的一些条件设置将不少民营企业挡在了门外，在一定程度上阻碍了民间投资。三是发展资源游离于民营企业之外。2018 年 5 月末，全省民营企业新增贷款占 12.53%，同比仅提高 0.53 个百分点，而同期国有企业新增贷款占比达 87.77%，同比提高 3.5 个百分点，投向实体经济的资金主要流向国有企业。四是民营企业家投资信心受阻。受国际保护主义抬头、中美贸易摩擦升级的影响，作为江西省出口和对外投资重要主体的民营企业受到一定冲击，并且叠加不良舆论环境影响，干扰了民营企业投资信心。

表 4　江西与其他省份民间投资增速情况

单位：%

	2017	2018 年		2017	2018 年
江西	13	12.5	湖南	14.5	25.2
安徽	7.1	18.5	福建	18.6	20.0
江苏	9.5	10.8	陕西	10.8	23.5

注：福建、陕西是 2018 年 1～10 月的数据。

资料来源：根据各省统计公报整理。

三　推动江西民营经济发展的对策建议

（一）深入落实《关于支持民营经济健康发展的若干意见》

“一分部署，九分落实”。加快落实《关于支持民营经济健康发展的若干意见》，给予民营企业与国有企业一视同仁的待遇，发挥百亿元民营经济发展政策性救助基金的作用，帮助一些有市场、符合江西省产业发展重点方向、目前存在一定困难的产业龙头、就业大户、战略新兴行业等关键重点民营企业，提振民营经济发展信心，激活民营经济发展活力。

（二）打造民营经济转型升级试验区

一要制定出台有利于民营企业发展的产业政策。一方面，对江西省优势产业领域内民营企业，制定更具针对性、更大支持力度的产业政策，及时兑现省级新能源汽车补贴并加大补贴力度，加大中国（南昌）中医药科创城建设力度；加大民营企业发展大数据、智能制造、VR、互联网金融等新经济的支持力度。另一方面，产业政策调整要给企业留一定缓和期和空间，提高可预期性，招商引资政策对本地企业与外地企业一视同仁，避免“招来女婿气走儿”，确保公平性。二要引导民营企业融入江西省重点产业链，分享产业链价值增值收益。加大对民营企业技改投入，加快淘汰落后产能，改进生产工艺和流程，引领民营经济向中高端产业布局和转型。根据全省产业转型升级需要，强化民营经济创新分类指导与重点扶持，着重引导民营经济涉入航空、中医药、电子信息和新型光电、新能源新材料、新能源汽车、人工智能、可穿戴设备等新兴产业的产业链若干增值环节，推动集群式发展。

（三）打造民间资本市场准入示范区

一要下更大力气降低民间资本进入重点领域的隐性障碍。以“法无禁止即可入”为原则，加快建立行业准入负面清单制度，取消各类阻碍民间投资进入基础设施和公用事业等重点领域的隐性门槛，市场准入负面清单以外的行业、领域、业务，各类市场主体均可依法平等进入，强化事中事后监管。二要加强政府与民间资本合作。按照同等标准、同等待遇支持民营企业参与 PPP 项目，每年面向民间资本集中推介一大批商业潜力大、投资回报机制明确的 PPP 项目，支持引导民间资本参与投资基础设施和教育、医疗、养老等非营利性公益项目，支持民间资本控股。三要支持民间资本参与国有企业混合所有制改革。探索合资新设、增资扩股、股改上市等多种国有企业混合所有制改革形式，引导国企调整产业布局，最大限度地为民资在一般性竞争领域腾出投资空间，让民资在不同层次上进入国资垄断行业。

（四）多措并举破解民营企业融资难题

一要创新金融服务民营经济考核机制。根据民营经济在 GDP、税收、就业、环保等方面的贡献率，确定各类金融资源对民营经济的支持系数和额度，并纳入银行业考核体系。二要加快推进普惠金融发展。支持大型商业银行对民营企业的贷款增速不低于各项贷款增速，同时要加快推进普惠金融发展，重点支持“博金贷”等互联网金融，支持符合条件的民营企业发起设立和参与组建民营银行等金融机构，把中小企业融资难题交给民营金融机构解决。三要创新金融支持民营经济方式。细化和落实授信尽职免责办法，出台“民企债券融资支持工具”民营企业白名单，推广银税互动模式，鼓励符合条件的民营企业发行企业债券，严格落实存贷、应收账款、知识产权（专利、商标、著作权）等质押贷款；对符合上市要求的民营企业，优先纳入“映山红行动”中，加快其上市融资步伐。四要进一步降低民营企业融资成本。规范和清理贷款中间环节收费，清理不必要的“过桥”环节，支持银行业金融机构合理提高无还本续贷业务在小微企业贷款中的比重，降低融资成本。进一步扩大“财园信贷通”“惠农信贷通”“小贷银保通”等融资产品规模，推广“无间贷款”“连连贷”等续贷模式，简化续贷程序，支持正常经营的小微企业融资周转“无缝衔接”。

（五）打造民营经济发展环境优化样板区

一要继续打好降成本优环境“组合拳”。优化完善降成本优环境“130条”政策措施，严格落实《关于进一步降低实体经济企业成本补充政策措施》，进一步落实国家减税降费政策，持续降低企业税费、融资、物流、用工、用能、用地等生产运营成本负担，最大限度发挥政策集成效应。二要严格落实《关于加强作风建设优化发展环境的意见》。加大“只进一扇门”“一次不跑”“最多跑一次”改革力度，深化以“放管服”为重点的政府改革，加快推进“互联网＋政府服务”，深入开展证明材料清理行动，推行“证照分离”改革试点。三要尽快出台惩戒“为官不为”、激励“为官有为”的意见。因地制宜明确政商交往“正面清单”与“负面清单”，规定政商交往界限，建立省、市、县三级政府主要负责同志与企业家面对面协商机制，推广企业首席服务官制度，构建政商来往常态化、制度化的新机制。

（六）支持民营企业培育和引进人才

一是探索实施赣商培训工程。借鉴全国工商联的做法，由省工商联、中小企业局牵头，定期或不定期分别组织对大中小企业家进行培训，提供其市场研判、政策分析、产业发展、参观考察等方面内容的学习培训。二是支持民营企业大力引进高层次人才。对接江西省重点优势产业需求，支持符合条件的民营企业设立重点实验室、申报博士后科研工作站、博士后创新实践基地，吸引更多的高层次人才进入民营企业，并同等享受相应的人才待遇。三是加大民营企业技能人才培养力度。实施“技兴赣鄱”专项行动，依托江西省大型骨干民营企业，建设示范性高技能人才培训基地，支持民营企业推行特级技师、企业首席技师制度，将其纳入江西省职称系列并享受相应的待遇。

（七）探索实施民营企业家护航行动

一要弘扬企业家精神。继续举办世界赣商大会，打响“赣商”品牌，弘扬新时代赣商精神；鼓励将江西省知名优秀企业家写进县志，加大对其宣传力度，定期发布江西民营企业社会责任报告，营造宣传重商的社会文化氛围。二要加大民营企业产权保护力度。探索建立企业免责制度，在不违背整体法治精神的前提下，对民营企业历史经营活动中的“五险一金”缴纳不规范、历史避税问题、不规范的劳动用工等违法问题有条件地从轻或不处罚，引导民营企业逐步规范经营行为。建立知识产权案件快审机制，推进知识产权民事、刑事、行政案件“三审合一”。三要继续建立企业信用评价和“红黑榜”发布制度。加大“法媒银”平台对民营企业家信用的监管力度，实施守信联合激励和失信联合惩戒，让守信企业在市场中获得更多机会和实惠。四要加大司法服务民营经济的力度。进一步加大智慧司法建设力度，加强顶层设计和总体规划，出台更多更实举措，严格依法规范办案，统筹推进大数据融合共享、智能辅助办案系统建设，为民营经济健康发展营造良好法治环境，助推江西高质量跨越式发展。

参考文献

臧跃茹等：《营造良好环境　激发民营经济发展新动能》，《经济日报》2018 年 10 月 19 日。

中共江西省委、江西省人民政府：《关于支持民营经济健康发展的若干意见》，http：//jx. ifeng. com/a/20190108/7150671_ 0. shtml. 2019 年 1 月 8 日。

江西省工商业联合会：《2018 年江西省上规模民营企业调研分析报告》，http：//www. sohu. com/a/278010426_ 223724. 2018 年 11 月 26 日。

范嘉欣：《为民营经济发展“撑起一片天”》，《江西日报》2018 年 11 月 29 日。

江西省工商业联合会、江西省社会科学院、江西省民营经济研究会：《2017 年江西民营经济发展报告》，江西人民出版社，2018。

B.20

江西打造万亿元产业的突破路径与政策建议

龙晓柏　何雄伟*

摘　要： 当前，江西正全面实施“2+6+N”产业跨越式发展五年行动计划，推动制造业整体跃升。电子信息、有色金属作为江西省最具发展优势的主导产业，无疑是全省产业实现跨越式发展的引擎。在“十三五”时期推动全面深化改革、供给侧结构性改革背景下，研究如何高质量打造江西过万亿元产业应是具有重大战略价值的系统性课题。本文基于规范的研究方法，在充分调查与系统评价论证的基础上，结合国家政策的总体形势，提出江西省高质量打造电子信息、有色金属两大过万亿元产业的科学对策。

关键词： 过万亿元产业　产业发展　江西

当前，江西正全面实施“2+6+N”①产业跨越式发展五年行动计划，推动制造业整体跃升。电子信息、有色金属作为江西最具禀赋优势和战略引导性的支柱产业无疑是江西产业实现跨越式发展的引擎。在“十三五”时期

---

* 龙晓柏，江西省社会科学院副研究员，博士后，研究方向为应用经济学、工业经济；何雄伟，江西省社会科学院《企业经济》副主编，副研究员，研究方向为区域经济、生态经济等。

① “2+6+N”产业跨越式发展行动计划指：江西力争用5年左右时间，打造有色、电子信息2个万亿元级产业，装备、石化、建材、纺织、食品、汽车6个5000亿元级产业，航空、中医药、半导体照明（LED）、物联网、虚拟现实、节能环保等N个千亿元级产业。

推动全面深化改革、供给侧结构性改革背景下，研究如何高质量打造江西电子信息、有色金属两大过万亿元产业应是具有重大战略价值的系统性课题。

一 江西打造万亿元产业的基础与优势

（一）禀赋优势

1. 区位优势

从区位条件看，江西处于长三角经济区、粤港澳大湾经济区与海西经济区的腹地，距上海大都市圈、广深城市群、福厦、南京、武汉等大城市群在高铁 2 小时经济圈的范围。江西不仅叠加多个经济区、城市圈的经济辐射，还是离港澳台最近的内陆省份。随着我国沿海区域经济发展结构的日趋升级，产业在区域间的梯度转移需求快速增加，江西对内对外开展产能合作、承接产业转移的区位优势十分明显。

2. 自然禀赋条件

从自然条件看，江西生态资源丰富，目前森林覆盖率稳定在 63.1%，绿色生态是江西最大的优势、最大的品牌。江西矿产资源非常丰饶，尤其有色金属资源在全国乃至全世界都占据很大比重。其中，稀土、钨、铜、钽铌、铀被称为江西的“五朵金花”，钽铌矿、锂云母矿资源储量居全国第一。

3. 政策优势

从政策禀赋看，江西不仅拥有“一带一路”建设、长江经济带和原中央苏区振兴等国家发展战略平台，而且也具有赣江新区、鄱阳湖经济生态区、绿色金融改革创新试验区等国家特色创新政策优势，是我国承东启西、中部崛起战略的重要支撑。

（二）发展基础与潜力

1. 传统优势产业具有竞争力，新兴产业发展迅速

从传统优势产业看，江西有色金属冶炼和压延加工业、石化、钢铁、纺

织服装、食品建材等传统制造业发展基础雄厚，在全国以及国际具有竞争力，2018 年全省钢材增长 7.9%，化纤增长 23.7%。

从战略性新兴产业看，电子信息、生物医药、通用航空制造、新能源制造、新材料、先进装备制造等近年来发展迅猛。2018 年战略性新兴产业增加值增长 11.6%，比规模以上工业高 2.7 个百分点，占规模以上工业增加值的 17.1%。其中智能手机产量增长 10.6%，多晶硅增长 30.3%。

2. 围绕优势产业，形成了集群式园区经济

近年来江西各地区的优势产业逐渐做精做细，以此形成一批具有集聚效应的特色产业园区。全省 100 个工业园区，一半以上已经形成特色产业集群，形成了“一园一特色”产业布局。

目前南昌高新区、南昌经开区、九江经开区、南昌小蓝经开区已迈入千亿元级开发区，2018 全年主营业务收入过百亿元的开发区 65 个，其中超 200 亿元的开发区 44 个，超 500 亿元的开发区 12 个。

3. 产业技术进步明显，产业创新能力增强

在技术进步方面，江西以大力推进现代制造技术产业化为核心，充分调动了自身科技创新服务实体经济的能力。江西围绕优势产业打造建设了赣州钨和稀土新材料、抚州国家精细化工、景德镇直升机等近 30 个国家级高新技术产业化基地。

2018 年全省研究与试验发展（R&D）经费支出占 GDP 的比重为 1.4%，比上年提高 0.12 个百分点。截至 2018 年底，共有国家工程（技术）研究中心 8 个，省工程（技术）研究中心 346 个；国家级重点实验室 5 个，省级重点实验室 181 个，成为全省产业创新升级的重要技术开发载体。

当前江西虽然已有 11 个产业规模过千亿元，但产业综合规模实力在全国处于中游水平，产业发展潜力并未得到充分释放。江西要真正成为工业强省，必须加快培育和打造具“极核带动效应”的万亿元规模产业。在供给侧结构性改革背景下，基于江西产业的现实基础与高质量发展目标，江西省委省政府在 2018 年提出了“2 + 6 + N”产业跨越式发展行动计划，即江西

力争用5年左右时间，充分发挥禀赋优势和后发潜力，着力打造电子信息、有色金属2个万亿元级产业。

二　江西电子信息产业超万亿元任重道远

（一）江西电子信息产业的发展现状

1. 电子信息产业总体规模不断壮大

“十二五”以来，江西电子信息产业呈现快速增长势头，年均增速保持在20%～30%区间。2017年，江西电子信息产业（包括电子信息制造业、软件业、锂电和光伏制造四大行业）规上主营业务总收入3767.4亿元（见图1）。

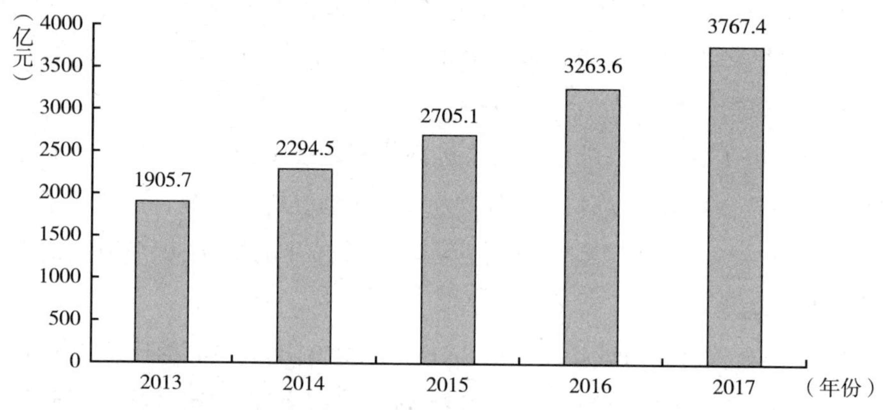

图1　江西省电子信息产业规上主营业务总收入增长情况

资料来源：江西省工业和信息化厅。

2. 重点行业呈现快速增长的运行态势

（1）电子信息制造业发展迅速

2018年，江西电子信息制造业主营业务收入2844亿元；其中实现利润166亿元，增长75.12%。通信设备制造业、半导体产业（LED）、数字视听制造业的主营业务收入分别为850亿元、549亿元、487亿元，这三大电子

信息制造行业的主营业务收入总计超过 1800 亿元，产值规模占全省电子信息制造业 65% 以上。

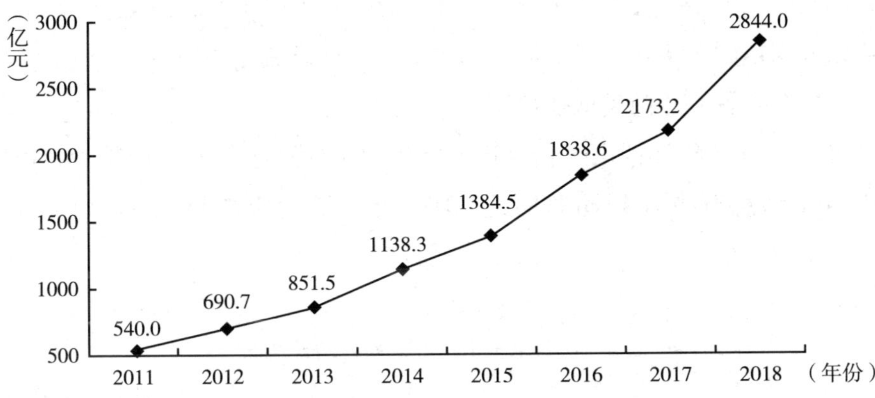

图 2　江西省电子信息制造业规模增长情况

资料来源：江西省工业和信息化厅。

（2）软件业、锂电和光伏产业增长稳定

近五年软件业、光伏和锂电制造业在全省电子信息产业中的占比相对比较稳定。2017 年，江西软件业、光伏制造和锂电产业主营业务收入分别为 185 亿元、1089.6 亿元和 319.6 亿元，分别增长为 17.0%、16.0%、27.6%。光伏制造和锂电产业产值合计占 35% 以上，是全省电子信息产业增长的重要支撑（见表 1）。

表 1　江西电子信息产业发展结构情况

单位：%

年份	电子信息制造业	软件业	光伏制造	锂电业
2013	44.68	5.14	42.48	7.70
2014	49.61	5.23	38.01	7.15
2015	51.18	5.25	37.27	6.30
2016	56.34	4.84	30.98	7.84
2017	57.68	4.91	28.92	8.48

资料来源：江西省工业和信息化厅。

3. 主要经济效应指标呈现良好运行态势

第一，江西电子信息制造业的企业数和就业人数在稳步增加。2017 年全省规模以上电子信息企业个数超过 910 家，其中电子信息制造业、软件业企业数分别达到 575 家、187 家。2017 年电子信息制造业从业人员为 23.36 万人，居全省各工业门类就业数第二位。

第二，2017 年江西电子信息产业利润总额达 263 亿元，增长 15.50%，其中电子信息制造业利润总额达 131.7 亿元，比上年增长 17.69%（见表 2）。

表 2　江西电子信息产业利税增长情况

单位：亿元

年份	电子信息制造业	软件业	光伏制造	锂电业	合计
2013	60.0	9.2	67.1	13.9	150.2
2014	74.4	11.0	72.7	15.0	173.1
2015	92.0	14.0	82.4	13.6	202.0
2016	111.9	12.0	81.0	22.8	227.7
2017	131.7	20.0	78.1	33.2	263.0

资料来源：江西省工业和信息化厅。

4. 电子信息制造产业集群效应日益形成

全省已建立国家级电子信息产业示范基地 2 个、省级产业基地 5 个，形成了 10 个以上各具特色的电子信息产业园区，全国前五位的手机代工生产（ODM 型）企业进驻全省制造中心南昌。同时，产业组织结构形态在逐步强化，江西超百亿元的电子信息制造业企业达到 4 家。

京九（江西）电子信息产业带呈现了强大的产业集群带动效应，京九（江西）电子信息产业带目前占全省电子信息制造业的比重超过 80%（见表 3）。

（二）江西电子信息产业发展的主要问题

1. 产业规模仍不足，与发达省份差距大

第一，从主营业务收入看，目前江西不仅与广东、浙江、福建等长珠闽

表3　2017年京九电子信息产业带（电子信息制造业）空间分布情况

地区(设区市)		代表性园区	主营业务收入（亿元）	占全省比重（%）
京九电子信息产业发展带	南昌	南昌高新区（软件园、LED光电） 南昌经开区 临空经济区	792.07	36.45
	赣北地区（九江）	九江经济开发区 共青城	140.38	6.46
	赣中地区（吉安）	井冈山经济开发区 泰和、安福	607.52	27.96
	赣南地区（赣州）	赣粤电子信息产业带（赣州经开区、章贡区、信丰、南康、龙南）	237.86	10.95
合计			1777.83	81.81

资料来源：江西省工业和信息化厅。

沿海毗邻发达省份在总量规模上差距不少，而且与中三角的湖北、湖南相比在软件业领域也有一定的距离（见表4）。

表4　2017年江西与毗邻省份电子信息产业总体规模比较情况

单位：亿元

区域（省份）		计算机、通信和其他电子设备制造业	软件业	电气机械和器材制造业（含光伏、锂电、光电传输制造等）	合计
江西		2106.74	106.62	3108.39	5321.75
长珠闽沿海	广东	36737.28	9681.21	13231.14	59649.63
	浙江	3687.40	4340.42	6418.68	14446.50
	福建	3618.39	2496.52	1933.68	8048.59
中三角	湖南	2055.25	454.88	1808.27	4318.40
	湖北	2135.97	1531.19	1974.58	5641.74

资料来源：各省统计局，软件业数据来源于国家工业和信息化部。

第二，从主要产品产量看，江西与多数毗邻省份比，电子制造产品的产能总量处于劣势，特别是计算机、集成电路的产能几乎是空白（见表5）。

表5　2017年主要电子信息制造工业品产量情况分析

区域(省份)		移动通信手持机(万台)	微型计算机设备(万台)	集成电路(万块)	彩色电视机(万台)
江西		3837.68	—	—	30.30
长珠闽沿海	广东	80076.30	3778.86	262.51	7904.01
	浙江	5495.71	186.41	79.88	609.64
	福建	578.25	998.42	2.24	953.30
中三角	湖南	571.73	32.47	4.35	5.88
	湖北	4784.69	1279.75	0.01	16.00

资料来源：国家统计局。

2. 产业链不完善，自主可控的高端核心技术掌握不足

第一，江西的电子信息制造业大多起源于外部转移，产业根植性差，并且主要处于产业链的中下游。核心技术受制于人，关键零部件、重要材料和专用设备基本依赖进口或从省外调入，如移动通信终端行业存在严重的“缺芯少屏”现象，特别是磁性材料、存储设备、操作系统、集成电路和新型元器件等高技术含量生产环节薄弱，无法形成完整的产业链协同效应。

第二，产业化公共应用平台基础薄弱。江西目前仍无法实现本地移动智能终端的工信部入网认证及3C测试和认证，全省尚缺乏国家认可的LED公共检测平台，VR、汽车电子、硅衬底LED等细分产业孵化器平台较为薄弱。

3. 江西电子信息产业的空间布局不均衡，空间集聚效应不强

第一，从全省总体布局分析，电子信息制造业呈现京九（江西）电子信息产业带“一带独大”现象，尤其南昌、吉安两地集聚了全省电子信息制造、软件产业规模的65%以上，其余设区市发展整体缓慢。第二，光伏、锂电产业主要集聚在赣东赣西，那里集中了全省85%以上的光伏、锂电产能（见表6）。

4. 产业资金瓶颈问题突出，投融资模式创新力弱

第一，由于江西大多数电子信息制造企业都是通过招商引资入驻，一般采取“本土园区负责建设标准厂房，外来企业带入项目及技术资本”模式，

“轻资产、重资本”现象严重，落户企业可抵押物少，企业创新融资模式受到限制，这导致企业后续正常产业化经营面临巨大的资金压力。第二，电子信息制造业具有产业技术革新快的特点，但目前江西战略性新兴产业风险资本发展滞后，资金保障的缺乏制约江西电子信息企业研发、产品前沿化的创新进程。

表6 2017年全省电子信息产业空间分布情况

地区(设区市)	电子信息产业(电子信息制造业、软件、光伏、锂电)		其中			
			电子信息制造业、软件业		光伏、锂电	
	主营业务收入(亿元)	占比(%)	主营业务收入(亿元)	占比(%)	主营业务收入(亿元)	占比(%)
京九(江西)电子信息产业发展带(南昌,九江,吉安,赣州)	2174.72	55.89	1959.19	82.88	215.23	14.09
赣西地区[萍乡、新余、宜春(含丰城市)]	834.40	21.44	217.56	9.20	616.84	40.39
赣东北地区(抚州、上饶、景德镇、鹰潭)	882.20	22.67	187.06	7.91	695.14	45.52
合计	3891.03	100	2363.81	100	1527.21	100

资料来源：江西省工业和信息化厅。

（三）江西电子信息产业超万亿元的规划目标和突破思路

现阶段江西省应充分利用电子信息产业发展的国内外机遇，发挥后发禀赋优势，加快实施“产业规模倍增化，供给质量高端化”的战略举措，争取尽快实现电子信息产业超万亿元目标。

近期目标：到2020年江西应在巩固壮大传统优势电子信息产业基础上，大力培育高端战略电子信息产业，拓展新的产业增长点。加快培育移动通信智能终端、半导体照明、印制电路板（PCB）等千亿元级主导产业，京九（江西）电子信息产业带空间集聚科学成型。全省电子信息产业总量规模力争突破6000亿元。

远期目标：到2025年江西电子信息产业进入高质量发展阶段，京九（江西）沿线力求建成世界级电子信息产业带，一批“江西智造”电子信息自主品牌具有国际影响力，江西成为中部电子信息产业创新引领区和核心制造区。全省电子信息产业总量规模迈入万亿元级。

1. 壮大新一代电子信息制造业，培育“雁阵型”增长模式

江西应聚焦四大重点领域，加大建设电子信息产业生态圈的投入，战略布局新一代电子信息制造业：一是巩固壮大半导体照明、印制电路板（PCB）、新型光电显示、电子材料等基础电子制造业；二是培育集成电路（IC）、智能传感器等智能感知制造业；三是创新拓展移动通信智能终端、VR、智能家居、汽车电子等新型智能终端；四是以软件开发、大数据、物联网、云计算等为重点，大力发展应用电子解决方案、工业软件、生产性信息服务，培育新的增长点。

加强集成创新，形成一批产业带动力强、关联度大的战略性电子产品集群，尤其率先壮大移动通信智能终端、半导体照明、印制电路板（PCB）、虚拟现实四大千亿元级主导产业，培育若干500亿元级骨干产业（包括新型光电显示、电子材料、智能家居、汽车电子等）。同时鼓励企业加强资源整合，做大10家以上具有国际竞争力和品牌优势的超100亿元骨干企业，做优一批“专精特新”关联型群集企业，重点挖掘和培育“瞪羚型”“独角兽”电子科技企业。

2. 调整和优化产业布局结构，着力构建“一带两翼”型电子信息产业空间发展格局

依托突出的交通区位，支持京九经济带沿线南昌、吉安、赣州、九江等中心城市发挥创新资源密集优势，支持先行先试，建设具有中部特色的电子信息研发集聚中心和高端制造基地，争取中长期把京九（江西）电子信息产业带打造成世界级电子信息产业集群。

同时以赣东（上饶、抚州）和赣西（宜春、新余）为两翼，重点发展光伏、智能传感制造、锂电产业，对江西电子信息万亿元产业发展格局形成

有效支撑。

3. 推动产业融合互动发展，培育产业内源性动力

第一，支持江西加强产业链各环节的协调互动，引导和支持创新要素向企业集聚，重点突破通信制造、云计算、先进半导体、新型显示等新一代信息技术，推动电子信息产品制造、软件开发、通信服务的融合创新和互动发展。

第二，江西应培育内源性产业动力，促进产业做大升级。政府可以通过鼓励技术创新使产业链向两端延伸，在保持低端产品或生产环节竞争力的同时，着力增强中高端产品或生产环节的国际竞争力，在技术密集型和知识密集型产业领域缩小与发达省份的差距，提高江西在全球产业链分工中的档次。

4. 继续发挥产业园区的集聚作用，进一步完善产业链条

狠抓产业集群建设，建设各具特色的电子信息工业园区。第一，以产业园区为基础形成紧密的产业链，引导人才、资金、政策等要素资源向产业基地集中，不断提高产品附加值和产业增加值。第二，以创建国家新型工业化产业示范基地、国家高技术产业基地、中国软件名城（南昌）为引领，重点培育 3 个国家级电子信息产业基地，7 个省级电子信息生产基地，并形成若干集加工制造、技术研发、物流等配套服务于一体的电子信息产业特色小镇。

5. 积极对接长珠闽，全面提升国际化产业链分工水平

江西目前的电子信息主导产业仍以资金密集型和劳动密集型为主，多数企业仍停留在加工装备环节，是一种两头在外的加工贸易。在新一轮沿海产业转移的背景下，江西应遵循产业的梯度转移规律，积极承接国内重特大项目，主动引进长珠闽向外转移的电子信息产业。

坚定不移走国际化发展道路，瞄准欧美日发达国家和地区的电子信息优质项目，制定重点项目引入清单，引导外资从加工制造向新一代信息技术研发、服务等环节拓展，促进江西电子信息产业在更高水平、更深层次参与国际合作与竞争。

三　江西有色金属产业如何尽快突破万亿元大关

（一）江西有色金属行业发展情况

1. 矿产资源丰富，产品数量增长稳定

江西有色金属矿产资源非常丰富，在有色金属行业中，中重稀土资源储量居全球第一，在世界稀土价格中具有很强竞争优势，同时江西黑钨资源保有储量居全球第一。江西铜储量占全国的近40%，铜精矿产量占全国13%以上。2018年10种有色金属产量为163.7万吨，增长2.4%，其中铜材产量增长51.8%。

2. 产值经济指标领先

2017年，全省有色产业规上企业816家，实现主营业务收入6726亿元，在全省工业行业中为第一大行业，占全国有色行业的比重为11%，列全国第一。利润300.6亿元，利税488.8亿元（见表7）。其中，铜产业全省规上企业273家，实现主营业务收入4750.7亿元，增长11.7%；利润167亿元，增长30.1%；利税288.2亿元，增长17.8%。钨产业全省规上企业145家，实现主营业务收入429.8亿元，增长10.1%；利润25.3亿元，增长20.9%。

表7　全省规模以上有色金属工业主要经济指标情况

年份	企业数(个)	主营业务收入(亿元)	利税总额(亿元)	利润总额(亿元)
2013	668	5973.8	517.1	286.7
2014	698	6572.5	557.1	303.9
2015	714	6473.3	500.6	263.5
2016	730	6812.4	509.5	297.3
2017	816	6726.0	488.8	300.6

资料来源：江西省工业和信息化厅。

3. 行业区域集中度高

从全省有色金属产业发展布局来看，目前江西省有色金属产业主要集中在鹰潭、赣州和上饶3个设区市。其中，铜产业主要以南昌、鹰潭、上饶和赣州4个设区市为重点布局；稀土产业主要在赣州、南昌两市布局；稀贵金属产业主要以鹰潭作为重要产区；钨产业主要在赣州、九江和南昌。2017年，规模以上有色金属工业主营业务收入，鹰潭市占到全省的45%，赣州市占到全省的18%，上饶市占到全省的15%（见表8）。

表8 江西省各设区市2017年规模以上有色金属工业主营业务收入

地市	绝对值(亿元)	全省占比(%)	地市	绝对值(亿元)	全省占比(%)
南昌市	170.21	2	赣州市	1250.2	18
九江市	271.30	4	上饶市	1042.97	15
萍乡市	2.3	0.1	吉安市	288.7	4
新余市	2.69	0.1	抚州市	303.3	4
鹰潭市	3154.25	45	宜春市	296.55	4

资料来源：江西省工业和信息化厅。

4. 政策支持有力

近年来，国家和江西都出台相应政策措施来促进有色金属产业做大做强。国务院出台政策支持在赣南地区发展高端稀土、钨新材料和应用产业，建设全国重要的新材料产业基地。国家工业和信息化部在2016年颁布的稀土发展规划和有色金属工业发展规划中，也明确提出支持赣州“中国稀金谷”建设。为改造提升全省有色金属产业，江西省工信委制定了江西省有色金属产业行动计划，提出打造万亿元产业目标。2018年，江西省政府出台江西传统产业优化升级计划，制定有色金属优化升级具体方案。这些政策的实施加快了江西由有色金属大省向有色金属强省迈进的发展步伐。

（二）主要问题

1. 产业结构还不够合理

全省有色金属产业结构矛盾突出，产品层次还有待提高。当前全省有色行业总量规模居国内第一位，但产品大多处于产业链的中低端环节，以原材料产品为主，加工业主要集中在中低端领域，精深加工能力不足，处于下游核心领域的深加工企业数量较少，缺乏在国内外市场具有明显竞争优势的高技术、高附加值产品。产业布局不合理，产业集中度低。有色企业多而散，集中度不高。虽然全省有色金属产业中的铜产业已基本完成产业布局，但多个产业园区的产业和产品特色不鲜明，园区内和园区之间同质化竞争日益加剧；钨、稀土等产业前端冶炼、分离产能严重过剩，产能闲置率较高，而后端高附加值深加工能力则不足，致使全省有色金属行业竞争能力和经济效益难以大幅提高。

2. 经营效益有所下降

2017 年，全省规模以上有色金属亏损企业亏损总额 7. 3 亿元，下降 34. 8% 。其中钨、稀土企业亏损总额分别下降 52. 1% 、48. 5% 。全省有色金属合金制造业资产合计 92 亿元，增长 8. 7% ；负债合计 44 亿元，增长 22. 3% 。全省有色金属压延加工业财务费用 10. 4 亿元，上升 26. 5% 。全省有色金属矿采选业财务费用 2. 9 亿元，上升 1. 1% 。全省有色金属行业管理费用 86. 2 亿元，上升 23. 8% 。

3. 资源保障能力不足

全省铜精矿产量居国内首位，精铜生产的原料自给率约为 1/4，在国内铜产业同等规模的省份中处于较高水平，但全省矿产原料保障能力仍相对不足。尽管全省近年来大力发展废杂铜的再生利用，但废杂铜的原料仍以外购为主，省内的含铜废料拆解量规模偏小，远不能满足需求。钨储量消耗过快，特别是黑钨储量下降更多，钨精矿产量超标生产较多。已探明的离子型稀土资源消耗较大，部分稀土矿山已枯竭或接近枯竭，稀土资源难以满足稀土产业长期、持续发展的需求，资源安全形势不容乐观。

4. 创新能力亟待加强

全省有色产业研发支出占主营业务收入比重不高，自主创新技术少，重点和关键领域的技术尚未突破；高端材料、精深加工产品开发能力不足，资源综合利用、污染治理技术水平不高。技术装备水平参差不齐。江铜集团的铜矿采选、冶炼和加工技术装备处于世界先进水平，但更多的中小型铜加工企业和再生铜冶炼企业的技术装备水平处于行业中低端甚至落后水平。铜、稀土等产业除少数中外合资企业外，大多数企业技术装备总体仍较弱。在金属回收行业领域产业技术装备水平还不高，废杂金属收集、拆解、拣选等流程技术水平不高，整体回收率较低。

5. 环保压力持续加大

全省有色金属行业污染物单位排放量虽呈现逐年下降趋势，由于前期积累的环境问题和新的环保要求叠加，治理压力巨大。总的来看，全省有色金属行业存在资源综合利用率低、能耗高的问题，而且随着产业规模不断扩大，行业污染物排放总量仍在增长。2017 年，重点调查有色金属工业废水排放量达到 9192. 13 万吨，占工业企业排放总量的 24. 67%，一般工业固体废物产生量 8324. 54 万吨，占到工业企业排放总量的 70. 65%（见表 9）。有色行业在快速发展的同时，也给当地带来许多环境问题。一些矿山环保设施较差，废石、废水、尾砂随意排放，多数冶炼企业三废处理不理想，面临较大环保压力。资源能源浪费现象大量存在，金属回收水平、能耗水平、二次资源开发利用水平都比较低，造成在生产过程中产生大量三废产品，许多工业废弃物和副产品都没有得到充分利用。部分矿山废水、固体废弃物污染严重，地表植被遭严重破坏，工业废料、废渣回收冶炼小企业废气、废水和固体废弃物污染等有待进一步有效治理。

表 9　2017 年重点调查的有色金属工业企业“三废”排放量

项目	工业废水排放量（万吨）	化学需氧量排放量（吨）	氧氮排放量（吨）	工业废气排放量（亿立方米）	一般工业固体废物产生量(万吨)
有色金属工业企业排放量	9192. 13	4045. 34	528. 17	559. 10	8324. 54
占工业企业的比重(%)	24. 67	12. 81	16. 06	3. 71	70. 65

资料来源：2018 年江西省统计年鉴。

6. 高端人才较为缺乏

当前，全省有色金属行业高端人才严重不足，特别是熟悉国际惯例和精通企业管理、技术研发和市场开拓的高端人才短缺。领军型创新创业人才不多，掌握高端生产技术和装备的人才缺乏。大多数企业人才在国际视野方面相对落后，这也造成全省有色金属行业在国际竞争环境中面临很多困难。

（三）发展目标和主要突破方向

1. 规划目标

规模总量方面：到 2020 年，全省有色金属产业主营业务收入 1 万亿元，继续保持全省工业领头羊地位。其中，铜、钨、稀土等优势产业分别为 6700 亿元、1000 亿元、850 亿元，四个经济指标分别继续保持全国有色金属行业第一位置。

创新能力方面：到 2020 年，力争全省有色金属产业的“政产学研用”协同创新体系基本形成，新增国家级创新平台 1 个、省级创新平台 20 个，建成稀土功能材料国家级制造业创新平台。到 2020 年，实现规上企业研发支出占比达到 1% 左右。

产业结构方面：全省有色金属重点产业集群到 2020 年主营业务收入占全行业的 60% 以上，铜、钨、稀土等重点产业的发展质量和效益总体达到国内领先水平。到 2020 年，推动新材料占比达到 15%，中高端产品比重和产业集中度要不断提高。

行业整合方面：全省有色金属产业三大集团到 2020 年主营业务收入要占全行业的 40% 以上。

绿色发展方面：到 2020 年，有色金属产业单位工业增加值用水量、能耗和主要污染物排放量比“十二五”末分别下降 23%、15% 和 18%。到 2020 年，要推动全省再生金属产量持续提升，循环经济产业收入持续增加。

2. 重点突破方向

（1）加快产业结构优化升级

在产业结构方面，优化提升铜、钨、稀土、钽铌、铀钍等传统优势产业，发展壮大铜、钨、稀土等发展前景好、带动效应强的产业。推动有色金属产业向新材料、高端制造、新能源、节能环保等战略性新兴产业优化升级，实现有色金属行业在推动战略新兴产业发展方面得到大力发展。在产品结构方面，大力发展新材料和精深加工，从矿产品和初级冶炼产品为主转变为以精深加工产品为主，从传统加工产品为主转变为高新技术产品为主。在铜产业方面重点发展高性能靶材、高性能铜合金板带材、新型铜合金等产品，同时要拓展铜产业在能源及石化、交通以及新兴产业等领域的应用。以打造鹰潭“世界铜都”为契机，充分利用国家和省级相关支持政策，把鹰潭打造成为世界级铜冶炼基地、全国最大的铜精深加工及铜基新材料基地。在稀土产业方面，重点发展高性能磁性材料、稀土合金材料等稀土功能材料，在稀土产业应用方面，努力向稀土永磁电机、稀土合金零部件等深加工应用领域延伸，同时还要扩大稀土在磁性材料、激光晶体材料、催化材料等方面的应用。稀土产业要以赣州资源优势为抓手，推动赣州“中国稀金谷”建设，使赣州成为世界有影响力和知名度的稀土金属高新技术产业园区。

（2）推动行业战略整合

当前有色金属产业国际市场竞争日益加剧，全省有色金属产业也面临一个重要转型时期。为提高全省有色金属产业竞争能力，必须推进企业实施资源、资产战略重组步伐。不断完善公司治理结构，提高企业管理水平。要以产业政策为引导、以产业发展的重点关键领域为切入点，推动核心竞争力强的龙头企业开展跨地区、跨所有制兼并重组，提高产业集中度。尤其要鼓励江铜集团、江钨集团加大整合力度，努力提高行业集中度，使其充分发挥出行业的规模效应。结合国家国有企业混合制改革战略，支持省属集团之间相互参股、投资，实现产权多元化，培育具有国际竞争力和抗风险能力的大企业、大集团，提升全省有色行业国际竞争力。推进有色金属重点企业开展跨省区兼并重组，为企业开展跨区域技术进步和技术改造项目提供相应的优惠政策。

（3）增强企业自主创新能力

鼓励江西有色金属企业加大研发投入，强化企业技术创新的主体地位。鼓励有色金属重点企业加大对节能减排、关键设备、提高资源利用率、循环经济等重大关键技术、前沿技术的研发力度，加快推进产学研协同创新。以江西理工大学等本地高校或科研院所为依托，拓展江西有色金属产业与高校以及国家大院大所的合作，重点围绕新材料、高端制造、新能源、节能环保等重点新兴产业链关键环节，建设重点实验室和产业研究院，开展技术应用研发和公共技术服务活动。对列为国家重大技术专项的开采、冶炼、回收等技术要积极开展相关研究，提高有色金属资源的综合利用率，促进大中型企业在生产工艺的技术、装备方面达到或接近国际先进水平。省里对于高校、科研机构与江西有色金属企业共同承担的产学研合作项目要给予优先立项，并在江西有色金属产业发展专项资金中给予配套支持。强化全省有色金属行业与全国核心企业和行业领军企业的合作创新，积极与其高新技术和研发中心项目有效对接，广泛开展深度合作，推进产业集聚和链式化发展，增强江西有色金属产业核心竞争力。加快组建企业技术联盟。利用大企业的技术优势带动中小企业创新活动，在同行业中共同组建企业技术研发中心，既可以节约资源，又可以发挥双方共同智慧，创造更新的技术成果。主动融入大企业的技术、产品和协作配套体系。在发展配套产业的同时，中小企业应通过应用新技术、发展专业化生产、配套技术扩大再生产等方式，有效承接高新技术产业链的传递。

（4）坚持绿色发展

实施低碳经济发展战略，对有色金属行业全产业链进行绿色化、低碳化改造。在有色金属矿山开采过程中要注重对伴生矿、低品位矿的综合回收利用，促进有色金属如铜、钨、稀土等矿采选一体综合回收利用。加强对矿山开采工艺流程和选矿药剂的研发，逐步采用低污染、高效率等选矿工艺和选矿药剂，全面提高全省有色金属矿山开采工艺指标。在有色金属冶炼加工环节，要注重推广应用先进技术改造传统生产技术，实现节能降耗，减少污染物排放。对于有色金属中铜、钨、稀土行业中低品位矿、共伴生矿、难选冶矿、尾矿等运用先进技术进行合理化改造，实现进厂物料有效、冶炼余热以及固废等综合回收使用，努力实现全流程的闭路循环和生产“零排放”。在有色金属行业回收环节，要推广再生资源回收利用技术，借鉴西方国家有色金属回收利用的好做法，成立有色金属资源回收与利用的相关研究机构，开展资源回收和循环利用技术前沿研究。要建立覆盖全社会的有色金属再生利用体系，组建大型回收利用中心。对于目前全省建设的有色金属回收交易市场、拆解市场要进行整合重组，促进资源利用产业在规模、技术方面得到提升，形成集约化生产经营集团。完善税收政策、财政奖励政策。对废金属回收公司的税收要给予适当优惠，吸引社会资本加大对有色金属循环利用项目的投资。

（5）增强资源保障能力

严格落实全省针对有色金属矿产资源勘探开发的相关政策法规，在勘探和开发方面规范有序。要提高探矿权和采矿权市场进入标准。有色金属矿区开发必须遵循资源集约、高效利用的原则。对全省有色金属地质勘查项目应增加资金投入。一方面在全省财政资金方面给予保障支持，同时要鼓励和引导社会资金加大投入；另一方面，积极争取国家资金对全省地质勘查项目进行支持。特别是对符合国家战略的勘探项目，要争取国家相关部门和央企对勘探项目的投资。在省级层面建议成立由省财政厅和行业协会共同组建的行业发展基金，对地质勘探、矿山开采等项目给予资金扶持，以推动有色金属矿产勘探工作。

（6）积极实施资源国际化战略

积极实施资源国际化战略，大力鼓励全省有实力的有色金属企业“走出去”，参与国内外矿山资源开发。支持有色金属企业采取直接投资、风险勘探、商业性勘探等多种形式，参与境外有色金属矿产资源的勘探。科学评价海外矿山项目并购的宏观经济风险，采用多种方式参与国际开发和经营。同时鼓励企业大力开拓境外废金属回收网络，推动企业在世界范围内建立废金属回收基地。

四　政策建议

（一）完善顶层设计，强化战略引导

全省各地区、各有关部门要高度重视万亿元产业发展工作，要建立跨部

门跨区域的发展协调机制，充分发挥产业政策的指导作用，特别抓好电子信息、有色金属两大产业的万亿元规模壮大统筹规划实施工作。科学引导电子信息、有色金属产业投资方向。研究制定全省电子信息、有色金属产业重点领域重大工程实施方案。

加强宏观指导和督促推动，持续开展万亿元产业发展状况评估和前瞻性课题研究，建立高层次政企对话咨询机制，定期发布发展壮大万亿元产业有关重点工作安排，细化实化政策措施。

（二）优化服务模式，营造万亿元产业发展壮大的生态环境

进一步激发市场主体活力，要优化在电子信息、有色金属领域投资设立、生产准入等的公共服务。坚持放管结合，积极探索和创新适合新技术、新产品、新业态、新模式发展的政府公共规制与服务方式。

严格执行中央关于降低实体经济企业成本各项政策措施，全面落实深化国有企业改革各项部署，支持在电子信息、有色金属产业领域国有企业中进行混合所有制改革试点示范，在混合所有制企业推广股权激励创新机制。

（三）构建产业创新体系，强化公共创新体系建设

创新万亿元产业重大项目组织实施方式，实施一批重大科技项目和重大工程，加强颠覆性技术研发和产业化。建设若干电子信息、有色金属产业创新促进中心。大力推动移动互联网、物联网、云计算、新材料应用等领域建立江西产业创新联盟。

完善产业化应用创新机制，建立产业生态设计和研发体系。在云计算、移动互联网、物联网、新型显示、集成电路、高端软件等领域着力建设一批国家、省级工程中心（实验室）和企业技术中心，支撑引领电子信息、有色金属两大产业发展。

（四）加大金融财税支持力度

发挥政府投资引导基金、产业风险投资基金的引导和放大作用。鼓励设

立江西电子信息、有色金属两大产业的万亿元发展母基金，重点支持符合条件的电子信息、有色金属产业企业上市或挂牌融资。加强金融产品和服务创新。引导金融机构积极完善适应万亿元产业融资特点的信贷管理。探索建立万亿元产业投融资信息服务平台，促进银企对接。推动发展一批为电子信息、有色金属等产业服务的融资租赁和金融租赁公司。

创新财税政策支持方式。发挥财政资金引导作用，创新方式吸引社会投资，大力支持万亿元产业发展。加大对新一轮江西万亿元产业相关重大科技专项和重大工程的财政支持，增大电子信息、有色金属产业化专项、技术改造专项的资金规模。突出对电子信息、有色金属产业的 R&D、智能制造、运输物流、品牌开发等全产业链环节进行重点支持。引导社会资金设立一批万亿元产业投资基金和国际化投资基金。积极运用政府和社会资本合作（PPP）等模式，引导社会资本参与万亿元产业重大项目建设。

（五）加强人才培养与激励

坚持人才为本，培养万亿元产业紧缺人才。实施万亿元产业创新领军人才行动，聚焦重点领域，依托重大项目和重大工程建设一批创新人才培养示范基地，重点扶持一批科技创新创业人才。分行业建立万亿元产业紧缺人才目录，在全省相关人才计划中予以重点支持。加强万亿元产业技术技能人才培养，推行企业新型学徒制。

充分利用全球人才。大力引进具有国际视野的高层次经营管理人才，与海外国外的高层次专业技术研究机构和人才建立技术交流与合作关系。

参考文献

丁林红：《试论全球价值链下中国电子信息产业升级研究》，《金融经济》2018 年第 22 期。

贺灿飞、朱向东、孔莹晖、李伟：《集聚经济、政策激励与中国计算机制造业空间格局——基于贸易数据的实证研究》，《地理科学》2018 年第 10 期。

陈茹：《印制电路板产业的发展对我国经济的影响》，《经济研究导刊》2017 年第 28 期。

杨超、刘明伟：《加强电子信息产业军民融合研究》，《发展研究》2017 年第 9 期。

王开良、秦慧：《我国省域电子信息制造业效率测算及影响因素分析——基于 DEA 和面板 Tobit 模型》，《工业技术经济》2017 年第 6 期。

杨丽、王欣：《中国有色金属产业链效率及其影响因素研究——基于网络 DEA 模型的两阶段分析》，《改革与战略》2018 年第 11 期。

国务院关于印发《中国制造 2025》的通知（国发〔2015〕28 号），2015 年 5 月。

B.21

江西在全国脱贫攻坚领跑的探索与实践*

江西农业大学课题组**

摘　要： 作为革命老区，江西与全国一道在脱贫攻坚领域取得突出成绩，打赢脱贫攻坚战三年行动开局良好，2018 年实现年度减贫 42 万人，1000 个贫困村退出，8 个贫困县脱贫摘帽，贫困发生率降至 1.38%。为更加深入贯彻落实领跑脱贫攻坚的要求，江西在推进实施精准扶贫、精准脱贫战略进程中，突出问题导向，优化政策供给，强化改革创新，为巩固提升脱贫攻坚成果、确保扶贫开发工作质量和贫困人口生计可持续发展提供了有力制度保障：一是发扬革命老区优秀传统，挖掘井冈山精神的时代价值，增强扶贫开发行为自觉；二是深化扶贫开发规律认知，重视战略协同推进与资源整合，落实精准扶贫方略；三是系统思维，创新谋划，拓展区域脱贫攻坚领域，促进江西扶贫开发工作迈上新台阶。

关键词： 脱贫攻坚　制度创新　江西　系统思维　内生动力

---

* 本文系江西省经济社会发展重大招标课题(18ZD 01)。

** 课题组组长：胡春晓，江西农业大学党委副书记，教授，研究方向为农村教育、农村区域发展与扶贫开发。课题组成员：郑瑞强（执笔），江西农业大学经济管理学院副教授、博士，研究方向为农村经济发展与扶贫；陈美球，江西农业大学 MPA 教育中心主任、教授、博士，研究方向为农村产业发展；翁贞林，江西农业大学经济管理学院院长、教授、博士，研究方向为农村产业发展；廖文梅，江西农业大学经济管理学院副院长、教授、博士，主要研究方向为生态经济与扶贫开发；廖彩荣，江西农业大学《农林经济管理学报》编辑部主任、副教授，主要研究方向为农村发展研究；赖运生，江西农业大学科技处科长，主要研究方向为农村发展。

改善民生，持续推进打赢脱贫攻坚战，是江西在贯彻落实党的十九大精神开局之年各项工作的重中之重。2018 年江西省从更高层次系统部署脱贫攻坚工作，强化制度创新，全年实现 42 万人脱贫，1000 个贫困村退出，10 个贫困县脱贫摘帽，贫困人口由 2015 年底的 204 万人减至 2018 年底的 50.9 万人，贫困发生率由 5.7% 降至 1.4%，属于农村贫困发生率降至 3% 及以下的 23 个省份之一（见表 1），在中部六省减贫发生率比较中位于前列，全省脱贫实效和质量进入历史最好时期①，扶贫开发工作高质量持续推进，正扎实践行和稳步实现着习近平总书记对江西“要在脱贫攻坚上领跑”的重要要求②，决不让一个老区群众在全面小康中掉队。

表 1　2015 ~ 2018 年江西减贫信息

年份	2015	2016	2017	2018
年末贫困人口数量(万人)	204	113	87.5	50.9
贫困发生率(%)	5.7	3.3	2.37	1.38

资料来源：根据公开资料整理而得。

一　江西在全国脱贫攻坚领跑的做法成效

（一）聚焦重点任务，夯实基础保障

《中共江西省委江西省人民政府关于打赢脱贫攻坚战三年行动的实施意见》（2018 年 9 月 10 日）指明了江西 2018 ~2020 年的脱贫攻坚任务，明确提出要千方百计提升老区人民福祉，切实提高贫困人口获得感。对照脱贫攻坚任务，依据“打赢脱贫攻坚战，核心是精准，关键是落实，实现高质量、

① 刘奇：《共绘新时代江西物华天宝人杰地灵新画卷》，《光明日报》2019 年 2 月 11 日第 3 版。

② 江西是著名的革命老区，脱贫攻坚任务比较重，打赢脱贫攻坚战意义重大。习近平总书记对江西的脱贫攻坚工作始终挂念在心，希望江西在脱贫攻坚上领跑。

确保可持续”的总体要求，江西深化扶贫开发规律认知，坚持目标导向、精准方略和质量导向，聚焦重点和难点领域，着力推动脱贫攻坚工作整体推进：一是集中力量支持深度贫困地区扶贫开发，加大深度贫困村脱贫攻坚帮扶力度，坚持政策、资金、项目、举措优先倾斜支持。截至2018年底，全省269个深度贫困村总投入约达23亿元，并在已安排定点帮扶单位的基础上，再从省直单位、国有企业组织中选派52个单位挂点帮扶程度深、脱贫难度大的52个深度贫困村，促进其脱贫致富。二是关注特殊群体发展权益的实现。按照“兜底线、织密网、建机制”要求，切实落实困难和重度残疾人保障、孤儿养育、农村留守儿童和老年人等特殊困难群体的关爱保护，抓好农村低保政策与扶贫开发政策的衔接。2018年江西农村低保标准达到每人每年4080元，高于全国同期标准20%，农村特困人员集中和分散供养标准较之2017年也有较大提高，增幅分别为7.1%和8.6%。三是关注脱贫成果巩固提升长效机制建设，强化脱贫高质量达标、可持续发展措施。除严格执行已摘帽脱贫县“脱贫不摘责任、不摘政策、不摘帮扶、不摘监管”外，积极探索脱贫攻坚长效发展机制，如“脱贫摘帽县”较为集中的吉安市已于2018年制定并出台了《关于建立健全长效机制巩固提升脱贫成果的意见》（2018年6月27日），重点建立健全动态管理、素质提升、产业扶贫、服务管理、投入保障、政策落实等六大长效机制，确保脱贫攻坚质量。

服务江西省扶贫开发工作顺利推进，江西不断强化扶贫资金、项目、政策、人才等资源保障。尤其是资金方面，2018年全省各级共投入财政扶贫资金约70亿元，并出台了《江西省完善扶贫资金项目公告公示制的实施意见》《关于全面完善县级脱贫攻坚项目库建设的指导意见》等管理制度，全面规范扶贫资金项目管理；因地制宜丰富完善“产业扶贫信贷通”“油茶贷”“脐橙贷”等精准扶贫特色金融产品，加大金融扶贫力度；实现向全省贫困村、软弱涣散村和集体经济薄弱村党组织选派驻村第一书记全覆盖，明确省市县乡和派出单位职责，实行“双考核”“双问责”等制度，为扶贫开发工作提供有力的资源和制度支撑（见图1）。

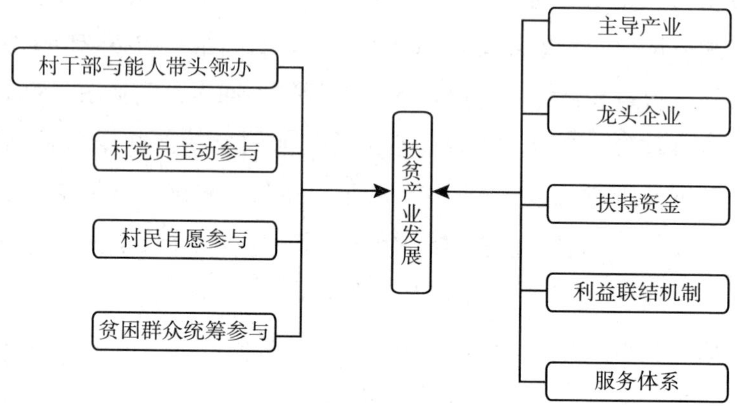

图1　江西“五个一”产业扶贫模式和“一领办三参与”扶贫产业合作方式

资料来源：根据公开资料整理而得。

（二）创新扶贫开发模式，提高扶贫资源配置效率

1. 完善产业扶贫机制，着力提高产业扶贫实效

产业扶贫是扶贫开发的核心和关键，关系到扶贫开发目标实现和贫困人口长远生计，同时能够有效促进贫困人口与社区非贫困人口之间的经济发展和社会融合。江西把发展产业扶贫作为根本之策，深入贯彻实施《江西省产业扶贫运行机制管理办法》，将推进优质稻米、蔬菜、果业、茶叶、中药材、油茶、草地畜牧、水产、休闲农业、乡村旅游等十大产业发展工程与加快构建“一村一品”产业扶贫新格局结合起来，辅之以“选准一项主导产业、打造一个龙头、设立一笔扶持资金、建立一套利益联结机制、培育一套服务体系”的“五个一”模式，立足资源优势，大力发展特色化、品牌化、规模化和产业化的现代农业，不断壮大村级集体经济，增强造血功能，确保稳定增收“两不愁”，2018 年，全省实施扶贫特色产业项目 9740 个，比 2017 年增加 1467 个，覆盖贫困人口 113 万余人，比 2017 年增加近 30 万人。为让更多贫困户有稳定收入，持续巩固和扩大脱贫攻

坚成果，江西尤其注重产业扶贫过程中的优秀人才支持和科技创新驱动，建立了农业扶贫发展指导员制度，大力培育致富带头人，在全省普遍兴办了村集体经济，组建了专业合作社，创新“电商＋扶贫”“电商＋创业”发展模式，有近万名致富带头人得到培训、82万贫困户受益于产业发展扶持。

2. 多措并举，开展组合式扶贫开发

精准把脉贫困人口多维贫困特征和贫困人口生计发展需求，因人、因地制宜，对有劳动能力可就业的，加强就业技能培训，帮助联系合适的工作岗位，并给予一定数额的就业补助，实现“一人就业，全家脱贫”；对能发展生产和自主创业的，通过给予小额贴息贷款和种养技术培训等方面的支持，帮助其发展产业、创业增收摆脱贫困；对缺乏劳动能力、难以自我发展的，由政府帮助以产业扶贫资金入股专业合作社获得收益分红，带动贫困群众共享产业发展成果，确保稳定脱贫；对完全丧失劳动能力和因病、因残等致贫的，做到“应保尽保”，推进贫困线与低保线“双线融合”，同时叠加光伏扶贫、健康扶贫等保障措施，确保把贫困户的收入兜底保障到贫困线以上；对生活环境和居住条件恶劣的，通过实施“五位一体”安居扶贫，加强基础设施和基本公共服务项目建设，让其住有所居、安居乐业。分类施策，“组合拳”扶贫模式成效显著：通过完善“政策扶贫、资金奖补、就业服务、金融支持、督促考核”的工作机制，实行“一扩二贷十补”政策，约有25万人通过帮扶实现就业，占全省本地户籍未脱贫劳动力的70%以上；筑牢贫困群众“四道保障线”，探索对深度贫困人口建立“爱心”救助兜底机制新防线，提高了贫困人口健康扶贫水平；易地扶贫坚持“搬迁是手段，脱贫是目标”，实施县、乡、村三级梯度安置模式，完善强化乡村公共服务，保障扶贫移民稳步进行，截至2018年底，已完成全省“十三五”易地扶贫搬迁任务的97%；以实行“双负责”（围绕推进教育精准扶贫资助政策落实到人，创新实行学校校长与乡镇属地“双负责”制）为要求强化教育扶贫政策落实的新机制，打造了“农校对接”模式并得到教育部的肯定并推介。

3. 整合扶贫资源，协同发挥政府和市场功能

在凸显政府主导作用的前提下，充分发挥市场化扶贫运作的柔性化优势，倡导政府主导下市场化精准扶贫是我国在扶贫工作新形势下所进行的重大理论创新与实践创新。[①] 江西充分调动各方面参与扶贫开发的积极性，努力构建多元主体共济的大扶贫格局：以推行“大村长”制（由县领导、乡镇主要领导、县直单位领导担任行政村“大村长”工作制）为途径创新合力脱贫攻坚新举措，建立思想统一、行为协调和资源整合的基础和平台；用好对口帮扶政策，积极对接52个中央和国家部委以及159名挂职干部，做好对口支援赣南等原中央苏区31个县（市、区）工作，2018年在江西定点扶贫的中央和国家部委选派挂职扶贫干部65人，驻村第一书记16人，直接投入帮扶资金约达4亿元；强化行业扶贫责任，加大行业部门牵头责任的落实力度；凝聚社会力量，引导社会组织、社会资源基金参与扶贫，深入推进“千企帮千村”“社会扶贫网”精准扶贫行动，截至2018年底，江西民营企业参与行动总数达到0.35万家，实施帮扶项目0.75万个，帮扶村数0.42万个，受帮扶贫困人口数量达47万人，全省共有1300余家民营企业网上帮扶贫困户数2.7万户，线上对接贫困户需求0.57万个，线下帮扶贫困户需求2.4万个；强化消费扶贫促进脱贫，将“消费扶贫”纳入省派单位定点扶贫和地方各级结对帮扶工作内容，支持贫困区域立足特色资源优势，打造江西消费扶贫产品和服务品牌，拓宽扶贫产品销售渠道，降低贫困人口经营风险，促进贫困人口增收，如2018年10月由省扶贫和移民办、省商务厅、省农业厅联合主办了江西省扶贫产品展销会，参展产品来自92家企业共计700余种，涉及蔬菜瓜果、大米杂粮、健康饮品、干货等扶贫产品，既向广大市民宣传“消费扶贫”理念，又增强客户对扶贫产品的体验感，达到线上线下交流互动效果。

---

① 丁帅：《精准扶贫制度体系设计与实施路径》，《人民论坛·学术前沿》2017年第8期。

二　江西在全国脱贫攻坚领跑的主要经验

（一）发扬革命老区优良传统，挖掘井冈山精神的时代价值，增强扶贫开发行为自觉

新时代脱贫攻坚工作价值不仅仅在于贫困人口生计水平提高和发展，更是一场“干部能力再提升、群众思想再教育”的重要活动。作为革命老区，江西红色文化深邃厚重，革命精神直抵人心，尤其是“坚定执着追理想、实事求是闯新路、艰苦奋斗攻难关、依靠群众求胜利”的井冈山精神，跨越时空、永放光芒。为了打赢精准脱贫攻坚战，江西发扬革命老区优良传统，挖掘井冈山精神的时代价值，坚持以习近平新时代中国特色社会主义思想为指导，着力强化理论武装，不断提升政治站位，持续增强干部群众扶贫开发行为自觉。

党的十九大报告指出：“中国共产党人的初心和使命，就是为中国人民谋幸福，为中华民族谋复兴”，新时代扶贫开发就是党和政府及各级干部始终不忘初心和使命的具体体现。习近平总书记关于脱贫攻坚的重要论述，科学回答了脱贫攻坚的一系列重大理论和实践问题，为全力打赢打好精准脱贫攻坚战提供了根本遵循。江西把深入学习贯彻习近平总书记关于扶贫工作的重要论述纳入各级党委（党组）理论学习中心组重要内容，向全省扶贫干部统一发放《习近平扶贫论述摘编》22 万多册，掀起“大学习、大调研、大落实”的全员学习和能力提升活动，聚焦地方党政领导干部、扶贫系统干部、部门行业干部、帮扶干部、贫困村干部等 5 类扶贫干部，制订培训计划，在 2018 年共培训约 6000 期 83 万人次，为扶贫干部“思想提神、知识充电、能力加油”；同时依托红色资源，传承红色基因，将弘扬井冈山精神、苏区精神等红色革命精神和革命老区优良传统作风，融入学习提升和脱贫攻坚之中，为打赢精准脱贫攻坚战强化精神动力支撑；加强基层党建引领，深化“连心、强基、模范”三大工程，深入推进“党建 +”扶贫模式，

发挥基层党组织领导精准扶贫、精准脱贫的核心作用。

狠抓作风建设，明确了“以政治担当抓作风建设、以作风攻坚促脱贫攻坚”的政治要求，使得各级干部和工作人员在“全员学习、持续学习和作风建设”中不断增强历史使命感和政治责任感，持续提升扶贫工作人员的主观能动性、工作积极性和解决实际问题的能力，逐步在扶贫工作推进过程中实现打赢脱贫攻坚战的理论自觉、政治自觉和实践自觉的统一。

（二）强化参与，“志、智”双扶，全面激发贫困人口内生发展动力

贫困群众既是扶贫开发的对象，也是脱贫致富的主体，脱贫攻坚目标终究是要靠贫困群众辛勤劳动来实现。全面激活贫困群众的脱贫内生动力，调动贫困群众发展的积极性，是提高扶贫开发工作质量和防范贫困循环风险的重要保障。[①] 江西将全面激发贫困群众内生动力视为系统工程，既注重“坚定不移、敢闯新路”等老区革命精神的洗礼和熏陶，更注重通过改变贫困人口生计环境重建其发展系统关联，彻底拔除“发展环境闭塞”这一导致老区人民陷入贫困的“穷根”：坚持“志、智”双扶，物质扶贫与精神扶贫并重，将扶贫与扶志、扶智、扶勤、扶德紧密结合，坚持扶志为先、扶智为本、扶勤为要、扶德为重，通过抓典型宣传、重技能培训、树勤劳脱贫导向、治不良习俗等方式，健全完善深入开展扶贫扶志感恩行动的有效机制，解决贫困人口“不想干、不会干、不愿干和不去干”问题，2018 年江西共有 4 名个人、1 个集体获得全国脱贫攻坚奖；强调“第一书记”引领、能人带动等方式强化贫困人口参与，加之实行项目奖补制、普惠制，进一步调动群众参与脱贫攻坚的积极性，使其内生发展动力在与其他社会主体发展行为互动和比较过程中得到全面激活，发展意识、发展能力、感恩情怀不断增强，逐步改变了部分贫困人口的“等、靠、要”思想、“懒、慵、

① 郑瑞强：《贫困群众脱贫内生动力激发：行动框架拓展与实证》，《贵州社会科学》2019 年第 1 期。

散”行为和攀比心理，进入社会系统正常发展轨道并实现良性发展，体现上述理念并以倡导“一领办三参与”（村干部与能人带头领办、村党员主动参与、村民自愿参与、贫困群众统筹参与）为内核的产业扶贫合作新模式和《江西省产业扶贫运行机制管理办法》被国家扶贫办等部委转发全国借鉴。

（三）深化扶贫开发规律认知，重视战略协同推进与资源整合，扎实落实精准扶贫方略

扶贫开发旨在贫困人口脱贫致富和区域发展，是解决贫困人口发展致富奔小康的一种手段，也是一种推进区域整体发展的综合发展方式，更是通过调整社会财富和资源分配开展的社会经济系统结构重构，以更有效率地推进经济发展和社会公平实现。为更好地落实精准扶贫方略，江西不断深化扶贫开发规律认知，重视战略协同推进与资源整合，使扶贫资源配置效率和脱贫攻坚工作质量持续提升。

进一步健全“省负总责、市县抓落实、乡镇推进和实施”机制，各级政府之间签订“军令状”“责任书”，层层压紧压实责任，建立网格化信息管理和精细化服务工作体系，完善常规督察、专项督察等相结合的督导检查机制[①]；贯彻落实《江西省驻村第一书记和驻村工作队选派管理办法》，强化驻村帮扶责任，完善工作例会、考勤管理、工作报告等制度；将各类考核评估、督察巡查、审计检查等监管活动有机集合，使之贯穿于扶贫开发工作全过程，确保责任落实到位、工作质量到位。

充分依托大数据等信息技术，注重扶贫开发工作和贫困户生计发展状况的动态监测，合理利用支持政策、市场杠杆等手段，防止扶贫产业发展“过度行政化”、项目支持“门槛化”、扶贫资源利用“碎片化”等系列风险，营造扶贫开发工作良好氛围。

① 史文斌：《持续改革攻坚实现精准脱贫》，《江西日报》2018 年 10 月 17 日第 B01 版。

三　江西持续在全国脱贫攻坚领跑的创新谋划

不谋全局者，不足以谋一域；不谋万世者，不足以谋一时。江西在推进扶贫开发工作过程中坚持以脱贫攻坚统揽经济社会发展全局，面对巩固提升阶段深度贫困区域脱贫困难、贫困标准线上边缘人口发展脆弱、脱贫攻坚可持续发展压力较大等诸多挑战，江西扶贫开发工作任重道远，仍需坚持系统思维，创新谋划，拓展区域脱贫攻坚领域，促进江西扶贫开发工作迈上新台阶。结合 2019 年 40 万贫困人口脱贫、387 个贫困村退出、6 个国定贫困县和 1 个省定贫困县摘帽的扶贫开发任务，围绕“核心是精准、关键在落实、实现高质量、确保可持续”的工作要求，在全面总结过去经验做法的基础上，积极开拓进取，以更有效的举措、更有力的行动、更扎实的工作，确保 2020 年全省脱贫质量和成效位居全国第一方阵，为与全国同步全面建成小康社会奠定扎实的基础。

（一）关注扶贫开发城乡协同推进

鉴于国家区域协调、城乡融合等发展战略要求，系统谋划，整体布局，坚持以人民为中心的发展思想和新发展理念，在全国率先出台了《中共江西省委　江西省人民政府关于加大城镇贫困群众脱贫解困力度的意见》（2018 年 3 月 6 日），以切实保障城镇贫困群众基本生活和发展权益。基于“人口的流动性”特征，空间重构减贫理念指导下的城乡扶贫开发工作需要在更高层次、更广领域筹集资源，创新扶贫开发工作方式，以应对贫困人口的流动性、城乡贫困的动态性、致贫原因的多维性以及贫困退出人口返贫风险性等问题，仍应不断拓展脱贫攻坚领域以扶贫治理现代化格局重构，进一步促进城乡融合发展，服务于贫困群众发展权益保障和全面建成小康社会目标顺利实现：建议在国务院扶贫开发领导小组办公室的统一领导下，实现城乡扶贫开发工作的接轨与并轨，组建“城乡贫困人口扶贫开发办公室”或者“贫困人口扶贫开发办公室”，行使城乡贫困人口发展帮扶以及促进其生计可持续发展之责，并逐步削减城乡贫困统筹治理的政策异化、瞄准困难、政策脱节、资源漏出、市场排斥等风险。

（二）统筹衔接精准扶贫战略与乡村振兴战略

国家分别于 2013 年和 2017 年提出了“精准扶贫、精准脱贫战略”和乡村振兴战略：前者重在补齐发展短板，促进贫困人口增收致富，维护和保障其发展权益；后者旨在夯实发展基础，优化区域发展空间格局，构建新型工农城乡关系。乡村振兴是涵盖政治、经济、社会、文化等多重领域的全面振兴，精准扶贫、精准脱贫是乡村振兴战略实施的基础性工作和重要内容，形成精准脱贫攻坚和乡村振兴战略实施的良性互动格局，是实现贫困地区发展质量提升的关键：应加强统筹衔接脱贫攻坚与乡村振兴战略，重视贫困区域精准扶贫和乡村振兴战略在规划、主体、载体、组织和监管等方面的有机协同；通过持续制度创新，将扶贫资源的利用与老百姓所思所想紧密结合起来，提高扶贫资源配置效率，促进区域整体实力提升；贫困地区在推进乡村振兴战略实施过程中应把脱贫攻坚作为首要任务，乡村振兴战略在“脱贫摘帽县”优先扶持，用乡村振兴措施巩固脱贫攻坚成果，促进“脱贫摘帽县”实现高质量、跨越式发展。尤其需要注意的是，未来一定要加强贫困区域本土人才的培养，开发这个取之不尽、用之不竭的巨大“脑矿”，尽快培养出一支本土化、专业化人才队伍，使其能够在外部介入力量减弱甚至退出的时候，发挥主体作用，实现接续发展。

（三）重视贫困标准边缘非贫困人口发展扶持

扶贫开发重在精准，但由于贫困人口精准识别标准的经济取向，使得收入水平略高于贫困标准的非贫困人口并没有被建档立卡并纳入帮扶范围。由于被排除到发展帮扶体系之外，得到的帮扶几乎没有，贫困程度可能甚于得到帮扶资源的贫困人口，边缘非贫困人口生计发展脆弱性明显。[①] 建议未来的扶贫工作借鉴“以区域发展带动扶贫开发，以扶贫开发促进区域发展”的连片特困区扶贫开发经验，开展贫困标准边缘非贫困人口生计发展调查，调整贫困人口脱贫的帮扶方式，灵活实现“政策户瞄准到项目区域覆盖的转变”，削减贫困人口与非贫困人口之间因为扶贫资源配置带来的隔阂，使得更多的社区民众在交互关联中共同受益于扶贫开发政策，脱贫致富奔小康。

（四）巩固脱贫攻坚成果必须处理好政府与市场的关系

到2020年全面打赢脱贫攻坚战，决胜全面建成小康社会，这既是省委、省政府庄严的承诺，更是全省人民攻城拔寨的决战。在这决战决胜脱贫攻坚的关键时刻，江西必须以更大的决心、更明确的思路、更富有成效的举措实现脱贫攻坚目标：坚持以党的十九大精神为指引，时刻牢记习近平总书记“人民对美好生活的向往就是我们的奋斗目标”“不让老区群众在脱贫攻坚的路上掉队”等殷切嘱托，围绕“巩固脱贫成效，决战同步小康”的奋斗目标，按照决胜全面小康的总体要求，把脱贫攻坚作为发展的头等大事、第一民生工程和首要政治责任，正确处理好政府与市场的关系，持续推进政府、市场、社会互为支撑和专业扶贫、行业扶贫、社会扶贫“三位一体”的大扶贫格局构建，保持原有的脱贫攻坚领导机制、帮扶机制、督查调度机制，持续和提升巩固脱贫成果，提高脱贫质量，确保遇困不返贫、遇病不返贫、遇灾不返贫，使贫困群众的增收能力进一步提升，让更多贫困地区人民早日过上幸福生活，让老百姓有更多的获得感、幸福感，为决胜全面建成小康社会提供强大支持，为共绘新时代江西物华天宝人杰地灵新画卷增色添彩。

---

① 向德平、华汛子：《党的十八大以来中国的贫困治理：政策演化与内在逻辑》，《江汉论坛》2018年第9期。

B.22

江西打造“五型”政府的对策建议

江西省社会科学院课题组*

摘　要： 推进国家治理现代化是宏大的系统工程，江西省以大力提升政府理解力、执行力、创造力和公信力为重点，提出在全省政府系统大力开展忠诚型、创新型、担当型、服务型、过硬型政府建设。本文通过实证调查了解江西省各级政府机关打造“五型”政府的经验和困难不足，提出从政治建设到队伍建设的相关对策建议。

关键词： 治理现代化　“五型”政府　江西

一　引言

国家治理现代化是国家现代化的历史过程，推进国家治理现代化是宏大的系统工程，需要不断改革不适应实践发展要求的体制机制，使中国特色社会主义制度更加成熟更加定型。党的十八大以来，以习近平同志为核心的党中央，坚定“四个自信”，坚持管党治党与国家治理的有机结合，开创了国家治理的崭新局面。正如习近平同志指出的：“只有以提高党的执政能力为重点，尽快把我们各级干部、各方面管理者的思想政治素质、科学文化素

* 课题组组长：梁勇，江西省社会科学院院长，研究员，研究方向为区域经济。成员：易外庚，江西省社会科学院社会调查所所长，副研究员，研究方向为社会调查方法、农村社会学；方芳，江西省社会科学院社会调查所副研究员，研究方向为社会保障、城市社会学；李博，江西省社会科学院社会调查所研究实习员，研究方向为法学、公共管理。

质、工作本领都提高起来，尽快把党和国家机关、企事业单位、人民团体、社会组织等的工作能力都提高起来，国家治理体系才能更加有效运转。”

2018 年 9 月，江西省政府印发《关于在全省政府系统大力开展忠诚型创新型担当型服务型过硬型政府建设加快推动江西高质量跨越式发展的实施方案》（以下简称《实施方案》），提出以增强政府理解力、执行力、创造力和公信力为重点，明确提出在全省政府系统大力开展忠诚型、创新型、担当型、服务型、过硬型政府建设，努力打造“五型”政府，加快推进高质量、跨越式发展，从更高层次贯彻落实习近平总书记对江西工作的重要要求，全面落实江西省委十四届六次全会决策部署。在新的历史起点上推进江西高质量、跨越式发展。

江西省社会科学院课题组围绕江西省打造“五型”政府的基本情况，在 2019 年 1 ~2 月，对省、市、县、乡镇四级政府体系进行专题调研，主要采用座谈会、个人访谈、实地观察等调研方法，实地调查对象主要包括吉安市（13 个市直相关单位）、吉安县、横江镇、梅塘镇；新余市（11 个市直相关单位）；省教育厅；省卫健委等部门单位，调查组还对全省“五型”政府简报等相关资料进行整理分析，经过课题组专题研究讨论，形成包含三部分主体内容的分析报告，即做法与经验、存在不足、对策建议。

二　江西打造“五型”政府的做法与经验

（一）上下联动，推进迅捷

2018 年 9 月下旬省政府全体会议召开后，向全省政府系统发出了学习先进经验、建设“五型”政府的动员令。全省各级政府及机关单位积极响应落实，“五型”政府《实施方案》出台后，在全省范围内掀起了打造“五型”政府的新浪潮，全省各级政府系统通过加强组织领导，按照层层压实责任，一级带着一级干、一级干给一级看，以上率下、上下协同，全力抓好打造“五型”政府的工作落实。

9月21日省政府全体会议召开后，吉安市政府高度重视，第一时间抓好了学习传达，10月12日，吉安市在全省率先召开了全市“五型”政府建设动员部署大会，这次会议以视频形式开到各个窗口单位和乡镇一级，会上王少玄市长做动员讲话，明确提出“要在全省‘五型’政府建设中创造经验、做出表率”的目标定位，为全市“五型”政府建设指明了方向。各级地方政府均成立了“五型”政府建设领导小组及其办公室，“一把手”担任领导小组组长，办公室细分相应的工作小组，落实负责人员、办公场所；结合自身工作实际，制定下发具体实施方案，以会议形式全面部署动员。比如，万安县在全市动员会议之后，立即召开了全县“五型”政府建设动员会；遂川县单独设立“五型办”办公场所，明确专门人员，并率先实现工作方案、职责规定等制度上墙。泰和县参照市里做法，要求县政府分管领导带头深入分管单位宣传、指导、推进“五型”政府建设。新余市对“五型”政府建设重视程度高、行动落实快，在省政府全体会议结束后的第一个工作日，市政府主要领导就第一时间主持召开了市政府全体（扩大）会议，会议对象扩大至乡（镇）、街道（办），全面传达贯彻落实省政府全体会议精神。及时印发了实施意见，明确了责任分工，并成立了由市长任组长的工作领导小组，新余市“五型办”建立了工作微信群，并在市级主要媒体和《政务信息》开辟专栏，广泛宣传和集中曝光正反典型，全市上下形成比学赶超的浓厚氛围。

江西省委教育工委省教育厅形象表述为在打造“五型”政府的行动部署按下“快”捷键。集中体现在“三快”，宣传动员快、行动部署快、选聘“啄木鸟”监督专员快。委厅积极作为，雷霆行动，工委书记、厅长叶仁荪亲自部署、靠前指挥，打出了“召开一个动员会、成立一个机构、出台一个细则、选聘一批监督员、细化一个指挥棒”五个一的系列“组合拳”。在《实施方案》出台后的一个月内做出了系列快速高效的举措进行全面落实推进，10月18日细化督查督办考核体系争先创优；10月22日成立机构统筹协调；10月23日出台实施细则对标对表；10月24日召开动员会吹风鼓劲；10月25日选聘百名监督专员问诊教育；这些做法也在省“五型”政府建设简报第3期、第9期、第11期得到全省的重点推介。

（二）政治引领，忠诚为魂

江西各级政府按照“忠诚型政府”的建设目标要求，紧紧围绕“着力提高政治能力”“树立和践行正确政绩观”“坚定理想信念宗旨”的具体举措进行“五型”政府的推进工作。吉安市提出了打造“最讲党性、最讲政治，最讲忠诚”示范区，作为井冈山精神的发源地，始终把政治建设摆在“五型”政府建设的首位，利用吉安丰富的红色资源，在政府系统大力弘扬跨越时空的井冈山精神，切实增强“四个意识”，坚定“四个自信”，落实“四个维护”。将不折不扣落实中央、省委省政府和市委的决策部署，作为检验“两个维护”的试金石。根据吉安市的实际情况，重点抓好了脱贫攻坚和生态环保这两项党中央、习总书记高度关注的硬性工作，并在这两项重点工作中取得显著成效。在脱贫攻坚方面，扎实推进“春季攻势”“夏季整改”“秋冬会战”三大行动，万安、永新成功脱贫摘帽，全市脱贫攻坚取得决定性胜利，走在了全省前列。在生态环境保护方面，狠抓上级环保督查问题整改，扎实推进净空、净水、净土行动，出台了全国首部全域性地方水质保护条例《吉安水库水质保护条例》，生态环保工作取得阶段性进展，到10月21日，全市PM2.5平均浓度为41微克/立方米，水环境质量近三个月位居全省第一。新余市则把人民关切的医疗保障作为落实习总书记忠诚为民要求的一项重要任务来抓，取得了显著效果，全市构筑基本医保、大病保险、重大疾病医疗补助保险、民政医疗救助和财政兜底等五道医疗保障线的做法为广大民众所乐道；县乡两级主要通过本级政府主要领导的带头示范来加强“忠诚型政府”的建设推进工作，如分宜县、吉安县等地均提出通过带头加强学习、示范引领、履职为民，推动全县政府系统筑牢对党和人民事业的绝对忠诚。如分宜县为顺应形势要求，及时修订《分宜县人民政府工作规则》，不断完善县政府党组和县政府常务会学习制度，县政府班子带头学习《习近平总书记在庆祝改革开放四十周年大会上的讲话》、新修订的《中国共产党纪律处分条例》等篇目，组织全县各级各部门认真观看警示教育专题片《一抓到底正风纪——秦岭北麓违建别墅整治始末》，确保了党的先进理论和上级最新政策第一时间传达到位，干部思想上更坚定、行动上更自觉、落实上更有力。

江西省教育厅和江西省卫健委大力推进“五型”机关建设，在“忠诚型政府”建设目标中均由重要领导部署安排，单位机关党委全面组织落实政治学习，建立学习制度。省教育厅实时打出“召开一个动员会、成立一个机构、出台一个细则、选聘一批监督员、细化一个指挥棒”五个一的系列“组合拳”。部署动员会涉及教育系统各地、各校、各部门，印发《关于推进委厅“五型”政府部门建设实施细则》分级分类实施，编印《“五型”政府部门建设简报》典型推介涉及省、市、县教育全系统，做到“全面推动、全员参与、全过程指导”。

（三）创新务实，各具特色

时代呼唤创新，面对现实政府体系特别需要强调务实精神，在全省打造“五型”政府建设上，创新务实特点尤为显著，围绕创新平台、治理现代化和工作开拓性创新性三个核心要素进行推进。新余市为了更好解决企业发展困难和问题，举行政府官员与企业家面对面的对话形式，定期推出“仙女湖夜话”沙龙，在当地形成了非常好的社会影响；新余市政府强化“项目为王”意识，大力开展新宜吉六县跨行政区转型合作示范区建设，在首次合作大会上，现场签约 15 个合作项目，现场开工 6 个项目，在深圳举行首届联合招商推介会，签约了 18 个项目，投资额高达 118.9 亿元。吉安市针对相比发达地区的观念落后，推出务实创新的系列措施，取得显著成效，市委市政府主要领导率市党政代表团赴浙江、上海学习考察，沿海发达地区的理念之先进，思想之解放，给大家留下了深刻的印象，把解放思想作为推进“五型”政府的重要保障，高度重视理念创新，大力开展思想大解放活动，鼓励各地各部门克服狭隘思维和封闭思想，创新发展理念。吉水县创新项目前期工作机制，在全市首创预算 1000 万元项目前期工作经费的做法，为项目建设节约了大量的时间和精力；安福县探索城乡管理新方式，针对乡镇车辆无序停放，造成交通拥堵等问题，“授权”委托基层派出所行使交通处罚权和轻微交通事故处理权，既提高了见警率、维护社会治安，又改善了交通秩序。

省教育厅根据教育点多面广战线长的实际情况，充分发挥系统优势，整合各方资源，从各级人大代表、政协委员、特约教育督导员、省督学、省内企业、离退休干部和师生群体的代表中聘请100名委厅“五型”政府部门建设监督专员（“啄木鸟”专员），做到全省设区市全覆盖，大中小学校有代表，每个年龄层次有声音。百名监督专员全过程、多形式、宽领域找问题、提建议，在聘期内不看对象、不设禁区，采取校内校外全覆盖，线上线下同步走，把脉问诊江西教育。省卫健委则制定出体制机制创新、服务体系创新、卫生科技创新等领域的创新计划，并在相应的部门取得明显效果，服务模式从“以治病为中心”向“以人民健康为中心”转变，服务体系也更能与社会需求相吻合，大力推进人才与科技创新基地建设的有效衔接，在全省建立重要的专科联盟，确保新科技与人民切身需要紧密结合。

（四）担当敢为，作风过硬

江西省政府系统大力倡导“事事马上办、人人钉钉子、个个敢担当”的精神，“不为不办找理由，只为办好想办法”。勇于担当是对政府政务的基本要求。各地政府机关根据自身职责担当，聚焦发展所需、民生所盼，狠抓相关工作落实。吉安市在2018年前三季度，全市GDP增长9.1%，连续22个季度位居全省前三。聚焦“1+4”主导产业（电子信息、先进装备制造、绿色食品、新能源新材料、生物医药大健康），着力打造合力泰、益丰泰、木林森、立讯科技等百亿元项目、百亿元企业，2018年1~8月，全市电子信息产业实现主营业务收入528亿元、增长30%，年内有望突破千亿元大关。前三季度，全市财政民生支出增长20.6%，占一般公共预算支出的82.6%。启动实施棚改新三年攻坚计划，年内新开工20280套。养老、教育、卫生、文化、安全生产等各项事业扎实推进；新余市为解决“居有所安”的难题，在国家政策对棚改融资收紧的情况下，2018年6123户棚户区改造实现全面开工，坚持先立规矩后办事，提出并实施了一揽子化解房地产开发领域历史遗留问题的举措，目前已有十余个存在延期办证问题的项目进行产权证办理发放。

吉安市对照“打铁自身硬”标准，引导全市政府系统各级领导干部锤炼过硬作风，高质量推进政府各项工作。一是提升干部素养。加强政府系统干部思想理论、业务知识培训，提升干部综合素质。坚持成效第一，注重从脱贫攻坚、征地拆迁、招商引资等“吃劲”岗位锻炼、培养、选拔干部。二是开展作风整治。持续深入推进“怕慢假庸散”作风问题专项整治，从严落实中央八项规定及其实施细则精神，大力精简会议文件，严格规范公务接待和公车使用，坚决查处单位食堂公款吃喝行为，不断巩固“四风”整治成效。三是建设廉洁政府。严格落实“两个责任”，坚决防止重业务、轻党建和责任层层递减现象。聚焦重大项目、脱贫攻坚、生态环保、教育医疗、民生保障等重点领域，做到有案必查、有腐必反，全市政府系统政治生态得到进一步改善。

（五）服务为先，高质高效

服务是政府的天职，重塑政府和市场的关系，提升政府服务效能，使“思想开明、办事规范、快捷高效”成为全省政府系统及其工作人员的鲜明标签。新余市提出把新余建设成为全省“办事最方便”的城市，全市大力推进“放管服”改革，在江西省范围内首创部门系统内部“证照合一”，市市场监管部门自主研发了“多证合一”系统，整合了原工商、质监、食药监的多项业务，实现了书面材料零提交，办事企业只需在网上填写一次相关材料，内部“证照合一”系统就会将信息资料共享及自动并联受理，“证照合一”之后每一张营业执照上都有一个二维码，通过这个码就可以查到企业的所有证照信息，真正实现企业一照一码“打天下”；吉安市政府针对企业和群众反映审批流程烦琐，围绕营造政策最优、成本最低、服务最好、办事最快的“四最”营商环境，持续深化“放管服”改革，深入推进“一次不跑”“只跑一次”改革，目前全市大部分地区都开通了免费的证照快递服务，政务服务设施也在不断完善。安福县高起点、高标准建成智慧政务中心，通过启用智能机器人、人工导服、专业咨询、自助办理、设立网办专区等举措，拓展了多项大厅便民服务功能，为推进“一次不跑”“只跑一次”改革提供了技术支撑。

省教育厅在打造“服务型机关”时提出“三省”目标，即让群众办事更省时省心省力，提升效能更省时，优化督查更省心，精准对接更省力。一是提升效能更省时。大力推进“互联网+政务服务”改革力度，适应师生需求，把教育服务大厅、网上服务平台和服务热线等结合起来，实现线上线下功能互补。将全国中小学生学籍数据信息、全国中等职业学校学生学籍数据信息共享在“省电子政务共享数据统一交换平台”上，实现了数据资源共享，让“教育信息多跑路，师生群众少跑腿”，切实提升服务效能。二是优化督查更省心。加快推进高校“放管服”改革，大幅减少对大中小学校的各类检查、评估、评价，给予学校充分的办学自主权。在大幅度减少督查次数的同时，优化督查模式，变专项督查为综合督查，改面上检查为明察暗访，让学校潜心办学治校。三是精准对接更省力。大力推进委厅管理智能化、服务自动化、办事移动化，实现“成本降低、效率提升、效果倍增”的叠加效应。创新“互联网+就业”模式，优化“江西微就业”移动就业服务平台功能，精准对接供需双方，企业与学生双方的时间成本和物流成本大大降低了，求职招聘的效率、效果和满意度得到大幅提升；省卫健委提出要把“思想开明、办事规范、快捷高效”作为全省卫生计生系统的鲜明标签，在“放管服”改革、智慧政府、服务模式上制定了详细的落实措施。

三 “五型”政府建设过程中存在的不足

全省各级政府系统深刻把握“五型”政府建设的重要性和紧迫性，全力清除“怕慢假庸散”作风顽疾，严格对标“五型”要求，努力形成比学赶超的良好态势，加快转变政府机关作风、大幅提升办事效能，让群众和企业拥有了更多实实在在的获得感。但是对标对表，全省政府系统要着力推进“五型”政府建设取得突破性进展，还存在一些困难，主要有以下几方面。

（一）对“五型”政府建设的深刻内涵认识不足

一是建设“五型”政府进展不平衡，在动员部署、成立机构、出台措施、推进落实等工作上有快有慢，部分单位停留在学习传达、动员部署，制定方案等基础阶段；二是对“五型”政府建设缺乏足够思考，对建设“五型”政府应该怎么做和怎么做好，特别是在体制创新、制度建设、考核奖惩等方面比较困惑，寄希望于省、市层面出台实施意见和具体操作办法；三是对“五型”政府建设的核心理念及要求缺乏足够谋划，绝大多数从政府行政办公程序及态度优化来进行工作完善；一些地方和部门结合实际不够，在出台“五型”政府建设方案时生搬硬套上级实施方案和责任分工，缺少务实干货和实在举措。

（二）担当作为有待进一步强化

一是部分地区和干部还是存在“不敢为”的顾虑、“怕作为”的想法、“难作为”的实情。如改革创新和问责追责界限不明晰，容错纠错的概念认定不明确，“不敢为”的现象依然存在；如上级明察暗访时认定标准不统一，窗口人员在手上没有工作的情况下，基本什么都不敢做；如由于编制受限，乡镇（街道）甚至部分县（市、区）级窗口服务人员大多是一岗一人，且可能还担任其他职务（如第一书记），实行“错时延时服务”后，难以两头兼顾。二是隐性形式主义亟须破除。虽然江西省多次强调要精简文件会议，但一些部门在考评细则中对开会、下文列出考核分值，隐藏在形式合法、表态高调的“会议和文件”中的形式主义让基层不堪重负，不少基层反映会议文件多，落实时间少。2019 年，中共中央办公厅印发了《关于解决形式主义突出问题为基层减负的通知》，江西省也下发了《全省政府系统推动“三减三强两倡导”深化“五型”政府建设推进高质量跨越式发展若干措施（试行）》，相信可以极大程度地为基层“减负”“松绑”，让各级干部轻装上阵。

（三）政务效能有待进一步提升

一是打通信息孤岛还不彻底。信息共享在省级层面缺乏统一标准，原有平台顶层设计有缺项、漏项，省直部门间数据壁垒和业务系统“信息孤岛”难以打破，比如，国土、人社、市场监管、食药监，等等，信息不共享，市县在政务服务建设方面无从下手，各做一套，后续平台对接难，服务的集成度不高。二是政务服务便民化还不彻底。政务服务一网通还未完全实现数据共享，各支撑系统尚未完善，如不动产交易、车管所办事大厅需要查阅档案，而目前档案仍存放在各单位，一定程度上造成了群众两头跑。三是投诉反映渠道待整合。当前市民服务热线、政府邮箱、民声通道、网民留言等群众反映诉求渠道较多，经常出现同一诉求各个口子重复交办，甚至同一渠道对短期内多次反映的同一诉求反复交办，造成基层重复劳动，资源浪费。四是历史遗留问题待突破。如解决林权办证堵点需要厘清林权类不动产登记程序，规范部门职责，当前亟须将原始的林权登记档案进行梳理、转换，使之与不动产登记中心系统接轨，实现林权登记的落宗和林权登记系统信息化管理，并尽早建成集土地、房产、林业于一体的完整的不动产数据库，妥善解决林权调查费用问题。

（四）干部队伍难以满足高质量、跨越式发展工作需要

新时代新形势下，社会关系错综复杂，工作任务繁重艰巨，新一轮科技革命和产业变革的蓬勃兴起，推进高质量、跨越式发展对高素质干部队伍提出了更高要求。当前部分职能部门干部职工的思想、管理水平和业务技能等与之不适应，综合素质有待进一步提高。

四　江西打造“五型”政府的对策建议

2019 年是中华人民共和国成立 70 周年，综观国际国内形势，江西省正处在创新驱动、变道超车的重要战略机遇期。要从更高层次贯彻落实习近平

总书记对江西工作的重要要求，按照省委十四届七次全会和全省“两会”决策部署，力度更大、举措更实地持续推进“五型”政府建设，保障高质量跨越式发展提速提质提效。

（一）加强党的政治建设，铸就绝对忠诚

习近平总书记深刻指出：“中央和国家机关首先是政治机关，必须旗帜鲜明讲政治，坚定不移加强党的全面领导，坚持不懈推进党的政治建设。”要旗帜鲜明讲政治，认真贯彻执行《中共中央关于加强党的政治建设的意见》，牢固树立“四个意识”，始终坚定“四个自信”，坚决做到“两个维护”，始终在思想上政治上行动上同以习近平同志为核心的党中央保持高度一致。要以思想武装夯实忠诚根基，以党性修养擦亮忠诚底色，以实际行动体现忠诚自觉，牢记习总书记的教诲坚守初心，遵循习总书记的指引笃定前行，切实把习总书记对革命老区的赤诚大爱转化为奋斗的澎湃力量，把习总书记对江西工作的重要要求转化为发展的生动实践。

（二）突出创新引领，释放澎湃动力

要加强顶层设计，优化政府机构设置和职能配置，深化机构改革；要加强对基层典型做法的宣传和业务指导，及时回应“五型”政府建设中出现的新情况、新问题，适时制定下发工作指导目录或“五型”政府建设的具体工作标准，让基层对标对表，有章可循。

要强化科学施政，提升决策科学性，加强调查研究，坚持民主集中制，规范决策程序，强化政策协同，及时回应社会关切。提升工作实效性，措施要精准恰当，把握好力度和节奏，加强各方面协调配合。

要推进法治政府建设，依法平等保护各类市场主体产权和合法权益，健全法规制度、标准体系，加强社会信用体系建设，深入实施食品安全战略，切实维护好人民群众生命安全和身体健康。

要加强政务诚信建设，特别是加强采购领域、政府和社会资本合作领域、招标投标领域、招商引资领域政务诚信建设，健全守信激励和失信惩戒

机制，加强社会对政务诚信的监督，构建多样化政企沟通机制，坚决防止“新官不理旧账”等影响政府公信力和投资者信心的问题。

（三）激励担当作为，聚力干事创业

把问题导向和目标导向相结合。要强化问题破解，创新工作方式，注重结合实际，重点针对弱项和短板，不断创新活动内容、形式和舆论宣传，让“五型”政府建设更加贴近实际、更加务实管用。要坚持“项目为王”，大力推行“高位化调度、集成化作战、扁平化协调、一体化办理”工作模式，积极开辟项目建设“绿色通道”，变“项目跟着部门转”为“部门跟着项目转”，加强对政策执行情况、实施效果和社会影响的评估，主动接受各方监督，推动工作落地见效。

把容错纠错机制和问责追责相结合。要根据《中共江西省委关于进一步激励广大干部新时代新担当新作为的实施意见》等文件精神，建立健全容错纠错机制，旗帜鲜明为敢于担当的干部撑腰鼓劲。各地可以探索结合重点工作和发展目标，制定本地容错纠错清单，并根据政策和形势变化及时更新调整容错纠错情形。同时，还要守住不予容错免责的红线底线。坚决纠正干部队伍中的“怕慢假庸散”等庸政懒政怠政行为和不良风气，树立“乱为是过、不为也是过”的理念，建立健全科学高效的问责体系，做到“乱作为要问责、不作为也要问责”。

把科学考核和舆论监督相结合。将“五型”政府建设的考核工作与政府日常督查考核工作结合起来，科学设定第三方评估指标，解决形式主义突出问题，切实为基层减负。精简文件简报、精简会议活动、精简督查考核；提升考核合理性，改进和规范督查工作，解决重“痕”不重“绩”、留“迹”不留“心”问题，让干部把更多时间和精力用在抓落实上。充分发动媒体和群众监督评议，切实发挥广播电视、报纸刊物、微信微博、政务信息等各类媒体的作用，广泛宣传讲解好“五型”政府建设的意义、措施和要求，及时总结宣传全省各地“五型”政府建设过程中涌现的典型人物和典型经验。

（四）抓好改革落地，提升服务效能

进一步深化“放管服”改革，贯彻落实《关于加强作风建设优化发展环境的意见》《关于进一步完善政务服务机制提升政务服务效能的通知》等，加大精简下放审批事项力度，全面拓宽社会投资领域和范围，纵深推进商事制度改革，完善投资项目审批监管服务，深入推进审批服务便民化。

提升“互联网+政务服务”水平。贯彻执行《全省一体化在线政务服务平台建设实施方案》，在省级层面清理归并简化各类审批事项，整合各类审批平台，尽快实现数据共享，以便地方对接；关注保障性条件建设，结合具体的业务事项或应用场景研究数据的归属权、使用权和共享管理权。建立政务信息资源共享与交换规范及标准，实现跨部门、跨地区、跨层级数据的基础信息库和业务信息库联通，设立政务信息资源共享交换目录，以数据流打通“业务协同办”的瓶颈，确保业务流程按时有序终结。

整合优化各类政务咨询投诉举报载体。按照“一号对外、诉求汇总，分类处置、统一协调，各方联动、限时办结”的要求，整合各地、各部门现有非紧急警务类政务服务热线资源，建设“江西 12345”政务服务热线。同时梳理各职能部门投诉处理职责，优化原有各类热线平台涉及的机构和人、财、物等资源，彻底解决群众诉求多头、重复交办的问题。

加强基层政务服务体系建设。进一步扩大乡镇政府直接面向群众、量大面广以及由乡镇服务管理更为方便有效的事权；规范基层政务服务管理，编制便民服务事项清单、指南，明确一线窗口工作人员职责。综合考虑基层办事人员编制情况，合理安排窗口人员作息时间，条件适宜地区尽量采用智能化技术手段为民服务。加强人文关怀，明确加班补贴，关注基层人员工作压力和身心健康，努力促使工作人员将工作压力转化为动力。

（五）强化学习培训，打造过硬队伍

加强理论学习。政治上的坚定、党性上的坚定都离不开理论上的坚定，对信仰的坚守和执着，来自理论上的清醒与自觉。注重培养专业能力、专业

精神。江西省高质量发展、跨越式发展处于蓄势跨越的关键阶段，面临许多新情况、新问题、新要求，必然要用新思维、新举措来应对，迫切需要全省各级干部和工作人员切实转变观念、调整思路，用新理念、新办法推动经济社会发展，通过向书本学、向市场学、向实践学，系统掌握专业技能和过硬本领，不断提升在复杂局面下驾驭经济发展的能力，增强建设现代化经济体系的本领，才能更好地适应新时代需要，为落实“创新引领、改革攻坚、开放提升、绿色崛起、担当实干、兴赣富民”工作方针、奋力书写新时代江西物华天宝人杰地灵的新画卷提供坚强的组织保证。

参考文献

习近平同志系列重要讲话。

《中共中央关于加强党的政治建设的意见》。

《关于解决形式主义突出问题为基层减负的通知》（中共中央办公厅印发）。

中共江西省委　江西省人民政府《关于加强作风建设优化发展环境的意见》。

《关于在全省政府系统大力开展忠诚型创新型担当型服务型过硬型政府建设加快推动江西高质量跨越式发展的实施方案》（赣府字〔2018〕64 号）。

《“五型”政府建设〈实施方案〉解读》，《江西省人民政府公报》2018 年 9 月 23 日。

《关于贯彻落实在全省政府系统大力开展忠诚型创新型担当型服务型过硬型政府建设加快推动江西高质量跨越式发展实施方案分工安排的通知》（赣府厅字〔2018〕90 号）。

《中共江西省委关于进一步激励广大干部新时代新担当新作为的实施意见》（赣发〔2018〕21 号）。

《全省政府系统推动“三减三强两倡导”深化“五型”政府建设推进高质量跨越式发展若干措施（试行）》。

《全省一体化在线政务服务平台建设实施方案》（赣府厅字〔2018〕114 号）。

《关于进一步完善政务服务机制提升政务服务效能的通知》（赣府厅字〔2018〕105 号）。

梁勇、方芳：《大力建设“五型”政府　推动高质量跨越式发展》，《江西日报》2018 年 12 月 31 日。

《我市“五型”政府建设精准“落子”结硕果》，《新余日报》2019 年 1 月 18 日。

B.23 江西打造“四最”营商环境的着力点和突破点

季凯文　岳　可　梅国平*

摘　要： 近年来，江西大力推进简政放权、“互联网+政务服务”、降成本优环境专项行动、社会信用体系建设，行政审批效能及服务水平显著提升，企业成本和负担显著下降。但是，与浙江、广东、福建等沿海发达省份相比，江西营商环境仍有较大提升空间，行政审批事项及时间有待于进一步压缩、数据共享、联动沟通仍有壁垒，政策执行力、规范性仍不够强。为此，江西应借鉴发达省份的成功举措，大力推行“不见面”审批服务，持续减少审批事项、提升行政审批效能，加大减税降费力度，进一步缩短通关时间、降低通关成本，狠抓政策激励和落实，努力打造“政策最优、成本最低、服务最好、办事最快”的营商环境。

关键词： 营商环境　简政放权　江西

近年来，江西把优化营商环境作为发展经济、提升竞争力的重要抓手，紧紧围绕“政策最优、成本最低、服务最好、办事最快”的目标，坚持问

---

* 季凯文，江西师范大学江西经济发展研究院副院长、副研究员、博士，研究方向为区域经济与产业经济；岳可，江西师范大学江西经济发展研究院硕士，研究方向为区域经济；梅国平，江西师范大学校长、教授、博士生导师，研究方向为管理决策与分析。

题导向、需求导向、效果导向，持续深化“放管服”改革，推进“五型政府”建设，在消除“痛点”、攻克“难点”、强化“支点”、疏通“堵点”上取得了显著成效。但是，与浙江、广东、福建等沿海发达省份相比，江西营商环境仍有较大差距。江西要打造“四最”营商环境，仍需持续优化营商投资审批环境、贸易经营环境、监督管理环境，努力推动营商环境大改善、大提升。

一　江西在优化营商环境方面取得的主要成效

（一）大力推进简政放权，行政审批效能显著提升

一是纵深推进行政审批制度改革。近年来，江西瞄准制约经济社会发展的深层次问题，坚持以行政审批制度改革为突破口，持续推动简政放权，各类事项全部纳入清单管理。截至2018年底，省本级行政权力事项精简率达82.5%，累计取消调整证明事项315项，1233项政务服务事项实现“一次不跑”或“只跑一次”。二是大力推进工商登记电子化。江西积极落实国务院削减的工商登记前置审批事项，建立工商企业登记网络服务平台，使自然人投资设立的公司、个体户，只需“指尖”操作即可完成登记。截至2018年底，江西实现“39证合一”，企业注册登记时间压缩至5个工作日。三是积极探索“一枚印章管审批”。南昌、宜春、赣州等地先后设立行政审批局，将行政审批事项全部划转到行政审批局，并设立“一窗受理”综合窗口。以南昌为例，截至2018年底，行政审批局划转的行政许可权及相关联的审批事项共有188项，企业投资项目审批时间压缩一半以上。

（二）大力推进“互联网＋政务服务”，行政审批服务水平显著提升

一是建立全省统一的政务服务平台。江西建成了全省统一的政务网络平台、政务云平台和政务共享数据交换平台等，建成了江西政务服务网、政务

服务实名认证系统、电子证照共享服务系统、网上统一支付系统、网上审批系统、政务服务管理系统、政务数据开放系统等政务服务应用支撑平台。目前，江西政务服务网可为企业法人提供投资审批、社会保障等30余项在线服务。二是开通运行“赣服通”。江西依托政务服务网和支付宝移动端开发建设的“赣服通”，已接入各类便民利企服务事项，203项高频服务事项可“掌上办理”。三是实行预约、延时、错时服务。省商务厅、省市场监督管理局、省食品药品监督管理局、省应急管理厅等多单位多窗口实行中午、双休日以及国家法定节假日提供延时、错时服务，并提供现场预约、电话预约等多种预约方式，把最大便利让给企业和群众。另外，政务服务事项目录清单里的事项除网上办理外，江西还拓展了上门办理、免费代办、邮递办理等新模式。

（三）大力推进降成本优环境专项行动，企业成本和负担显著下降

一是降成本优环境政策持续落地见效。从2016年5月至2018年9月底，江西累计为企业减负2380亿元，工业企业每百元主营业务收入成本87.49元，同比下降0.2元。为进一步减税降费和降低融资成本、物流成本、生产要素成本、运营成本，2018年11月又发布了《关于进一步降低实体经济企业成本补充政策措施》，江西全年共落实152条降成本措施，为企业减负1200亿元。二是入企帮扶效果显著提升。省委书记、省长连续三年开展省领导挂点开发区联系企业活动，4200名省、市、县（区）领导挂点联系104个开发区和1.5万户规上企业。2018年，77个对口省直部门开展帮扶活动150余次，帮助1000余户联点企业兑现政策减负38亿元。另外，企业精准帮扶App平台收集问题办结率达到90.5%，解决了大量企业诉求，有力促进了全省经济的平稳运行。

（四）大力推进社会信用体系建设，诚信环境显著优化

一是全面建设信用江西。整合各个行业的信用信息，江西不定期公布了“诚信红黑榜”，在各地各部门间共享“红黑名单”，扩大信用信息的应用范围，允许多种业务查询信用信息，并按照规定进行行政管理、评优评先，积

极推动国家系列联合奖惩备忘录措施的落地。二是“双随机、一公开”监管向常态化制度化迈进。省市场监督管理局通过国家企业信用信息公示系统，围绕重点行业、警示企业开展“双随机”抽查8次，共抽查企业1.7万户，抽查结果已全部公示。三是建立“一处失信、处处受限”的跨部门联合惩戒机制。江西对违法失信企业严格准入，并作为年度执法检查计划和“双随机”的重要参考，对列入联合惩戒对象和“黑名单”的企业，各有关部门将在生产经营、投融资、政府采购、工程招投标、进出口、资质审核等方面依法予以限制或禁止。

二 江西营商环境与发达省份相比存在的主要差距

（一）行政审批事项及时间有待于进一步压缩

一是行政审批服务事项有待于进一步压缩。江西提供“一次不跑”服务的部门比浙江少，仅有34个部门提供网上服务信息，而浙江则有46个，比江西多12个部门。同时，江西各部门提供的服务数量也少于浙江，仍然无法满足大部分居民的实际需求，“一次不跑”服务满意度仍需提升。据最新第三方调查显示，浙江居民对该省“最多跑一次”改革的满意率高达94.7%。

二是行政审批时间有待于进一步压缩。在企业开办时间上，浙江常态化企业开办时间压缩到4天，其中企业设立登记压缩到2天、制作公章压缩到1天、申领发票压缩到1天，而江西要求企业注册开办5个工作日完成，比浙江慢一天。不动产登记方面，2017年4月浙江全面实现不动产登记全业务、全过程“最多跑一次”，而江西在2018年底才实现房屋交易登记与税务“一窗受理、并行办理”。

（二）数据共享、联动沟通仍有壁垒

数据共享方面，广东建成全省一体化政务信息资源共享平台“开放广东”，实现省、市、县三级联通，同级部门数据对接，已有2792个政府数据

集 80 个数据应用、超过 1.39 亿条政府数据开放。浙江向全省开放了 29 个省级部门、2600 余个公共数据项的共享权限，共编录 28 家省级单位的 1146 个数据项，向全省各级政府及部门授权，通过省数据管理中心提供的统一接口共享清单中所列数据。而江西还未形成一体化政务数据平台，仍然存在“数据孤岛”的问题，在促进各部门之间信息共享时缺乏硬性约束手段，行政机构协调监督相关事项仍然存在较大难度。

联动沟通方面，浙江政务系统实现了省、市、县、乡、村五级机构的组织在线，完成了五级行政区划的移动联络系统建设，真正做到让“数据多跑路，群众和企业少跑路”；福建依托“中国福建”门户网站开通“政企直通车”，在政府和企业之间构建畅通、稳定、多样、互通的沟通渠道，高效解决企业诉求。江西还缺乏有效的联动沟通机制，存在部门重复建设、重复工作和企业重复申报、需多次往返等问题。

（三）政策执行力、规范性不够强

一是政策执行力不够强。为提升行政执行力，浙江通过全面提升政府治理能力，完善抓落实的指标体系、工作体系、政策体系和评价体系，增强政府执行力；福建通过“四个渠道”优化事业单位登记管理服务效能，健全完善办事制度和流程。而江西现阶段仍存在政府执行力不够强、政府服务效率低的问题，也尚未出台提升政府执行力的具体政策。

二是政策落实偏慢。在形成统一管理体系上，浙江要求到 2019 年底，基本建成全省统一的工程建设项目审批体系和管理系统，而江西要求 2020 年基本建成全省统一的审批制度框架和管理体系。

三是规范性政策仍短缺。浙江出台了《“无差别全科受理”工作指南》，对事项标准化等工作做出达到“最小颗粒度”的要求；广东开展了政务服务事项实施清单标准化梳理，进一步规范事项名称、办事流程、申办材料等办事要件，在营商环境优化方面推进公共资源交易规范化管理、推进中介服务规范管理。而江西仍然缺少规范性政策，导致存在基层工作人员服务效率低、不规范等现象。

三 发达省份优化营商环境的经验借鉴

（一）浙江：以“标准地”改革加快企业开工投产

一是开展评估改革。在区域评估时推行“多测合一”，将区域内的重复评估改为统一评估。将市政配套核实测量、消防测量及产权办理阶段的房产测绘、地籍测绘等诸多项目整合成为一个综合性联合测量项目，实行一次委托、统一测绘、成果共享。

二是设置出让标准。前置指标提升竞争力，地方经济质效增加。“标准地”的出让设置有一定投资强度、单位能耗、亩产均收等指标，未达指标的企业不能申请获得“标准地”，这些前置指标促使企业加快转型升级。

三是加快企业审批。两种审批方式，促使优质企业快速落地生产。选取常规审批的竞得企业，各个部门按照一般企业投资项目开工前审批“最多跑一次”“最多100天”要求做好企业投资项目审批代办服务。选取承诺制审批的项目，拿地后与政府签订履行相关标准的承诺书，用以替代原先施工前需要办理的诸多审批，实现快速开工。浙江新昌首个“标准地”项目，土地摘牌后仅用8天就取得项目开工许可。

四是配合“标准地”实施新招商模式。进一步完善了新型招商模式，推进地方营商环境不断优化。按照“事前定标准、事后管达标、亩产论英雄”要求，在改革中坚持市场在资源配置中的决定性作用，实现了以市场化方式招引遴选高质量项目落地。

（二）广东：“粤省事”指尖服务助推“开放广东”建设

一是一站式企业开办。“粤省事”企业指尖办证目前提供内资企业、个体工商户、农民专业合作社等13类企业类型的涉及名称自主申报、设立登记、变更及注销等工商登记事项的服务，仅需一个小时就可以结束从申请账号到身份认证到在线填报信息等流程而完成企业的登记注册，企业注册不但可以无纸化，还可以实现“一次不跑”，提高工作效率。

二是大数据服务企业。“开放广东”平台目前已包含发改、经信、国土、环保、商务、自贸、税务、工商、质监等40个省级政府部门的数据集。借助“开放广东”政府数据统一开放平台，广东打破了“信息孤岛”，企业服务更加高效。

（三）福建：建立“五个一”审批体系

一是“一张蓝图”统筹项目实施。福建要求各市、县以“多规合一”的“一张蓝图”为基础统筹建设。比如，厦门提出建构立体全域空间规划一张图，将全域“一张蓝图”成果纳入多规平台进行管理；福州始终贯彻“东进南下、沿江向海”的发展战略，2018年福州新区完成重点项目投资2050亿元，三江口、闽江口、福清湾、江阴湾等重点区域和组团加快开发，13项改革任务有效落实。

二是“一个系统”实施统一管理。福建着力打造审批管理系统，将各个地区、各部门平台互联，实现审批过程、审批结果实时传送。比如，福州建立了“政务服务管理平台”，对接多部门审批系统，将多网受理整合为一网受理，促进审批事项协同办理。

三是“一个窗口”提供综合服务。福建建立完善“前台受理、后台审核”机制，综合服务窗口统一收件、出件，实现“一个窗口”服务和管理。比如，福州构建了“前台综合受理、后台分类审批、统一窗口出件”审批服务模式，2018年1月至10月，“一窗受理”办理事项37.25万件，审批时限缩短50%以上；南平出台了《“放管服”云平台实施方案》，一窗综合受理和权力运行系统等审批受理服务端应运而生。

四是“一张表单”整合申报材料。福建每一个审批阶段申请人只需提交一套申报材料，不同审批部门共享审批材料。比如，平潭将原来需向六个部门分别提交的申请材料合并为一张“平潭综合实验区商事主体登记信息采集表”，实现“三证合一、一照一码”，将最初审批办理时限41个工作日压缩到现在的3个小时，提速100倍以上。

五是“一套机制”规范审批运行。福建明确部门职责，明晰工作规程，规范审批行为，确保审批各阶段、各环节无缝衔接。比如，厦门以建章立制为保障，出台“多规合一”地方性法规，2018 年 6 月前已建立健全生态控制线等 220 余项规章制度，形成一整套可复制可推广可持续的工作机制。

四　江西打造“四最”营商环境的着力点和突破点

（一）持续减少审批事项，进一步提升行政审批效能

一要列清材料清单。公开审批所需材料清单，规范审批前置条件。对材料不齐全的企业实行一次性告知制度，将所需材料通过一次性告知单告知申请企业，避免口头告知口径不一的问题，保证企业办理业务迅速准确。

二要进一步完善审批制度。进一步集中行政审批权，进一步扩大划转的行政许可权及相关联的审批事项范围，努力实现“一次办好”所有审批。进一步精简审批事项，采取网上审批等方式，实现审批“一次不跑”。采用“承诺制”新型审批方式，行政审批机关根据申请人承诺直接做出行政审批决定，简化审批流程，缩短项目落地周期。

三要推进联合审批。推进“并联审批”“多图联审”“联合验收”等联审改革，对需两个以上部门分别审批的事项明确一个主办部门，实行多项合一、一次收文，联合办理、一次审结的方式，节约行政成本，提高行政效率，实现资源共享。

四要打破信息孤岛。做好政府数据互联工作，加快建设政府数据共享平台，促进政府信息互动互联。构建政企信息对接平台，实现政府和企业之间信息共享。推广政企“茶叙”活动，切实解决企业发展的“难点”“堵点”，助推企业发展壮大。

（二）大力推行“不见面”审批服务，构建政务服务“一张网”

一要集中行政事务服务，只进一扇门成常态。总结南昌、赣州、宜春等

地经验，在全省推进行政审批局的建设，要求相关单位全部进驻，划转行政许可权及相关联的审批事项，进一步压缩企业投资项目审批时间。

二要提升窗口服务能力，一窗办成所有事。逐步改善基层窗口建设，整合设立“一窗受理”综合窗口，最大程度方便服务个人和企业，营造高效、便捷的服务环境。提升窗口人员培训覆盖率，力争窗口人员培训覆盖率达到100%。尽快形成标准化服务体系，建成标准统一、公平普惠的政府服务体系，实现服务质量目标化、服务方法规范化和服务过程程序化，无差别服务企业。

三要努力实现一网通办，一次不跑全覆盖。加快江西政务服务网建设，督促未入驻的政府部门入驻网站，及时公布营商政策，加强政企沟通，为企业提供办事指导服务。完善“赣服通”功能，接入更多便民利企服务项目，实现无纸办事、指尖办事，打造便捷、优质的服务平台。进一步深化“一次不跑”改革，扩大上门办理、免费代办、邮递办理的服务范围，满足企业办事需求。

（三）加大减税降费力度，进一步降低企业成本

一要进一步减税降费。进一步规范涉企收费，理清行政事业性收费，查清收费种类、标准、范围、数额和依据。进一步清理不当收费，降低过高的收费要求，整顿违规收费行为。进一步加强中介、协会的收费管理，打破垄断、取消强制性，避免加重企业负担。

二要进一步降低企业成本。政府性融资担保、再担保机构要在可持续经营的前提下调降再担保费率，进一步降低融资成本。建立交通网重要节点物流枢纽，发展多式联运和公路甩挂运输，进一步降低物流成本。落实优惠政策，降低企业用地、用人、用能成本，进一步降低生产要素成本。联系企业供货链的所有生产商和中间商，帮助企业提高资源配置效率，进一步降低运营成本。

（四）进一步缩短通关时间，降低通关成本

一要进一步缩减通关时间。以“提前申报”模式为基础，鼓励更多企

业采取“提前申报”，确立一批“便捷通关企业”，加速企业通关。在已有政策上进一步加强海关与检验检疫一体化，缩短通关检验检疫审批时间，确保生鲜产品迅速通关。

二要降低通关费用。梳理通关收费项目，公开收费标准、服务内容，完善出口退税政策，出口时将企业已纳进口税和国内税金退还，提高企业产品的国际市场竞争力。

三要优化通关流程。引入“三个一”通关模式，一次申报、一次查验、一次放行。企业一次性录入通关检验申报数据，完成报检报关；关检双方同时到场，一次开箱同步检验；关检双方将货物信息录入电子系统，力争做到一次放行。

（五）狠抓政策激励，务求执行实效

一要抓好政策出台。政策出台要有配套细则，发挥政策出台单位的龙头作用，与其他相关单位共同制定具体实施细则，提升政策的实用性和可操作性，从源头防止惠企政策有卡壳。政策发布也要公开透明，从源头防止惠企政策企业不知情、不申报、误时机。

二要抓好政策宣传。政策宣传要深入企业，依靠领导挂点开发区联系企业的活动，向企业及时、精准宣传惠企政策，把政策落实到适用企业。政策宣传要多种多样，充分利用江西政务服务网等途径，将政策解读到位、宣传到位。

三要抓好政策落实。解决企业对惠企政策“看得见、吃不着”的难题，有关部门要将政策抓实，要了解政策内涵和工作方案，加快政策落地；将政策抓紧，不但要盯着抓，反复抓，更要抓到底；将政策抓细，政策落实不能浮于表面，让政策落到“点”上，让企业切实体会到政策的好处，切实打通政策落地“最后一公里”。

四要抓好后续监管。实施部门和企业互评，对排名较后的部门进行问责。提供“12345”政务服务热线、政务服务网等多种投诉途径，对侵害企业合法权益、以权谋私的行为，一律从严查处。

参考文献

国办发〔2018〕104号:《国务院办公厅关于聚焦企业关切进一步推动优化营商环境政策落实的通知》, 2018年10月30日。

赣府办通报〔2018〕第108期:《易炼红在优化营商环境调度推进会上的讲话》, 2018年10月17日。

国办函〔2018〕46号:《国务院办公厅关于部分地方优化营商环境典型做法的通报》, 2018年7月24日。

浙政办发〔2018〕73号:《浙江省人民政府办公厅关于加快推进“标准地”改革的实施意见》, 2018年7月20日。

闽政办〔2018〕87号:《福建省人民政府办公厅关于推进全省工程建设项目审批制度改革的若干意见》, 2018年11月13日。

赵治纲:《“降成本”现状、成因与对策建议》,《财政科学》2016年第6期。

解安、杨峰:《“放、管、服”改革的经验启示及路径优化》,《中国行政管理》2018年第5期。

卢昌彩:《浙江打造全球一流营商环境研究》,《决策咨询》2018, No. 45 (3), 第35~40页。

冯晓玉、李碧珍:《“放管服”改革视角下民营企业营商环境探析——以福建省为例》,《福州党校学报》2018年第3期。

马正其:《深入推进“放管服”改革　为民营经济创造更好营商环境》,《紫光阁》2018年第12期。

B.24
加快构建江西特色优势产业人才支撑体系的研究*

张宜红　杨锦琦　邱信丰**

摘　要： 江西围绕特色优势产业，不断强化人才引进与培育，人才引进力度不断加大，人才政策环境不断完善，人才队伍初具规模，人才支持特色优势产业发展的效应初步显现。然而，仍然存在人才规模小、人才流失与引进难并存、人才平台不高、人才政策不完善等问题。为此，需围绕特色优势产业，构建人才与产业双向促进的新格局、打造引才育才精准化的新模式、搭建人才创新创业的新平台、建立激发人才活力的新机制等方面构建人才支撑体系。

关键词： 特色优势产业　人才　江西

创新驱动实质上是人才驱动，创新引领实质上是人才引领。只有拥有一流的创新人才，才能拥有创新的主导权。人才强，产业强；产业兴，人才兴。江西省明确提出要加快发展新能源、新材料、航空、电子信息、中药、装备制造六大优势产业，形成在全国具有较大影响的特色战略性新兴产业

---

* 江西省社会科学院2019年第一批省情调研重点课题“江西省五大产业人才调查与思考”阶段性成果（课题编号：19SQZD04）。

** 张宜红，江西省社会科学院应用对策研究室副主任、副研究员，研究方向为农村经济；杨锦琦，江西省社会科学院产业经济研究所副研究员，研究方向为生态经济；邱信丰，江西省社会科学院产业经济研究所助理研究员，研究方向为产业经济。

链，人才是关键。然而现实是，江西省特色优势产业人才规模小、引进难、留人难等问题，在一定程度上制约了江西省特色优势产业的创新发展。本文主要分析江西省航空、生物医药、电子信息、新能源新材料等特色优势产业产业人才情况，就如何发挥自身优势，构建特色优势产业人才体系，助推特色优势产业创新引领、转型升级，进而真正实现高质量跨越式发展，是当前亟待破解的重要课题。

一　江西省特色优势产业人才基本情况

近年来，江西省制定了一系列人才政策，特色优势产业人才规模不断扩大，质量迅速提升，结构日渐优化，利用效率逐步提高，人才流失得到遏制，呈现良好的人才发展态势。鉴于数据的可获得性，有的特色优势产业主要以行业龙头企业为对象，来分析人才发展情况。

（一）产业人才队伍初具规模

江西特色优势产业人才数量呈逐年递增的趋势，形成了由高、中、低专业技术人员组成的人才体系。

1. 航空制造产业人才现状

江西是我国重要的航空产业研发和生产基地，高度重视人才的引进和培养，通过依托重大人才工程和运用市场化手段引进航空人才，积极培养航空产业高层次人才和航空高技能人才，建设平台集聚航空人才，人才队伍初具规模。本文对洪都、昌飞、南航等主要航空制造企事业单位的人才队伍情况进行了调研。调研数据显示：2017 年，江西省调研的部分航空制造企事业单位各级各类人才总量 14038 人，其中技能人员为 7227 人，占比达 51.48%，专业技术人员为 4716 人，占比达 33.59%，经营管理人员为 2095 人，占比达 14.93%（见表 1）。由此可见，航空制造产业人才主要集中在几家企事业单位，专业技术人才、技能人才较为密集。

表 1　部分调研航空制造企事业单位人才结构

航空制造人员结构	人数	占比(%)
专业技术人员	4716	33.59
技能人员	7227	51.48
经营管理人员	2095	14.93
合计	14038	100.00

资料来源：根据调研资料整理而得。

从表 2 可以看出，调研的部分航空制造企事业单位专业技术人员以中低级职称为主，占 66.54%，高级职称占 32.46%；大多以本科及以下学历为主，占 73.2%；专业技术人才年轻化趋势较为明显，35 岁及以下 2396 人，占比为 50.81%、36～45 岁 1338 人，占比为 28.37%、46～55 岁 859 人，占比为 18.22%、56 岁以上 123 人，占比为 2.61%。

与此同时，调研的部分航空制造企事业单位技能人员大多以高级工为主，高级技师占比 3.06%、技师占比 15.38%、高级工占比 50.12%、中级工占比 27.5%、初级工占比 3.94%。

表 2　部分调研航空制造企事业单位专业技术人才结构

专业技术人才总数					4716 人			
职称结构	正高级		副高级		中级		初级	
	人数	占比(%)	人数	占比(%)	人数	占比(%)	人数	占比(%)
	319	6.76	1212	25.70	1658	35.17	1527	32.37
年龄结构	35 岁及以下		36～45 岁		46～55 岁		56 岁以上	
	人数	占比(%)	人数	占比(%)	人数	占比(%)	人数	占比(%)
	2396	50.81	1338	28.37	859	18.22	123	2.61
学历结构	博士		硕士		本科		其他	
	人数	占比(%)	人数	占比(%)	人数	占比(%)	人数	占比(%)
	357	7.57	907	19.23	2824	59.88	628	13.32

资料来源：根据调研资料整理而得。

2. 电子信息产业人才现状

一是创新技术平台集聚了大量研发人才。全省拥有南昌大学、江西理工大学、南昌航空大学、南昌光谷光电工业研究院、吉安电子信息产业研究院等综合性大学、研究院所，以及南昌大学国家硅基发光二极管（LED）工程技术研究中心、南昌光谷光电工业研究院硅衬底半导体照明创新中心、江西联创光电科技股份有限公司建设的江西省半导体照明封装工程技术研究中心、电子科技大学赣州南康工业（电子）设计中心、赣州市德普特科技有限公司联合南康区政府和电子科技大学共建的"电子薄膜与集成器件"国家重点实验室赣州分室、合力泰科技股份有限公司建设的国家企业技术中心等一批技术支撑平台，为电子信息产业培养了一大批产业研发人才。二是企业集聚了大量的技能人才。在2017年全省规模以上电子信息企业575家，超百亿元企业4家，2018年第四季度江西省89个工业重点产业集群中，其中电子信息产业集群从业人员达30.52万人，为电子信息产业集聚了大量的技能人才，大多以生产工人为主。以欧菲光和联创电子两家龙头企业为例，两家龙头企业大多以生产人员为主，欧菲光生产人员占85.95%，联创电子生产人员占80.13%；技术人才占比较低，欧菲光技术人才占9.34%，联创电子技术人才占13.32%（见表3）；而且，两家电子信息龙头企业人才学历大多以大专及以下为主，高学历人才较为缺乏，欧菲光大专及以下人才占91.65%，联创电子占89.93%。

表3 部分调研电子信息产业龙头企业人才结构情况

单位：人

公司	生产	销售	技术	财务	行政	总人数
欧菲光	35949	118	3905	118	1731	41821
联创电子	4235	68	704	76	202	5285

资料来源：根据调研资料整理而得。

3. 生物医药产业人才现状

截至2017年底，江西省共有生物技术领域在职员工18505人，仅次于山东、湖北、浙江和北京，位于全国第5位。加强基础性人才的培育。全省形成了生物医药相关专业从专科到研究生教育体系，目前开设了生物医药相关专业职业院校有22所，每年培养技术性工人1100人；开设了生物医药相关专业的大中专院校有17所，每年专业性人才3200人；在南昌大学、江西中医药大学、宜春学院开设了药学研究生专业，每年毕业学生800多人。企业创新方式培养基础性人才。主要有岗前培训、在职培训、“订单式”、“定向培养”等方式，如博雅生物制药股份有限公司与江西中医药大学联合开设本科“博雅班”，采取校企合作方式，培养了未来发展需要的人才。创新平台吸引人才。目前全省已建有生物类国家级工程研究中心2个，国家级重点实验室2个，博士后流动（工作）站9个，省级工程研究中心13个，省级重点实验室8个，省级院士工作站4个，在建国家级创新实验室2个，为新药研发创新奠定了基础，搭建了引进高层次生物医药人才的平台。加强与科研机构合作吸引人才。例如，正普药业股份有限公司与中科院上海药物研究所、中国中医科学院基础理论研究所、江西中医药大学等高等院校与科研单位建立了项目研发、人才培养合作关系，先后引进博士4名，研究生7名；济民可信集团、青峰药业等龙头企业十分重视加强与省外研究机构合作，利用省内外研发资源开展研发合作和引进人才。依托重大人才工程和项目聚集人才。通过实施《江西省高层次人才引进实施办法》、创新驱动“5511”工程等重大人才工程，生物医药产业高层次人才队伍不断壮大。调查显示，目前在108家重点企业中，享受国务院政府特殊津贴专家10名，享受省政府特殊津贴专家9名，入选国家级人才工程专家6名，入选省级人才工程专家22名。通过开展“服务革命老区院士专家行”活动、“赣籍人才回馈家乡”活动、组织企业赴沿海发达地区开展人才招聘活动等，刚性或柔性引进了一大批生物医药领域的全国顶尖专家学者。

4. 新能源新材料产业人才现状

针对新能源新材料产业快速发展需求，全省各类院校能源动力与材料专业在校生共计7438人，2018年毕业学生数2774人，招生数1713人。以江铃企业为例来分析新能源新材料人才情况，江铃拥有各类人才17341人，其中：生产人员12058人，占比为69.53%；销售人员732人，占比为

4.22%；技术人员 3374 人，占比为 19.46%；财务人员 236 人，占比为 1.36%；行政人员 941 人，占比为 5.43%。

（二）人才支撑特色优势产业发展的效应初步显现

调查显示，凡是注重人才培养引进的产业，发展规模和效益都比较好，产业人才队伍是推动江西省特色优势产业发展的必然趋势，带动了特色优势产业发展。

一是航空产业发展势头强劲。近年来，全省航空产业发展年均保持了20%左右的高速增长，主要经济指标保持快速增长态势。2017 年，航空产业累计实现营业收入 740.1256 亿元、增加值 149.7863 亿元、利润总额 47.3296 亿元，同比增长 21.7%、15.5%、30.8%，为“十三五”末江西省航空产业营业收入突破 1500 亿元奠定了良好的基础。

二是电子信息产业规模稳步增长。2018 年前三季度，全省手机出货量在全国占 30%，触摸屏产量在全国排第一位，大批龙头企业，如欧菲光、合力泰等企业迅速发展，长三角、珠三角的企业迅速聚集江西，拥有规模以上电子信息企业 631 家，拥有电子信息类高新技术企业 350 余家，企业技术中心、工程技术中心等研发平台近 250 家，2018 年江西省的电子信息产业主营业务收入超 4000 亿元，产业规模居全国前 10，近 6 年来电子信息产业增速高于全国平均水平。

三是医药产业快速增长。2018 年 1～11 月，江西省医药产业实现主营业务收入 1043.24 亿元、同比增长 3.43%，实现利润 107.52 亿元、同比增长 5.12%。2017 年，江西省医药行业实现主营业务收入 1373.25 亿元、较上年增长 13.89%、增幅较上年提高了 7.61 个百分点；实现利税总额 187.78 亿元、比上年增长 15.26%；实现利润 133.98 亿元、比上年增长 28.52%。2014～2017 年，江西省生物医药产业规模保持高速增长态势，年平均增速超过 10%（见图 1）。

从江西省医药产业细分领域构成来看，江西省中药领域具有较明显优势，2017 年江西中医药主营业务位列全国第四，中成药全国排名第三；

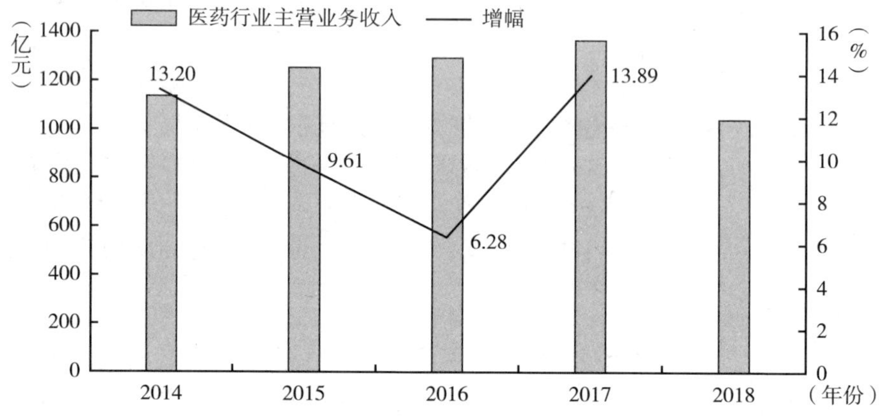

图 1　2014～2018 年江西省医药产业规模

注：2018 年为 1～11 月数据。
资料来源：根据调研资料整理而得。

2018 年 1～11 月江西省中药行业实现主营业务收入 399.97 亿元，在全省医药产业中占比近 40%（见图 2）。

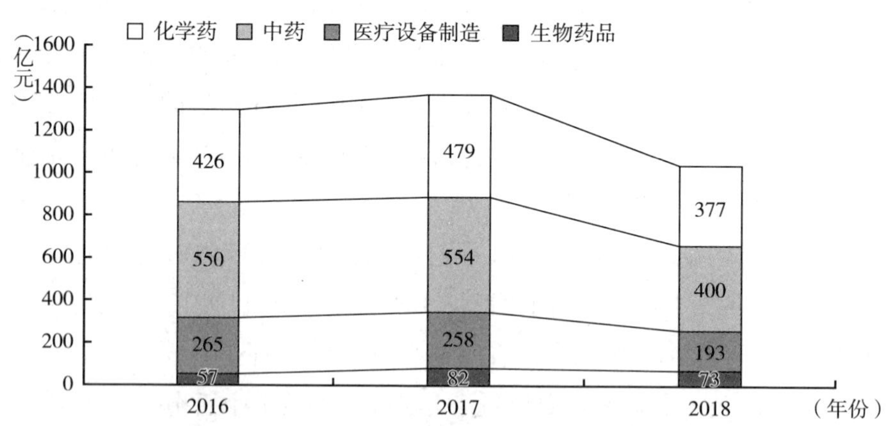

图 2　近三年江西省生物医药产业构成

资料来源：根据调研资料整理而得。

四是新能源新材料产业增长喜人。江西省新能源汽车产业初步形成了从整车到“三电”关键零部件较完整的产业链。截至 2017 年底，江西省新能源汽车产销量达5.1万辆和4.2万辆，同比增长180%和130%，销量在全国占比达5.4%，产业主营业务收入超60亿元。新材料产业发展势头强劲。2017年，江西新材料产业主营业务收入2690亿元，增长16%，占全国10%，继续保持全国前列；占全省战略新兴产业比重从2010年的26%提高到2017年的53%，连续7年保持增长态势。2018年，江西力争新材料产业主营业务收入突破3000亿元，保持全国第一方阵。

（三）高层次人才引进力度不断加大

江西省非常重视高端人才引进，依托高校、科研机构、龙头企业等创新载体，集聚了各级高层次专业人才（见表4）。如：江中集团刚性引进了国务院特殊津贴专家4名，省特殊津贴专家4名，博士生导师6名，中国药典委员会委员2名，柔性引进了院士、国家千人计划等高端人才6名，建立了院士工作站、博士后工作站。又如，2015～2017年调研部分航空制造企事业单位引进博士人数逐年快速增长，2017年引进博士是2015年的4.17倍，主要以引进高端人才为主（见表4）。

表4　2015～2017年部分调研航空制造企事业单位引进人才情况

年度	博士	硕士	本科	其他	合计
2015	6	141	210	321	678
2016	15	138	166	328	647
2017	25	109	189	307	630
合计	46	388	565	956	1955

资料来源：根据调研资料整理而得。

（四）人才环境不断改善

2017年以来，江西以推进人才发展体制机制改革为主线，在出台人才政策、实施人才工程、打造人才平台、优化人才服务等方面制定出台了一系列优惠政策，为建设富裕美丽幸福现代化江西提供了有力人才支撑和保障。

2017 年江西制定出台了《关于深化人才发展体制机制改革的实施意见》（以下简称《实施意见》），在人才引进培养、评价激励、服务保障等方面提出了 46 条改革措施。省直各单位依照《实施意见》的要求并结合自身职能，围绕编制、职称、科技成果转化等人才最关心、最迫切需要解决的突出问题，出台了 41 个人才改革配套文件，为一批高层次人才解决了编制、职称、子女就学、签证等问题。同时，还通过出台《鼓励科研人员创新创业的若干意见》，最大限度下放科研单位自主权，给科研资金的使用“松绑”。2017 年，江西启动实施了引进培养创新创业高层次人才“千人计划”，又称“双千计划”。江西抓住“一带一路”、长江经济带、中部地区崛起、国家生态文明试验区、赣南等原中央苏区振兴发展等国家战略在江西叠加实施的优势，依托 10 个国家级经开区、9 个国家级高新区、55 个“国字号”科研人才平台等载体，为各类人才提供了干事创业的广阔舞台。为进一步加强航空领域人才队伍建设，促进航空产业发展，中共江西省委人才办、省人社厅等 9 部门制定了《关于加强全省航空产业人才队伍建设的若干措施》，营造了良好的人才发展环境，人才流失得到遏制。

二　存在的问题

（一）特色优势产业人才培养规模小、层次低

一是特色优势产业人才培养规模较小。江西省特色优势产业专业人才供给与产业发展需求还不相匹配。当前，江西省航空专业本科人才培养高校仅有南昌航空大学和南昌理工学院两所，以及江西航空职业技术学院和江西师范高等专科学校两所职业学校设置航空类专业，每年航空类相关专业本科毕业生约为 2000 人，航空类主专业毕业生更少。江西省“十二五”期间生物医药类专业的高校年均毕业本科生人数约为 900 人。此外，江西省电子信息产业专业技术人才培养高校数量偏少，省内仅有南昌大学、江西理工大学、南昌航空大学、南昌光谷光电工业研究院及吉安电子信息产业研究院等高校

院所，且企业与省内电子信息产业高校院所和中国科学技术大学、武汉大学、国防科技大学等周边省份科研院所合作不够紧密。

二是特色优势产业人才培养层次较低。从航空产业培养层次上看，江西省航空人才培养主要以本科和专科学历为主，尚未有高校获得航空类专业博士学位授权点。南昌航空大学是全省唯一一所培养航空类高层次人才的公办高校，近四年来年均培养航空主专业本科毕业生612人、近三年年均培养航空主专业硕士研究生不足60人，尚未培养航空类专业博士研究生。生物医药类专业主要以本专科层次培养为主，而研究生层次培养规模较小，“十二五”期间硕士毕业生仅有58人，博士在校生总数仅有40人。全省仅有南昌大学一家材料科学与工程专业博士学位授权点，2018年南昌大学材料科学与工程专业研究生毕业人数48人，占研究生毕业总数的1.72%。

（二）特色优势产业人才流失严重、引进困难

一是特色优势产业人才流失较为严重。江西省航空产业近三年来仅洪都、昌飞两家公司专业技术人才、技能人才及经营管理人才流失总量分别为458人、465人和47人。专业技术人才中以本科学历人才流失最多，占比达到74.4%；技能人才中以中高级工流失为主，占比高达90.1%。电子信息产业面临核心技术人才流失的风险，江西联创电子的光学镜头和触控显示业务属于技术密集型，公司面临较大的核心技术人才流失的风险。生物医药产业技术工人流动性较大，出于工资待遇、工作环境、劳动保障等各种原因，2014~2016年江西省生物医药企业技术工人流出量分别占到当年企业聘用技术工人总数的56%、44%、43%。特色优势产业相关专业高校毕业生流失较大，如江西中医药大学每年有45%的毕业生流向浙江、广东、江苏等省工作，30%通过考研升学流向外省，留在省内的人数很少。

二是特色优势产业人才引进较为困难。江西因地理位置、经济发展水平、薪酬待遇、引才平台等方面的因素较难引进高层次人才、学科带头人及优秀博士毕业生。特别是随着航空产业、生物医药产业、电子信息产业及新材料新能源产业的迅速发展，国内人才争夺日益激烈，江西省特色优

势产业人才引进难度不断增大，产业高端人才更是“一人难求”。例如，洪都集团 2015 ~2017 年只引进博士人才 5 人，占总引进人才数的 0.43%；南昌航空大学难以引进航空类博士毕业生，航空类领军人才更是难上加难。

（三）特色优势产业高层次人才缺乏、高层级平台不足

一是特色优势产业高层次人才缺乏。航空企事业单位高端人才不足、技术领军人才、技术带头人缺乏问题突出，甚至出现高层次技术人才断档等现象。洪都公司、昌飞公司拥有博士学位人数分别只有 17 人、1 人，其中高级职称人数占公司总人数比重分别为 3.5% 和 2.9%。南昌航空大学虽然拥有航空制造专业博士人数约 340 人、正高职称人数 120 人，但高端航空人才仍缺约 20 人、博士紧缺人才仍缺约 200 人，与技术研发、学科建设需求有较大差距。生物医药产业高端人才与行业发展领先地区有较大差距，江苏泰州中国医药城 38 人入选国家“千人计划”，柔性聘请了 20 名左右医药领域两院院士和专家团队担任科技顾问，而江西省生物医药领域入选国家级“千人计划”“万人计划”专家人数仅有 3 人。电子信息产业和新能源新材料产业也面临高端领军人才、优秀企业家、职业经理人等人才短缺问题，特别是缺乏一批跨学科、复合型、高学历、高专业度技能型人才。以江西电子信息龙头企业欧菲光为例，2017 年博士层次人才仅有 28 人，硕士以上人才 424 人，仅占全部员工数的 1.0%。

二是特色优势产业高层次研发平台不足。截至 2018 年 11 月，江西省国家重点实验室仅有 5 家，其中与生物医药产业相关的有 2 家，而航空产业、电子信息产业及新能源新材料产业无一家国家重点实验室。航空类研发平台数量少、级别低导致航空类创新团队较少，使南昌航空工业城和景德镇直升机产业园两大省内核心基地人才集聚功能尚未有效发挥。生物医药产业科研力量主要集中在高校，企业自主建立的研发团队相对较少，江西中医药大学与企业合作的 2 个国家级创新实验室正在筹建中，省内的专门科研机构力量薄弱。江西省专门从事生物医药研究的省中医药研究院、省药研所等科研机

构由于人才队伍老化严重、人才队伍出现断层，长期未能引进高层次人才，未能充分发挥平台功能。

（四）特色优势产业人才政策体系不完善、服务保障不到位

一是特色优势产业人才政策体系不够完善。当前江西省级与市级层面出台的人才政策要求与特色优势产业人才需求存在一定差距，当前人才政策的重点更多倾向于高端人才，导致优惠政策对特色优势产业人才的覆盖面不够广。例如，有的人才政策规定两院院士、国家千人计划等高层次人才子女入学学校可以任选，而达到院士级别的人才子女基本上不面临入学问题，而有子女入学需求的中层骨干人才、青年人才却不能享受这一政策。与此同时，多地区多部门出台的人才政策存在“条块分割”现象。对于同一产业发展既有省级支持政策和市级支持政策时，政策之间可能出现相互重叠甚至相互冲突的地方。如江西省航空龙头企业洪都公司搬到高新瑶湖机场后，由于注册地在青云谱导致不能享受高新区的优惠政策，南昌理工学院在赣江新区昌北组团却享受不了南昌市的优惠政策。此外，相关政策过于宽泛而难于落地，自由裁量度很大导致操作起来困难，政策的实施缺乏相应的细则，这导致企业花费大量时间琢磨政策，政策的可操作性和落地效率仍有待提高。

二是特色优势产业人才服务保障不够到位。一方面，特色优势产业人才整体待遇水平与国内同类产业强省有较大差距。受制于体制机制等原因，航空、生物医药等企事业单位员工薪酬水平与行业发达地区均有较大差距，同时薪酬制度的灵活度也不及行业发达地区，例如，发达地区采取补充公积金、提高社保缴费系数等提升人才待遇。另一方面，特色优势产业人才生活配套服务不够完善，住房、教育、医疗等配套保障机制不够健全，特色优势产业园区交通设施、生活环境有待进一步完善。例如，江西省航空研发单位602所面临人才房屋产权登记、周边环境整治、子女教育等问题，航空制造企业昌飞公司面临航空产业高级人才公寓优惠政策落实、附属中学搬迁等问题。

三　对策建议

（一）聚焦产业升级，构建人才与产业双向促进的新格局

第一，要树立“产业集聚人才、人才引领产业”的理念。坚持产业集聚人才，充分发挥优势产业对人才的“虹吸效应”；突出人才引领产业，加大高精尖人才引进力度，重视自主培养人才，加速推动形成经济发展新引擎。注重高端人才与优势产业的高度融合，推动形成“引进一个高端人才、带来一个创新团队、支撑一个优势产业、培育一个经济增长点”的发展局面。产业发展的方向在哪里，企业发展的需求在哪里，人才工作的着力点就应放在哪里。第二，招才引智工作应当力戒形式主义，不求轰动效应，而必须结合本地区的资源禀赋和发展思路，明确引进人才的主攻方向，用足用好优惠政策。要以“五大发展理念”为统领，扭住产业转型升级这个“牛鼻子”，立足发展实际，找准发展定位，明确首位产业，创新引才模式，加快发展动能转换，实现人才政策与产业政策无缝对接。坚持招才引智与招商引资并重，加大招才引智的政绩考核比重。深入实施人才发展体制机制改革的实施意见，推动实行以增加价值为导向的分配政策。

（二）对接产业需求，打造引才育才精准化的新模式

一要坚持“以用为本”，根据产业发展实际需求引才育才。要走访重点骨干企业，开展专项调研，全方位摸清产业发展方向以及急需紧缺高层次人才情况，建立“高精尖缺”人才认定和需求发布制度，把引才的重点放在航空制造、电子信息、半导体照明、生物医药、新一代信息技术、新材料新能源、装备制造等优势特色优势产业领域，并根据产业发展情况每年进行动态更新。要树立“不求所有，但求所用，以用为本”的柔性引才理念，打破地区、部门、行业、身份壁垒，通过多种方式构建集聚人才的大磁场。开发网上人才需求精准对接平台，积极对接江西省特色优势产业发展急需的高

端专家人才。鼓励和支持企业采取技术研发项目外包或承接科研成果转化任务、技术成果入股等方式，支持引导企业采取共建技术研发平台、成果转化基地等方式，广泛与省内外知名高校、科研院所、金融机构建立战略合作关系。二要坚持自主培养和招才引智并重，做到“统筹兼顾引好才，高低搭配育好才，刚柔并济借好才”。加快培养和引进产业发展急需紧缺人才，同时分行业分领域制订人才培养计划，建立人才培养动态调控机制，加快推进10个人才管理改革试验区建设。探索建立以创新创业为导向的人才培养机制，继续深入实施各类人才计划。探索实施大学生留赣计划，实施“技兴赣鄱”专项行动，推进技能人才培训基地建设。

（三）引导产业集聚，搭建人才创新创业的新平台

一要加快人才平台建设和升级步伐，促进人才链与创新链、产业链、资金链、信息链深度对接。以产业园区为基地，充分利用园区内各类创意园、工作站等基础设施和平台资源，实现人才、智力、技术等创新要素的快速集聚，把人才引向创新发展的一线舞台。二要搭建和完善人才创新创业平台。立足现有各类创业园区，新建和提升一批设施先进、功能齐全、配套完善的孵化器、加速器、支持行业领军企业、高校和科研院所、创投机构、行业组织等建设高水平众创空间，打造“孵化器—加速器—产业园”的孵化服务链条。支持建设新型研发机构，打通从基础研究到应用研究，再到产业孵化和市场销售的链条。鼓励创设共享平台，打造众多平台抱团发展的“人才创新共享联盟”，共享研发人员、仪器设备，联合承接科研项目，开展技术攻关和成果转化，搭建科技成果竞价拍卖以及技术供需、交流、展示、洽谈等对接平台。三要建立完善多渠道筹资、多主体投入的人才投融资模式。创新人才与资本的对接合作模式，引入风投、创投机构，对处于种子期和初创期的科技型中小企业给予支持，注重精准发力，发挥好政府创投引导基金和财税政策作用，将有限的财政资金用到好的创业创新项目上，加大对创新创业人才的支持力度。四要探索产学研融合渠道。打破樊篱，促进产学研三方平等合作、优势互补、利益共享，鼓励企业与科研院所、高校建立产业技术

联盟，探索产学研深度融合机制，鼓励支持相关科研机构、产业园区根据重点产业发展需要，组建设立院士工作站、博士后科研流动站、留学人员创业园，支持企业围绕新兴产业开展工程实验室、企业技术中心等科技创新平台培育，着力培养示范带动作用明显的创新型人才。

（四）服务产业发展，建立激发人才活力的新机制

要真正用心用情，创造重才爱才的浓厚氛围，打造惜才如金的留人环境。健全人才服务机制，完善保障措施，以优质服务抢占发展先机，全力打通引才留才的“最后一公里”。改进作风建设，为高端人才项目实行“一条龙”式服务，解决项目落地、住房、子女教育、医疗保障等方面的后顾之忧。建立党委联系专家机制，组建开放共享的产业人才信息数据库，完善高层次人才跟踪服务网络，探索通过论坛、协会、联谊会等形式，加强各类各层次人才之间的交流合作。实施“互联网+”人力资源服务行动，积极构建省市县统筹、面向全国的人才服务信息交流系统，为各类人才搭建交流平台。健全专家决策咨询制度，对杰出优秀人才聘请担任相关领域的咨询专家、顾问，为产业发展把脉问诊。做好典型引导，大力宣传在产业转型发展中做出贡献的先进人才典型，在全社会大兴识才、爱才、敬才、用才的良好氛围。

参考文献

孙健、尤雯：《人才集聚与产业集聚的互动关系研究》，《管理世界》2008年第3期。

潘剑波、建宁：《基于战略性新兴产业工程人才培养——光伏产业高层次人才培养的探索和实践》，《高等工程教育研究》2018年第6期。

马保岭：《建构产业转型与动能转换的人才支撑体系》，《国家治理》2018年第42期。

裴玲玲：《科技人才集聚与高技术产业发展的互动关系》，《科学学研究》2018年第5期。

B.25

做优做强做大做特江西文化产业的重点难点与破解方略

麻智辉*

摘　要： 推动江西文化产业做优做强做大做特，加快建设文化强省，有力支撑全省高质量跨越式发展，是江西省委十四届六次全会做出的重大决策。江西文化产业近年来呈现良好的发展势头，文化产业主体规模不断扩大，新兴产业发展方兴未艾，平台支撑作用持续增强，文化消费快速增长。但仍存在总量小、实力弱、发展不平衡、结构层次低、专业人才少等一系列问题。必须通过培育壮大文化市场主体，优化产业结构，加快文化产业集聚，打造特色文化产品，提高文化消费水平等举措，做优做强做大做特江西文化产业，实现高质量跨越式发展的目标。

关键词： 文化产业　高质量发展　文化强省　江西

文化产业发展壮大是文化强省建设的重要标志。江西省委省政府出台的《关于加快文化强省建设的实施意见》提出，要坚持中国特色社会主义文化发展道路，促进文化与经济、科技、旅游、金融、体育等融合发展，不断提升文化的创造力传播力影响力和综合竞争力，使文化产业成为重要支柱性产业。

---

* 麻智辉，江西省社会科学院经济研究所所长，研究员，研究方向为区域经济与工业经济。

加快推进文化领域供给侧结构性改革，促进文化产业转型升级，打造一批实力雄厚、核心竞争力强的骨干文化企业，推动江西文化产业做优做强做大做特，对于加快建设文化强省，有力支撑全省经济高质量跨越式发展具有重要意义。

一 江西文化产业发展现状

（一）文化产业主体稳步发展

2018 年，江西文化产业在烟花鞭炮企业大规模关停、印刷包装业面临转型的严峻形势下，实现了稳定增长。根据统计快报，2018 年，江西文化产业法人单位数达到 1575 家，比上年增加 274 家；从设区市看，除萍乡市外，各地文化产业法人单位数都有不同程度增长，宜春比上年增加 59 家、上饶增加 58 家、南昌增加 42 家、吉安增加 39 家、赣州增加 33 家、新余增加 10 家，增速分别为 43.7%、39.5%、20.5%、26.9%、20.1%、22.2%。全省文化产业法人单位从业人员 219702 人，比上年增加 20086 人；营业收入 1548.85 亿元，比上年增长 0.85%（见表 1）。

表 1　2018 年分地区文化及相关产业法人单位主要指标

单位：亿元

地区＼指标名称	法人单位数（个）		从业人员期末人数(人)		营业收入		利润总额	
	1～12 月	上年同期	1～12 月	上年同期	1～12 月	上年同期	1～12 月	上年同期
全省	1575	1301	219702	199616	15485453	15354205	1252605	1282989
南昌市	247	205	37518	37271	3761172	3680842	271527	268005
景德镇市	64	59	8413	8450	487895	818376	29985	67599
萍乡市	114	116	19318	16707	661417	605999	81662	63610
九江市	166	152	20657	17537	2693526	2662610	249504	298934
新余市	55	45	7374	6849	696152	629671	18581	17869
鹰潭市	51	45	7063	7417	311144	349687	25821	30982
赣州市	197	164	41675	37534	2204797	1908621	114459	103836

续表

指标名称 地区	法人单位数（个）		从业人员期末人数（人）		营业收入		利润总额	
	1～12月	上年同期	1～12月	上年同期	1～12月	上年同期	1～12月	上年同期
吉安市	184	145	28557	25449	1835470	1837517	180438	178318
宜春市	194	135	22249	18537	1240580	1121340	136159	112330
抚州市	98	88	7686	6711	476227	559672	46885	47451
上饶市	205	147	19192	17154	1117070	1179865	97581	94052

资料来源：江西省统计局快报。

（二）新兴产业发展方兴未艾

2018年10月19～21日，世界VR产业大会在南昌成功举办。来自世界各地政府部门、领军企业、研究机构、行业协会、投资机构、用户和媒体代表1000余人参会，大会期间，共签订154个项目，总投资631.5亿元。以此为契机，江西把VR产业作为推动文化产业高质量发展的重点产业来谋划和推动，广泛涉猎学校教育、主题公园、展览展示、汽修监管、智慧防控、政务服务等方面，成功引进了联想新视界、清华紫光、中国网库、北京理工大学、欧菲光等VR行业龙头企业落户，在VR云中心、创新中心、展示中心、体验中心“四大中心”，以及VR标准平台、资本平台、教育平台、交易平台“四大平台”建设方面，取得了显著的成效。

数字文化产业快速发展，南昌高新区江西国家数字出版基地聚集数字出版企业60余家，年销售收入超过3亿元的企业有7家，产业整体实力持续增强。形成了数字传媒、动漫游戏、数字内容、手机应用、人才培训五大数字产业集群。上饶签订战略协议的数字文化企业22家，投资规模达70.13亿元，其中已在上饶开办的企业14家。上饶已规划建设1000亩数字文化应用园区，重点发展游戏研发、动漫渲染、影视特效等数字文化新业态，艾漫泛娱乐国际孵化器、大数据文创中心等项目即将投入运营。

文化产业与数字技术、电子信息和互联网等现代高新技术实现深度融合，全省已涌现出智明星通、神起网络、风向标、贪玩游戏、娱美德、艾漫数据、恺英网络、宜联打印等一批新兴文化龙头企业。

（三）文化项目建设此起彼伏

2018 年，江西省加强了对新兴产业数字文化创意设计项目的扶持，通过竞争性分配方式，对全省 60 个产业项目投入了 1000 万元的扶持资金。江西文化产业龙头企业省出版集团高位推动了 22 个重点项目，通过专项调度、专题研究、经验交流、印发简报等多种方式，健全了重点项目的推进协调机制，为集团的创新、优质、稳健发展，进一步推进转型升级奠定了扎实基础。2018 年 12 月 6 日，江西省召开文化产业发展推进会，江西省文化厅发布了全省 11 个设区市 209 个文化和旅游产业重点在建项目及招商引资项目，总投资额 2772. 98 亿元，这些项目涵盖文化旅游、文化娱乐、动漫游戏、广播影视、文化创意等新兴业态多个产业类别，投资大、涉及范围广、成长性强。

（四）平台支撑作用不断增强

2018 年，江西着力推进阿里赣鄱文化生态云建设，打造集江西文化大数据上云工程、文创资源整合平台、文化消费服务平台、线上 IP 孵化平台、投融资平台、外贸服务平台于一体的江西文化生态链。以南昌和新余两市文化消费试点城市建设为切入点，协调阿里云、天猫、淘宝、飞猪、蚂蚁金服等众多端口资源，科学设置项目应用场景和平台功能等。积极与全国文房四宝协会沟通协调，成功举办了第 42 届（南昌）全国文房四宝艺术博览会，为推动全省文房四宝产业发展创造了有利条件。注重发挥文化产业协会、促进会等民间组织职能，指导举办了第二届“金杜鹃奖”评选活动和首届文化创意设计大赛活动。联合举办了中国（共青城）青年 App 大赛、“华东交大杯”文化创意设计大赛和科普动漫大赛等活动。常态组织文化企业参加北京、深圳、厦门、义乌、敦煌等国内知名文化产品博览交易会和精品项目对接会。通过各类平台的打造，为文化产业发展提供了强有力的支撑。

（五）文化消费逐步扩大

江西省着眼推动文化产业高质量发展，坚持需求引领和供给侧改革两手抓两促进，积极推进文化消费。省文化厅指导举办全省文创大赛，积极组织参与原文化部“百馆百企对接计划”，其中瑞金中央革命根据地纪念馆获得了 15 万元的资金支持。持续推动南昌市、新余市深化文化消费试点工作，2018 年，南昌市政府主办了南昌市文化消费季启动仪式暨文化惠文创新品推荐会，运用“互联网 + 文化消费”方式，推出了“南昌文化惠”微信公众号，微信平台关注近 11 万人，110 家企业在平台进行了注册，文化场馆共推出 602 项公共文化活动，文化企业共推出 729 项文化活动，活动总分享人数 182 万人，总分享次数 193 万人次。兑付核销优惠券资金 600 万元，综合拉动文化消费 2000 万元。新余市文化消费试点成效明显，上半年文化消费参与人次 66.2 万，参与试点文化企业、商户数量达到 200 家，直接拉动文化消费规模达到 3340.75 万元，获得了文化和旅游部国家文化消费试点城市奖励资金。据“中国文化产业系列指数发布会”公布，2017 年，江西省文化消费环境指数以 87.89 位列全国第三，满意度指数中以 89.36 位列全国第一。

（六）文化产品“走出去”初见成效

江西省积极推进文化“走出去”战略，大力发展文化贸易，将文化贸易企业纳入全省“千企百展”工程重点服务对象，突出江西文化特点，组织瓷器、陶艺、木雕、玩具、金属工艺和文化创意类产品参加“广交会”“京交会”“深圳文化交易博览会”“海峡两岸文博会”“上海国际进口博览会”等重点展会，帮助企业“走出去”，开拓国际市场。2018 年，全省文化产品进出口贸易总额达到 24.91 亿美元，有 6 家文化贸易企业被评为国家文化出口重点企业，涌现了江西丝黛实业、宁都飞天工艺、景德镇法蓝瓷等一批国家文化出口重点企业。江西出版集团公司有 27 种图书入选“经典中国国际出版工程”“中国图书对外推广计划”等各大国家级“走出去”工程。

“千年瓷都·景德镇陶瓷文化国际巡展”已走遍了意大利、西班牙、俄罗斯、拉美、马德里等十多个国家和地区。《匠心冶陶——陶瓷文化展示》活动被国务院新闻办纳入“感知中国”活动，于2018年7月4~8日在德国柏林举行。国家艺术基金资助项目“传承与创新·景德镇当代原创陶瓷艺术作品展”，先后在内地九个城市和台湾、澳门等地开展；“故宫瓷器—皇帝御用”暨“景德镇御窑陶瓷特展”赴荷兰代尔夫特王子纪念馆展出。

二　江西文化产业存在的主要问题

（一）总量规模小

江西省文化企业小、散、弱现象明显是长期存在的问题，总量规模小尤其突出。2017年江西文化及相关产业29253家，其中规模以上文化及相关产业企业1537家，占比为5.25%，大幅低于全国平均水平。企业个数在中部地区仅高于山西省，不到河南、湖南的一半，浙江、山东的1/3，广东、江苏的1/5。主营业务收入只有山东的1/4，江苏的1/6，浙江省的1/8，广东省的1/10。年末从业人员、资产总计、营业收入、营业利润、利润总额、应交增值税等主要指标在中部地区都是仅高于山西省，与沿海发达省份相比相差甚远（见表2）。

（二）综合实力弱

2017年，全省文化产业增加值为708.1亿元，占GDP比重为3.54%，较上年不增反降了0.29个百分点，比全国平均水平低0.66个百分点，比山东低0.62个百分点，比江苏低1.09个百分点，比广东低1.83个百分点，比浙江低2.65个百分点。原创性、高科技含量的现代文化企业少，同质化问题突出，文化产品综合竞争力差。据中国人民大学发布的“2017中国省市文化产业发展指数”显示，江西综合指数和产业生产力、产业影响力和产业驱动力等重要指标无一进入前十（见表3）。

表 2　2017 年江西和部分省份规模以上文化及相关产业企业基本情况

地区	企业单位（个）	年末从业人员（人）	资产总计（万元）	主营业务收入（万元）	利润总额（万元）
河南	3424	497030	33100711	35918578	2966091
湖北	2117	291138	35239078	24818639	1984482
湖南	3340	459573	35801443	34558230	2444889
安徽	2449	262292	28997368	26712457	1841736
山西	364	43098	5075666	2069197	40414
江西	1537	221679	16035779	17966752	1526235
广东	8860	1824754	226953574	172769429	15250951
江苏	7884	1176131	154861206	138503025	9341852
浙江	4718	549357	99499671	78085473	13252903
山东	4790	683741	84658137	93177785	5934387

资料来源：《2018 中国文化及相关产业统计年鉴》，中国统计出版社，2018。

表 3　2017 年江西省和部分省份文化及相关产业增加值及占 GDP 比重

单位：亿元，%

地区	增加值	占 GDP 比重	地区	增加值	占 GDP 比重
全国	34722	4. 20	江西	708. 1	3. 54
河南	1341. 8	3. 01	广东	4817. 2	5. 37
湖北	1164. 1	3. 28	江苏	3979. 2	4. 63
湖南	1280. 5	3. 78	浙江	3202. 3	6. 19
安徽	1088. 3	4. 03	山东	3018. 0	4. 16
山西	329. 8	2. 12			

资料来源：《2018 中国文化及相关产业统计年鉴》，中国统计出版社，2018。

（三）产业结构不优

根据 2018 年 4 月国家统计局最新颁布的分类标准，文化产业共分为新闻信息服务、内容创作生产、创意设计服务、文化传播渠道、文化投资运营、文化娱乐休闲服务、文化辅助生产和中介服务、文化装备生产和文化消费终端生产等九类，其中 1～6 大类为文化核心领域，7～9 大类为文化相关领域。

2017 年江西省文化产业主营业务收入为 2624.2 亿元，其中文化核心领域为 1084 亿元，占 41.34%，文化相关领域为 1539.48 亿元，占 58.66%，核心领域收入比相关领域收入低 17.32 个百分点。从构成文化产业的九大类观察，除内容创作生产占比 23.8% 外，构成文化核心领域的新闻信息服务、创意设计服务、文化传播渠道、文化投资运营、文化娱乐休闲服务等其他五类占比分别只有 1.3%、3.9%、7.8%、0.2%、4.24%，比重明显偏低。构成相关领域的文化辅助生产和中介服务、文化消费终端生产比重高达 28.1%、21.7%。充分反映了江西文化产业发展层次较低（见表 4）。

表 4　2017 年全省文化产业九大门类发展数据

门类	主营业务收入(亿元)	所占比重(%)
总计	2624.20	100
第一部分　文化核心领域	1084.72	41.34
一、新闻信息服务	34.91	1.3
二、内容创作生产	624.55	23.8
三、创意设计服务	102.04	3.9
四、文化传播渠道	205.92	7.8
五、文化投资运营	5.85	0.2
六、文化休闲娱乐服务	111.45	4.2
第二部分　文化相关领域	1539.48	58.66
七、文化辅助生产和中介服务	737.06	28.1
八、文化装备生产	234.27	8.9
九、文化消费终端生产	568.15	21.7

资料来源：江西省统计局。

（四）龙头企业少

龙头企业多少基本上能够体现一个地区行业的总体实力。2017 年中国文化企业 30 强，江西只有省出版集团占据一席之地；在 2017 年度“中国文化品牌价值 TOP50”榜单中，江西省也仅有中文传媒一家上榜。截至 2017 年底，国内文化产业上市公司在中部地区有 20 家，江西只有中文传媒 1 家，在中部垫底，而同处中部地区的河南和湖北有 3 家，安徽有 4 家，湖南有 8 家。2017 年我国 IPO 的文化企业为 24 家，无一家江西企业（见表 5）。

表 5　2017 年中部地区文化企业上市公司数据统计

省份	公司名称	所属行业	营业收入（亿元）	总资产（亿元）	净利润（亿元）
江西	中文传媒	新闻出版发行	133	204.8	14.52
湖南	电广传媒	广播电视电影	87.4	237.5	-0.8
	中南传媒	新闻出版发行	104	196.7	16.13
	天舟文化	新闻出版发行	9.36	47.74	1.37
	天润数娱	信息传输、软件和信息技术服务业	2.06	12.16	0.05
	芒果超媒	文化传媒	29.8	95.77	0.6
	拓维信息	信息传输、软件和信息技术服务业	11.2	43.68	0.7
	中广天择	广播、电视、电影和影视录音制作业	3.92	6.53	0.6
	岳阳林纸	造纸及纸制品业	61.4	154.4	3.47
湖北	长江传媒	新闻出版发行	112	100.4	6.33
	湖北广电	广播电视电影	26.1	94.59	3.31
	当代明诚	广播、电视、电影和影视录音制作业	9.12	51.26	1.48
安徽	时代出版	新闻出版发行	66.1	67.41	3.04
	皖新传媒	新闻传媒	87.1	122.9	11.34
	永新股份	包装印刷	20.1	24.01	2.11
	山鹰纸业	纸业	175	269.3	20.2
山西	当代东方	文化、体育和娱乐业	8.2	36.67	1.55
河南	智度股份	信息传输、软件和信息技术服务业	63.8	70.27	5.28
	银鸽投资	纸业	29.4	40.05	0.12
	中原传媒	文化、体育和娱乐业	81.7	109.7	7.0

资料来源：《江西如何实现高质量发展报告》，2018。

（五）资金投入少

文化市场资金扶持不足。目前江西省级文化产业发展资金只有 4000 万元，在全国属于偏下水平，且连续多年未增长，而外省大多随着财政收入的增长逐年有所增加。比如上海市文化产业发展资金 4.5 亿元、重庆市 3 亿元，陕西省 3 亿元，安徽 2.3 亿元，湖南也有 1.2 亿元。北京文投集团由北京市文资办 2012 年成立，注册资本 60 亿元。截至 2018 年 6 月 30 日，资产总额超过 440 亿元。浙江省财政出资 15 亿元，广电、报业、出版三家文化国企出资 15 亿元，组建省文投公司。

（六）区域发展不平衡

从文化产业总量看，作为经济发展核心地区的南昌市、九江市总量较大，2017 年主营业务收入分别达到 465.9 亿元、371.9 亿元，是最小的鹰潭市的 4.3 倍、3.5 倍；赣州市、上饶市增速较快，2017 年主营业务收入比上年分别增长 24.8%、23.2%，而萍乡市、南昌市、吉安市、景德镇市、新余市、宜春市为负增长，萍乡市为 -35.6%，南昌市、吉安市、景德镇市也达到负两位数增长（见表 6）。

表 6　2017 年江西省各设区市文化产业发展数据

地区	主营业务收入(亿元)	收入排名	同比增幅(%)	增幅排名	规上文化产业企业(家)	排名	规上文化产业从业人员(万人)	排名
全省	2624.2		-4.8		1537		22.17	
南昌	465.9	1	-13.4	10	241	1	3.64	2
九江	371.9	2	3.4	4	161	6	2.07	5
景德镇	146.1	8	-11.0	8	51	10	0.80	9
萍乡	211.1	7	-35.6	11	118	7	2.01	6
新余	136.4	9	-6.1	7	53	9	0.83	8
鹰潭	107.7	11	12.2	3	51	10	0.71	11
赣州	292.4	4	24.8	1	192	3	4.09	1
宜春	318.2	3	-2.8	6	172	5	2.27	4
上饶	213.3	6	23.2	2	223	2	2.01	7
吉安	232.0	5	-11.8	9	183	4	2.96	3
抚州	129.3	10	0.7	5	92	8	0.77	10

资料来源：江西省统计局。

从规上文化企业数量看，地区差距仍然较大。最多的南昌市、上饶市超过了 200 家，分别达到 241 家、223 家，最少的景德镇市、鹰潭市、新余市分别只有51家、51家、53家。规上文化产业从业人员看，赣州市达到4.09万人，南昌市为3.64万人，吉安市、宜春市、九江市、上饶市、萍乡市均超过2万人，而景德镇市、抚州市、鹰潭市都不足万人。赣州市分别是景德镇市、抚州市、鹰潭市的5.1倍、5.3倍、5.8倍。

（七）资源转化率低

江西文化资源丰富，位居全国前列，国家级风景名胜区18处，名列全国第4位，面积3068平方公里，列全国第11位，中部地区第1位；烈士纪念建筑物816处，列全国第3位。赣州、吉安、南昌的红色文化资源，景德镇的陶瓷文化资源，上饶的铜文化资源，鹰潭、宜春的宗教文化资源，抚州、吉安的名人文化资源，九江、萍乡的工业文化资源，底蕴都十分深厚，但资源转化率低，市场开发不够，资源优势没有转化为产业优势。

（八）文化人才短缺

人才是制约江西文化产业高质量发展的重要因素。从总体上来讲，江西文化人才短缺现象十分突出。2017年，江西文化产业机构数12773个，从业人员71895人，文化专业人才9343人，不足从业人员的13%。文化专业人才供求矛盾很突出，数字技术、网络游戏、动漫制作、创意设计、融媒体技术等方面高层次文化创意人才匮乏，既缺乏既有较高专业知识、又熟悉市场经济规律、善管理、会经营的高层次人才；也缺乏在新兴产业、新业态上有经验，企业急需的专业技术人才。

三　做优做强做大做特江西文化产业总体思路和目标

（一）总体思路

以习近平新时代中国特色社会主义思想为指导，瞄准省委省政府建设文化强省的坐标方位和“创新引领、改革攻坚、开放提升、绿色崛起、担当实干、兴赣富民”的指导方针，以文化铸魂，以丰厚的人文底蕴和优美的自然生态为依托，传统产业与新兴业态并重，以园区（基地）建设为载体，以重大产业项目为带动，以骨干企业为支撑，促进文化供给侧结构性改革，加强文化与旅游、文化与科技的深度融合，统筹整合与挖掘利用文化资源，努力将资源优势转化为产业优势，推动文化产业转型创新发展，重点发展文化旅游、文化服务、印刷发行、艺术品生产、广电传媒、文化创意等产业，努力打造一批发展前景好、产业规模大、竞争实力强、地方特色浓的文化骨干企业和产业集群，构建结构合理、门类齐全、富有创意、竞争力强的现代文化产业体系，实现江西文化产业高质量跨越式发展。

（二）空间布局

以区域资源为依托，构建“一核、五带、五板块”的空间布局，形成特色鲜明、优势互补、重点突出、辐射带动能力强的文化产业发展格局。

“一核”，以赣江黄金水道为中心轴，以毗邻赣江两岸的红谷滩新区、东湖区、西湖区为中心，向东西南北四面延伸，依托两岸人文和自然风光，依托滕王阁、海昏侯墓遗址、绳金塔文化休闲街区、赣江文化休闲基地、慧谷·红谷创意产业园八大山人文化产业园、南昌国际动漫产业园、高新动漫产业基地、绿地 2.5 产业园、791 艺术街区、樟树林文化产业园、699 文化创意园、南昌古玩城、豫章 1 号文化科技创意园、江西桐青金属艺术品产业园等文化资源，重点发展数字传媒、动漫游戏、虚拟现实、工艺美术、创意设计、文化旅游、广告会展、出版印刷 8 大产业。

“五带”，昌九铁路沿线文化产业增长带、沪昆高速东部沿线文化产业增长带、沪昆高速西部沿线文化产业增长带、吉赣铁路沿线文化产业增长带、向莆铁路沿线文化产业增长带。

昌九铁路文化产业带主要依托九江市，围绕“鄱湖生态文化”“庐山地质公园文化”“佛教文化”“红色文化”四大资源，构建庐山文化旅游产业示范区、庐山西海国际艺术园、江西共青文化产业园及江西瑞昌青铜文化主题公园等四大园区。打造以“秋收起义纪念馆”“万家岭大捷”遗址、“庐山抗战纪念馆”为代表的红色旅游基地，瑞昌艺术剪纸产业化基地及九江戏剧创作演出基地五大国家或省级文化产业基地。发展以湖口草龙、瑞昌竹编、都昌珠贝生产为主的工艺品加工类，以修水的花灯戏、湖口的青阳腔、武宁的打鼓歌表演为主的演艺类特色文化产业。

沪昆高速东部文化产业带主要依托上饶、景德镇、鹰潭，依托上饶数字文化应用园、景德镇国家陶瓷文化传承创新试验区，以及艾漫泛娱乐国际孵化器、恺英网络建设文娱创业产业园、大数据文创中心、捷成梦都数字影视科技文化城、婺源影视小镇、铅山影视基地等项目，重点发展陶瓷文化、数字文化、文化旅游、文化娱乐、动漫游戏、广播影视、文化创意等新兴业态，推进上饶信州黄蜡石、广丰木雕、横峰剪纸、婺源甲路纸伞、玉山罗纹砚、铅山河红茶、德兴铜艺、鹰潭铜艺、余江木雕、乐平古戏台、浮梁茶艺等特色文化产品发展。

沪昆高速西部文化产业带主要依托新余、宜春和萍乡市，以月亮文化、禅宗文化、生态文化、农耕文化等文化资源，以及禅都文化博览园、剑文化创意产业园、宜春花卉园艺博览园、陶瓷创意文化园、明月山天工开物园、中部梦幻城、包装印刷产业（上高）基地、萍乡宜春鞭炮、萍乡打锡及傩面具雕刻、安源文化创意产业聚集区、上栗动漫产业基地、凯天红色动漫基地、萍乡傩文化园、安源革命历史纪念大型主题公园、湘东傩文化产业园、新余夏布绣、新余制造型文化用品产业带，仙女湖区消费型文化旅游产业带，渝水区生态型红色文化创意产业带等依托，重点发展文化旅游、印刷包装、工艺美术、动漫游戏、文化创意等产业。

吉赣文化产业带主要依托吉安和赣州，依托国家印刷包装产业基地、宋城壹号文化创意产业园、赣坊 1969 文化创意产业园等产业园区，培育和扶持朝阳聚声泰（信丰）科技有限公司、赣州海邦文化产业发展有限公司、江西开创数码科技有限公司、赣州东宏锡制品公司、赣州五龙客家风情园、宁都飞天工艺品公司、赣州市华邦红木艺术有限公司等企业。重点发展红色文化、客家文化、印刷出版、文化休闲等产业。

向莆铁路沿线文化产业带主要依托“三翁”戏剧小镇、玉茗堂艺术小镇、抚州名人园、梦湖文化园、文昌里历史文化街、宜黄戏曲文化园、流坑文化遗址博览园、资溪面包文化产业园、黎川明清历史文化街区、黎川油画创意产业园、桔文化创意产业园、驿前白莲文化小镇、甘竹孟戏小镇、荣胜木雕艺术村、汤显祖大剧院，重点发展高端创意与设计、动漫游戏、文化会展、工艺美术等产业。

“五板块”南昌核心板块、赣北沿江板块、赣南等原中央苏区板块、赣东北板块、赣西板块，板块中布局若干个特色产业。

（三）发展目标

到 2020 年，文化产业规模明显扩大，产业结构更趋合理，主体优势更为显著，集聚效应更加突出，区域特色国家鲜明，文化产业引领支撑经济社会发展的作用更为显著。

做大。传统文化产业规模和实力不断壮大，新兴文化产业竞争力持续增强，到 2020 年，全省文化产业主营业务收入达到 5000 亿元，文化产业增加值达到 1300 亿元，占全国增加值总量比重达 3% 以上，占 GDP 的比重达 5% 以上，文化产品出口总额占全省外贸出口总额的比重超过 10%，文化产业成为全省国民经济中引导带动力强的支柱性产业。

做强。产业结构更趋合理，新兴业态与传统产业的结构比发生显著变化。到 2020 年，文化核心领域占文化产业比重突破 50%，文化内容产业快速发展，文化原创能力进一步提高，拥有一批具有核心竞争力的企业，文化产品和服务更加丰富，形成一批拥有自主知识产权的产品，人均文化消费水平提升速度高于总消费水平，文化产业与制造业、旅游、农业等深度融合发展。

做优。主体优势更加明显。到 2020 年，争取新增主板上市的文化企业 1 家，新三板挂牌企业 3 家，打造 10 个集聚效应明显的特色文化产业群，打造 5 家以上年经营收入过 100 亿元的文化企业航母。年均新增就业岗位超过 6 万个，到 2020 年末，行业从业人员占全社会就业人数比重超过 15%。

做特。地域特色更加突出。围绕特色文化资源，重点打造 10 个特色文化示范小镇。规划建设一批主业优势明显、综合效益突出、辐射带动作用大，集农耕体验、田园观光、养生休闲、文化传承于一体的特色生态文化产业示范园区、基地。

四　加快推进江西文化产业做优做强做大做特的对策建议

（一）培育壮大文化市场主体

培育壮大骨干文化企业。发挥国家、省、市文化产业示范企业（基地）示范引领作用，培育一批有一定规模和市场潜力的重点文化企业。积极推进跨地区、跨行业、跨所有制并购重组，打造主业突出、产业链完整、核心竞争力强的骨干文化企业集团。全面落实企业上市“映山红行动”，争取3～5家文化企业上市。打造越来越多有较强竞争力的“文化航母”和有较强影响力、美誉度的知名文化品牌，助力江西文化产业高质量跨越式发展。

加快发展混合所有制文化企业，按照“资产整合、资源共享、资本经营”的思路，通过购买服务、特许经营、委托代理等方式，积极推动国有资本、非国有资本交叉持股、相互融合。大力引进扶持培育民营骨干文化企业，着力构建“亲”“清”新型政商关系，破解民营文化企业发展瓶颈制约，推动民营文化企业增量上档、转型升级、高质量发展。

（二）优化文化产业结构

进一步深化供给侧结构性改革，把发展的重点放在文化产业核心领域，做强做大文化核心产业，以核心产业带动相关产业发展。以创新的手段培育和发展新兴文化业态，加快发展文化创意、数字文化、动漫游戏、VR等新兴产业，不断提高文化产业的高新技术含量。推动大数据、物联网、人工智能、VR/AR、8K视频等先进技术在文化产业领域深度应用，推进江西省文化产业在5G时代“换道超车、换车超车”。

推进“文化+”产业跨界融合发展，针对不同地区经济发展情况和地

域特点，以产业为主导，因地制宜地推出“文化+旅游”“文化+商贸”“文化+科技”“文化+金融”“文化+体育”“文化+养老”等多种形式，促进地域特色文化有机组合、同生共长，以“文化叠加”实现“裂变效应”，催生文化新业态，延伸文化产业链，实现文化产业跨界融合，带动旅游、服务、商贸等其他行业全面发展。

（三）加快文化产业集聚

依托江西文化资源条件和产业优势，合理布局，差异发展，着力打造一批特色文化产业园区。发挥景德镇陶溪川文创街区、南昌699文创园、文昌里历史文化街区、宋城壹号文化创意产业园、赣坊1969文化创意产业园的引领示范作用，建设一批特色文化产业示范区。鼓励各地利用老厂房、旧仓库等建设文化创意空间和城市文化综合体。

加强文化产业支撑平台建设，做大做优瓷博会、艺博会、红博会、药交会等专业会展平台，支持有条件的设区市打造区域文化产业发展平台，鼓励创建“国家文化创新试验区”“国家对外文化贸易基地”“国家级文化金融合作试验区”等，对新获批的国家级和省级重点文化产业园区（基地）分别给予一定的资金奖励。

（四）打造特色文化产品

充分发挥文化产品在推动文化产业发展中的承载作用，依托和挖掘江西特色文化资源，着力打造图书报刊、电影电视、动漫游戏、创意设计、演艺娱乐等领域的重点文化产品，不断提高江西文化产品的竞争力和市场占有率。打造赣版图书精品，打造都市类报纸品牌和期刊品牌，创作生产一批票房收入较高、有较大影响力的电影电视剧精品，打造动漫产品以及网络游戏产品品牌。依托非遗资源，集中打造景德镇陶瓷、客家围屋、余江雕刻、婺源砚台、铅山连史纸、黎川油画、浒湾木雕、萍乡打锡及傩面具雕刻、进贤毛笔、李渡烟花、新余夏布绣等产业集群。依托历史文化资源，发展古村落文化旅游，支持赣州、吉安、上饶发展红色文化、红色影视基地建设等。依托良好的自然环境，打造一批集农耕体验、田园观光、养生休闲、文化传承于一体的特色生态文化产业示范园区、基地。合理布局、适度建设具有自主知识产权、科技含量高、富有赣鄱文化特色的主题公园。建立特色文化品牌认证和发布机制，鼓励挖掘、保护、发展中华老字号等民间特色传统技艺和服务理念，完善传统工艺、技艺的认定保护机制。

（五）加大财政金融支持文化产业发展力度

加快设立全省文化产业引导基金，并每年按一定比例增加投入，力争2020年江西省文化产业引导基金规模达到20亿元。通过引导基金，组建、投资更多不同行业的创投子基金，吸引和撬动更多社会资本进入文化产业投资。由省财政、省投资集团公司、省出版集团、省广电传媒集团、省报业传媒集团等省属文化企业共同出资组建江西省文化投资公司，承担省委省政府重大文化事项、投资运营重点产业项目。推动设立江西文化产业创业投资基金，对优质文化项目进行投资，为文化企业提供融资、担保、上市辅导等服务。建立完善文化企业无形资产评估体系，探索开展无形资产质押和收益权抵（质）押贷款等业务。鼓励商业银行设立文创支行和推出文化金融产品。加快推进“映山红落实行动”，支持符合条件的文化企业在境内外资本市场上市。

（六）提高文化消费水平

深化文化领域供给侧结构性改革，提升文化产品和服务供给质量。注重国内外消费市场研究，增加文化消费总量，提高文化消费水平。要深入挖掘文化消费潜力，整合现有各类文艺团队，通过平台建设不断深化服务内容、创新服务方式，提供具有地方特色，群众喜闻乐见的文化产品，培育新的文化消费增长点。做大做强现有各类文化节庆、展览和交流会的基础上，进一步探索建立一些主题鲜明、亮点突出的文化消费活动品牌，营造积极健康的文化消费氛围，促进江西省文化消费总量逐年提高。

（七）加强对文化产业项目的用地支持

优先考虑重点文化产业项目的用地需求，加大对重点文化产业项目的用地倾斜力度，符合省重大项目用地管理规定的，列入省重大项目调度会调度。鼓励把“三改一拆”中的旧住宅、旧厂房、旧仓库、城中村以及老城区原有工业功能区改造为文化产业园，在特色小镇建设中合理确定文化产业的用地比例。鼓励利用闲置工业厂房、仓储用房、老旧建筑等存量资源在保持土地性质不变、产权关系不变、建筑主体结构不变的前提下，临时改变土地使用功能举办文化创意产业项目，土地用途暂不变更，免收土地收益金。在符合规划的前提下，允许现有的剧院、影院、书店等国有建设用地改造成兼容一定规模的商业、服务、办公等其他用途，并按协议出让方式补充办理用地手续。支持以划拨方式取得土地的单位利用存量房产、原有土地兴办文化创意和设计服务企业，在符合城乡规划前提下土地用途和使用权人可暂不变更，连续经营一年以上，符合划拨用地目录的，可按划拨土地办理用地手续。

（八）加快培养和引进文化全产业链人才

培育锻造一批文化领域专业人才和领军人才。在人才培养上，大力实施文化人才培育工程，培育一批文化产业经营管理以及各方面有造诣的专业人才，特别是文化领军人才。深入实施文化名家工程，完善以全省宣传文化系统“五个一批”人才等为主体的高层次人才培养体系。在特殊专业人才选用上，要打破常规、不拘一格降人才；在人才激励机制上，要敢于创新，通过给平台、晋职称、拿年薪等各种方式，激励人才出业绩。依托省内高校资源，定期举办文化产业培训班，根据文化企业和工匠的需求，分行业、分领域开设专题培训班，提高全行业整体的理论与实践水平，待时机成熟时可创立文化产业学院，切实解决文创产业人才培养与输送的难题。大力实施“新赣匠培育计划”，通过层层遴选，物色一批创意强、前景大、文化属性好、市场化程度高的非遗、文创匠人进行重点培养。

（九）加强文化产业服务和交流工作

加快推进“江西省文化产业服务中心”的设立与挂牌，逐步建立文化金融对接中心、文化产权交易中心、文化活动交流中心、知识产权服务中心，并建立线上与线下联动的服务体系，为文化企业提供多元的、一站式的服务。以江西省社会科学院“文化强省智库”为中心，建立文旅产业专家智库，开展理论研究、产业调研、成果转化、项目帮扶等工作，联合江西省文化产业公共服务平台，建立“文化产业数据库”，在现有数据库基础上，进一步充实和完善文化产业的企业库、项目库、产品库、人才库、IP 库、专家库等，为文化产业的发展和研究提供技术支撑。由省政府联合文化旅游部、商务部，举办江西省文化产业博览会，以博览和交易为核心，全力打造中国文化产品与项目交易平台，突出展示文化产业领域和具有代表行业领先水平的文化企业、产品和项目，促进和拉动江西文化产业发展，积极推动江西文化产品走向全国、走向世界。每年召开全省文化产业推进大会，对全省各市县文化产业发展主要指标数据进行排名，前十名进行重奖表彰，后五名进行警告谈话。对各行业和企业前十名予以重奖，并在土地、资金等各方面予以支持。

参考文献

江西省人民政府办公厅　文化创意和设计服务与相关产业融合发展行动计划（赣府厅发〔2015〕24 号）2015 年 5 月 15 日。

江西省文化厅、江西省发改委：《江西省文化产业发展“十三五”规划》，2016 年 6 月 30 日。

江西省社会科学院课题组：《江西如何实现文化产业高质量发展》，《2018 年江西智库峰会论坛》2018 年 10 月 15 日。

江西省委、江西省政府：《关于加快文化强省建设的实施意见》，2018 年 8 月 17 日。

B.26
更高标准打造美丽中国“江西样板”的战略路径与策略研究

卢福财*

摘　要： 以更高标准打造美丽中国“江西样板”，是江西省认真贯彻习近平总书记生态文明思想和治国理政新理念新思想新战略，从更高层次落实习近平总书记对江西工作重要要求的总体部署，是加快江西省绿色崛起的创新举措。本文以习近平生态文明思想为指导，在深入调研的基础上，从污染防治和整治、生态建设和保护、绿色产业发展、生态文明制度建设、生态文明文化建设五个方面深入分析了更高标准打造美丽中国“江西样板”取得的成就与不足，并就更高标准打造美丽中国“江西样板”提出对策建议。

关键词： 江西　美丽中国　江西样本　生态文明　江西

一　前言

党的十八大以来，以习近平同志为核心的党中央，深刻总结人类文明发展规律，将生态文明建设纳入中国特色社会主义事业“五位一体”总体布局，提出建设美丽中国的目标，开启了生态文明建设新时代。习

---

* 卢福财，江西财经大学校长、教授、博士生导师，研究方向为产业经济学。

近平总书记情系江西，多次对江西经济社会发展做出重要指示，反复强调绿色生态是江西最大财富、最大优势、最大品牌，一定要保护好，走出一条经济发展和生态文明水平相辅相成、相得益彰的路子，打造美丽中国“江西样板”。在更高层次上深入贯彻落实习近平总书记对江西工作的重要要求，2018 年刘奇同志指出“要坚定不移提升绿色生态优势，以更高的标准打造美丽中国‘江西样板’”。这是加快江西绿色崛起的又一次集结号，动员全省上下用生态文明建设的生动实践，以更高的标准向党中央和习近平总书记，向全省人民交出一份优秀的答卷，努力走出一条经济发展和生态文明水平提高相辅相成、相得益彰的新路。江西省委、省政府一直高位推进生态文明建设，牢记习近平总书记“打造生态文明‘江西样板’”“打造美丽中国‘江西样板’”的殷切嘱托，践行“绿水青山就是金山银山”的理念，举全省之力、集各方之智，接续推进生态文明先行示范区和国家生态文明试验区建设，保护好、巩固好、发展好江西绿色生态优势，生态系统保护和修复重大工程顺利推进，生态文明建设和生态环境保护制度体系加快形成，大气、水、土壤污染防治行动计划深入实施，生态治理和环境保护成效显著，绿色发展新动能加快培育，迈出了更高标准打造美丽中国“江西样板”的坚实步伐。

二　更高标准打造美丽中国“江西样板”取得的成就

以更高标准打造美丽中国“江西样板”，使江西生态文明建设走在全国前列，要求着力解决空气、水、土壤等方面群众反映强烈的突出问题，进一步提高环境质量；要求大力实施生态修复和保护工程，充分发挥江西省的生态环境优势；要求加快构建绿色低碳循环发展产业体系，不断提升经济发展“绿色含量”；要求加快推进生态文明制度建设，打造具有江西特色的生态文明制度体系；要求坚持全民参与共建共享，努力凝聚生态文明共识共为。

（一）狠抓综合整治，突出环境污染问题得到进一步解决

江西以中央环保督察问题整改为总抓手，坚持“预防为主、源头控制、综合治理”，着力解决空气、水、土壤等方面群众反映强烈的突出问题，开展“五河两岸一湖一江”全流域治理，进一步提高环境质量，努力增加人民群众在生态文明建设中的获得感。

——积极落实中央环保督察问题整改。按照中央环保督察“回头看”及鄱阳湖水环境问题专项督察的反馈意见，江西省制定了详细的整改方案，中央环保督察30项年度整改任务全面完成，省级环保督察实现对全省11个设区市督察全覆盖。2018年共完成36个问题额整改，设计整改企业2337家，并对其中的545家采取了立案处罚，约谈91人，问责224人，实现省级环保督察全覆盖。

——制订了一系列污染防治实施计划。《污染防治攻坚战实施方案》起草工作进度位居全国第一；地表水国家考核断面监测事权上收、国家地表水水站自动站建设，进度位居全国第一；打响蓝天保卫战、出台新一轮大气污染防治三年行动计划，进度位居全国第二。2018年全省PM2.5、PM10分别比上年下降17.4%和12.3%。与2012年相比，2018年全省主要污染物排放总量下降10%以上，单位GDP能耗下降19.5%。

——推进沿江重点地区和产业的环境污染治理。一是优化长江经济带产业布局。严格落实国家“1公里”限制政策。严控沿岸地区新建石油化工和煤化工项目。严禁“5公里”范围内新布局工业园区。二是扎实推进落后过剩产能淘汰化。拆除和捣毁中频炉生产设备139台，关闭地条钢生产能力591.15万吨，全省“地条钢”企业已基本清除。推进人口密集区危险化学品生产企业搬迁工作，江西省20家企业已完成搬迁改造17家，正在搬迁3家。三是突出沿江地区综合治理。整治化工污染问题592个、固废处置问题336个、规模以上入河排污口366个，搬迁重污染企业20家。

——强化农业面源污染治理。一是农药、化肥实现了负增长。2018年减少化学农药使用量300多吨，不合理化肥使用量10万吨。二是畜禽养殖

环境不断改善。中央环保督察反馈的2634家未配套建设废弃物处理利用设施问题猪场全部整改到位；畜禽废弃物资源化利用率超76%，高于全国平均水平近12%；病死畜禽无害化处理率达95%；2018年划定畜禽养殖禁养区5.12万平方公里，累计关闭、搬迁畜禽养殖场3.8万个。三是探索了以新余罗坊和定南岭北为代表的“N2N”区域生态循环农业发展模式，形成了以萍乡、宜黄为代表的秸秆综合利用、农药化肥零增长模式，建立了以东乡为代表的全域内“六有、两全覆盖”病死畜禽治理体系，打造了一批以江西润邦集团为代表的现代农业生态循环经济示范区，开辟了一批以赣县“指尖农业”、上犹“互联网+私人订制茶园”、万年“私人原种场”为代表的“互联网+”农业新模式。

（二）加强生态建设和保护，生态环境优势愈加明显

江西围绕筑牢生态屏障，牢牢把握自然生态规律，大力实施一批生态修复和保护工程，努力打造山水林田湖生命共同体，加快实施重点生态保护修复工程。

——实施森林质量提升工程。森林公安、森林防火工作多年考评全国第一；国有林场改革以98.8分通过国家验收，居全国7个试点省份之首；“一区两园”（国家级自然保护区、国家森林公园、国家湿地公园）数量位居全国前列；森林城市创建工作全国领先，已有10个设区市获评“国家森林城市”，69个县级城市获评“省级森林城市”。2018年全省在20个县开展近自然森林经营试点，共完成造林面积137.2万亩，签订天然商品林停伐、管护协议面积2280万亩。生态公益林补偿标准达到21.5元/亩，居全国前列、中部第一。全省11个设区市全部获评“国家森林城市”称号，成全国第一个也是唯一一个实现设区市全覆盖的省份。69个县级城市获评“省级森林城市”，其中九江和上饶实现了全覆盖。

——在全国率先实施全流域生态补偿。2015年，出台《江西省流域生态补偿办法（试行）》，得到水利部肯定。2018年，为加快推进国家生态文明试验区建设，进一步完善江西流域生态补偿机制，制定出台新的流域生态

补偿办法。在资金支持方面，由原来的20.91亿元增加到28.9亿元；在生态扶贫方面，增设贫困地区补偿系数，贫困县补偿系数高出其他县50%。2018年共筹集下达补偿资金31.25亿元，比上年增加4.35亿元，新增东江流域跨省生态补偿资金6亿元。

——划定生态保护红线，实施流域生态修复工程。作为生态红线划定试点的15个省份之一，江西省已正式发布《江西省生态保护红线》，划定的生态保护红线面积为46876.00平方公里，占全省面积的28.06%，包含水源涵养、生物多样性维护和水土保持3大类型16个片区，构成了“一湖五河三屏”生态保护红线空间分布格局。

——在全国率先提出了“生态检察”。江西省检察机关通过构建“生态检察”平台，将生态环境保护领域分散的检察职能串联起来。出台《关于深入推进生态检察工作的指导意见》，开展“生态检察工作深化年”活动，推动生态检察工作常态化、专业化、制度化、规范化发展。

——生态优势得到巩固。森林覆盖率稳定在63.1%，湿地保有量保持91万公顷，均居全国前列。生态环境质量持续改善，2017年全省生态环境状况指数EI值为78，生态环境总体为优；国家考核断面水质优良率为92%，比考核目标值高12个百分点。

（三）加快绿色产业发展步伐，不断提升经济发展“绿色含量”

党的十八大以来，江西省牢固树立“绿水青山就是金山银山”的理念，按照产业生态化和生态产业化的思路，加快构建以绿色工业、现代服务业、生态农业为主的绿色低碳循环发展的产业体系。

——大力发展绿色工业。一是重点推进南昌航空城、南昌光谷、南昌中医药科创城、上饶光伏城、赣州稀金谷等产业平台建设。二是扎实推进传统产业转型升级工程。聚焦有色、石化、钢铁、建材、纺织、食品、家具、船舶等八大产业，推动省政府出台传统产业优化升级“1+8”行动计划方案。六大高耗能行业增速较上年下降1个百分点，较全省规上工业低4个百分点。九江石化、巨石玻纤获评“绿色工厂”。三是扎实推进新经济新动能培育工程。培育认定18个省级工业设计中心，培育认定上饶大数据产业基地、宜春锂电新能源大数据中心，建设了省级新能源汽车大数据中心。四是园区绿色改造不断加强。推动全省100家工业园区全部建成并运行污水集中处理设施。在钢铁、水泥等行业引导企业应用高频炉顶压差发电、余热余压发电、煤气回收利用、蓄热式燃烧等绿色技术。五是推进试点示范。江西于都南方万年青水泥有限公司等13家企业先后列为国家级绿色工厂，丰城市循环经济园区列为国家绿色级工业园区。全面启动赣江新区绿色制造体系建设省级试点。六是推进工业清洁生产。推动46家企业开展自愿清洁生产审核并备案，企业投入资金7600余万元实施中高费方案117个。培育认定上饶经开区为省级清洁化工业园区，支持永修云山经济开发区等创建省级清洁化工业园区。

——大力发展生态农业。“三品一标”农产品总数达4712个（其中绿色食品583个、有机农产品1707个），累计制定修订省级以上农业标准330个，创建国家农产品质量安全市1个、安全县10个、省级绿色有机示范县25个；主要农产品抽检合格率稳定在98%以上，连续三年受到农业部致函（信）肯定。规模以上农业龙头企业销售收入5149亿元，全口径（含规模以下企业）农产品加工业主营业务收入超7000亿元，占全省生产总值（20818.5亿元）的33.7%，农产品加工业产值与农业总产值比为2.2∶1。

（四）加快推进生态文明制度建设，打造具有江西特色的生态文明制度体系

在历届省委省政府和全社会的共同努力下，江西初步建立了以新环境保护法为核心，以地方性法规、政府规章、重要规范性文件为补充的环境保护法律法规制度体系，国家生态文明试验区建设的总体格局基本形成。2013年至2018年8月底，江西省政府官方网站公布的有效运行的生态文明建设方面的地方性法规26部，政府规章11部。同期，有关部门牵头制定的制度共80余项关于生态文明建设的制度、文件。特别是近三年来，

江西的生态文明制度建设成果最为丰富，呈现多点发力、亮点纷呈的好形势。

——“五级”河（湖）长制成为全国制度蓝本。江西省最早建立党政同责、区域和流域相结合的省、市、县、乡、村五级河长制度，成为全国制度蓝本。在全国率先设立河长办，制定会议制度、信息工作制度、工作督办制度、工作考核办法、工作督察制度、验收评估办法、表彰奖励办法等7项制度，形成了一套比较完备的工作制度体系。

——在全国率先实施全流域生态补偿制度。江西省在全国率先建立和实施森林生态补偿、湖泊湿地生态补偿、“五河一湖”水资源保护以及全流域生态补偿制度。其主要特点是“两全一多”，“两全”即：对全部流域、全部县（市、区）补偿全覆盖；“一多”即：近3年来补偿资金将超过75亿元，全国最多。

——环境保护监管改革走在全国前列。环保执法垂改有序进行，在全国率先向11个设区市环保局单设纪检组的做法获环保部肯定，初步建立覆盖省、市、县三级法院的环资审判体系，在全国检察机关率先提出“生态检察”概念。

——“旅游产品空间规划”领先全国。江西省抓住江西作为全国空间规划试点单位的机遇，在全国率先提出编制《江西旅游产品空间规划》，统筹全域旅游在省域国土地理空间的落地，将美丽乡村、旅游小镇、风情县镇、文化街区等建设融入都市、城镇、乡村三级国土空间旅游规划体系。

——在中部最早实施绿色金融发展制度。赣江新区作为全国首批五家、中部地区唯一的绿色金融改革创新试验区，出台《关于加快绿色金融发展的实施意见》《江西省建设绿色金融体系规划》《赣江新区建设绿色金融改革创新试验区实施细则》等制度，为全国绿色金融建设提供中部示范样本。

——在全国形成山水林田湖草系统保护修复制度范本。赣州市在全国首批4个山水林田湖草系统保护修复试点省市，率先设立市政府直属专门工作机构——赣州市山水林田湖生态保护中心，出台《赣州市山水林田湖生态保护修复专项资金管理暂行办法》，以及相关项目管理办法、工程督查通报制度等系列制度，推动建立山水林田湖草保护修复长效机制，在全国形成山水林田湖草系统保护修复“赣南模式”。

——在全国创造了立体推进全域建设“海绵综合体”的萍乡范本。萍乡市从全国“试点”到全国“示范”，连续两年在国家海绵城市建设考评中名列第一，为国家海绵城市试点建设提供了可推广可复制的“萍乡经验”。

——在全国创立首个生态文明领域的国家技术标准创新基地。国家技术标准创新基地（江西绿色生态）将结合江西区位优势和绿色生态产业特色，创新标准化运行机制和服务模式，努力建成全国绿色生态领域先进标准引领的辐射区和国家绿色生态领域标准化工作的重要创新实验区，是全国第 10 个国家技术标准创新基地。目前，该基地各方面工作正在有序推进。

——生态循环农业“新余样板”成为享誉全国的亮丽制度名片。新余市以生态循环园为核心，统筹推进农业物联网，农业废弃物收储运，有机肥推广体系建设，有效探索了“光伏 + 农业”“秸秆—基料—食用菌”“猪—沼—稻”等新模式。

（五）坚持全民参与共建共享，努力凝聚生态文明共识共为

江西始终把生态文明建设作为重要民生工程，健全教育宣传机制，培育生态环保意识，倡导绿色消费、低碳生活，初步形成生态文明理念广泛认同、生态文明建设广泛参与、生态文明成果广泛共享的良好局面（见图 1）。

——生态文明宣传教育氛围浓厚。生态文明纳入了国民教育、干部教育体系，创建了 21 所全国文明校园、195 所省级文明校园，推进了 15 个生态文明教育基地建设。干部群众生态文明意识日益增强，绿色消费、低碳出行、节约资源能源的生产生活方式正在形成。

——生态文明建设平台日渐多样。打造了鄱阳湖国际生态文化节、世界绿色发展投资贸易博览会等主题活动平台，建设了一批生态文化宣传教育基地，开展了“赣鄱绿动”“全省‘河小青’志愿服务”等行动，打响了“江西风景独好”“生态鄱阳湖　绿色农产品”等一批生态品牌。

——生态文明创建态势良好。已成功创建国家级生态文明建设示范县3个、生态乡镇228个、生态村811个；建设了一批森林城市、卫生城市、文明城市和绿色机关、学校、社区、企业和家庭。

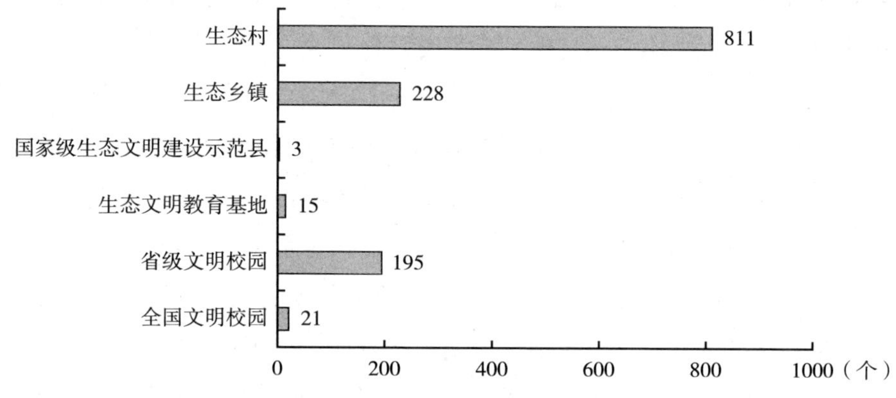

图1　江西省生态文明宣传教育和建设情况

资料来源：根据2019年2月26日刊发于《江西日报》上的《关于国家生态文明试验区（江西）建设情况的报告》整理而得。

三　更高标准打造美丽中国“江西样板”存在的不足

（一）环境污染问题仍然突出

——水环境污染不容忽视。江西省Ⅰ－Ⅲ类水体比例同比下降，劣Ⅴ类水体比例同比上升，尤其是萍乡市“桐车湾”断面一季度均值为劣Ⅴ类水，被生态环境部点名通报。江西省现有污水处理厂处理能力有限，同时由于扩建工程进展缓慢、配套设施不完善等，导致城镇生活污水和工业废水处理水平低下。如南昌市主城区生活污水收集处理率不足65%，九江、鹰潭、景德镇等设区市中心城区实际污水收集处理率仅为约50%，大量未处理污水直排。农村生活污水未接入污水管网，未经处理直接排放到附近的江河湖库。

——农村农业生态环境约束仍较大。江西省秸秆焚烧火点数量逐年增加，秸秆综合利用途径有限。农业生产不能充分科学施用化肥、农药，农村农业面源污染严重。禁养区对畜禽养殖场户关停、搬迁和改造补偿力度不够，导致大量养殖场未拆迁和未整改到位，易产生复养现象。可养区、限养区生态化改造还没有全面完成。病虫害防治任务比较繁重，电毒炸等非法捕捞现象仍然存在，局部地区农产品产地质量下降和农产品质量安全风险加剧。

（二）鄱阳湖生态安全问题突出

近年来，鄱阳湖出现枯水时间提前、枯水期延长、水位降低，甚至湖底裸露、草洲干涸，对水生生态和水生生物影响很大。同时湖水自净能力减弱，水质变差。2013 年以来，鄱阳湖点位水质优良比例下降了 58.5 个百分点。鄱阳湖主要污染物为总磷，其中南昌湖区总磷年均值逐年上升、九江湖区和上饶湖区均呈波动上升趋势。断面水质受降水影响较大，每年一季度易出现水质断面超标情况。湿地人为侵占现象时有发生，如湖区无序采砂屡禁不止，鄱阳湖采砂区超采问题突出，给鄱阳湖生态带来不良影响和破坏。

（三）生态产业发展程度仍需提高

——经济增长与污染排放未脱钩，产业结构偏重绿色发展不足。全省大部分支柱产业仍处于产业链前端，能耗高、污染大，存在“先天性”不足和“结构性”矛盾。如彭泽县一些入园较早的基础化工企业，品种多、能耗大，生产装备水平不高，环保设施相对陈旧落后，不同程度地存在环境通病问题，环境管控压力较大。

——工业园区规划设计不合理，污染物防治形势依然严峻。萍乡、新余、景德镇、吉安等设区市都存在工业园区规划不尽合理的情况。定南工业园区老城精细化工产业基地、于都工业园区罗坳工业园、赣州经开区 3 家省级集聚区，还未按要求完成污水集中处理设施建设和在线监控设施安装工作。有的园区涉水企业较少，存在处理设备“吃不饱”甚至“晒太阳”，进水水量和浓度达不到设计要求。瑞昌市工业园区码头工业城和码头镇污水管网建设进度滞后，污水收集率不高，污水处理厂生产负荷较低。工业物料堆场、工业粉尘、矿山开采、矿山作业、拆除工程等扬尘监管力度较弱，严重污染大气环境质量。

——森林资源质量不高，绿色产业大而不强。虽然江西省亩平森林蓄积增长幅度较快（4.18 立方米），但仍只有全国平均水平（5.99 立方米）的 70%，处于全国中游水平。低产低效林面积大、占比高（全省低产低效林面积达4000 万亩，占乔木林面积的近 1/3）。江西省绿化多用松、杉类树种，虽然实现了“绿起来”，但色彩单调，“美起来”的效果不佳，与江西省生态大省的地位不匹配。林业产业特色不明显，核心竞争力不强，缺乏带动力强的大型林业骨干企业和知名品牌，林产品科技含量和资源利用率不高，高端、精深加工产品少，产业链短，产品附加值低。

（四）生态文明制度体系仍有待完善

——生态文明建设制度体系不够完备。以水环境保护为例，贵州省已出台《贵州省节水条例》，而江西省级层面的节水、地下水管理与保护、鄱阳湖流域综合治理等专项法规尚未制定出台。湖南、四川、江苏等十几个省市均颁布了城市饮用水源地保护条例，但是江西这项法规建设相对滞后，因此导致饮用水备用水源建设缓慢，仅上饶市完成备用应急水源建设，萍乡、新余、宜春三市在建设中，其他设区市均未建设备用水源。从三个生态文明建设试验区实施方案重点改革任务完成进度来看，江西进度偏慢，截至 2018 年 10 月，福建省 38 项重点改革任务已完成 37 项，完成率达 97.4%；贵州省 34 项重点改革任务已完成 24 项，完成率 70.6%，江西省 38 项重点改革任务完成 23 项，完成率为 60.5%。

——一些生态保护法律法规颁布不够及时。如 2013 年 9 月 10 日，国家发布“大气十条”，而《江西省大气污染防治条例》于 2017 年 3 月 1 日才开始施行，较国家大气十条出台滞后好几年。江西省现在执行的《大气污染物综合排放标准》《恶臭污染物排放标准》《工业炉窑大气污染排放标准》

等有些还是20世纪90年代实施的，与当前工业技术装备水平不适应。在3个首批国家生态文明试验区中，贵州2014年出台了《生态文明建设促进条例》、福建的《生态文明建设促进条例》已经过一审，江西省的《生态文明建设促进条例》还只是列入立法规划。

——生态文明制度的执行力度不够大。江西省有关水保护的地方性法律法规6部，但开展消灭劣Ⅴ类水行动以来，仍有6个重点断面水质未能有效改善；一些地方水环境治理比较滞后，新余仙女湖水质由Ⅱ类水降为现在的Ⅴ类水；企业违规偷排偷埋现象屡禁不止，各级媒体曝出的问题只是部分，有的问题还相当严重；畜禽养殖污染防治还不到位，生态环境部华东督察局在鄱阳县发现禁养区内仍有38家猪场未关停或撤迁。国家层面禁渔期为每年3月1日至6月30日，而江西省禁渔期为每年3月20日至6月20日，比国家规定的禁渔期少一个月，不利于鱼类的繁殖和生物多样性的发展。

——一些环境污染防治制度的规定不够缜密。对于生态保护应把好源头严防、过程严管等环节，最后才是末端治理，但是很多地方目前还仅仅在应付末端治理，对源头严防、过程严管往往重视不够。如，城市住房中阳台上的洗衣机下水管，并没有制度规范其一定要排入污水管，因此，江西省城市小区建设中阳台洗衣机污水多是排污入雨水管的，成为导致河湖水污染中总磷超标的一个重要原因；餐饮行业污水量大、污染程度重，但是没有严格规定临街饮食街污水一定要排入污水管道，尤其是一开始规划的并不是饮食街，而后来改造的，很多企业都是直接把污水排入了雨水管道。

——生态文明建设联动机构不够健全。江西省生态文明建设目前仍缺乏统一协调的管理机构，九龙治水现象仍比较严重。如，在鄱阳湖生态经济区的环境管理方面，农业、水利、环保等部门职能交叉重叠，缺乏统一有效的联动管理机制。很多地方河湖岸线开发利用和保护规划、港口规划、土地利用总体规划等相互衔接不够，给联合检查、执法造成了一定压力和困难。

四 更高标准打造美丽中国“江西样板”的对策建议

（一）强化山水林田湖草综合治理样板区建设

针对江西省三面环山、一面临江、五河共汇鄱阳湖、全境－全流域的独特自然地理特征，打响山水林田湖草综合治理样板区的独特品牌。探索构建流域与区域相结合的管理体制。建议借鉴欧洲莱茵河流域和美国密西西比河流域在流域综合管理方面的经验做法，建立流域综合协调管理联席会议机制，制定江西省流域管理暂行条例，对流域开发与保护实行统一规划、统一调度、统一监管。深入推进流域生态综合治理。基于赣州“小流域”自然地理特征，融山、水、林、田、湖、路、村于一体，全力开展山水林田湖草生态系统修复试点，创建赣南山区小流域综合治理模式。稳步推进抚河流域生态保护与综合治理项目，积极探索政府与社会资本合作（PPP）的市场化运作模式，及时总结推广试点经验。加快实施一批重大生态工程。包括林地质量提升工程、天然林保护工程、湿地保护工程、生物多样性保护工程、矿区修复治理工程、水土流失防治工程，等等。

（二）推动工业生态化建设

一是加强传统产业绿色转型。制定出台传统产业优化升级“1＋8”行动计划方案，聚焦有色、石化、钢铁、建材、纺织、食品、家具、船舶等八大产业，实施技术创新、技术改造、数字化、服务型制造、绿色制造、产业链拓展、质量品牌、优质企业培育等八大提升行动，着力延伸产业链，提升价值链，淘汰落后产能，推动传统产业高端化。二是推动新兴产业规模化。大力推动电子信息与新型光电、光伏、移动物联网、航空、生物医药与大健康、新能源汽车及锂电等新兴产业的发展，培育一批水平领先、竞争力强的细分产业。三是实施“亩均论英雄”改革，加快建立“亩均论英雄”的指标体系、工作体系、政策体系、评价体系，提升工业园区发展质量和效益。

（三）加强农业产地环境治理

一是深入推进化肥农药减量增效。大力推广绿肥种植利用、增施商品有机肥等有机养分利用技术。在信丰、赣县等6个柑橘（茶叶）主产县（区）开展果菜茶有机肥替代化肥示范县创建试点。二是促进农业废弃物资源化利用。推广科学生态养殖技术和环保节能节水设施工艺，在瑞金、乐安等地开展生猪生态养殖模式试点，总结高床生态养猪、微生物滤床等模式经验。做好畜禽养殖粪污综合利用全程社会化服务试点，在信丰、东乡两县实施整县推进畜禽粪污综合利用试点，在进贤、高安等7县（区）开展畜禽养殖废弃物资源化利用试点。三是推广秸秆还田利用，实现秸秆基料化、饲料化。以秸秆还田为重点，实施以食用菌栽培为重点的秸秆基料化工程。结合全省畜禽产业结构调整，扩大草食畜禽对秸秆饲料的需求，鼓励养殖企业利用氨化等技术加工秸秆饲料。

（四）增强绿色安全农产品供给能力

按照“扩大体量、提升档次、特色鲜明、示范带动”的要求，推进国家级、省级现代农业示范（产业）园建设，着力发展“三品一标”农产品，建设全国重要的绿色农产品生产区和绿色农业示范区。大力提升“生态鄱阳湖、绿色农产品”品牌影响力，重点打造“四绿一红”茶叶、“江西地方鸡”、“沿江环湖”水禽、茶油、大米、鄱阳湖水产、果业、赣南脐橙等一大批绿色有机品牌。着力推进油茶产业、竹产业、香精香料产业、森林药材产业、苗木花卉产业等五项林下经济工程。

（五）加强生态文明制度创新

瞄准国家生态文明制度层面尚未明确、空白领域，大胆试点、及时总结，争取将试点经验上升为政策制度。一是加快推进自然资源资产登记试点工作，总结相关经验并探索制定生态权证发放、监测、交易、认证等制度，探索建立江西省生态权证（包括节能、节水、碳排放权、碳汇）交易市场，研究制定交易规则、重点单位碳排放报告、核查、核证和配额管理制度。二是总结推广自然资源负债表编制试点和自然资源离任审计试点经验，研究准确的资源开发、利用和保护测算公式，制定综合评价标准。三是加大湿地、耕地和农业面源污染等领域市场化补偿机制的探索力度，设计一套差异化的农业面源污染防治补偿机制和完善的监管评价体系，推进全省农业面源污染防治补偿能力水平上台阶。四是尽快出台一批综合性制度，如《江西省城市应急备用水源规划》《江西省水资源税制度》《江西省污染物源头减排制度》等，使污染防治能够尽快打出组合拳。五是出台打赢污染防治攻坚战的配套制度，如《江西打赢标志性战役行动计划》。六是建立长效机制，如出台江西省《环境监督执法检查机制化常态化》《环境监测直管网》《"三线一单"管控制度》《公民生态环境行为规范》等相关制度。七是推动建立长江经济带生态保护机制，如，推动建立《长江经济带水环境生态补偿机制》《关于基于水环境质量目标构建长江经济带生态补偿制度》《长江经济带省际生态环境保护联席保障制度》《基于水质目标的水资源承载力评估核算制度》等。

（六）创新开展生态文明建设第三方评价

第三方评价是指由独立于政府及其部门之外的第三方机构对生态环境治理能力进行评估。第三方评价能够充分发挥第三方评估机构的独立性和专业性优势，从而减少政府部门既当"运动员"又当"裁判员"弊端。从调研掌握的情况看，目前仅有福建省开展过一次对其国家生态文明试验区改革效果进行评价。建议每年组织开展一次生态文明建设成效情况第三方评估活动，组建由国内外知名专家和基层干部、群众等为成员的团队进行评估，采取省级支付经费、市县交叉和明访暗访相结合的办法评估，重点评估与生态文明总体规划及其相关要件、指标比对，评估规划、建设的落实和执行程度进行年度评估，结果向省委省政府报告，列入省管干部和市县主要领导终身负责制内容，同时向社会公布。同时，在长期坚持中完善，将评价指标体系覆盖到全国各省区市，对全国及各省区市生态文明建设开展第三方评价，打造出一个像全国百强县评价一样的全国知名第三方评价品牌。

（七）积极推动生态文明建设信息化管理制度

一是尽快建立江西省生态文明大数据平台。贵州省大数据中心、福建省生态云（生态环境大数据）平台，有力促进了全省生态文明质效提升。江西省也要尽快建立省级生态文明云平台，整合环保举报管理平台、生态环境大数据平台、河长制河湖管理信息平台、智慧农业信息平台、城市管理信息平台、交通治安管理平台等，构建起覆盖省、市、县三级一体的生态云平台和生态环境大数据应用体系。二是开发江西生态文明手机应用软件，集聚信息发布、知识宣传、数据采集、举报整改等功能，使破坏生态环境的行为无处藏身。三是推动鄱阳湖国际重要湿地预警监测平台建设。充分依托“江西省智慧湿地综合信息平台”建设，加强鄱阳湖国际重要湿地预警监测工作，并逐步推广覆盖全省湿地。

参考文献

江西省生态环境厅：《全面深化生态环境体制改革　打造美丽中国“江西样板”》，《中国环境报》2019 年 1 月 31 日。

刘奇：《共绘新时代江西物华天宝人杰地灵新画卷》，《光明日报》2019 年 2 月 11 日。

刘奇：《共同打造水美岸美产业美的长江》，《理论导报》2018 年第 8 期。

罗军生：《奋力打造美丽中国“江西样板”》，《党史文苑》2018 年第 12 期。

易炼红：《政府工作报告》，《江西日报》2019 年 2 月 11 日。

张和平：《关于国家生态文明试验区（江西）建设情况的报告》，《江西日报》2019 年 2 月 26 日。

B.27
江西推进全国绿色有机农产品示范基地试点省建设的建议*

李志萌 等**

摘 要： 绿色资源得天独厚、名优特农产品丰富是江西最大的优势。自2016年3月被农业部列为首个全国绿色有机农产品示范基地试点省以来，江西省通过科技创新与环境治理相结合、创建省级绿色有机农产品示范县、完善农产品质量安全体系等方式方法，积累了诸多有益的先行经验。与此同时，农产品产地环境制约明显、优质农产品总量规模偏小、绿色有机产业体系不健全、叫得响的农产品品牌少、支撑政策亟待建立健全等问题和瓶颈依然存在，需从高位推进、源头管理、三产融合、产品带动、保障机制等方面破解，以便进一步推进江西绿色有机农产品示范基地试点省建设，为全国提供可复制可推广的经验模式。

关键词： 绿色有机 农产品 示范 江西

---

* 江西省重点智库（现代产业发展研究院）资助项目“绿色食品产业发展与政策支持研究”的阶段性研究成果。

** 课题组组长：李志萌，江西省社会科学院应用对策研究室主任、研究员，江西省重点智库（现代产业发展研究院）兼职研究员，研究方向为生态经济；副组长：张宜红，江西省社会科学院应用对策研究室副主任、副研究员，研究方向为农村经济。成员：盛方富，江西省社会科学院应用对策研究室助理研究员，研究方向为农村经济；马回，江西省社会科学院应用对策研究室助理研究员，研究方向为生态经济；邱信丰，江西省社会科学院产业经济研究所助理研究员，研究方向为产业经济；朱羚，江西省社会科学院应用对策研究室助理研究员，研究方向为生态经济；万欣，江西省社会科学院应用对策研究室研究实习员，研究方向为生态经济。

党的十九大报告提出，大力实施乡村振兴战略，要提供更多优质绿色生态产品以满足人民日益增长的美好生活需要。近年来，江西紧紧围绕绿色生态这一最大财富、最大优势、最大品牌，努力开展全国绿色有机农产品示范基地试点省建设，取得明显成效。作为全国唯一的试点省，深入推进农业供给侧结构性改革，增加绿色有机农产品供给，打造全国绿色有机农业发展的“样板区”，为全国提供可复制可推广的经验模式是责任也是使命。省社科院课题组深入南昌市、赣州市、万载县、婺源县、永丰县等进行实地调研，形成研究报告如下。

一　江西省绿色有机农产品示范基地试点省建设优势与做法

（一）绿色资源得天独厚，名优特农产品丰富

绿色是江西的底色。自古以来，江西土沃水丰，自然环境优越，是生产绿色有机农产品的天然福地。近五年，江西省绿色生态空间[①]面积一直维持在15253.09千公顷左右，绿色生态空间国土密度[②]达0.94，稳居全国第三位、中部第一位；《中国省域生态文明建设评价报告》连续五年评价结果显示，江西省绿色生态文明指数综合得分均达78.5分以上，居全国第二位。

绿色有机农产品量质齐升。一方面，优质农产品规模不断扩大。截至2018年底，江西省“三品一标”达5335个，较2017年新增623个，其中农产品地理标志达82个（见表1）；“扫码入市”农产品1881个，主要农产品监测合格率达98.5%。另一方面，绿色有机农产品品牌影响力不断提高。婺源绿茶、崇仁麻鸡成功入选中国特色农产品优势区，赣南脐橙、庐山云雾茶等区域品牌强势跨入“2018中国品牌价值评价区域品牌（地理标志

① 泛指森林、草地、湿地的面积总和。

② 绿色生态空间面积/国土面积。

表1　2018年江西省农产品地理标志汇总

类别	产品名称	分布	数量
粮食	弋阳大禾谷、井冈红米、奉新大米、高安大米、黎川黎米、占圩红薯、宜春大米	弋阳县、井冈山市、奉新县、高安市、黎川县、东乡区、宜春市	7
油料	德兴红花茶油、上饶山茶油、三清山山茶油、樟树花生油、袁州茶油	德兴市、上饶县、玉山县、樟树市、宜春市袁州区	5
茶叶	婺源绿茶、上饶白眉、浮梁茶、三清山白茶、修水宁红茶、黄岗山玉绿、铅山河红茶、临川金银花、庐山云雾茶、麻姑茶	上饶市婺源县、上饶县、浮梁县、玉山县和三清山管委会、修水县、铅山县、抚州市临川区、庐山及鄱阳湖（九江管辖范围）、抚州市南城县	10
肉类	吉安红毛鸭、泰和乌鸡、乐平花猪、修水杭猪、宁都黄鸡、兴国灰鹅、崇仁麻鸡、东乡绿壳蛋鸡、广丰白耳黄鸡、玉山黑猪、安义瓦灰鸡、上高蒙山猪、乐安花猪	吉安市、泰和县、乐平市、九江市修水县、赣州市宁都县、兴国县、崇仁县、东乡区、广丰县、玉山县、安义县、上高县、乐安县	13
水产	军山湖大闸蟹、萍乡红鲫、兴国红鲤、彭泽鲫、洪门鳙鱼	进贤县、萍乡市、兴国县、彭泽县、南城县	5
蔬菜	瑞昌山药、生米藠头、广昌白莲、南城淮山、乐安竹笋、井冈竹笋、上饶青丝豆、登龙粉芋、临湖大蒜、余干辣椒、怀玉山马铃薯、铅山红芽芋、上高紫皮大蒜、余干鄱阳湖藜蒿、宜丰竹笋、抚州水蕹、王桥花果芋	瑞昌市、南昌市新建区生米镇、广昌县、南城县、乐安县、井冈山市、上饶县、吉安县登龙乡、临湖镇、余干县、玉山县怀玉乡、铅山县、上高县、余干县鄱阳湖边缘、宜丰县、抚州市临川区、东乡区王桥镇	17
果品	三湖红橘、南丰蜜橘、南城麻姑仙枣、广丰马家柚、新余蜜橘、金溪蜜梨、铁山杨梅、抚州西瓜、上饶早梨、黎川香榧、奉新猕猴桃、玉山香榧	新干县三湖镇、南丰县、南城县、广丰区、新余市、金溪县、上饶县铁山乡、抚州市临川区、上饶县、黎川县、奉新县、玉山县	12
食用菌	黎川茶树菇、黎川草菇、临川虎奶菇	抚州市黎川县、抚州市临川区	3
药材	德兴覆盆子、德兴铁皮石斛、广昌泽泻、东乡白花蛇舌草、怀玉山三叶青	德兴市、广昌县、东乡区、玉山县怀玉山乡	5
中药材	余干芡实	余干县	1
蜂类	上饶蜂蜜、宜丰蜂蜜	上饶县、宜丰县	2
蛋类	洪门鸡蛋	南城县	1
棉麻蚕桑	宜春苎麻	宜春市袁州区、万载县、上高县、宜丰县	1
合计			82

资料来源：江西省农业农村厅。

保护产品）百强产品价值榜”行列，赣南脐橙以 601.13 亿元的品牌价值成功进入十强，列区域品牌（地理标志保护产品）百强榜第九位，宁红茶被认定为第 18 届亚运会官方唯一指定用茶。

（二）科技创新与环境治理相结合

推动育种创新突破。以颜龙安院士为代表的一批科研团队的“江西双季超级稻新品种选育与示范推广”获国家科技进步二等奖，其双季超级稻品种在江西、湖南、湖北、广西、广东等省推广，为当地带来较好社会经济效益。“赣无系列”是江西林科院多年选育的优质油茶品种，比传统油茶产量可高出 10 倍以上，成为农村脱贫致富和乡村产业兴旺的经济增长点。

持续优化产地环境。自 2016 年以来，江西省以绿色生态农业“十大行动”为抓手，扎实推进农业生态文明建设，推动产地环境持续转绿。化肥、农药连续三年保持“负增长”。在 2017 年减少化肥使用量（折纯量）9.7 万吨、化学农药使用量 300 吨的基础上，2018 年分别继续下降 1.5 万吨（折纯量）左右、350 吨左右。持续推广测土配方施肥。自 2005 年以来，全省累计推广测土配方施肥 4.5 亿亩，受益农户 4647.0 万户（次）。畜禽规模养殖污染治理成效显著。截至 2018 年底，全省畜禽粪污资源化利用率达 77%，经国家考核评为优秀；规模畜禽养殖场粪污处理利用设施配套率 83.4%，建成 27 个病死畜禽无害化集中处理场，已创建部省级畜禽标准化养殖场 511 个、部级水产健康养殖示范场 528 个，病死畜禽无害化处理率超过 95%。循环农业模式不断创新。探索了以新余罗坊和定南岭北为代表的“N2N”区域生态循环农业发展模式，形成了以萍乡、宜黄为代表的秸秆综合利用、农药化肥零增长的提质增效发展模式，建立了以东乡为代表的全域内“六有、两全覆盖”病死畜禽治理体系，打造了一批以江西润邦集团为代表的现代农业生态循环经济示范区，开辟了一批以赣县“指尖农业”、上犹“互联网 + 私人订制茶园”、万年“私人原种场”为代表的“互联网 +”农业新模式。

（三）绿色有机农产品安全示范县探索先行

数量不断增多。为加快打造全国知名的绿色有机农产品基地，江西省自2015年起就开启了绿色有机农产品安全示范县的相关创建工作。截至2018年底，江西省共创建10个国家级农产品质量安全县，38个省级绿色有机农产品示范县。

实践探索各具特色。江西省现有的10个国家级农产品质量安全县（区）包括新建区、永修县、莲花县、大余县、宜丰县、玉山县、新干县、永丰县和南城县等，这些县在农产品质量全程可追溯、标准化生产及构建生产经营主体诚信体系等方面进行了成功的探索，并取得了显著的成效。在省级绿色有机农产品示范县创建工作中，38个"示范县"积极探索，形成了各具特色、值得推广的实践经验（见表2）。

表2　部分省级绿色有机农产品示范县的实践特色

试点县（市、区）	实践特色	具体经验
景德镇市 浮梁县	技术培训	创办"浮梁县创建全国有机产品认证示范区"培训班，组织全县农产品种植、养殖、生产企业人员和相关部门管理人员进行培训和现场指导
上饶市 婺源县	产品开发	重视产业研发，开发了以有机茶为特色的系列AA级绿色有机农产品
井冈山市	基地、品牌建设	注重绿色有机农业基地建设，在全省率先创建了井冈红茶、井冈翠绿茶叶、井冈红米等标准化生产基地，整合打造了井冈山系列农产品品牌
吉安市 永丰县	科技渗透	作为全国首批"无公害蔬菜生产示范基地县"，绿色化防控技术、现代植保机械等科技融合发展方式一直是该县特色
宜春市 万载县	产研合作	与中国农科院、南昌大学、江西省农科院等多家科研院所在人才培养、服务平台等领域建立了长期合作关系
宜春市 靖安县	全域有机农业	将全域有机农业作为切入点和着力点，出台《靖安县全域有机农业发展的实施意见》《靖安县加快推进全域有机农业建设的实施方案》，助推绿色有机农业发展

（四）农产品质量安全体系不断完善

完善生产标准。近年来，江西省深入开展农业质量年活动，先后组织相关部门新制定农业地方标准120余项，截至2018年底，累计制定颁布农业地方标准464项，占全省地方标准总数的67%，已创建部级菜果茶标准园154个。

筑牢监管防线。江西省通过争取中央资金、撬动地方财政，投资建立了3个部省级、11个地市级和90个县级农产品质量安全监测体系；通过“三定向”计划，充实了基层一线监管力量，全省80%的县级检测机构运转良好，已能独立开展定量分析，基层监管力量“最后一公里”问题得到有效解决；深入开展农产品质量安全专项整治行动，主要农产品抽检合格率达98.8%，比全国高出1.3个百分点。

建设追溯平台。依托全省“智慧农业”平台，江西建立了覆盖省、市、县和生产企业各层级的农产品质量安全追溯信息系统，目前已有2.6万家生产企业、94家检测机构进行了信息备案，质量追溯基地面积达115.9万亩；形成了“乡速测、县定量、市监督、省预警”的检测工作格局，对不合格农产品及其生产经营企业及时依法处理。以上举措，有效提升了江西省农产品质量安全水平，全省蔬、果、茶以及畜、水产品监测合格率连续多年保持在98%以上，高居全国前列。

二　问题和瓶颈

（一）农产品产地环境制约明显

一是农业生产主体的保护意识不强。当前，全省农民组织化程度低、“老龄化”现象突出，根据江西省调查总队2018年二季度抽样调查结果，目前实际在家务农的人员中，50岁以上的占65.39%，40岁至50岁的占23.25%，40岁以下的仅占11.36%。这样的务农主体年龄构成，普遍受教育程度偏低，不少种植户和养殖户缺乏对农产品安全方面的知识，对发展绿色有机农产品的重要性、必要性和紧迫性认识不足，对耕地等环境的保护意识不强。二是内源性污染形势不容乐观。2017年全省化肥使用（折纯量）134.97万吨，每亩使用17～40公斤不等，每亩施用量超出了发达国家设置的15公斤/亩的安全上限。目前江西省化肥利用率仅30%左右，欧洲主要国家粮食作物大体为65%。过量施用的化肥、农药等，阻碍了绿色有机农产品的健康发展。三是外源性污染数量有增无减。随着城镇化和工业化不断推进，局部地区城市和工业"三废"对农产品产地的污染程度加大，给农产品质量安全带来隐患，制约和影响了优质农产品的生产。

（二）优质农产品总量规模偏小

一是有机农产品认证机构数少。通过中国食品农产品认证信息系统查询发现，截至2018年12月25日，地址在江西的有机食品认证机构只有一家——华中国际认证检验集团有限公司，而全国有效的认证机构有73家，这与江西作为"全国绿色有机农产品示范基地试点省"的地位不相称，与山东（5家）、浙江（5家）、黑龙江（4家）等省份相比有差距（见表3）。二是企业申报"三品一标"的积极性不高。省内具备认证的机构数量少，绿色有机农产品认证环节多，前期认证费用高，同时绿色有机农产品价格优势并不明显，加之对"三品一标"认证的补助政策缺乏连续性和长期性，影响了申报的积极性。三是经营主体"重申报轻运营"。有些企业注重"三品一标"的申报，而不注重后期品牌的经营管理，退出硬约束机制作用不健全，不利于绿色有机农产品的可持续性发展，阻碍了全省绿色有机农产品整体品牌的打造。

表3　有效有机农产品认证机构数比较

机构地址所在地	机构数(家)	机构地址所在地	机构数(家)
全国	73	黑龙江	4
山东	5	江西	1
浙江	5		

资料来源：中国食品农产品认证信息系统。表中数据截至2018年12月25日。

（三）绿色有机产业体系不健全

一是龙头企业欠缺。2018 年 11 月 29 日，农业农村部发布《关于公布第八次监测合格农业产业化国家重点龙头企业名单的通知》，根据监测结果显示，江西农业产业化国家级重点龙头企业达 36 家，占全国 1095 家监测合格的农业产业化国家重点龙头企业的比重为 3. 29%，在全国 13 个粮食主产区中排名倒数第 2 位。二是新型农业经营主体不壮，制约了农业标准化、科技化、品牌化。江西省新型农业经营主体规模偏小、实力偏弱，推动标准化生产、使用现代科技、品牌化建设的意愿和能力不足。三是农业社会化服务供给不足。农业公益性服务机构不完善，基层公益性服务机构人才短缺，缺乏必要的运作经费，难于满足绿色有机农业发展的服务需求。

（四）叫得响的农产品品牌少

2017 年，江西省农产品全国驰名商标 32 个，远少于福建、湖南、安徽、湖北等省份（见表 4），究其原因是：一是统筹宣传推销不够。生态农产品市场营销手段比较落后，市场推广力度不够，市场知晓率不高，如余干辣椒、资溪面包等特色优质品牌虽有一定影响但未叫响全国。二是品牌“小、散、弱”。茶油作为江西的优质农产品代表之一，然而全省有 150 多个品牌，品牌小、散、弱特征明显，而湖北走俏全国的小龙虾年产值已过 1000 亿元。三是绿色有机农产品市场信息不对称现象较为突出。由于消费者很难接触有机农产品的生产加工和销售全过程，造成消费者、生产者、销售者以及政府之间的信息不对称，使得消费者质疑付出的高价格是否能够换来相对安全营养

表 4　2017 年江西省中国驰名商标与周边及相关省比较

省份	驰名商标个数(个)	省份	驰名商标个数(个)
江西	32	安徽	106
河南	78	湖南	109
湖北	105	福建	130

的农产品，特别是一些绿色有机农产品假冒等安全事件的出现，使公众对绿色有机农产品产生“信任危机”。

（五）支撑政策亟待建立健全

一是组织保障亟待加强。绿色有机农产品基地试点省建设涉及农、林、环保、质检等多个管理机构，呈现多头管理的态势，协调力度不够，而江西周边省份如江苏省就已经成立了专门的绿色食品机构协调相关管理工作。二是缺少“三品一标”专项经费。“三品一标”是绿色有机农业的重要抓手，目前江西省没有“三品一标”专项经费，当前的经费额度是从农产品监管经费中切出的一块。三是经费保障力度偏小。早在2015年江苏省级农产品质量安全专项资金就达2.35亿元，而2018年江西省只有6000万元左右，相比差距甚大；对新认证“三品一标”的补助，江西省无公害农产品、绿色食品、有机食品分别为3000元、1.5万元、1.0万元，而根据《西藏自治区农牧厅“三品一标”农产品认证补助试行办法》，2018年开始相应的补助分别为1万元、5万元、5万元。

三　对策建议

（一）高位推进，加快出台具体实施方案

构建高效的组织保障体系，是推进全国绿色有机农产品示范基地试点省建设的前提。一是形成高层领导推进合力。在江西省现代农业发展领导小组的领导下，由分管领导组织协调农业农村、林业、市场监督、生态环境、财税、质监等部门，定期召开推进会，协调解决全国绿色有机农产品示范基地试点省建设的重大问题。二是尽快出台《全国绿色有机农产品示范基地试点省建设的实施方案》。由省农业农村厅牵头，按照农业农村部批复精神，尽快出台《全国绿色有机农产品示范基地试点省建设的实施方案》，对推进全国绿色有机农产品示范基地试点省建设的主要目标、重点任务、重点工程、实施步骤等予以确认。

（二）强化源头管理，确保绿色有机农产品质量安全

把好农产品质量关，是推进全国绿色有机农产品示范基地试点省建设的基础。一是坚持以源头管控为基础，出台江西省加快农产品标准化及可追溯体系建设实施方案，深入开展绿色生态农业“十大行动”，继续深入实施农产品质量安全整治，坚决杜绝农（兽）药及其他有毒有害物质流入农产品生产环节，强化农产品质量安全属地管理责任，完善农产品质量安全“不良记录”制度，探索建立农产品质量“合格证”制度，确保江西省农业绿色化发展。二是坚持以标准化生产为引领，制定绿色有机农产品生产标准化技术规程，并上升为“国家标准”，建立健全科学、系统的标准化体系，加快推进绿色食品原料标准化生产基地建设。三是坚持以体系建设为保障，加大“三定向”计划招生力度，尤其向贫困户倾斜，进一步充实市县两级农产品监管、监测人员；同时，充分依托“智慧农业”平台，健全覆盖省、市、县和生产企业各层级农产品质量全程可追溯体系。

（三）加强三产融合，做大做强绿色有机农业产业

加强农业与二三产业融合发展，构建绿色有机农业产业体系，是推进全国绿色有机农产品示范基地试点省建设的支撑。一是打造一批全国知名的绿色有机农产品生产基地。立足江西省农业特色优势，因地制宜，以高标准农田建设为牵引，积极引导和鼓励农民采取租赁、托管、股份合作等方式，大力发展适度规模经营，高标准、高起点建设一批市场竞争力强、全国一流的绿色有机农产品生产基地。二是大力发展绿色有机农产品深加工。支持鼓励家庭农场、专业合作社、供销社等主体兴办绿色有机农产品加工企业，支持一批绿色食品加工作坊转企入规，支持骨干企业抱团发展，扩大规模，组建一批农产品加工企业集团，或通过品牌嫁接、资本运作、产业链延伸等方式，引进和培育一批十亿、百亿、千亿产值的绿色有机农业企业，扶持发展一批具有上市潜力的绿色有机农业企业在“新三板”挂牌上市。三是拓展农业多种功能。根植于绿色有机农业的生产功能，大力推进“互联网＋农

业”，深化农商互联和产销对接，做大做强“赣农保”“供销e家”“邮乐购”等一批本土电商平台，探索“电子商务+智能提货柜”的模式向社区直供绿色有机农产品，降低绿色有机农产品销售成本，扩大销量，提高销售价值；根植于绿色有机农业的生态功能，大力推进“生态+”“旅游+”等，与休闲、观光旅游、健康养生等功能融合，打造一批田园综合体。

（四）重点产品带动，唱响绿色有机农产品品牌

“三品一标”是推进全国绿色有机农产品示范基地试点省建设的抓手。一要按照农业农村部《关于推进“三品一标”持续健康发展的意见》要求，积极争取中央财政支持，将“三品一标”工作经费纳入年度财政预算并加大资金支持力度，建立健全“三品一标”申报主体及获证产品奖补政策，扩大“三品一标”奖补政策与资金规模，不断提高农产品生产经营主体发展“三品一标”积极性。二要通过获证产品综合检查、质量抽检、标志监管、对不合格产品或企业“亮剑”等方式加大证后监管力度，建立完善“三品一标”退出机制，进一步规范“三品一标”生产管理，不断提高标准化生产水平。三要充分利用中国国际有机食品博览会、中国绿色食品博览会、农交会地标专展等“三品一标”专业展示平台，宣传展示推介江西名优特色农产品，深入实施“生态鄱阳湖、绿色农产品”品牌战略，做大做强一批产业优势品牌、培育壮大一批企业自主品牌、整合扶强一批区域公用品牌、扶持打造一批出口品牌、创响一批“土字号”“乡字号”品牌。

（五）示范创建引领，建立健全政策保障机制

示范引领，创新政策机制，是推进全国绿色有机农产品示范基地试点省建设的保障。一是设立省级绿色有机农产品发展专项资金。以财政投入为导向，设立省级绿色有机农产品发展专项，加大国家农产品质量安全县、省级绿色有机农产品示范县、绿色有机农产品示范基地等创建投入，并将示范创建经费纳入各级财政预算。二是强化政策配套。对于从事绿色有机农产品开发、生产、销售的企业和个人，按环保产业和高科技产业落实各项优惠政

策，并在信贷、土地、金融、税收、奖励方面给予倾斜。三是创新市县领导考核机制。将绿色有机农业列入市县科学发展综合考评，因地制宜制定相应的考核权重，并根据每年考核结果进行奖惩。

参考文献

中共江西省委：《江西省人民政府关于坚持农业农村优先发展做好“三农”工作的实施意见》2019 年 2 月 2 日。

欧阳雪灵、张春云、陈紫梅、双巧云：《江西省“三品一标”发展现状及对策》，《江西农业》2018 年第 21 期。

宋海峰：《江西省绿色生态农业“十大行动”扎实推进》，《江西日报》2017 年 12 月 26 日。

李多云：《倡绿色农业　促有机产品发展》，《江西农业》2017 年第 6 期。

B.28
江西消费升级的趋势、难点与对策

张启良*

摘　要：　本文从全省消费品市场结构、城乡居民生活消费结构、主要消费指标的地区对比、商贸营销和居民消费方式以及消费对经济增长的贡献五个视角，揭示江西消费升级的进展情况。影响当前消费升级的主要有居民收入增长放缓、供需之间出现的结构性矛盾、高房价对消费的挤出效应等等。因此，提出了通过收入分配结构改革增加居民收入提升消费能力，深化供给侧结构性改革，提供更多的优质产品与服务引导消费升级，加强城乡消费环境与基础设施建设，挖掘农村消费升级潜力。

关键词：　消费升级　消费结构　消费能力　江西

消费、投资、出口作为拉动经济增长的"三驾马车"，其拉动力的消长决定着经济增长的速度和质量。正处在工业化中后期阶段的江西经济发展动能，已从"投资拉动型"逐步向"消费主导型"转换，消费成为全省经济增长的第一拉动力。在当前经济仍面临下行压力的形势下，稳住消费，持续推动消费结构升级转型，既是当前稳增长的需要，也是全面建成小康社会，更好地满足人民群众美好生活的需要。

* 张启良，江西省统计局培训中心主任、研究员，研究方向为全面小康、宏观经济、居民收入。

一　江西消费升级现状趋势

（一）从消费品市场结构与营销方式变化看消费升级

2018 年，全省实现社会消费品零售总额 7566 亿元，增长 11.0%，高于全国平均水平 2.0 个百分点。按消费类型分，餐饮收入 952 亿元，增长 15.9%；商品零售 6615 亿元，增长 10.3%。按经营单位所在地分，城镇消费品零售额 6400 亿元，增长 10.9%，乡村消费品零售额 1167 亿元，增长 11.6%。当前，消费品市场呈现以下几个特点。

一是消费升级类商品继续呈现快速增长。2018 年，全省限额以上单位实现消费品零售额增长 10.7%，其中消费升级类商品销售保持较快增长，其中：化妆品类商品销售额 24.2 亿元，增长 19.6%，建筑及装潢材料类商品销售额 52.0 亿元，增长 16.2%，家具类商品销售额 53.2 亿元，增长 16.1%，体育娱乐用品类商品销售额 5.1 亿元，增长 10.0%。

二是由实物消费向服务消费转变步伐加快。随着消费观念逐步发生改变，居民家庭消费从重视数量增加向重视生活质量提高转变，从追求物质消费向追求精神消费转变，城乡居民对服务消费需求日趋活跃。在餐饮市场方面，2018 年，全省实现餐饮收入 951.8 亿元，增长 15.9%，高于商品零售 5.6 个百分点。休闲旅游体验类消费方兴未艾。温泉旅游、宗教旅游、候鸟观赏等多种旅游业态兴旺发达，乡村游、自驾游、休闲游、出境游等旅游服务消费持续火爆。2018 年，全省旅游总人数 6.9 亿人次，增长 19.7%；实现旅游总收入达到 8145 亿元，增长 26.6%。

三是线上线下加速融合使得销售方式多样化。在大数据、人工智能和移动互联网等新科技技术推动下，传统业态积极拓宽销售渠道，部分实体零售增长较快，新兴业态和传统业态融合发展使得当前消费方式呈现多样化。2018 年，限额以上单位中，连锁总店零售增长 18.4%，便利店零售增长 52.6%，折扣店零售增长 17.8%，仓储会员店零售增长 15.5%，网上商店和邮购为主的无铺零售增长16.8%。据测算，2018年，限额以上单位通过互联网实现的商品零售额增长23.9%，高于限额以上消费品零售额增速13.2个百分点。

（二）从城乡居民生活消费结构变化看消费升级

随着经济发展水平的提高，居民消费重点已经渐由物质产品消费转向精神产品和服务消费。城乡居民对娱乐教育文化、交通和通信的需求迅速增加，基本生存型支出占比下降。在全体居民生活消费支出中，交通和通信、教育文化娱乐、医疗保健服务三项支出占总消费支出比重已由2007年的25.5%提高到2018年的30%左右。

一是食品、衣着类等传统消费比重继续下降。2018年，全省居民人均食品烟酒支出4809元，增长4.0%，占全部消费支出的比重（恩格尔系数）进一步降至30.5%，同比（下同）下降1.5个百分点。其中，城镇恩格尔系数为30.0%，下降1.1个百分点；农村恩格尔系数为31.3%，下降2.3个百分点。2018年，居民人均衣着支出1074元，增长6.8%，占消费支出的6.8%，下降0.2个百分点。

二是发展与健康型消费支出比重持续提高。2018年，全省居民人均交通通信支出1872元，增长16.9%，在消费支出中所占比重同比提高0.8个百分点。居民对子女教育和自身后续教育的投入持续增长，2018年，全省居民人均教育文化娱乐支出1813元，增长12.8%，所占比重提高0.4个百分点。其中，居民人均教育支出1181元，增长14.0%。随着居民生活水平与生活质量的提升，居民更加注重医疗保健和身心健康，2018年全省居民人均医疗保健支出达千元，增长13.9%，所占比重提高0.2个百分点。

三是享受型消费支出比重持续上升。居住条件和生活环境不断改善，居民生活更加舒适化。2018年，江西省居民人均居住支出3795元，增长6.8%，占消费支出的24.0%，在八大项支出占比中排第二位。居住生活设施不断更新。2018年江西省居民人均生活用品及服务消费支出1048元，增长21.8%。其中，家具及室内装饰品支出216元，增长48.0%，家用器具支出 284 元，增长 18.8%。从住户沐浴设施看，全省居民家庭自装热水器的户比重为 82.0%，比上年提高 6.2 个百分点；无洗澡设施的户比重为 9.0%，比上年下降 6.4 个百分点。从取暖设备状况来看，江西省居民由市政或小区供暖以及自行供暖的户比重为 58.4%，比上年提高 0.5 个百分点（见表 1）。

表 1　江西全体居民生活消费支出结构变化

单位：%

指标	2007 年	2017 年	2018 年		
全省居民人均消费支出	100	100	100	同 2017 年比较	同 2007 年比较
食品烟酒	44.2	32.0	30.5	-1.5	-13.7
衣着	9.2	7.0	6.8	-0.2	-2.4
居住	11.7	24.6	24.0	-0.6	12.3
生活用品及服务	6.2	5.9	6.6	0.7	0.4
交通通信	9.3	11.1	11.9	0.8	2.6
教育文化娱乐	11.0	11.1	11.5	0.4	0.5
医疗保健	5.2	6.1	6.3	0.2	1.1
其他用品和服务	3.1	2.3	2.4	0.1	-0.7

资料来源：江西省统计局。

四是居民家庭耐用消费品持续升级换代。由于居民购买力不断提升，城乡居民家庭对传统耐用消费品拥有量持续增长，近年来尤以农村步伐明显加快。2018 年，全省居民平均每百户拥有空调、洗衣机、电冰箱分别达到 100.6 台、76.9 台和 96.5 台，同比增加 15.2 台、7.8 台、2.5 台。体现现代生活的耐用品逐渐进入寻常百姓家，智能化是耐用品消费升级的主要方向。2018 年，全省每百户家庭平均拥有洗碗机增长 1.36 倍，中高档乐器增长 1.32 倍，健身器材增长 55.9%；汽车等大件交通工具拥有量达到 25.5 辆，增长 21.0%。

（三）从主要消费指标的对比看消费水平与升级潜力

居民消费水平，是一个人均指标，用来衡量居民在物质产品和劳务的消费过程中，对满足人们生存、发展和享受需要方面所达到的程度。随着江西经济的较快发展，居民收入稳步提高，居民消费水平也随之上升，并不断迈上新台阶。全省居民消费水平在 2012 年突破万元大关之后，到 2017 年增加到 17290 元。其中：城镇居民消费水平先后在 2009 年和 2016 年突破 1 万元和 2 万元大关，2017 年达到 21815 元；农村居民在 2016 年也突破了万元大关，2017 年达到 12009 元。同中部其他地区比较，2017 年，江西居民消费水平略高于安徽，为全国平均水平的 75.5%（见图 1）。

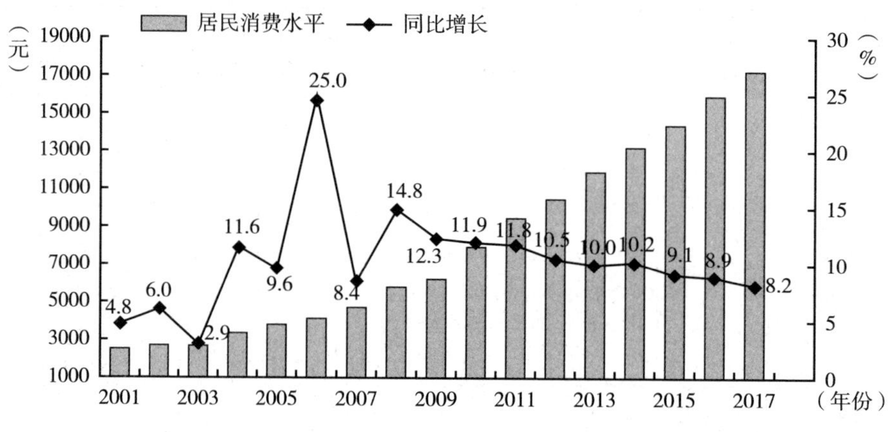

图 1　2001～2017 年江西居民消费水平与同比增速

资料来源：江西省统计局。

居民人均消费支出：是居民用于满足家庭日常生活消费的全部支出，包括购买实物支出和服务性消费支出。居民生活消费支出是我国社会消费需求的主体，既是拉动经济增长的直接因素，也是体现居民生活水平和质量的重要指标。2018 年，江西居民人均消费支出 14459 元，在中部地区仅高于山西和河南，相当于全国平均水平的 78.9%。

人均社会消费品零售额：社会消费品零售总额是指企业（单位）通过交易售给个人、社会集团，非生产、非经营用的实物商品金额，以及提供餐饮服务所取得的收入金额。既是反映国内消费需求最直接的指标，又是研究国内零售市场变动情况、反映经济景气程度的重要指标。2018 年，江西社会消费品零售总额为 7566 亿元，占全国总额比重 1.99%，零售总额规模在中部地区仅比山西大一点。人均社会消费品零售额为1.63万元，为中部地区最低，仅相当于全国平均水平的59.7%（见表2）。

以上对主要消费指标的分析显示：同全国比较，中部地区消费水平总体上偏低，都在全国平均水平以下，江西差距更大。但从另一个侧面看，未来江西提升消费水平、推动消费升级的空间与潜力也大。

表2　主要消费指标江西与全国及中部地区的比较

主要消费指标	江西	全国	山西	安徽	河南	湖北	湖南
1. 社会消费品零售总额(2018,亿元)	7566	380987	7339	12100	20595	18300	15638
#占全国比重(%)	1.99	100	1.93	3.18	5.41	4.80	4.10
2. 人均社会消费品零售额(2018,万元)	1.63	2.74	1.98	1.93	2.15	3.09	2.27
#以全国人均为100	59.7	100	72.3	70.4	78.6	113.0	83.1
3. 居民消费水平(2017,元)	17290	22902	18132	17141	17842	21642	19418
#以全国人均为100	75.5	100	79.2	74.8	77.9	94.5	84.8
4. 居民人均消费支出(2017,元)	14459	18322	13664	15752	13730	16938	17160
#以全国人均为100	78.9	100	74.6	86.0	74.9	92.4	93.7

注：①居民消费水平，为2017年数据，来源于《中国统计年鉴（2018）》表3~18；②居民人均消费支出，为2017年数据，来源于《中国统计年鉴（2018）》表6~20。

（四）从商贸营销和居民消费方式变化看消费升级

经营业态日趋多元化，是当前消费品市场发展的显著特点。连锁经营、物流配送成为现代流通方式发展的方向，大型超市、专业专卖店、仓储式市场、购物中心、厂家直销中心为当前主要的新型物流业态。从各种物流业态实现的消费品零售额来看，均呈现快速增长的态势。2017年，全省便利店增长83.2%；仓储会员店增长21.7%；专卖店增长12.6%；大型超市增长17.0%。自2002年全省第一家城市商业综合体——万达广场开业以来，经过15年的发展，到2017年底已发展到30家。这种以集商业零售、餐饮、休闲养生、娱乐、文化、教育等多项服务功能于一体的城市商业综合体，正成为当今商业发展的主流模式，日益得到广大消费者的接纳与青睐。

网上购物等新兴业态不断释放消费潜能。近年来，各类新业态的发展一日千里、风起云涌，正改变着百姓的生活方式，也为经济增添了新的动力（见表3）。网上购物、外卖产业等新业态的兴起惠及零售业、住宿业和餐饮业，并不断向服务消费领域延伸，极大地方便了消费者生活，提振了消费市场，促进了消费升级。2018 年，江西按买家所在地分，全省通过网络平台实现零售额 1953 亿元，增长 30.3%，高于同期社会消费品零售总额增速 19.3 个百分点；按卖家所在地分，全省通过网络平台实现零售额 1233 亿元，增长 49.6%，高于同期社会消费品零售总额增速 38.6 个百分点。根据国家统计局江西调查总队对居民网购情况的专项调查显示：近年来江西居民网购消费呈快速增长态势。

表3　江西居民网络购物情况的抽样调查

时　期	调查人数(人)	网购总额(万元)	人均网购(元)
2014 年 9 ~ 11 月	194	62.3	1070
2015 年 9 ~ 11 月	193	85.7	1481
2016 年 9 ~ 11 月	241	111.8	1546
2017 年 9 ~ 11 月	240	125.9	1749

注：江西省网购用户专项调查抽选网购消费最频繁的 9 ~ 11 月为调查周期。
资料来源：江西省统计局。

（五）从最终消费率和消费贡献率变化看消费升级

经济增长主要是由最终消费（消费需求）、资本形成（投资需求）和净出口（国外需求）三大需求拉动的。消费、投资、出口作为拉动经济增长的“三驾马车”，最终消费率、投资率和净出口率反映了一国或地区国内生产总值的最终使用格局以及三者之间的比例关系，最终消费率是指一定时期内最终消费支出占国内（地区）生产总值的比重，是反映消费水平高低的相对指标，决定着经济增长的速度和质量。

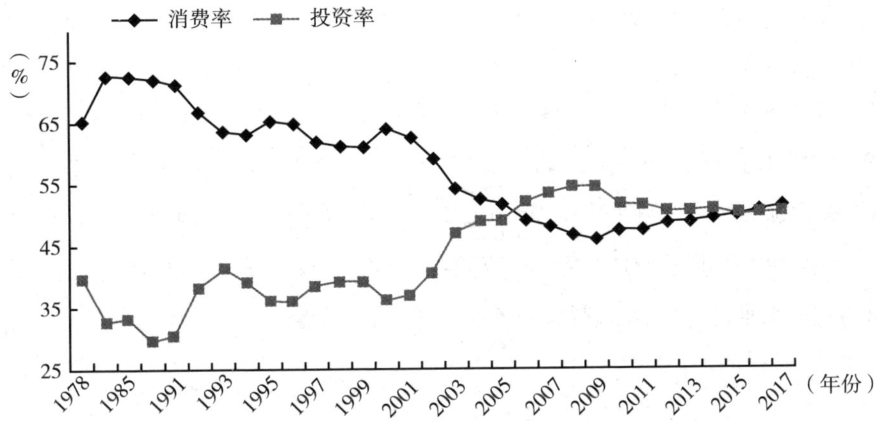

图 2　改革开放以来江西最终消费率与投资率变化趋势

资料来源：江西省统计局。

从 20 世纪 80 年代初开始，由于投资驱动型经济增长方式的主导，江西最终消费率呈现波动下行的趋势。在 2003 年以前，全省最终消费率都在 55% 以上区间运行，到 2009 年，全省最终消费率由 70% 以上降至 46% 的最低点。从 2010 年起，最终消费率开始回升，特别是随着我国经济进入新常态，消费对经济增长的动力增强，从 2016 年开始，全省最终消费率超过投资率（见图 2），2017 年达到 51.1%。同全国比较，2017 年江西最终消费率低于全国平均 2.5 个百分点；在中部地区，江西最终消费率仅高于安徽（见表 4）。

表 4　江西最终消费率、消费贡献率及其比较（2017 年）

单位：%

项目	江西	全国	山西	安徽	河南	湖北	湖南
最终消费率	51.1	53.6	56.4	50.0	51.9	57.4*	53.3
与全国比较	-2.5	—	2.8	-3.6	-1.7	3.8	-0.3
消费贡献率	56.4	58.8	51.4	47.1	57.7	68.1	64.8
与全国比较	-2.4	—	-7.4	-11.7	-1.1	9.3	6.0

注：①最终消费率，中部地区省份（除湖北）数据来源于《中国统计年鉴（2018）》表 3~13，湖北省的数据采用了《湖北省统计年鉴（2018）》表 1~17 提供的数据；②最终消费贡献率，根据各省 2018 年统计年鉴相关数据计算。

从最终消费对经济增长的贡献看，20 世纪 90 年代至今，呈现一个上升→下降→提高的过程。1991～2000 年，全省消费贡献率平均在 60% 以上；2001～2005 年下降至 39.1%。此后消费对经济增长的贡献逐步增强，2006～2010 年为 41.6%，2011～2015 年上升至 54.7%，2016～2017 年进一步提高到 56.2%（见图 3）。从 2012 年起，最终消费持续成为全省经济增长的第一拉动力。同全国比较，2017 年江西最终消费率低于全国 2.4 个百分点；在中部地区，江西消费贡献率高于山西和安徽。

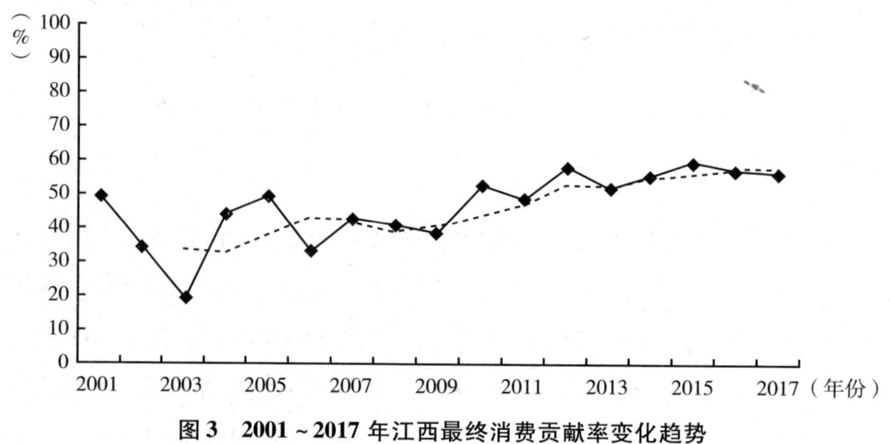

图 3　2001～2017 年江西最终消费贡献率变化趋势

资料来源：江西省统计局。

二　当前江西省消费升级的难点分析

（一）居民收入增长放缓对消费升级的制约

收入是消费的基础，居民收入水平直接影响人们的购买力，是推动消费最直接的影响因素；同时，持续稳定较快的收入增长更是推动消费不断升级的基础与动力。改革开放以来，随着全省经济的较快发展，居民收入水平不断提高，消费能力持续提升，消费热点持续转换与升级。但近年来城乡居民收入增长出现明显放缓的问题值得关注，对消费升级可能会带来不利影响。

表 5 江西城乡居民人均可支配收入增速与经济增速比较

年份	城镇居民收入增速(%)		农村居民收入增速(%)		地区生产总值增速(%)	
	名义	实际	名义	实际	名义	实际
2015	9.0	7.4	10.1	8.5	6.5	9.1
2016	8.2	6.1	9.0	6.9	9.6	9.0
2017	8.8	6.7	9.1	7.1	8.8	8.8
2018	8.4	6.2	9.2	6.8	9.9	8.7

资料来源：江西省统计局。

全省居民收支调查显示，2018 年，全省居民人均可支配收入 24080 元，扣除价格因素实际增长 7.1%。其中：城镇居民为 33819 元，实际增长 6.2%；农村居民为 14460 元，实际增长 6.8%（见表 5、表 6）。虽然增速在全国和中部地区靠前，但江西居民收入水平总体偏低，全省居民人均可支配收入仅相当于全国平均水平的 85.3%。同时收入增速滞后于全省经济增速，2018 年全省居民可支配收入实际增速低于全省 8.7% 的经济增速。

表 6 江西与全国及中部地区居民人均可支配收入的比较（2018 年）

地区	全体居民			城镇常住居民			农村常住居民		
	实际数（元）	名义增速（%）	相对数（%）	实际数（元）	名义增速（%）	相对数（%）	实际数（元）	名义增速（%）	相对数（%）
全　国	28228	8.7	100	39251	7.8	100	14617	8.8	100
山　西	21990	7.7	77.9	31035	6.5	79.1	11750	8.9	80.4
安　徽	23984	9.7	85.0	34393	8.7	87.6	13996	9.7	95.8
江　西	24080	9.3	85.3	33819	8.4	86.2	14460	9.2	98.9
河　南	21964	8.9	77.8	31874	7.8	81.2	13831	8.7	94.6
湖　北	25815	8.7	91.5	34455	8.0	87.8	14978	8.4	102.5
湖　南	25241	9.3	89.4	36698	8.1	93.5	14093	8.9	96.4

资料来源：根据公开数据整理。

（二）供需结构性矛盾对消费升级的制约

当前，我国社会主要矛盾已经转化为人民日益增长的对美好生活需要和不平衡不充分的发展之间的矛盾，从全面建成小康社会、更好满足居民不断增长的消费需求角度看，供给与需求的不相匹配，是制约当前消费潜力有效释放的主要障碍。从城乡居民的对美好生活需要出发，城乡居民消费结构呈现快速升级态势，在当下大多数人的物质消费得到较好满足后，服务型消费需求明显增长，突出表现在个性化消费、定制化消费、特色化消费等将逐步成为消费的主流。在传统消费领域，存在着居民对品质型消费的向往与供给端存在的低端供应过剩与高端供给不足的矛盾；在新兴消费领域，存在着供给不足与质量不高的问题，如养老服务需求持续增长与养老服务供给不足之间的矛盾、旅游品质体验需求与旅游服务供给单一、体验不佳之间的矛盾等，这些问题在很大程度上制约着当前消费的持续升级转型。

（三）消费环境建设滞后对消费升级的制约

目前，消费环境还不健全，市场竞争和交易秩序还不够规范，流通体系和基础设施对消费升级的支撑作用还有待增强。

一是支持消费升级的基础设施有待改善。目前民生和公共服务能力，如城市交通、养老、健康、教育、文体娱乐等领域依然存在诸多短板，还不能满足人民群众的实际需要。以汽车消费为例，2018 年我国汽车千人保有量是 170 辆，同美国达到 800 辆左右，欧、日等达到 500 ~ 600 辆的保有量比较，国内汽车消费的需求空间还是非常大的。但 2018 年新车销售增速回落了 2.8 个百分点。影响当前汽车消费的原因之一，城市道路、停车场供给不足，导致交通拥堵、停车难、罚款多，一些买了车的居民也不愿意开车出行了。

二是激发消费升级的产品质量有待提升。当前消费大环境仍有许多期待改善的地方，商品和服务质量有待进一步提高。在商品质量和价格合适的情况下，影响家庭消费选择的主要因素是产品的质量、品牌和售后服务。当前一些产品的质量还达不到消费者的期望，部分市场中假冒伪劣产品普遍存在，特别是部分山寨产品甚至达到了以假乱真的程度，令人难以防范，健全质量标准和信用体系、营造安全放心消费环境对于扩大城乡居民消费至关重要（见表 7）。

表7　2010～2017年全国及中部地区制造业产品质量合格率

单位：%

地区＼年份	2010	2011	2013	2015	2016	2017
全　国	90.08	88.85	92.53	92.90	93.42	93.77
山　西	92.42	88.27	94.10	96.99	95.09	94.83
安　徽	89.33	86.94	95.02	93.98	95.17	94.72
江　西	91.34	91.53	86.41	87.90	90.55	91.44
河　南	91.53	90.96	94.10	96.27	95.72	95.65
湖　北	92.94	88.69	86.13	88.71	92.27	94.23
湖　南	89.24	86.53	85.70	88.37	90.84	91.91

资料来源：《中国统计年鉴（2018）》表20～30。

（四）农村消费大幅萎缩对全省消费升级的制约

从国民经济核算的数据看，在居民消费支出中，自20世纪90年代以来，城乡居民消费支出结构已发生重大变化，农村消费在全部消费中的比重呈现显著萎缩的趋势。农村居民消费在居民消费中的占比由64.7%（1991～1995年平均）下降至32.2%（2016～2017年平均），城镇则由35.3%提高至67.8%。

导致这一变化的原因，一是随着城镇化发展，农村人口大幅减少，导致农村消费基数不断削减；二是由于农村居民可支配收入明显低于城镇，全省农村居民人均可支配收入仅为城镇的43%，从而导致消费能力和消费水平偏低，加上消费的软环境和硬环境建设滞后，农村人均生活消费支出仅为城镇的52%；目前农村消费升级的步伐仍明显滞后城镇，以耐用消费品为例，农村每百户家庭汽车、洗衣机、空调、计算机等拥有量明显低于城镇（见表8）。

表8　江西城镇和农村每百户家庭耐用消费品拥有量及其比较（2017年）

耐用消费品	农村	城镇	城乡比	耐用消费品	农村	城镇	城乡比
家用汽车(辆)	9.5	18.8	1.98	热水器(台)	52.0	91.9	1.77
摩托车(辆)	78.5	33.5	0.43	微波炉(台)	9.1	49.9	5.47
洗衣机(台)	36.9	88.7	2.40	摄像机(台)	0.6	5.5	9.79

续表

耐用消费品	农村	城镇	城乡比	耐用消费品	农村	城镇	城乡比
电冰箱(台)	82.8	96.0	1.16	照相机(台)	4.4	30.0	6.76
彩色电视机(台)	126.0	143.3	1.14	计算机(台)	22.3	75.9	3.40
空调(台)	39.2	119.6	3.05	中高档乐器(架)	0.9	3.5	4.03

资料来源：《中国统计年鉴》(2018)。

（五）高房价对消费能力及消费升级的抑制

从居民部门债务来看，近年来居民部门的杠杆上升明显，而其中的主要高杠杆率集中在房地产市场。2012～2018 年，全省个人购房贷款余额从 1700 多亿元增加到 7300 多亿元，占全部贷款余额的比重从 16% 左右上升至 24% 多；2018 年末全省人均贷款余额约 1.6 万元。房贷过快增长透支了购房者未来的消费，房地产行业持续繁荣，而基本消费领域受到抑制。2018 年，全省社会消费品零售总额 7566 亿元，增长 11.0%；同期全省商品房销售额达到 4220 亿元，增长 17.5%，高于社会消费品零售总额增速 6.5 个百分点；全年人均购房支出在 9000 元以上，相当于全省居民人均消费支出的 58%。相关研究认为，商品房销售增速与服务、非耐用品增速存在负相关关系。近年来政府接二连三出台的房地产调控政策，是考虑了房地产行业对消费的挤出效应，如加强房贷管理，限制房企资金流入，为消费升级扫除了部分障碍，但消费升级面临的房地产挤出效应问题依然存在。在居民对服务和非耐用品的消费上，要改善消费结构，应重点关注房地产行业的挤出效应。

三 推动江西消费升级的对策建议

目前，我国正处于居民消费升级时期，消费结构的改变，必将带动相关产业发展，带动经济实现持续稳定增长。因此，要把国家发改委等十部门出台的《进一步优化供给推动消费平稳增长促进形成强大国内市场的实施方案（2019 年）》和江西省政府印发的《江西省进一步激发商贸消费潜力促进商贸消费升级三年行动计划（2019～2021年）》等政策措施落到实处，通过提升居民收入水平，提升居民消费能力；通过供给侧结构性改革，增加高品质产品和服务供给，增强居民消费愿望；通过改善消费市场的软环境和硬环境，为消费升级创造条件。

（一）深化收入分配结构改革，增加收入提升居民消费能力

居民消费水平受到收入水平的约束，提高居民收入水平是增加消费需求的直接手段。通过持续增加居民尤其是中低收入阶层居民收入，特别是增加农村居民的收入，增强消费升级能力。长期来看，需要加快收入分配制度改革、税收体制改革，提高工资等薪酬水平。从住户角度看，应尽快推动个税减免、费率降低相关政策措施的落地，进一步增强居民的获得感，提升居民中长期可支配收入水平。从企业角度看，加大减税降费的政策力度，改善企业盈利，稳定就业预期。从农村角度看，要通过实现农民财富收入的增长、缩小城乡收入差距来推动农村消费升级。当前农民增加收入潜力最大、见效最快的领域是农民财富收入的增加，通过加快农村土地改革落地，通过农村“三块地”改革赋予农民更多财产权利，进而提升农村居民可支配收入。从社会保障角度看，进一步提高城乡居民社会保障水平，控制医疗药价、房价的过快上涨，削减对居民消费的挤出效应。

（二）深化供给侧结构性改革，增加优质产品和服务供给

以深化供给侧结构性改革为重点促进供需匹配。从解决当前存在的主要矛盾出发，在消费层面，重点解决消费面临的供需不匹配问题。坚持深入推进供给侧改革，减少无效供给、扩大有效供给，提升供给质量。政府要改变观念，大力发展服务业，增强消费作用，建立良好的营商环境，健全公平竞争的市场环境，发展富有效率和活力的市场主体，大力发展商贸流通产业，增加更加符合人们消费需求的消费产品。第一，推动农业供给侧结构性改革，用好江西生态优势，按照“生态鄱阳湖、绿色农产品”理念，发展绿色有机农业，着力打造“四绿一红”茶叶、江西大米、江西茶油、江西果

业、江西蔬菜等农产品品牌，增加优质农产品供给。第二，进一步推进战略性新兴产业的发展与高新技术产业的发展，提高制造业产品的质量，开展品牌建设，增加名优产品供给；开辟智能家电、智能家居等新型消费品的供给。第三，进一步增强服务供给，开辟新的服务消费领域，大力发展旅游休闲产业；抢抓机遇，立足南昌，加快构建世界水平的 VR 产业中心；与江西“红、绿、古”旅游资源有机结合，规划打造一批 VR 小镇和体验馆，开辟新型体验消费。第四，适当增加进口，进一步下调进口商品关税，满足城乡居民多样化需求；吸引国际上教育、养老、家政、休闲等领域的优质企业进入中国市场，让消费者不出国门也能享受到优质服务。第五，进一步加强消费品市场建设，进一步发展农村电子商务，网络购物。

（三）加快新型基础设施建设，为推动消费升级创造条件

要适应互联网时代和智能化时代消费结构、模式和形态变化，加强新型基础设施建设，推进人工智能、互联网、物联网等建设，加快 5G 商用步伐，强化基础设施网络支撑。加强交通基础设施的改善，在城镇，努力增加道路供给，扩大城市停车场的建设与供给；通过建设智慧城市，优化交通管理，缓解交通拥堵难题。继续加强乡村道路的建设，提高农村道路的行车效率和通车能力；提高乡村公路与高速公路、高铁对接能力，打通城乡交通对接“最后一公里”通道。要加强文化娱乐、医疗服务、教育培训、城乡养老等设施建设。加快发展连锁经营、超级市场、购物中心等消费市场，为居民购物提供更大的方便。完善农村消费基础设施，加快农村网络建设，增加农村快递网点设置，为大力发展农村电商消费奠定基础，推动电子商务向广大农村地区延伸覆盖，补齐农村消费升级短板，挖掘农村网购和旅游消费潜力。

（四）加强消费市场环境建设，维护广大消费者基本权益

加强制度建设，进一步优化消费市场软环境。一是顺应人民群众对提升生活质量的需要，提高产品质量标准化水平，为推动产品质量升级夯实基础。当务之急要优先建立和健全关系人民群众身心健康的农产品、食品、药

品、家政、养老等领域和新兴产业关键标准和规范。二是完善产品和服务质量监管体系，强化质量安全保障，全面提升监管能力与效率。改善市场信用环境，加快构建对企业、个人等市场主体守信激励和失信惩戒机制。三是完善相关法律法规和制度，健全消费者权益保护机制，通过政府、相关职能部门、消费者协会、经营者、消费者和社会联手协作，共同推动消费维权工作，有效维护消费者权益。四是充分利用大数据在征信、维权中的作用。通过构建互联网消费大数据平台，建立智能决策支持系统，促进消费维权工作关口前移。运用数据分析技术手段，梳理和排查违法行为线索，确定消费维权和监管执法重点，快准狠地打击消费中的违法行为。努力营造一个让消费者愿消费、敢消费、放心消费的环境，继续提升人民群众对美好生活的获得感、满足感和幸福感。

参考文献

关于印发《进一步优化供给推动消费平稳增长　促进形成强大国内市场的实施方案（2019 年）》的通知（发改综合〔2019〕181 号），国家发展改革委网站，2019 年 1 月 29 日。

《江西省进一步激发商贸消费潜力促进商贸消费升级三年行动计划（2019～2021 年）》（赣府厅字〔2019〕10 号），江西省人民政府网站，2019 年 1 月 31 日。

国家统计局江西调查总队：《2018 年江西民生答卷圆满收官——城乡居民人均收入增幅位居中部六省第二，城乡居民人均消费突破 2 万元和 1 万元关口》，《江西调查》2019 年第 5 期。

江西省统计局：《改革开放四十年江西消费品市场活跃兴旺》，《统计分析报告》2018 年第 66 期。

国家统计局江西调查总队：《从江西省网购用户专项调查浅析网络消费特征及发展》，调查总队内网，2018 年 12 月 12 日。

江西省统计局：《市场运行总体平稳，消费转型持续推进》，《统计分析报告》2019 年第 8 期。

江西省统计局：《江西省统计年鉴（2018）》，中国统计出版社。

国家统计局：《中国统计年鉴（2018）》，中国统计出版社。

典型调查

Typical Investigations

B.29

党建引领村集体经济"活水长流"

——基于江西的典型调查

龚建文　张宜红　盛方富*

摘　要： 江西省基层党组织在培育壮大村集体经济、带动村民增收致富的过程中发挥着"主心骨""定盘星""先锋队"的核心领导作用。近年来，江西省以"党建+"为牵引，积极探索"党支部+合作社""党支部+公司""党支部+其他新型经营主体"等引领村集体经济发展的有益模式，取得积极成效。为不断筑牢基层党组织在振兴村集体经济中的战斗堡垒根基，从优选村支书配强村班子、提升村"两委"干部素质、构建科学监督考核体系等方面提出建议。

* 龚建文，江西省社会科学院副院长、研究员，研究方向为农村经济与区域经济；张宜红，江西省社会科学院应用对策研究室副主任、副研究员，研究方向为农村经济；盛方富，江西省社会科学院应用对策研究室助理研究员，研究方向为农村经济。

关键词： 基础党组织　村级集体经济　江西

新时代充分发挥基层党组织在引领村级集体经济发展、强村富民中的核心作用，是探索出一条具有江西省特色乡村振兴之路、努力争取成为全国乡村振兴发展先行区、示范区的关键。近年来，江西省立足省情实际，充分激活和传承红色基因，以“党建+”为牵引，深入推进“连心、强基、模范”三大工程，深入实施“一村一名大学生工程”，因地制宜选优配强村“两委”，不断筑牢基层党组织战斗堡垒根基，以基层党组织组织力的增强来引领全省村级集体经济发展，进行了许多有益探索与实践。为深入探究基层党组织引领村级集体经济振兴这一课题，课题组先后赴南昌、赣州、吉安、上饶、萍乡、宜春、鹰潭等设区市进行调研，并形成如下调研报告。

一　基层党组织引领村级集体经济发展的主要作用

火车跑得快，全靠车头带；村子富不富，关键看支部。根据调研，江西省基层党组织在培育壮大村集体经济、带动村民增收致富的过程中发挥着“主心骨”“定盘星”“先锋队”的核心领导作用，主要表现在以下几个方面。

（一）振兴村集体经济的组织领导者

党政军民学、东西南北中，党是领导一切的，在农村同样如此，基层党组织作为党在农村的战斗堡垒，是领导村集体经济发展等乡村一切事务的核心。江西省农村基层党组织充分发挥组织领导作用，推动农村综合性改革落到实处，扎实推进农村基础设施改善、农村人居环境综合整治等各项工作，通过开展清产核资、改革农村土地制度、盘活集体闲置资产、整合优势特色资源等，因地制宜培育发展特色农业产业，解决了许多过去长期制约村集体经济发展的基础性瓶颈难题，为村集体经济发展铺平了道路。如在村党支部的领导下，南昌县莲塘镇斗门村、万载县茭湖乡茭湖村等顺利完成村集体资产股份制权能改革；安源区五陂镇三湾以休闲农庄、农事体验、陶艺体验等模式，盘活农村闲置农房和土地资源，把“沉睡资源”转化为发展资本，并让农民入股入驻企业，既带动农民增收致富又壮大了村集体经济；等等。

（二）振兴村集体经济的直接参与者

在农村各项经济社会事务中，基层党组织是“指挥所”更是“先锋队”，在引领村集体经济发展上，基层党组织理应先干一步、带富在前，勇当“致富先锋”，而基层党组织具有的独特政治优势、组织优势和密切联系群众等优势，为其直接参与村集体经济发展、辐射带动村民增收致富提供了得天独厚的土壤。为将这一优势转化为振兴村集体经济的竞争力，江西省各地基层党组织依托本地资源优势，因地制宜发起并组建公司、合作社等市场实体，带动村民抱团发展，实现村集体资产保值增值。如宜春市上高县塔下乡田北村党支部利用村集体资产出资成立上高县田北实业有限公司，把本村闲散劳动力组织起来，对外承包建筑工程业务，并从中抽取一定比例作为集体收入；德兴市香屯街道汪家村由村党支部创办德兴市丰园苗木合作社，把村集体的部分资产采取流转、租赁、承包等形式入股合作社。

（三）振兴村集体经济的服务提供者

为吸引企业家、技能人才、城市市民等各类人员以及技术、资源、资金流入本村，提供具有吸引力的软硬环境，是基层党组织增强乡村发展内生动力的重要举措。为优化发展环境、提升服务效能，江西省各地基层党组织积极探索，如上饶市铅山县汪二镇火田村党支部与本村一家农业企业签订服务协议，由党支部帮助解决企业规模化发展中的土地流转难问题，做好田间道路、水渠设施、路灯照明、招商推介、纠纷调处、难事帮办等公共服务和延伸服务，企业根据合同向村集体支付产业服务资金；靖安县三爪仑乡把支部建在产业链上，产业党支部以服务和带领群众致富为己任，请专家定期传授技术，不定期组织专业技术交流会、市场信息通报会等活动，蜂蜜产业得到快速发展，伴随蜂蜜产业经济效益的日益显现，该村引进一批优秀人才返乡创业，形成农村发展与人才回乡创业的良性循环，依托这些掌握新技术、新理念、新知识的人才，该村大力发展农村电商和乡村旅游。

（四）振兴村集体经济的共享护航者

治理有效是乡村经济社会发展的基础，在基层党组织的组织领导下推动形成自治、法治、德治“三治合一”的治理体系，有助于确保村集体经济良性有序发展。为探索一条乡村善治的道路，余江县在农村宅基地制度改革过程中，村党支部严格遵照法律法规，领导所在村组建村民事务理事会，利用村规民约充分实行自治，并发挥乡贤的示范作用，推行德治。同时，为确保村集体经济发展成果与村民共享，江西省各地基层党组织采取“党支部+合作社+村民”“党支部+公司+村民”等模式，确保村民能够充分参与并分享到村集体经济发展成果，并且随着村集体经济的发展壮大，为村民提供更多优质公共服务，如鄱阳县古县渡镇汪家村党支部利用丰富的历史文化资源与非物质文化遗产，打造乡村旅游景点，发展乡村旅游，既壮大了村集体经济、提高村民收入，也美化了乡村环境、提升乡村宜居水平。

二　基层党组织引领村集体经济发展的有益模式

在农村基层党组织的引领带动下，江西省村集体经济发展势头良好，消灭了不少“薄弱村”“空壳村”，如 2017 年赣州市村级集体经济总收入为 42611 万元，平均每村 12.28 万元；集体经济收入 5 万元以上的村有 1451 个，占比为 41.83%，无村集体经济收入的“空壳村”基本消除。总而言之，江西省基层党组织因地制宜引领村集体经济发展进行了一些有益探索、有益模式。

（一）“党支部+合作社”

一是“村社合一”，即由党支部牵头成立合作社，村民持土地入股，每年产生的收益除通过分红充分保障入股农民利益和合作社日常开支使用外，还要拿出部分由村集体统一支配，如万安县顺峰乡陂头村由村委会创办种植合作社，流转农户撂荒地130余亩，规范化种植脐橙和皇帝柑，再统一承包给果业种植能人负责后期管理，承办方连续15年每年向村集体交承包费3万元。二是“村社股份制”，即村民成员组织成立合作社，党支部以村集体资产入股，如弋阳县三县岭镇港王村40余户毛竹雷竹种植、花卉苗木种植、蜜蜂养殖农户，成立弋阳县港王鸿亮综合种养专业合作社，村集体将30万元集体资金入股合作社，与入社农户各占股50%，合作社通过统一生产资料、统一技术指导、统一销售渠道等服务，抱团发展，2016年合作社成立以来，实现收入11万元，村集体增收5.5万元。

（二）“党支部+公司”

一是“党支部+村内企业”，即由村党支部带头组建村级企业或参股本村已有企业，并吸纳农户入股，村集体、村企和农户按股分红，如南昌经济技术开发区蛟桥镇龙潭村党支部充分利用自身与江西旅游商贸学院相邻的区位优势，成立龙潭村投资实业有限公司及龙潭村物业管理处，与学院合作，兴建了学生公寓、综合大楼、学生食堂、商业店铺等，并统一由公司和物业经营管理，每年为村集体经济增收800余万元。二是“党支部+外引企业”，即对招商引进的企业，村集体以资金、土地等入股，或以出租村集体资产的方式，来增加村集体收入，如井冈山市大陇镇引进井冈山陇上行农业开发有限公司建立度假村，通过产业互助模式，创建红墟坊乡村旅游公司，全镇8个村（居）在公司入股40万元，每年可获得近8万元集体经营收入，参与入股的48户蓝卡贫困户每年可获1000元的股金分红，其他群众通过以土地、房屋出租或入股的方式每年可获得5000元以上的租金或股金收入。

（三）“党支部+其他新型经营主体”

一是“党支部+家庭农场”，即注重党员、村组干部身份农场主在发展特色产业、壮大村集体经济中的关键作用，如永丰县依托家庭农场在全省的品牌优势，把党员培养成家庭农场主、把家庭农场主培养成党员、把党员家庭农场主培养成村组干部，全县已成立家庭农场党小组近百个，其中“永丰县光平家庭农场”由永丰县佐龙乡富裕村党支部书记钟光平建设经营，是典型的“产业带动奔小康、组织带领树形象”型家庭农场。二是“党支部＋种养大户”，即以党支部成员中种养大户为引领，辐射带动村民增收并壮大村集体经济，如安义县种粮大户、绿能农民专业合作社党支部书记凌继河，已流转土地近两万亩，带动3300多户农民增收，带动当地村集体经济发展，并准备在安义县完成60个村的土地流转，一半的收入交给村集体和贫困户，每位村民每年可分红2000～3000元。

当然，江西省基层党组织引领村集体经济发展的探索与实践还有很多，如“党支部＋协会”“党支部＋公司＋合作社”“党支部＋公司＋基地＋农户”“党支部＋合作社＋农户”等，基层党组织均发挥着核心关键作用，这为新时代培育壮大村集体经济提供了现实参照。

三　启示与建议

（一）强化“能人”治村，加强基层党组织建设

实践证明，村集体经济发展好的乡村都有一只优强的“领头雁”、好的班子。一要选优村支书、配强村班子。要重点整顿村集体经济“空壳村”等软弱涣散村党组织，探索村党组织书记跨村任职机制，选派一批有经验、懂经营的村党组织书记或主任到“空壳村”兼任党支部书记；大力推进“能人治村”，实施新乡贤返乡工程，打破行业、身份、地域限制，注重从农民合作社负责人、优秀民营企业家、退休官员等致富带头人中选任村支部书记。同时，配强村“两委”班子，继续深入实施“一村一名大学生工程”，继续做好选派机关优秀干部到村担任驻村第一书记，鼓励和引导外出务工经商人员，充实到村级组织班子，进一步改善农村基层组织的年龄结构、知识结构。二要加强基层党组织标准化建设。加强顶层设计，强化全省

对基层党组织标准化建设的领导；总结各地基层党组织标准化试点经验，并分步分领域推广；开展党建标准化认证认可试点，由第三方进行监督和认证，形成党建标准化工作长效机制。三要优化完善“三治”融合乡村治理体系。加强农村管理立法建设；健全和完善村民会议、村民代表大会、村民议事会、村民理事会、村民监督会等村级配套组织建设并赋予其一定前置审批权，把村党组织班子成员推选为村务监督委员会主任或担任村民理事会理事，引导基层党组织和农民群众制定符合时代要求、乡村实际的村规民约，确保村的各项事业在党的领导下进行。

（二）强化能力培训，提升村“两委”干部素质

通过实施“一村一名大学生工程”，以及这次村“两委”换届，农村基层党组织成员的年龄结构、学历结构等均有明显改善，但村“两委”班子年龄偏大、知识老化、思想固化的现象依然存在，制约了基层党组织凝聚力、号召力、战斗力的增强。为此，一要大力实施村干部素质提升工程。将村干部培训纳入年度培训计划，省委组织部组织领导市、县（区）开展村党支部书记、村干部培训班，对村“两委”干部、集体经济组织负责人等进行轮训，重点突出习近平新时代中国特色社会主义思想和党的十九大精神的学深悟透；加强乡村振兴、脱贫攻坚、美丽乡村、壮大村集体经济等“三农”工作战略决策和新修订的农村基层党组织工作条例等内容的培训；强化现代农业技术、生产经营管理等能带动产业发展的技能学习，全面提升村“两委”组织力、服务能力。二要培训方式多样化。采取集中培训、以会代训、专题培训等多种形式，分期分批组织村干部外出参观学习和挂职培训，确保每名村干部每年都能接受培训。

（三）强化因村施策，探索村集体经济振兴模式

千村有千面，资源要素禀赋各异。为此，必须因地制宜、因村施策，探索村集体经济振兴有效模式。一是“服务型”集体经济振兴模式。凡是基层党组织能很好地带领群众利用区位、资源、资产优势，其集体经济均较

强。因此，要有序推进经营性资产股份合作制改革，以集体资产参股供销合作社、农民专业合作社和经营稳定的工商企业等经济实体，参与收益分配；创办综合服务社、便民服务店等，提供家政、养老、商贸等生活服务；通过盘活闲置办公用房、学校等不动产开展租赁经营，建设专业市场、标准厂房、商业门面、仓储中心等物业项目。二是“种养型”集体经济振兴模式。传统农业村凡是能引导和组织群众找准自身发展优势和潜力，大多通过多种形式实现了村集体经济的壮大。可见，对于传统农业村，尤其是大多数“空壳村”，可采取“支部+合作社（协会）+农户”等形式，以土地入股、保底分红、集体提成等方式，引导和组织群众合理流转土地，联办产业基地，推进规模化、集约化经营。与此同时，鼓励基层党组织牵头组建或领办创办各类服务实体，提供农资供应、农机农技、劳务用工、仓储运输、加工销售等生产服务。三是“开发型”集体经济振兴模式。凡能引导和组织群众合理开发利用特色资源的基层党组织，其村集体经济大多较强。对于特色资源村，可在符合村镇建设规划的前提下，鼓励村集体以入股、租赁和流转等形式，依法合理开发利用村域内土地、森林、水面、自然景观等资源，发展现代设施农业、林下经济，建设特色农产品种养基地，发展旅游农业、观光农业、休闲体验农业，增加村集体资源开发收入。

（四）强化支持保障，创新引领村集体经济政策体系

政策保障体系尚未建立健全是制约基层党组织引领支持村集体经济发展的一个重要因素。一是加大财政投入力度。设立基层党建工作专项资金，加大对村级组织运转、村级公共事业和基础设施建设转移支付力度，探索政府优先购买村集体提供的相关服务机制；整合各部门支农惠农资金，建立村集体经济发展专项基金，鼓励市、县政府财政出资设立专项风险补偿基金，以奖代补扶持村集体经济发展。二是加大金融与社会资本支持力度。尽快将村集体经济组织纳入“惠农信贷通”支持对象和评级授信范围，设立村集体经济专项信贷资金，简化对村集体经济组织经营或参股的项目审批手续，扩大村集体经济组织抵押物范围。乡村两级积极作为，发挥村党组织主观能动性，引

导优质工商资本有序规范进入农村，与集体经济组织合作发展实体经济。三是加大用地支持力度。土地整理、农村宅基地改革结余出来的土地，优先支持村集体经济发展；允许集体土地征用时将一定数量的建设用地一次性留给被征地的村集体组织。村集体使用村内符合土地利用规划和城镇规划的土地，可不办理征地手续，只需要办理农用地转用手续，涉及的农转用地指标优先保障。

（五）强化机制创新，构建科学监督考核体系

“无人干事、不愿干事”是很多村集体经济“薄弱村”“空壳村”的真实写照，其背后原因是缺乏相应的监督考核机制。为此，一要创新考核升迁机制。明确将发展村集体经济纳入县乡两级党委书记政绩考核升迁的重要指标，压实责任；改进村“两委”干部考核机制，把振兴村集体经济作为村“两委”选拔到乡镇公务员、事业单位干部的重要指标，让村干部政治上有盼头；同时，探索建立村干部待遇报酬稳定增长机制，让村干部经济上有甜头。二要建立健全村集体经济民主决策机制。发挥村党支部领导和村民理事会、村民监督委员会等监督作用，认真落实“四议两公开”，建立健全村集体经济民主决策机制，明确规定凡是涉及村集体经济的发展策略、新上项目、新办实体和关系村民切身利益的事项，须按照市场调查、科学评估、民主决策的程序步骤组织实施；县（市、区）、乡镇政府负责对农村集体经济组织的投资规模和经营性债务规模进行监控和提示。三要健全集体资产核算登记分配制度。逐村建立村集体“三资”台账，建立健全村集体经济财务收入预算、开支审批、财务公开等制度，严格控制非生产性开支，杜绝村级不良债务。建立集体经济“反哺”制度，每年按一定比例提取，对农民特别是贫困群众进行分红，改善民生、增进福利。

参考文献

许鹏宇、吴永常等：《以“支部＋”平台为核心的农村利益联结机制研究——以江

苏省句容市唐陵村为例》，《中国农学通报》2018 年第 29 期。

部洪进：《探索“党建 +”新模式　促进农民脱贫致富——关于三岔口乡小土城行政村发展村集体经济的调研与思考》，《实践（思想理论版）》2018 年第 12 期。

周楠：《新时代农村基层党组织建设创新路径选择》，《学习论坛》2018 年第 10 期。

赵婧：《浅谈改革开放 40 年来的农村基层党组织与农村集体经济——基于对皖南山区村集体经济发展的若干思考》，《改革与开放》2018 年第 17 期。

范如平：《农村基层党组织凝聚力分析》，《科学社会主义》2014 年第 3 期。

冯道杰、程恩富：《从“塘约经验”看乡村振兴战略的内生实施路径》，《中国社会科学院研究生院学报》2018 年第 1 期。

B.30

打造“中国 VR 第一城”

——基于南昌 VR 产业的调查

高　玫　刘晓东*

摘　要：　VR 产业是有着巨大市场前景的新兴产业，但目前尚处于发展培育期。南昌市抢抓发展机遇，率先在国内提出打造全球首个城市级 VR 产业基地的目标，把 VR 产业作为实现“变道超车”“换道超车”的新经济新动能积极加以培育，并取得显著成效。但产业发展仍面临产业资本进入踌躇不前、区位优势不突出、产业生态链不完善、资金保障机制不到位、核心技术和高端人才缺乏等制约因素，要推动 VR 产业做大做强，打造中国 VR 产业高地，需以市场换产业，打造泛 VR 产业链、厚植产业发展根基、创新投融资服务，建设技术和人才高地，增强创新驱动能力。

关键词：　VR 产业　产业生态　技术研发　南昌江西

VR（虚拟现实）是诞生于 20 世纪、兴起于 21 世纪的新一代信息技术的新兴前沿领域，是多种信息技术创新的综合体，能够极大地拓展人类感知能力，正持续催生出新产品、新服务、新模式、新业态，有望成为经济发展的新增长点和创新应用的基础平台，正在孕育形成一个万亿元级的大市场。

---

* 高玫，江西省社会科学院经济所副所长、研究员，研究方向为区域经济、产业经济；刘晓东，江西省社会科学院经济所副研究员，研究方向为区域经济、金融学。

VR 技术目前广泛运用于军工、医疗、教育、文旅、制造等多个领域，得到了世界许多国家的广泛关注，引起了各国政府的普遍重视。在上级部门的关心和支持下，南昌市抢抓发展机遇，积极探索“变道超车”“换道超车”“换车超车”的发展模式，力争让南昌市在发展高端的 VR 产业“无中生有”上取得突破。

一　VR 产业的市场前景与国内外发展态势

VR 技术是指一种能够创建和体验虚拟世界的计算机仿真系统，利用计算机创造出一种交互式的三维动态视景，其实体行为的仿真系统能够使用户沉浸到该环境中。它包含了三种技术应用方式，即虚拟现实（VR）、增强现实（AR）、混合现实（MR）。VR 技术诞生于 20 世纪 50～60 年代的美国，90 年代以后，随着计算机技术与高性能计算、人机交互技术与设备、计算机网络与通信等科技领域的突破和高速发展，以及军事、航空航天、复杂设备制造等重要应用领域的巨大需求，VR 技术发展加速，VR 产业开始孕育。2016 年，随着谷歌、索尼、微软、HTC、Facebook 等国际巨头相继入局，VR 产业进入发展元年。2017 年，全球 VR 产业规模达到 114 亿美元左右；2018 年，全球 VR 产业规模为 160 亿美元左右。据预测，2020 年，全球 VR 营业收入将达到约 400 亿美元。2017 年，我国虚拟现实产业市场规模已经达到 160 亿元，同比增长 164%。据赛迪智库预测，2020 年，我国 VR 设备出货量将达 820 万台，用户数量超过 2500 万，VR 硬件市场规模将占据全球规模的 34.6%，虚拟现实市场规模预计超过 600 亿元，占全球的 28%，成为全球虚拟现实市场的增长中心。

为抢占 VR 产业未来巨大市场，欧美日等发达国家和地区纷纷加紧布局，抢占 VR 产业发展制高点。谷歌、索尼、微软、HTC、Facebook、高通、三星等国际巨头，凭借技术与资本优势构建 VR 骨架，硬件厂商和平台搭建者通过投资和合作开发等形式打破软硬件、渠道和内容之间的壁垒，构造 VR 生态闭环。中小型创新公司是技术与内容主要来源，在头戴设备、输入外设、内容制作工具、游戏研发、影视制作、工具软件研发等方面形成细分专业领域。

20 世纪 90 年代以来，我国一些高校（如北京航空大学和北京理工大学）和科研机构开始从不同角度对 VR 进行研究，并在某些关键核心技术和重点应用领域取得了多项突破。近年来，我国一些科技公司相继进入 VR 产业领域，研发 VR 相关技术和产品，推动 VR 产业有序发展。政府对 VR 产业发展高度重视，2018 年 12 月工信部专门出台《关于加快推进虚拟现实产业发展的指导意见》，鼓励各地积极建设产业园区、孵化器，积极推动我国虚拟现实产业快速发展。现阶段，我国 VR 产业生态圈已初步建立，正在形成一条集硬件设备、行业应用、内容制作、分发平台以及相关服务在内的全产业链。

二　南昌市发展 VR 产业的做法与成效

2016 年初，南昌市政府提出建设 VR 产业中心的构想，率先在国内提出打造全球首个城市级 VR 产业基地的目标，把 VR 作为引领产业升级和制造业高质量发展的着力点，在江西省委、省政府的支持下，在国家工信部的关心下，南昌正以“换道超车”之势抢滩 VR 产业发展高地。地处中部地区的南昌，正处于传统产业转型的拐点期、战略性新兴产业成长的窗口期，急需 VR 等新兴产业开创后发赶超之路。目前，南昌市已集聚了全球 VR 顶级资源，打造了全产业链的支撑平台，出台了全国领先的产业扶持政策，谋求 VR 产业的重大突破，力求实现产业“跟随者”向“领跑者”的华丽转变。

（一）抢抓机遇，打造 VR 产业基地

南昌市政府早在 2016 年初就在全国率先出台了《关于加快 AR/VR 产业发展的若干政策（试行）》，2018 年 8 月新修订版也正式出台，加大对 VR 技术研发、人才引进、硬件制造、内容开发、系统搭建等方面的支持力度。

两年多以来，南昌市政府于红谷滩新区投资10亿元倾力打造的全国首个城市级VR产业基地——中国（南昌）VR产业基地，包括9万平方米的核心办公区，3600平方米的VR产业基地创新孵化中心，2万平方米的VR产业基地教育培训中心和VR展示中心、VR体验中心等。这是全国首个城市级VR产业基地，目前南昌VR产业基地已经落户世界500强企业项目2个（联想和微软）、国内500强企业项目2个（欧菲光、紫光）、行业龙头企业项目3个（HTC、中国网库、爱奇艺）、国家级重点实验室项目1个（北京理工大学）。引进了联想新视界、清华紫光、欧菲光、中国网库、北京理工大学、爱奇艺等一批龙头企业和研究机构（见表1），已初步集聚了VR/AR行业龙头应用产品研发。至今共有20余家企业入驻，涵盖了内容制作、平台开发、头显设备、分销渠道等多个方面，搭建了技术研究、标准检测、线上交易、线下展示、应用体验以及云服务管理等全产业链支撑平台，初步形成了VR产业上下游企业聚集、抱团发展的局面。至2019年1月，南昌市已孵化60家VR企业，以内容制作和行业应用为主，兼有硬件设备、软件开发相关企业。南昌VR行业影响力持续提升，已经成为全国极具影响力的VR产业基地。在工信部的大力支持和指导下，南昌市VR创新中心通过省级创新中心批复，正在积极申报国家级VR制造业创新中心。

表1　南昌VR产业基地入驻重点企业一览

企业名称	发展领域
联想新视界(江西)智能科技公司	技术研发、咨询服务
北京网库信息技术股份有限公司	技术服务、技术咨询
紫光云	内容研发
北京理工大学	平台研发
红谷盛山基金	金融投资
HTC威爱教育	内容研发、教育培训
微软创新中心	技术研发
爱奇艺	内容研发

资料来源：根据调研资料整理。

（二）因势利导，培育壮大 VR 企业

2018 年世界 VR 产业大会的举办，为南昌市引领 VR 技术和产业发展创造了难得新契机，确立了发展新起点，打造出世界级的 VR 产业交流合作平台，为南昌市发展 VR 产业占得先机，也为江西省树立起具有全球影响力的产业旗帜。借助世界 VR 产业大会永久落地南昌的契机，推动 VR 研发、产业、展示、人才、金融、公共等六大平台建设，促进重大项目落地，抢占 VR 产业制高点，形成面向全国的产业辐射能力，对南昌打造世界新名片具有现实意义。世界 VR 大会期间南昌市与国内外企业签订了意向协议 108 个，拟投资 351 亿元。目前在推广应用上，开放了南昌市 VR 试点示范应用市场和政务信息资源，推动了 AR 智能工业维保、AR 智能医疗中心、VR 实验室 K12 教育应用、轨道交通 VR 实训、VR 新零售应用、“越界神游” VR 主题乐园以及“滕王阁”“海昏侯” VR 文旅应用等一批试点项目。南昌市还出台了 VR 产业金融扶持政策，南昌市政府、红谷滩新区城投公司与盛山资产、中航信托、联创电子等公司联合成立总规模 2 亿元的红谷盛山股权投资基金。目前，南昌市正在准备成立科技娱乐基金，由红谷滩新区金控公司联合商汤科技、中航信托、芒果等企业入股设立投资公司，主要投资泛 VR 化、人工智能等产业。当前，重点推进的有江西科骏 VR 实验室 K12 教育、联想新视界与江联重工的 AR 智能工业维保、联创电子的 VR 光学镜头等试点示范应用项目，努力打造具有持续创新能力和完整配套能力的 VR 产业集群。其中成立于 2015 年 12 月的江西科骏实业公司是目前南昌市乃至江西省最大最著名的专业从事 VR 内容开发及应用的高新技术企业，致力于研发 K12 教育和轨道交通培训项目，在美国硅谷、深圳、昆明等地设有技术分中心。2017 年企业产值 5000 万元，2018 年达到近 1 亿元。

（三）夯实基础，着力栽好梧桐树

为加快 VR 产业人才培养，南昌市充分发挥其作为国家高等职业教育基地的优势，在先锋软件学院、泰豪动漫学院、南昌工学院等职业院校开设了

VR 设计专业和 VR 方向班，主攻 VR + 家装、旅游、医疗、影视动画等方面的技能课程，这种校企合作、定向培养等创新人才培养的模式，为社会培育了大批 VR 方向技能型的紧缺型人才，为 VR 产业发展提供坚强的人才支撑。通过开展校企合作，南昌市成立了江西首个 VR 人才培训学院和中国南昌（红谷滩）VR 技术公共实训基地，率先引入 VR 课程，开展产学一体的专业化人才培养，大力改造现有课程，实现课程的 VR 化。

为加强 VR 技术研发，南昌大学成立了 VR 产业技术研究中心，与浙江大学联合成立创新合作团队，开展 VR 技术攻关。另外，南昌市还建设了高端精装人才公寓，并与“人机交互”专家翟振明教授、“混合现实”专家王涌天教授、“智能装备”专家程德斌教授等精英人才建立了长期合作关系。2017 年 7 月，由中航信托、戴尔中国、联创电子等业内重点单位发起的南昌市红谷滩新区人机智能产业发展促进会在中国（南昌）VR 产业基地隆重揭牌，促进会作为中国（南昌）VR 产业基地的专业服务平台，提供专业、精准、全面、高效的市场化服务，将为南昌人机智能产业提供科研、规划、建设、投融资、产业链建设等方面的咨询服务，打造国际一流的人机智能产业生态圈。

（四）加强合作，注入发展新动力

2016 年以来，南昌市举办了一系列高规格的推介会、展览会、创新大会、创业大赛、高峰论坛等活动，吸引全球 VR 企业、项目、技术、人才和资金向江西集中，推动南昌 VR 产业快速发展。同时，通过加强国内外 VR 技术与产业交流合作，积极参与中外 VR 领域国际交流合作，南昌市目前已与国家级科研机构、高等院校加强科技合作，鼓励省内有实力的 VR 领域大型企业、创新型企业、科研院所“走出去”开展科技交流，吸引和支持总部在外省份的 VR 企业参与南昌市 VR 应用示范项目。另外，南昌市与韩国光州市缔结为友好城市，利用光州市创意内容研发在 VR 产业发展方面的先进技术和经验，加强双方友好合作。并且与日本、法国和以色列等国家的 VR 企业开展合作交流，扩大南昌在世界 VR 产业界的知名度和影响力，打造南昌世界级 VR 产业城市。

三　南昌市发展 VR 产业的困境与制约因素

南昌市 VR 产业发展虽然迈出了坚实的步伐，但由于产业尚处市场培育期，南昌的区位优势又不特别突出，故此，从市场、技术、资金、人才等多方面来看，南昌市要建成中国 VR 产业基地，面临不少困境与制约因素，有很长的路要走。

（一）企业家观望情绪较浓，投资发展踌躇不前

2016 年 VR 产业概念火爆一时，各路资本争相追逐。然而，出于 VR 技术不成熟、内容生产缺乏、消费者认知有限等原因，产业发展不如人意，企业找不到合适的盈利模式，导致 2017 年 VR 市场迅速冷却。2018 年，由于南昌市主办世界 VR 产业大会，习近平总书记发贺电，微软、HTC 等跨国公司参会，给沉寂已久的 VR 行业添了“一把火”，VR 产业概念重新升温。但是，由于 VR 产业目前仍处于蓄势待发的状态，市场规模不大（2017 年全国 VR 产业营业收入约 160 亿元，2018 年估计约 200 亿元），热闹过后，企业家信心的恢复不是短时间内能够做到的。有的企业对将来是 VR，还是 AR，抑或是 MR 技术在市场占主导地位感到困惑，不敢大规模投资进入；有的企业对 VR 的市场培育期到底多久（著名研究机构一般认为至少要 3 ~ 5 年）把握不住，在项目投资前面止步不前。据映维网的统计，全球 AR-VR 创企 2016 年的投融资总额为 169.97 亿元，2017 年降为 120.4 亿元，2018 年为 118.92 亿元，与上年基本持平（见图 1）。世界 VR 产业大会上虽然全省签订了 157 个意向性投资项目，其中南昌市 108 家，但据了解，会后招商部门在进一步洽谈项目时，大多数企业仍然举棋不定，真正能落地的项目大打折扣，这无疑对南昌市做大 VR 产业规模，形成产业聚集，打造中国 VR 产业基地带来不利影响。如微软曾准备在南昌设立分公司，但最终没有结果，只设立了一个孵化器。

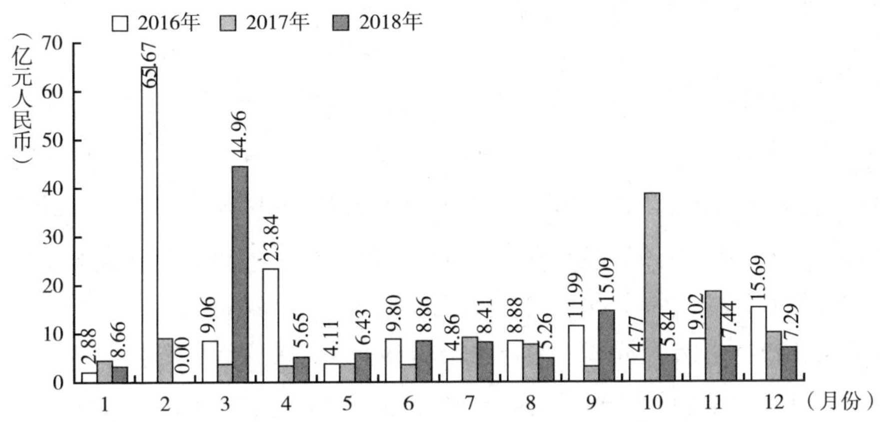

图1 全球AR-VR创企公布投融资总额

资料来源：根据公开资料整理而得。

（二）区域优势不突出，聚集资源能力有待加强

目前，我国一些发达地区，如北京、上海、广东、浙江、福建等省份也在谋划发展VR产业，南昌市作为中部地区的一个准二线城市，在资金、技术、市场、人才等方面，与国内其他城市相比，发展VR产业优势并不突出。据Greenlight Insights发布的《2018年中国VR市场报告》，北京、上海、深圳获得投资的VR创业公司数在全国排名前三，三者获得投资的VR创业公司数占全国的75%，其中39%在北京，22%在上海，14%在深圳。而南昌市目前获得投资的VR创业公司寥寥无几。可见，在VR产业吸引投资资本方面，南昌市与一线城市相比相距甚远。即便是与青岛、福州、合肥等VR产业发展较好的二线城市相比，也无明显优势。近年来，青岛市崂山区成功创建了全国首个国家级虚拟现实高新技术产业化基地，挂牌运营了全国唯一的虚拟现实/增强现实技术及应用国家工程实验室，培育引进了北航青岛研究院等VR研发机构及企业80家，集聚了国内VR领域60%以上的高端科研机构和高层次人才，培育出鹰图软件等2家VR领域瞪羚企业（高成长中小企业），推动全区VR产业实现了从无到有的

加速蝶变，“中国虚拟现实产业之都”的影响力日益显现。福州市2016年4月印发《关于促进VR产业加快发展十条措施》，2017年以来又出台关于加快大数据产业发展的三条措施，对原先颁布的VR十条政策进行叠加，同年12月福州市发布了VR产业规划，明确提出“一主一辅一突破”的产业体系规划即以内容应用为核心，打造VR教育、VR医疗、VR文化传媒、VR制造、VR旅游、VR地产建筑、VR政务及公共行业、VR游戏八个领域。2019年1月23日，又召开“云VR融合创新产业生态峰会”，探讨云VR融合创新产业发展问题。南昌市与青岛、福州发展VR产业，存在一定的同质竞争，如南昌市申报国家级VR制造创新中心，就面临青岛等城市的激烈竞争。

（三）产业生态圈不完善，领军企业和龙头企业缺乏

VR产业链涵盖硬件制造、软件开发、内容研发、行业运用等多个方面，南昌市虽然凭借世界VR产业大会的影响，吸引了一批企业落户，但包括华为、联想新视界、紫光、微软等行业巨头企业在内，目前还是以区域总部甚至办事处、孵化器等形式落地，其主要科技研发、产品智造均非在当地开展，VR产业生态尚未建立，产业链条不完整，产业规模小，无论是硬件制造、软件开发，还是内容研发、行业运用方面，均缺少有影响力和带动力的领军企业和龙头企业。如硬件制造方面，尚无头显、VR眼镜、一体机等核心设备制造企业，只有一些辅助设备生产企业；软件开发和行业运用方面，也缺少行业巨头，像泰豪科技、科骏公司这类本土企业在全国VR行业领域尚未形成足够的影响力。

（四）核心技术缺乏，高端人才严重不足

VR技术是新一代电子信息技术的新兴前沿领域。目前，VR核心技术掌握在欧美少数跨国公司手里，美国是VR技术的领军者，日本、韩国在部分领域也处于领先地位。我国VR技术的高端研发机构如北京航空大学、北京理工大学等都集中在一线城市，华为、腾讯、暴风科技、百度、阿里等

在硬件、软件、内容分发和平台建设方面技术领先的龙头企业也都在发达地区。南昌市虽然致力于打造 VR 技术支撑平台，引进了微软公司、北京理工大学等研发机构落户，建立了微软孵化器、虚拟现实产业检测与评测中心、省级 VR 产业创新中心等，也出台了 VR 人才引进政策，但在吸引行业高端人才方面仍显不足，VR 核心技术研发能力与北上广深杭等城市相比不可同日而语，产业发展所需的技术、管理、资本运作方面的高端复合型人才队伍尚未形成。南昌大学、南昌航空大学、南昌工学院、泰豪动漫学院、先锋软件学院等学校近年虽然开设或准备开设 VR 专业，但培养的仅为职能技术型人才，远不能满足南昌市打造中国 VR 产业基地对高端人才的需要。

（五）融资平台搭建不到位，资金保障机制亟待完善

VR 产业属于培育中的新兴产业，要发展壮大，政府财政资金的引导作用必不可少。目前，南昌市和红谷滩新区分别设立了规模 3000 万元、5000 万元的 VR/AR 产业专项扶持资金，但实施细则不尽合理，导致一些优惠政策成为“看得见够不着”的条款。如对新引进企业投资给予的一次性奖励，“飞地孵化器”人才的奖励政策等都较难落实。省级层面尚未设专项资金，相关扶持政策中的奖励资金暂从工业产业转型升级专项资金中支出，没有明确切块。产业基金虽然在大力发展，但不如预期，原来计划设立 10 亿元的天使投资基金和 100 亿元的产业投资基金，因风险资本和产业资本现阶段都比较谨慎。目前，只有规模 2 亿元的红谷盛山股权投资基金注册设立（基金管理公司出资 200 万元，政府性公司出资 9800 万元，社会资本出资 10000 万元），原计划由欧菲光、泰豪等企业发起设立的产业投资基金暂时搁浅，由中航信托等企业发起的 10 亿元的中航焕真泛文化产业基金尚在设立中。银行融资方面，由于 VR 企业属起步阶段，缺乏可供抵押的资产，融资难度可想而知。上市融资，对于初创性企业来说，也不实际。可见，VR 产业发展的融资平台建设远不到位，资金保障机制亟待建立完善。

四　加快推进南昌 VR 产业发展的政策建议

基于以上制约因素，南昌市 VR 产业之路不会一帆风顺，需要政府部门多管齐下、持续发力，方能坚定企业信心，推动 VR 产业做大做强。

（一）以市场换产业，打造 VR 应用示范样板区

南昌作为一个准二线城市，在 VR 产业招商引资方面不具优势，为了引进行业龙头企业，唯有在应用示范上下功夫，聚集 VR + 教育、工业维保、旅游文化、政务党建、医疗卫生等方面的应用，高标准、高起点推进 VR 产业一批试点示范应用，通过与国内领先的企业和团队合作，打造全国领先的标杆项目，探索出有示范作用的商业盈利模式，通过其示范作用，吸引更多的行业龙头企业前来落户，进而达到以市场换产业的目的，实现 VR 产业聚集发展。如在 VR + 教育项目方面，结合教育信息化提升工程，推广科骏公司 VR 教育实验室项目，进一步扩大 K12 教育试点项目范围，增强其示范作用，支持其发展成为全国领先的 VR + 教育龙头企业。在 VR + 工业方面，大力推进联想基于 AR 的智能工业解决方案项目、南昌青橙视界与江铃汽车集团联合打造 AR 智能汽车制造项目建设。VR + 文化旅游方面，借鉴青岛、合肥等地的经验，鼓励有条件的地方建设 VR 特色小镇；打造一批“虚拟现实 + 红色旅游”样板工程；在 5A 级旅游景区，支持企业建设一批 VR 体验性项目。

（二）打造 VR 全产业链，探索与人工智能等产业融合发展路径

从 VR 产业发展趋势来看，虽然近期硬件制造是主要盈利点，但从长期趋势来看，必将进入内容为王的时代。因此，南昌市一方面可以以优势主导产业为基础，引进龙旗、HTC、Zspace、小派等企业的硬件制造项目，培育联创电子等本地企业开展 VR 硬件制造；另一方面，及早谋划布局 VR 内容产业，积极与具有内容制造优势并建立了友好往来关系的韩国光州市开展合

作，在 VR 内容制造方面抢得先机。同时，培育泰豪科技、科骏公司等本土企业开展软件设计、内容分发和行业运用等业务。

此外，鉴于 VR/AR 产业广义上都属于人工智能（AI）大产业，VR 技术与人工智能、大数据、云计算相结合，能破解当前 VR/AR 市场规模小的困局，拓展发展空间。南昌市可借鉴福州市从 VR 产业拓展到大数据（云计算）产业，成都市从 VR 产业拓展到人工智能产业的做法和经验，在完善 VR 产业生态的同时，加强与人工智能、大数据、云计算产业的结合，积极融入人工智能国家战略和业务蓝海。

（三）完善配套条件，厚植产业发展根基

一是积极推进 5G 应用试点城市建设。5G 时代的到来，将丰富 VR 网络接入方式，促进虚拟现实发展。同时，以 5G 为切入端的 Cloud VR 的高质量 VR 将得到普及，预计 2020 年 VR 用户渗透率将达 15%，视频用户渗透率达 80%。因此，南昌市应以 5G 应用试点城市、“03 专项”[①] 试点示范为契机，全力推进 5G 基础设施建设，加大 5G 技术对 VR 产业的支撑力度。

二是扩大世界 VR 产业大会的影响力。继续办好第二届世界 VR 产业大会，在会上同步召开微软第二代 VR 眼镜全球新闻发布会，并展示一批高质量的江西 VR 应用示范案例，进一步营造全省齐心协力发展虚拟现实产业的氛围，形成全球一流的虚拟现实产业发展环境。

三是推进知识产权试点城市建设。南昌市应结合全国重点产业知识产权运营服务试点城市建设，以财政资金为母基金，尽快建立市场化的重点产业知识产权运营投资基金，将 VR/AR 产业列入支持范围，开展 VR/AR 产业的专利收储、布局、组建专利联盟、构建专利池等运营服务，促进知识产权转化运用，推动 VR/AR 产业做大做强。同时，加大知识产权执法维权力度，缩短 VR 专利审批时间，建设城市知识产权运营交易中心，链接国际一流知识产权创新主体、服务机构和产业资本。

---

① 指“新一代宽带无线移动通信网”国家科技重大专项，简称“03 专项”。

四是完善 VR 产业政策。定期对《关于加快 VR/AR 产业发展的若干政策》（修订版）进行比较评估和优化调整，保持其领先性。同时，完善政策实施细则，高效开展兑现工作，确保政策落地生效，发挥实效。如在到位投资奖励、飞地孵化器人才补贴政策方面，可以更接地气，确保优惠政策企业看得见还能够得着；在奖励新企业落户的同时，加强对已有一定产业基础的本土骨干企业的奖励培养。

（四）创新投融资服务，用资本撬动产业发展

一是加大财政专项资金扶持力度。南昌市级和红谷滩新区 VR 产业专项资金，每年以略高于财政收入增长的速度保持增长。省市两级工业转型升级专项资金向 VR 产业企业倾斜。

二是加快产业基金发展。支持红谷盛山产业基金持续健康发展，通过该基金引导更多的社会资本设立 VR/AR 产业创业投资基金。推动已有意向的中国通信工业协会虚拟现实专业委员会与红谷滩新区金控集团、商汤科技、中航信托、芒果等几家公司联合设立科技娱乐基金，投资泛 VR 化、人工智能等产业。推动 VR/AR 产业母基金尽快注册设立，并招募国内顶尖管理团队进行专业化、市场化管理，通过母基金吸引投资机构和社会资本跟进投资项目，吸引国内外领先的 VR/AR 产业企业和项目落户南昌。

三是创新 VR 产业金融服务。鼓励金融机构开展符合虚拟现实产业特点的融资业务和信用保险业务，进一步拓宽产业融资渠道。如扩大科贷通融资规模；大力开展知识产权质押融资，建立企业知识产权投融资项目数据库，鼓励 VR 企业开展知识产权质押融资。

四是支持 VR 企业上市融资。结合江西省“映山红行动计划”，积极培育有条件的 VR 创业企业作为重点上市后备企业，推荐到创业板以及科创板上市融资，实现低成本扩张。

（五）建设技术和人才高地，增强创新驱动能力

一是争创国家级 VR 制造业创新中心。按照国家级 VR 制造业创新中心

的建设要求，加大招商引资力度，继续吸引 VR 行业龙头企业来昌落户或设立分公司，为建设国家级创新中心创造条件，并带动 VR 产业集聚发展。

二是加快 VR 行业标准建设。积极争取中国电子信息标准化研究院的支持，加强 VR 标准研究，力争成为 VR 行业标准制定者。

三是提升 VR 研发平台。进一步整合提升四大中心、四大平台等各类平台资源，努力引进一批虚拟现实产业领域国家和省级重点（工程）实验室、工程（技术）研究中心等创新机构，推动各创新中心之间联合攻关。积极对接中科院、科大讯飞、商汤科技等在 VR 及相关领域合作建立高层次的研发平台，聚集突破一批 VR 共性关键技术，为打造 VR 产业高地做好技术储备。

四是打造 VR 人才聚集高地。鼓励 VR 产业基地和企业在美国硅谷、北京、上海、深圳等国内外 VR/AR 产业化程度高、高层次人才集聚的地方，以各种方式建立“飞地孵化器”，或是以“飞地孵化器”的形式吸引美国硅谷、北京、深圳等地优秀企业落户南昌，破解 VR 行业高端人才缺乏的难题。以虚拟大学园模式，联系已有意愿的北理工，开设虚拟现实的独立学院或分校，建设虚拟现实的工程博士或工程硕士培养基地。支持南昌大学、南昌航空大学、南昌工学院 VR 专业申报双一流专业，培养更多的 VR 产业人才。

参考文献

中国信息通信研究院：《中国虚拟现实应用状况白皮书 2018》。

高红波：《中国虚拟现实（VR）产业发展现状、问题与趋势》，《现代传播》2017 年第 2 期。

范丽亚、周建龙等：《虚拟现实的产业发展现状与展望》，《软件工程与应用》2017 年第 6 期。

赖永峰、刘兴：《南昌打造 VR 产业发展高地》，《经济日报》2018 年 10 月 19 日。

徐吉成：《大力发展虚拟现实产业》，《信息化建设》2018 年第 5 期。

B.31
打造陶瓷文化创意高地

——基于景德镇陶溪川文化创意产业园的调查

宁 钢*

摘 要： 景德镇陶溪川文化创意产业园通过高标准规划、明确产业定位、激活发展氛围等方式，以其独有的规划理念和创新的运营模式，成功激活了景德镇陶瓷工业遗产资源，受到社会各界的密切关注和认可。陶溪川文化创意产业园的建设对助力景德镇经济发展新旧动能转换、推动开放型经济发展具有意义。同时，为进一步推动景德镇陶溪川文化创意产业园高质量发展，应处理好文创元素与商业运营的关系、陶瓷特色与其他特色的关系、国际化与本土化的关系等。

关键词： 景德镇 陶溪川 产业园 江西

一 引言

景德镇市自2010年前后提出打造文化创意产业以来，文化创意产业已逐步发展成为景德镇市的特色产业之一。从依托于原雕塑瓷厂的“景德镇陶瓷文化创意产业基地”到在原宇宙瓷厂基础上建设的“景德镇陶溪川文

---

* 宁钢，景德镇陶瓷大学校长，二级教授，博士生导师，研究方向为陶瓷艺术设计。

化创意产业园”（以下简称陶溪川），景德镇市文化创意产业园区、文化创意街区的建设方兴未艾。

“陶溪川”发端于20世纪50年代的宇宙瓷厂，由江西省陶瓷工业公司倾力打造，项目占地面积176亩，建筑总面积8.9万平方米，涵盖艺术工作室、休闲娱乐场所、餐饮酒吧、商务酒店、创意市集、陶瓷商铺、美术展览、创客空间等服务业态，是中国首座以陶瓷文化为主题，融文化、生活、旅游、体验多种元素于一体的一站式创意园区。目前，“陶溪川”已完成对原宇宙瓷厂内老厂房、煤烧圆窑、隧道窑等设施的抢救性保护修复，建有陶瓷工业遗产博物馆、美术馆、精品酒店、创意餐厅、咖啡体验馆等服务业配套。同时引进国内外时尚品牌，有陶瓷文创类的功夫小瓷、陶瓷3D打印体验中心等，其他文创及配套类的有猫的天空之城、胡桃里音乐酒吧、台湾元生咖啡、猫屎咖啡，以及国内外陶瓷艺术机构、设计机构、艺术家工作室。自2016年10月18日正式运营以来，“陶溪川”内文创产业投资总额达到6.14亿元，从业人数5200人，年营业收入达5.8亿元，纳税总额3480万元。

目前，陶溪川一期的规划建设取得明显进展，以其独有的规划理念和创新的运营模式，成功激活了景德镇陶瓷工业遗产资源，受到社会各界的密切关注和认可。

二　陶溪川文化创意产业园的主要特点

文化创意产业园的一个显著特征就是高度的开放性和包容性，不仅与国内外同类产业园以及对应产业可以互动交流、深度融合和共同发展，而且还对关联产业产生较强的辐射和拉动效应。景德镇陶溪川文化创意产业园在老厂房、老厂区的基础上，将聚合陶溪川产品和优秀设计师、艺术家、手作人的创意思想，将陶瓷文化、业态模式进行二次孵化，使其走向更加广阔的地域空间并进行在地文化的市场反馈，实现持续自我发展循环和稳定，形成以传承与创新为主题的集聚区，搭建景德镇与世界对话的文化创意交流平台。

（一）规划理念

自2016年10月正式运营以来，陶溪川之所以逐步成为景德镇乃至中部地区唯一一个能对话世界的多业态特色文化创意园区，其成功首先源于其规划理念的前瞻性和思路的清晰性。整个“陶溪川”是要打造文化新地标，其规划建设思路：营造国营瓷厂（宇宙瓷厂）原有的工业场景——植入适应文创人群的文化、艺术、生活等内容（业态）——激活多业态要素。

（1）“陶溪川”通过重塑国营瓷厂辉煌的工业时期场景，再现景德镇作为新中国工业城市独特的时空记忆和一个时代的城市象征，完整描述中国陶瓷工业生产从手工作坊到工业化生产转型的过程。

（2）在工业场景中，“陶溪川”通过提供教育培训、搭建创业空间、引进艺术家资源、活跃文化元素、打造生活服务配套等，推动文创资源的不断迭代，打造一个全生态闭环文创产业链。

（3）“陶溪川”美术馆、博物馆以及文创产品机构，为文创人群提供了丰富的物质基础和条件，为其创作、创意、创新提供了各级各类平台和条件。同时，引入为年轻人、文创人群生活服务的商业业态，如咖啡馆、酒吧、酒店、电影院、LOFT等，使其成为“陶溪川”导流年轻人、文创人群的“磁铁”。

（4）采用“艺术家驻场”“文创输出”“品牌输出”等模式，嫁接景德镇千年陶瓷文化的底蕴，把“陶溪川”街区化的产品、元素、模式等输出到全国各地进行复制。

（二）产业定位

1. 文化遗产地（老工业区）

“陶溪川”的规划定位并不是简单地复制北京798、首钢或上海M50、8号桥等已有的文创园区，而是要打造出一个集景德镇特色、陶瓷特色、中国特色于一体的文创园区。基于一个文化遗产地和老工业区的规划定位，由中、日、韩著名设计师共同对空间、业态、人群进行具有国际视野的高水平规划设计（见表1）。

表 1　陶溪川规划概况

序号	规划板块	规划内容
1	空间规划	原来的原料车间成了陶艺体验空间，成型车间变为非遗、传统手工体验地，烧炼车间则变身为美术馆、博物馆和邑空间
2	业态规划	以陶瓷文化为特色，实现陶瓷的时尚化、创意化和科技化转变；以手工设计为延伸，吸引玻璃、木艺、手工包等手作的混合业态
3	人群规划	吸引年轻人、文创人群的造梦空间和生活街区

资料来源：根据调研资料整理而得。

2. 生活街区

“陶溪川”提出“不是做一个旅游区，而是做一个生活地，陶溪川是为生活而造的”的建设目标。在规划设计和建设过程中，整个陶溪川没有设置围墙，呈现一种包容、共享、开放、融入的姿态，不仅本地人群参与，外地艺术家、文创人群、游客也能深度融入。为此，陶溪川设立了邑空间、集市和品牌入驻区。截至目前，已入驻 140 多个陶瓷手工品牌，3000 平方米的邑空间向学生免费开放，每周末会举办创意集市，景德镇 7000 名年轻“景漂”都可以申请。其中，80% 以上为景德镇陶瓷大学的师生。同时，为实现陶溪川作为一种为了生活生产、生活创意的一种新的生活方式，餐厅、酒店、咖啡馆和书店、学校、大学等，已纳入后续建设规划中。

3. 文创活动举办地

无论是“陶溪川”的建筑设计风格、业态规划种类，还是具体的文创活动，均没有离开陶瓷本身，但同时让陶瓷作为一个非遗、文化基底向深度和广度进行延伸，向文化进行扩散。以陶瓷文化为基底，做文化创意产业的主线，对于活动的策划和执行均产生着重要的指导作用。众多吸引年轻人、文创人群汇聚的文化活动，已在陶溪川举办，并实现了全球范围内的高辐射度和影响力。目前，“陶溪川”每年要举办 400 场以上的活动，其中“春秋大集”、跨年音乐会、创意集市已成为品牌样板活动。

可以说，景德镇陶溪川文化创意产业园在园区设计、建筑设计、老厂房改造方面的做法和经验是有一定的借鉴意义和价值的，但也正是这种依靠政府“大投入”的改造，在一定程度上破坏了原有厂区及周边的人文生态体系。原有的陶瓷作坊、小微企业、手工匠者外迁之后，政府和企业还需继续投入大量人财物资源，进行配套设施建设和各类活动的举办，将其重新吸引至园区，以聚集人气。

（三）经营业态

“陶溪川”的经营业态并非简单的商业街区、文创园区，目前商业业态可分为陶瓷类和非陶瓷类两大板块（见表2）。

表2　陶溪川的经营业态

业态板块	业态内容	业态代表
陶瓷文创类	学院派文艺工作室·大师工作室·设计机构	洛可可
	陶瓷工业博物馆·美术馆·研究院(馆)	唐英学社
	瓷茶会所·图书馆(书吧)	陶溪川书社
	文创产品主题卖场·专营店	瓷画旗袍汇
	众创空间	邑空间
其他类	咖啡/茶馆·便利饮品	猫屎咖啡、元生咖啡
	星级宾馆·精品酒店	国贸饭店
	特色餐厅	胡桃里

资料来源：根据调研资料整理而得。

其中，陶溪川园区整体设计和运营的内容中，涉及陶瓷文化、设计、创作、生产及其配套的内容、商铺、文创人员等仅占整个园区总体的三分之一，且入驻经营户实际经营状况还处于成长上升阶段。另外，“陶溪川”二期项目已经启动，整个陶溪川将会有更多产业和业态，包括文创教育、剧场剧院和青年公寓等。多种经营业态的有机融合，一是有利于“陶溪川”“跳出陶瓷，做陶瓷”，以“陶瓷”为基础、为特色，实现文化与产业的多元化融合生态发展；二是丰富“陶溪川”的经营品类，从多个层面、多个角度为“陶溪川”的入驻、游玩人群提供全方位的服务，实现“陶溪川”的可持续发展。

（四）文化氛围

“陶溪川”注重将文化氛围的传承和打造作为发展的基础，通过彰显文化特色和文化创意理念，着力营造浓厚的文化氛围。陶瓷文化、生活文化、街区文化、非遗文化、外来文化等均成为“陶溪川”构建文化氛围的元素。为此，原宇宙瓷厂不少老工业遗存均被完整地保留下来，并做到了与当下文化元素相结合的实用性改造利用。如将原宇宙瓷厂各个历史时期的圆窑、煤烧隧道窑、汽烧隧道窑组成陶瓷工业博物馆的游览路线，而不是简单地拆建。又如在经营业态和店铺的布局方面，并非营造一个陶瓷大卖场，而是合理地控制陶瓷卖场、展厅、工作室的数量，大胆地将与陶瓷有关甚至完全无关的时尚文创、生活文创、科技创新类的品牌、机构引入“陶溪川”，实现在陶瓷文化传承基础上的科技创新和跨界融合等，营造一个大包容、大开放的文化氛围。

但在文化氛围的构建方面，很多具体工作还有待提升。以陶溪川内的景德镇陶瓷工业遗产博物馆为例，作为最能代表景德镇现代陶瓷工业历史和文化的载体之一，其大门设置过于“隐蔽”、对外宣传力度不足等，其知名度不高、利用率一般。所以，陶溪川作为陶瓷与陶瓷文化以及景德镇对外交流的窗口和平台作用已经显现，但要以陶溪川代表景德镇与世界对话，其文化积淀、功能体系等还有待进一步提升和完善。

（五）运营模式

“陶溪川”的母公司是景德镇陶瓷文化旅游集团（以下简称“陶文旅集团”），也即原江西省陶瓷工业公司。虽然是实实在在的国企，但在“陶溪川”的运营方面并没有故步自封，而是不断创新。

1. “卖”与“租”

“陶溪川”对现有各类物业均采用“自主持有、只租不卖”的模式，由陶文旅集团集中控制所有物业，按既定规划选择和引进入驻品牌、机构、艺术家、商家等，确保其符合并能支撑“陶溪川”的整体发展目标。

2. “进”与“出”

入驻品牌、机构、艺术家、商家等招商方面，“陶溪川”制定了严格、明晰的选择标准，而并非想来就来。如在遴选入驻陶瓷类的同类型、同档次的企业或个人时，就倾向于企业经营理念与“陶溪川”更加吻合、产品与周边产品更加配套的原创型企业。另外，对于入场后经营不佳或经营状态影响到整个“陶溪川”品牌形象的企业或个人，可以由其自主申请离场或由“陶溪川”运营团队要求其离场，以形成“陶溪川”与入驻经营者之间互动共生的集聚效应。

3. “管”与“服”

“陶溪川”对于入驻经营者不是简单地“管”，而更多是服务。“陶溪川”不仅为入驻经营者提供办公、创作、展示、生产等场地和空间，还将建立各类型的服务平台，提供交流、培训、代理、商业和生活配套等全方位服务。不仅降低了入驻经营者的运营成本、提高了运营效率，还将“陶溪川”自身运营的经验和模式对外进行推广和复制，将“陶溪川”配套服务孵化成为一个新的产业，在管理和服务环节中获取收益。

但是，陶溪川一期的成绩也许是对雕塑瓷厂等原有文创园区的一种“资源转移”的结果，在一定程度上破坏了景德镇原有文创园区的发展生态体系，其自身文化积淀和文化输出均存在一定的缺失，其运营模式的可复制性存在先天不足，故陶溪川后续建设和发展，不能也无法简单地复制和对外输出陶溪川一期。

三　陶溪川文化创意产业园的意义

总体来看，陶溪川文化创意产业园的建设对助力景德镇经济发展新旧动能转换、推动开放型经济建设发展具有一定的意义，具体表现在四个方面。

（一）助力景德镇城市转型更新

景德镇陶瓷工业遗产资源丰富，但在新时代其潜在的文化价值如何被充分地挖掘和利用是一个值得深入研究的课题。无疑，陶溪川文化创意产业园的建设和健康发展起到了一个很好的引领示范作用。景德镇早在 2009 年就被国家列为全国第二批资源枯竭型城市，其原因在于景德镇现有的优质瓷土矿储量已经不到 90 万吨，可开采的时间也仅有 10 年左右。然而，优质瓷土资源的枯竭并不能成为景德镇继续发展陶瓷产业的羁绊。景德镇的核心资源不在于瓷土而在于存量庞大的陶瓷艺术设计人才队伍、完善的陶瓷产业链、悠久的陶瓷历史文化以及景德镇这个金字招牌。这些核心资源恰好是推动景德镇城市转型发展的重要支撑。值得一提的是，陶溪川在将这些优质资源进行整合方面走出了一条特色之路。陶溪川以文化创意有机整合了当代设计师的创意、陶瓷工业遗产的建筑空间和历史文脉以及城市生活环境，并将其打造成为景德镇陶瓷工业旅游、陶瓷文化旅游的新地标，从而有力地推动了景德镇在创意经济时代的嬗变。

（二）为景德镇集聚了创意人才

在陶溪川的发展历程中，其最大的成功之处就在于集聚了数以千计的有创意的年轻人。根据资源基础理论，陶溪川最核心的资源就是这些有创意的年轻人。因此，为有效吸引和留住创意人才，扩大陶溪川创意人才的存量，陶溪川通过筑巢引凤、搭建创新创业新平台，形成了集聚创意人才的强大“磁场”效应。首先，陶溪川建立起完善的创意人才公共服务体系，比如与银行进行合作，为创意人才争取低息或无息贷款，帮助创意人才解决创业资本短缺的问题，这充分体现了陶溪川尊重人才、关心人才、服务人才、成就人才的平台发展理念，真正地做到了“近者悦，远者来”。其次，打造“创意集市”和“邑空间商城”两个创新创业平台，帮助创意人才拓宽销售渠道，增强创意人才的生存能力。最后，与创意人才开展产品创新合作，将有市场潜力的陶瓷文化创意产品投放到陶溪川官方旗舰店进行展示和销售。总体来看，陶溪川为创意人才提供的各项人才支持政策有利于陶溪川吸引创意人才、塑造陶溪川品牌、增强陶溪川文化创意产业园竞争优势。

（三）讲好创意经济时代新故事

陶溪川文创产业园的建立，在带来良好经济效益的同时，还产生了良好的社会效益。这种效益的产生与园区功能的科学规划是分不开的。陶溪川是在景德镇陶瓷工业遗产上发展起来的，其对陶瓷工业遗产的保护性开发最为成功的地方就在于实现了陶瓷文化资源的传承与创新。在传承方面，陶溪川对原宇宙瓷厂遗留下来的厂房、窑址等物质性遗产进行最大限度的尊重和保留，创建“陶溪川陶瓷工业遗产博物馆”，以真实的陶瓷工业历史遗存向来自国内外的访客、游客、学者等讲述景德镇悠久陶瓷文化的故事。在创新方面，陶溪川对陶瓷工业遗产又进行了创新性转化和活化，使这些独特资源在新时期的创意经济时代重新焕发出生机和活力。比如，将原来的窑炉车间改造成“邑空间商城”，为广大的创意人才提供了创业平台。

（四）打造“与世界对话”的窗口

陶溪川文创园区在最初的规划期，就以高标准、高规格、高定位来确定陶溪川现在与未来的发展方向和重点。一个具有可持续发展潜力的文创园区应该是高度开放和包容的，而这种开放和包容就体现在园区创意人才的国际化和多样化。为此，陶溪川除了积极与本土高等院校（特别是美术院校和机构）开展广泛的产学研合作、吸引大学生进驻园区之外，还建立了一大批“国际工作室”，邀请世界各地创造力强的知名艺术家来访入驻。景德镇作为世界瓷都，承载着与世界对话的重大使命，而陶溪川设立的“国际工作室”就扮演了“与世界对话”的角色。通过引入国外的知名艺术家，能促进本土艺术家与国外艺术家之间的艺术交流。

四　陶溪川文化创意产业园发展应处理好的三大关系

综上，陶溪川在发展过程中，既有其成功之处也存在着一些不足，故陶溪川文化创意产业园在下一步的建设和发展过程中，应注意处理好以下三大关系。

（一）文创元素与商业运营的关系

北京 798 等国内外文创聚集区，是先有艺术家等文创人群的聚集，然后带动配套产业和服务的聚集，形成文化创意产业的集聚发展。“陶溪川”是在老瓷厂、老城区的基础上，把文创元素融入园区的总体规划和产业规划，使园区的产业定位与文化创意特色元素有机结合。

因此，要注意借鉴国内外成功文创园区的经验做法，在发展商业性文化创意产业时，较好地体现陶瓷文化特色和理念，并延伸至各类文化艺术和文创领域，并将文创元素作为商业介入，真正形成“陶溪川”构建的工作方式、生活方式，让“陶溪川”既成为创新、创作、创意的工作平台，又能带动商业性文化创意产业发展，成为景德镇市老城区新的经济增长点之一。

（二）陶瓷特色与其他特色的关系

文化创意产业的开放性和包容性特征，为“陶溪川”的规划和建设界定了较好的基调，即不能只围绕陶瓷、不能只是自身发展，要从陶瓷文创产业出发、要从景德镇出发，与国际国内文创产业、文创园区和城市进行对接和对话，在实现自身发展的同时，打造较强的辐射带动作用。

“陶溪川”由于身处景德镇市，是独一无二的最具有陶瓷文化元素的文创园区。但若只做陶瓷文创，一是局限了“陶溪川”自身的发展空间和后续力；二是即便成功，在其他地区的文创项目上也无法复制。所以，“陶溪川”应继续处理好“陶瓷”和“非陶瓷”的关系，充分吸收和整合各类特色文化资源，形成以接纳国内外陶瓷、艺术、设计为特色的文化创意产业基地。通过开展文创产品设计、创作、生产和文创活动交流，在“景德镇—中国—世界”的大循环中，展示、传递和融合各种特色的文化资源，把“陶溪川”打造成参与国际国内交流、产业交流的新通道和新窗口。

（三）国际化与本土化的关系

“陶溪川”的规划设计引入了国内外成功文创园区的理念，在产业发展上还借鉴了不少文创企业、项目和园区的做法，使“陶溪川”处在一个国际范畴内来规划、建设和运营。但是成功的并不就是适用的，先进的并不就是可行的，“陶溪川”在运营了两年之后，还需面对运营中存在的问题和不足，处理好国际先进性与本土化相融的难题，解决本地消费水平偏低、运营管理人才短缺等痛点。在充分吸收引进国内外先进理念和成功经验的同时，以景德镇陶瓷文化为根基，构建“陶溪川”特色的管理运营模式，把陶溪川打造成为展示景德镇文化的名片。

五　结论

——由于各级政府的关注、社会大众的支持和企业的具体工作，陶溪川在助力景德镇城市转型、集聚创意人才、搭建与世界对话窗口等方面取得了一些成绩，这是政府、社会和企业三方之力的成果。

——陶溪川在运营过程中引入国内外知名文博机构、高校、艺术机构等，较好地丰富了景德镇文化和文化创意的内容；同时，也只有依托景德镇陶瓷大学等权威专业院校，才能更好地对景德镇陶瓷文化进行深度挖掘、传承和创新。

——“陶溪川”模式在商业运营方面有其成功之处，但由于自身文化积淀不足，且其他产瓷区或文创区亦不具有景德镇这样的陶瓷文化基础，故其可复制性存在一定的局限性，既不适宜在景德镇过度、过多建设类似项目，也不适合在其他地区大范围推广。

——相比“国家陶瓷文化传承创新试验区”，陶溪川文化创意产业园作为其中的一部分，对景德镇文化、经济和社会的拉动作用是有限的，故还需进一步发挥“国家陶瓷文化传承创新试验区”中的景德镇陶瓷大学以及集教育、科技、文化、旅游、商业加生活多个维度于一体的“陶大国际小镇”

等的作用，助力景德镇打造一座与世界对话的国际瓷都。

——陶瓷和陶瓷产业才是景德镇的“立镇”之本，陶瓷文化才是“景德镇力量”的核心所在，景德镇要再现“工匠八方来，器成天下走”“集天下名窑之大成”的陶瓷文化的辉煌，还要坚持把陶瓷文化作为最大的资源和优势，以高度的文化自信深化改革，推动陶瓷文化的传承创新。

——陶溪川模式的建设成本和运营成本过高，在某种程度上与雕塑瓷厂、陶艺街、国贸形成了竞争经营，没有扩大新的消费群体，对景德镇陶瓷品牌打造和陶瓷产业的提升没有起到很好的作用。

——陶溪川运营管理方式在总体规划、园区设计等方面，还存在：过于倚重“外来和尚”的现象，对本地的陶瓷、陶瓷文化领域的权威专家和学者重视不足；原宇宙瓷厂原住民全部迁出，中断了陶瓷产业的脉络延续性；对景德镇陶瓷文化的深度挖掘和传承还不够，可能限制对景德镇市的社会经济发展的拉动作用。

参考文献

陈致敏等：《基于空间生产理论的景德镇近现代陶瓷文化空间研究》，《中国陶瓷》2018 年第 11 期。

宁钢、张朝晖：《“一带一路”视野下的中国陶瓷艺术》，《陶瓷学报》2017 年第 11 期。

宁钢、王敏：《谈景德镇陶瓷创意文化产业的发展》，《陶瓷学报》2014 年第 12 期。

B.32
乡村善治的余江实践

江西省社会科学院课题组*

摘　要： 实现乡村“治理有效”，是国家有效治理的基石，也是我国社会建设的基石。在全面实施乡村振兴战略的新时代，解决乡村治理新课题，需构建自治、德治、法治相结合的乡村治理体系，以实现乡村善治。江西省余江区以农村宅基地制度改革为契机，创新乡村治理体系，走出了一条“自治更加有序，德治更加有效，法治更加有力”的基层社会治理新途径，总结其经验做法，对全省乃至全国全面实施乡村振兴战略、推动农业农村现代化具有借鉴意义。

关键词： 自治　乡村善治　余江区　江西

乡村是国家治理体系的“神经末梢”，新时代推进国家治理体系和治理能力现代化，内在要求乡村治理体系和治理能力现代化水平不断提升。善治是乡村振兴的基础，乡村善治的成效决定着乡村振兴的成败。推动乡村真正走上善治之路，必须健全自治、法治、德治相结合的乡村治理体系，将自治、德治与法治的有机结合渗透进乡村的“毛细血管”。近年

---

* 课题组组长：龚建文，江西省社会科学院副院长、研究员，研究方向为农村经济与区域经济。成员：张宜红，江西省社会科学院应用对策研究室副主任、副研究员，研究方向为农村经济；盛方富，江西省社会科学院应用对策研究室助理研究员，研究方向为农村经济；马回，江西省社会科学院应用对策研究室助理研究员，研究方向为农村经济；尹传斌，博士，江西省社会科学院经济研究所助理研究员，研究方向为区域经济。

来，江西省余江区以2015年3月被列为全国农村宅基地制度改革试点县为契机，以宅基地制度改革为突破口，创新乡村治理体系，激发当地基层干部和村民参与乡村治理的“双向积极性”，实现干部成就感与村民幸福感的“双向获得感”，其推动乡村善治的实践探索可复制、能推广，对全省乃至全国全面实施乡村振兴战略、推动农业农村现代化具有重要启示和借鉴意义。

一　余江区乡村善治的主要做法与成效

（一）以“头雁”为引领，强化农村基层党组织

一是夯实农村基层党组织基础。一方面，余江区结合推进“两学一做”学习教育常态化制度化，对党员参与“三会一课”、党员活动日等活动情况予以量化，实行记分制管理，并将累计得分情况作为考核党员的重要依据。另一方面，为严格落实村级组织“三个一”管理制度，余江区建立严格的坐班和会议制度，要求每天有干部坐班、每周有工作例会、每月有党员活动，并通过督查检查，对不履行村级组织“三个一”管理制度的干部予以严肃处理，在全区营造出风清气正的政治生态环境。二是发挥党员干部的示范带头作用。为进一步充实基层党组织、增强基层党组织的战斗堡垒作用，余江区先后从区直单位和乡镇选派了100多名第一书记和近300名驻村工作队成员，进入农村基层党组织，成为带动当地村民打赢脱贫攻坚战、推动乡村振兴战略有力实施的“领头雁”。在宅改初期，余江区村党支部干部和党员同志就充分发挥党员的模范精神，从自身做起、从自身改起，不仅带头退出旧宅基地，而且以积极的行动说服自家近亲支持宅改，逐渐形成示范效应，带动越来越多的农户家庭接受宅改。

（二）以农民为主体，构建农村自治体系

一是建立“村民自治”队伍，完善村民自主议事。“宅改”试点以来，

余江区始终坚持农民主体地位，按照“一村一理事会”的要求，在基层党组织领导下，全县1040个村建立完善了村民事务理事会，选出了4765名理事会成员，并赋予村民事务理事会充分的决策权和事务性权，甚至赋予理事会一定的“行政性权力”，各理事会负责组织村内事务村民共议表决、矛盾纠纷调理调解等，基本做到“小事不出组，大事不出村，难事不出镇”。宅改以来，没有出现一起上访案件，没有新增一例违建房屋，有效缓解了社会矛盾，极大地舒缓了改革过程的阵痛，从根本上保障了改革和乡村治理的良性运行，使乡村治理逐步走向规范化、制度化、民主化。二是制定村规民约，完善村民自主管理。余江区充分发挥党支部的领导核心作用和党员、乡贤的模范带头作用，按照“易记、易懂、易行”原则，组织乡镇、村组修订完善村规民约、市民公约、自治章程等行为规范，既实现了对群众规范有约束，又保障了村民自治组织的权力有边界。三是突进农业农村发展，完善村民自主服务。余江区以农村土地制度改革三项试点为主线，系统推进农业发展现代化、基础设施标准化、公共服务均等化、村庄面貌亮丽化、转移人口市民化、农村治理规范化等“六化”建设，统筹推进土地整治、精准扶贫、地灾防治、古建筑保护等重点工作和农村集体产权、农房抵押、户籍等重大改革，整合资金2亿多元，不断完善农村基础设施和公共服务设施，带动“一村一品”、庭院经济、乡村旅游等新业态不断涌现，促进了农村一二三产业融合发展。

（三）以公平为原则，健全乡村法制

一是坚持和完善“一户一宅”制度。为建立健全宅基地管理制度体系，余江区、乡镇、村组三级先后出台《农村宅基地有偿使用、流转和退出暂行办法》《村民事务理事会宅基地管理工作考核评比办法》《集体经济组织成员资格认定》等多项规章制度，为余江区宅基地制度改革提供了坚实支撑。通过试点实践，余江区宅基地乱象得到遏制，建房管理得到规范，依法用地意识进一步增强，促进了集体所有制观念的回归，破除了土地私有和祖业观念，农民建房重回“一户一宅、面积法定”的公平起点。二是积极探

索宅基地有偿使用制度。为强化“多占宅基地、多交人民币”的思想意识，余江区通过多占集体土地需有偿缴费和新宅基地竞价择位等方式来协调乡村利益关系，并且在区指导性起征面积标准（120～240平方米/户）的基础上，各村因村制宜，采取民主协商等方式确立本村宅基地起征面积、收费标准等，通过公平公正公开的方式让村民强化“一户一宅”的制度认识，以及多占宅基地需多交人民币的自觉意识。截至2018年5月，全区共退出宅基地29323宗4099亩，其中有偿退出5612宗961亩，无偿退出23711宗3138亩，退出宅基地复垦693亩，可以满足15年左右农民建房用地需要。

（四）以惠民为目的，增强改革获得感

一是广聚全区智慧，激发群众自觉参与积极性。针对乡村振兴过程中改革遇到的问题，余江区召集镇村干部、理事会成员、群众代表和乡贤代表，对改革方案进行充分讨论，尽力算好改革的经济账、社会账、生态账、长远账，力求反映民情、集中民智、吸纳民意，方案形成后，又将改革的政策、做法和好处以通俗易懂的方式，如标语、橱窗、画册、知识问答等广泛宣传，做到家喻户晓、妇孺皆知，群众主动参与改革的热情持续高涨。二是促进新农村建设，展现美丽乡村新风貌。余江区打造了一批“学有所教、病有所医、老有所养”的幸福新村。截至目前，全县新修村内道路478公里、沟渠490公里，新增绿化面积860亩，新建休闲广场360个，清运垃圾41万吨。村容更加整洁、设施更加完善、环境更加美观，群众幸福感和获得感显著提升。

（五）以文化为保障，营造崇德向善氛围

一是大力培育新时代乡贤文化。“衣锦还乡”“德泽乡里”的思想扎根在每一个中国人的骨子里。余江区深入挖掘本地乡贤文化，各村均建立乡贤信息库、改革微信群等，定期或不定期将家乡发展进展情况及时向各类乡贤人士传递，以增强各类乡贤人士与家乡之间的紧密联系，以汇集合力共促家乡发展。自宅改启动以来，全区有60多位乡贤、能人放下自己的产

业，参与到改革当中，积极出资、出智、出力，全区社会各界人士主动捐资捐款3000多万元，起到了良好的示范带头作用。二是推进乡村文化建设，构筑农民精神家园。余江区深入挖掘各村优秀文化传统如乡规民约等，并融入社会主义核心价值观，采取宣传语、图片、视频、实物等方式，充分展示乡村民俗风貌、风土人情、发展成就、最新政策精神等，使村民有了回味乡愁、感受乡情的好去处。同时，推进城乡文化基础设施建设，通过打造农家书屋、文化广场、文化长廊等，更好地满足村民的精神文化生活需求。

二　对推进江西省实现乡村善治的启示和建议

余江区在宅改工作中探索出的嵌入村民事务理事会、形成多元主体共治乡村的新型治理模式，为推进乡村治理体系和治理能力现代化探索了路径，对新时代全面实施乡村振兴战略具有重要现实意义。根据余江的乡村治理模式和经验，对推进江西省乡村善治、促进乡村治理现代化，提出以下建议。

（一）转变乡村治理理念，促进传统治理与现代治理相融合

第一，坚持农民治理主体地位，推动以政府为主体的“为民做主”向由民做主的“共建共治共享”转变，重新审视政府与乡村社会的关系，规范乡镇政府对村民自治的指导和监督，革除基层政府管得多又管不好的积弊，保障村民依法民主自治的空间，促进村民依法自我管理、自我教育、自我服务、自我监督。第二，尊重“乡土社会”特征，利用江西省农村地区“宗族同姓人聚居范围广、宗族观念浓厚”的鲜明特征，推进现代化的治理理念与农村社会特征相适应。第三，辩证看待乡村振兴中家族、宗族的作用，引导乡村宗族势力健康发展，继承其乡土社会的治理精髓，扬弃其中不合理的部分，充分利用宗族组织的号召力和凝聚力，发挥宗族组织在重构乡土文化中的重要作用。

（二）强化乡村基层党建，构建乡村治理新体系

办好农村的事情，关键在党；推进乡村治理体系和治理能力现代化，关键在党的领导。一是加强农村基层党组织建设。发挥基层党组织的核心作用，选派第一书记、驻村工作队，强化村党支部的战斗堡垒作用。加强村“两委”班子和党员队伍建设，引导党员发挥先锋模范作用，建立不合格党员处置制度。加强村务监督委员会建设，健全务实管用的村务监督机制。健全乡村便民服务体系，打造一门式办理、一站式服务的综合便民服务平台。二是加强对农村基层干部的监督管理。严查群众身边的微腐败，重点治理群众反映的突出问题，深入开展扶贫领域腐败和干部作风问题专项治理。

（三）完善村民事务理事会制度，增强村民自治能力

对江西省在新农村建设过程中已建立的众多村民事务理事会，可借鉴学习余江区的创新做法予以进一步规范和完善。一要健全村民理事会规范化发展机制。对理事会的设置、产生、议事、决策、执行等运作进行建章立制，打造村民事务理事会正式规范的运作机制。二要鼓励支持新乡贤参与乡村治理。搭建新乡贤参与乡村治理平台，鼓励支持在外创业成功人士、高校毕业生、退役士兵、退休官员等新乡贤积极参与乡村治理，充分发挥乡贤能人的示范带动作用。

（四）强化乡村法制建设，提升乡村治理法治化水平

法治是乡村治理体系的保障，乡村治理必须实现法治化。一要依法保障村民自治权限。划定村民自治的政策法律边界，规范自治组织的行为，充分保障和落实村民知情权、参与权、表达权、监督权等自治权利。二要探索乡村法治新模式。加快推广以“联村共治、法润乡风”为核心的“寻乌经验”，打造基层司法深度参与乡村治理的“江西模式”。三要加强农村法制宣传教育工作。积极培育村民法治意识、法治理念、法治精神，加快完善乡村法律服务体系，加强农村司法所、法律服务所、人民调解组织建设，推进

法律援助进村、法律顾问进村。营造村民自觉守法、办事依法、遇事找法、解决问题用法、化解矛盾靠法的法治氛围，引导群众依法行使权利、表达诉求、解决纠纷。

（五）建树乡村文明新风，塑造乡村德治秩序

乡村善治，德治先行。德治有利于提升自治与法治的效能，是推动乡村治理体系和治理能力现代化建设的重要支撑。一要振兴乡土优秀传统文化。完善乡村文化基础设施建设，不断加大农村文化产品和服务供给，不断充实农村的精神文化生活。深入挖掘乡村熟人社会蕴含的道德规范，重塑乡村社会规范，把伦理道德、村规民约、风俗习惯作为乡村治理的重要载体和乡村文化建设的重要手段。鼓励农民工返乡创业，激活传统乡村文化中的活性因子。二要深入宣传社会主义先进文化。深入开展爱国主义、集体主义和社会主义教育，推行选树身边好人行动，开展文明村镇、文明家庭创建活动，运用传统节日、习俗活动培育和践行社会主义核心价值观，广泛开展社会公德、职业道德、家庭美德、个人品德教育实践活动，大力开展“治陋习，树新风”等专项行动，让社会主义先进文化作为乡村社会的一种主流文化走进农村、走入民心。三要大力弘扬乡贤文化。乡贤德高望重、垂范一方，是乡村治理中不可多得的德治资源。充分运用乡贤在人缘、威望等方面的优势，积极引导其牵头组建或参与道德评议会、红白理事会、禁赌禁毒会等群众性组织，参与乡村治理，调处乡邻纠纷、家庭矛盾，让乡贤成为润滑剂、减震器、连心桥；充分利用乡贤的人脉、协调能力或工作经验，为农村的脱贫致富、小康建设、乡村旅游、文化发展出主意、想办法，组织乡民发展经济；通过培树新乡贤的典型，用榜样的力量带动村民奋发向上，用美德的感召带动村民和睦相处。

参考文献

钟海华：《余江创新乡村治理带动乡村振兴》，《江西日报》2018 年 5 月 17 日。

张乃贵：《“一户一宅”的“余江样板”——江西省余江县宅基地制度改革的启示与建议》，《中国土地》2017 年第 11 期。

《健全自治、法治、德治相结合的乡村治理体系》，《农民日报》2017 年 11 月 10 日。

郑会霞：《构建新时代乡村治理体系》，《学习时报》2018 年第 8 期。

石东升：《对乡村振兴“德治”建设的思考》，《江淮时报》2018 年 7 月 24 日。

罗雅婷：《乡村治理法治化问题研究》，《信阳农林学院学报》2018 年第 12 期。

任中平、王菲：《经验与启示：城市化进程中的乡村治理——以日本、韩国与中国台湾地区为例》，《黑龙江社会科学》2016 年第 1 期。

❖ 皮书起源 ❖

“皮书”起源于十七、十八世纪的英国，主要指官方或社会组织正式发表的重要文件或报告，多以“白皮书”命名。在中国，“皮书”这一概念被社会广泛接受，并被成功运作、发展成为一种全新的出版形态，则源于中国社会科学院社会科学文献出版社。

❖ 皮书定义 ❖

皮书是对中国与世界发展状况和热点问题进行年度监测，以专业的角度、专家的视野和实证研究方法，针对某一领域或区域现状与发展态势展开分析和预测，具备原创性、实证性、专业性、连续性、前沿性、时效性等特点的公开出版物，由一系列权威研究报告组成。

❖ 皮书作者 ❖

皮书系列的作者以中国社会科学院、著名高校、地方社会科学院的研究人员为主，多为国内一流研究机构的权威专家学者，他们的看法和观点代表了学界对中国与世界的现实和未来最高水平的解读与分析。

❖ 皮书荣誉 ❖

皮书系列已成为社会科学文献出版社的著名图书品牌和中国社会科学院的知名学术品牌。2016 年，皮书系列正式列入“十三五”国家重点出版规划项目；2013~2019 年，重点皮书列入中国社会科学院承担的国家哲学社会科学创新工程项目;2019 年,64 种院外皮书使用“中国社会科学院创新工程学术出版项目”标识。

中国皮书网

（网址：www.pishu.cn）

发布皮书研创资讯，传播皮书精彩内容

引领皮书出版潮流，打造皮书服务平台

栏目设置

关于皮书：何谓皮书、皮书分类、皮书大事记、皮书荣誉、皮书出版第一人、皮书编辑部

最新资讯：通知公告、新闻动态、媒体聚焦、网站专题、视频直播、下载专区

皮书研创：皮书规范、皮书选题、皮书出版、皮书研究、研创团队

皮书评奖评价：指标体系、皮书评价、皮书评奖

互动专区：皮书说、社科数托邦、皮书微博、留言板

所获荣誉

2008 年、2011 年，中国皮书网均在全国新闻出版业网站荣誉评选中获得“最具商业价值网站”称号；

2012 年，获得“出版业网站百强”称号。

网库合一

2014 年，中国皮书网与皮书数据库端口合一，实现资源共享。

权威报告・一手数据・特色资源

皮书数据库

ANNUAL REPORT(YEARBOOK) DATABASE

当代中国经济与社会发展高端智库平台

所获荣誉

- 2016年，入选“‘十三五’国家重点电子出版物出版规划骨干工程”
- 2015年，荣获“搜索中国正能量 点赞2015”“创新中国科技创新奖”
- 2013年，荣获“中国出版政府奖・网络出版物奖”提名奖
- 连续多年荣获中国数字出版博览会“数字出版・优秀品牌”奖

成为会员

通过网址www.pishu.com.cn访问皮书数据库网站或下载皮书数据库APP，进行手机号码验证或邮箱验证即可成为皮书数据库会员。

会员福利

- 已注册用户购书后可免费获赠100元皮书数据库充值卡。刮开充值卡涂层获取充值密码，登录并进入“会员中心”—“在线充值”—“充值卡充值”，充值成功即可购买和查看数据库内容。
- 会员福利最终解释权归社会科学文献出版社所有。

社会科学文献出版社 SOCIAL SCIENCES ACADEMIC PRESS (CHINA) 皮书系列
卡号：624475691795
密码：

数据库服务热线：400-008-6695
数据库服务QQ：2475522410
数据库服务邮箱：database@ssap.cn
图书销售热线：010-59367070/7028
图书服务QQ：1265056568
图书服务邮箱：duzhe@ssap.cn

中国社会发展数据库（下设 12 个子库）

全面整合国内外中国社会发展研究成果，汇聚独家统计数据、深度分析报告，涉及社会、人口、政治、教育、法律等 12 个领域，为了解中国社会发展动态、跟踪社会核心热点、分析社会发展趋势提供一站式资源搜索和数据分析与挖掘服务。

中国经济发展数据库（下设 12 个子库）

基于“皮书系列”中涉及中国经济发展的研究资料构建，内容涵盖宏观经济、农业经济、工业经济、产业经济等 12 个重点经济领域，为实时掌控经济运行态势、把握经济发展规律、洞察经济形势、进行经济决策提供参考和依据。

中国行业发展数据库（下设 17 个子库）

以中国国民经济行业分类为依据，覆盖金融业、旅游、医疗卫生、交通运输、能源矿产等 100 多个行业，跟踪分析国民经济相关行业市场运行状况和政策导向，汇集行业发展前沿资讯，为投资、从业及各种经济决策提供理论基础和实践指导。

中国区域发展数据库（下设 6 个子库）

对中国特定区域内的经济、社会、文化等领域现状与发展情况进行深度分析和预测，研究层级至县及县以下行政区，涉及地区、区域经济体、城市、农村等不同维度。为地方经济社会宏观态势研究、发展经验研究、案例分析提供数据服务。

中国文化传媒数据库（下设 18 个子库）

汇聚文化传媒领域专家观点、热点资讯，梳理国内外中国文化发展相关学术研究成果、一手统计数据，涵盖文化产业、新闻传播、电影娱乐、文学艺术、群众文化等 18 个重点研究领域。为文化传媒研究提供相关数据、研究报告和综合分析服务。

世界经济与国际关系数据库（下设 6 个子库）

立足“皮书系列”世界经济、国际关系相关学术资源，整合世界经济、国际政治、世界文化与科技、全球性问题、国际组织与国际法、区域研究 6 大领域研究成果，为世界经济与国际关系研究提供全方位数据分析，为决策和形势研判提供参考。

法律声明

“皮书系列”（含蓝皮书、绿皮书、黄皮书）之品牌由社会科学文献出版社最早使用并持续至今，现已被中国图书市场所熟知。“皮书系列”的相关商标已在中华人民共和国国家工商行政管理总局商标局注册，如LOGO（）、皮书、Pishu、经济蓝皮书、社会蓝皮书等。“皮书系列”图书的注册商标专用权及封面设计、版式设计的著作权均为社会科学文献出版社所有。未经社会科学文献出版社书面授权许可，任何使用与“皮书系列”图书注册商标、封面设计、版式设计相同或者近似的文字、图形或其组合的行为均系侵权行为。

经作者授权，本书的专有出版权及信息网络传播权等为社会科学文献出版社享有。未经社会科学文献出版社书面授权许可，任何就本书内容的复制、发行或以数字形式进行网络传播的行为均系侵权行为。

社会科学文献出版社将通过法律途径追究上述侵权行为的法律责任，维护自身合法权益。

欢迎社会各界人士对侵犯社会科学文献出版社上述权利的侵权行为进行举报。电话：010-59367121，电子邮箱：fawubu@ssap.cn。

社会科学文献出版社